文史哲博士文丛

鲁西地区的灾荒、变乱与地方应对(1855–1937)

LUXIDIQUDEZAIHUANGBIANLUAN
YUDIFANGYINGDUI

⊙李庆华 著

齊魯書社

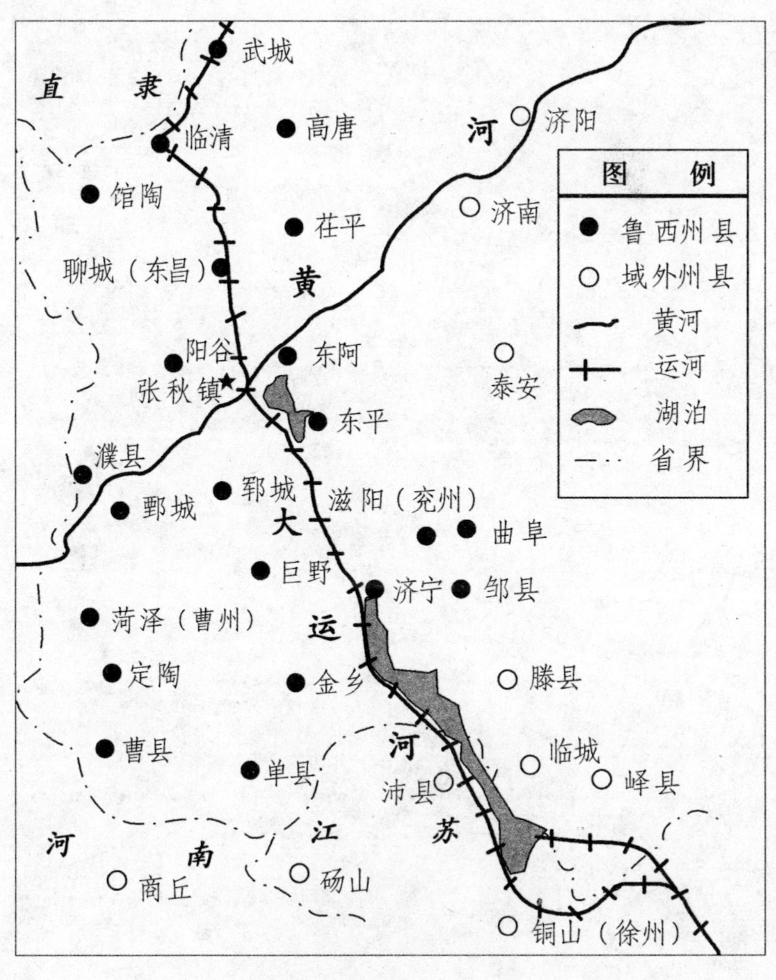

晚清鲁西部分州县示意图

目 录

绪 论

山东西部地区是中华民族的发祥地之一，是中国传统儒家文化的起源地，早在远古时代，这里就有人类生息繁衍。鲁西文明源远流长，“作为区域文明而论，鲁西文明是龙山文化加三代文化加齐鲁文化加运河文化而构成”，其中前三个文化期，鲁西“都处于中国文化中心区域”。① 自元代京杭大运河通航以来，鲁西沿运河城市工商业经济获得发展。但随着 1855 年黄河第六次决口改道，鲁西成为灾患多发地区，水、旱、蝗等自然灾害和兵燹匪患等人祸频繁发生，对鲁西的社会、经济、文化造成很大影响，生活在此间的人们是如何因应这些天灾人祸的？本书打算以鲁西为中心，考察此间的灾荒、变乱和地方的应对举措，期望能够通过区域的、个案的、具体事件的分析表达出对于当时中国社会的整体认识。为了便于读者的理解，本书有必要首先就文章涉及的相关概念做一界定。

一、相关概念的界定

本书题目为《鲁西地区的灾荒、变乱与地方的应对（1855—

① 苗枫林：《重温鲁西文明，重振鲁西雄风》，于德普主编：《运河文化（山东）文集》，济南：山东科学技术出版社，1998 年，第 5 页。

1937)》，从题目中就可以看出关键词有四个：一是鲁西；二是灾荒；三是变乱；四是应对。首先解释鲁西的地理位置，鲁西范围大致相当于今天的济宁市、菏泽市和聊城市所辖的各县市区；但这一区域在清末民初这一时段政区变换频繁。大体说来，鲁西平原包括清末兖州府、曹州府、东昌府和济宁直隶州、临清直隶州三府二直隶州所辖的 36 个州县和泰安府所辖的东阿县、东平州 2 个州县。其中兖州府下辖滋阳、曲阜、宁阳、邹县、泗水、滕县、峄县、汶上、阳谷、寿张 10 个州县，滕县、峄县地处鲁南，本书不把这两县作为我们鲁西平原的研究范围；曹州府下辖菏泽、濮洲、曹县、定陶、范县、观城、朝城、巨野、郓城、单县、城武 11 个州县；东昌府下辖聊城、堂邑、博平、茌平、清平、莘县、冠县、馆陶、高唐州 9 个州县；济宁直隶州下辖济宁州、金乡、嘉祥、鱼台 4 个州县；临清直隶州下辖临清州、夏津、武城、邱县 4 个州县。民国三年，实行道制，鲁西包括济宁道和东临道的大部分州县。1936—1937 年，实行行政督察专员公署制，鲁西包括第一、第二、第六行政督察专员辖区全部和第四督察专员辖区的一部分。

鲁西的济宁、聊城和临清等城市是 1855 年前京杭大运河流经之地，运河的贯通和漕运的兴盛，极大地提升了这些城市的地位。自 1855 年黄河由铜瓦厢改道斜贯鲁西南经张秋穿大运河，由大清河入渤海后，鲁西成为黄河、运河交汇的“两河”区域，黄河的频繁决溢漫流导致整个鲁西灾荒连绵，漕运停滞，黄河原来作为整个鲁西屏障的战略地位也随着改道而失去，引发战乱频仍，社会紊乱。

“灾荒”这一概念有多种不同的定义，笔者认为比较能概括灾荒涵义的主要有邓拓和夏明方二人所下定义。邓拓（邓云特）在《中国救荒史》一书中从灾害的自然性和社会性结合的角度，给灾荒下了一个定义："灾荒者，乃以人与人社会关系之失调为基调，而引起人对于自然条件控制之失败所遭致之物质生活上损害与破坏也。"①主张研究灾荒要联系每一时代的社会经济形态与性质的演变，探求社会学之治疗原则和途径，并从生产力发展水平以及生产关系对生产力水平制约来说明灾荒的成因。

夏明方对于灾害和灾荒做了分析研究，他认为，"灾"与"荒"原是两个既相互联系又有着本质区别的概念。"灾"即灾害，是在一定历史条件下不可抗的自然力对人类生存环境、物质财富乃至生命活动的直接破坏和戕害。而"荒"即饥荒，则是天灾人祸之后因物质生活资料特别是粮食短缺所造成的瘟疫流行、人口死亡逃亡、生产停滞衰退、社会动荡不宁等社会现象。"灾"是形成"荒"的直接原因，但不是唯一的原因，"荒"是灾情发展的结果，但不是必然的结果。由"灾"而"荒"，通常的情况下是要通过灾害学中所说的"社会脆弱性"这个中介才能完成的。②

变乱，是指战争或暴力行动所造成的混乱。③ 本书主要探讨兵燹和匪患给社会带来的变乱。所谓"兵燹"，指军人所造成的灾害。约可分为两种：一为战争所造成的灾害，对战争发生地的地域社会具有不可避免地直接损害，如战争破坏、伤亡、灾难等；一为士兵滋闹抢劫、军事征发、摊派、兵差所造

① 邓云特著：《中国救荒史》，上海：上海书店，1984年，第3页。

② 夏明方著：《民国时期自然灾害与乡村社会》，北京：中华书局，2000年，第25页。

③ 笔者认为如"动乱"、"叛乱"、"起义"、"革命"等词俱含有较多的价值判断和情感色彩，实在不足以涵括此时期导致地方社会混乱的各种主体行为，而"变乱"一词为中性词，应用在这里更为合适。

成的灾害。所谓匪患，指土匪给社会和民众造成的灾患。

应对，既有顺应、适应之意，又有对付的意思，是指人或动植物受到刺激而发生的活动和变化。本书主要研究地方社会在面临灾荒和变乱之时所采取的因应之策。

二、问题和对话

近年来，有关近代华北农村社会、经济的研究，成为国内外学术界关注的重心。美日学者尽管各自解剖的对象地域范围不尽相同，但大多是以冀—鲁西北的几个村庄为主。黄宗智是以冀—鲁西北的 33 个村庄为剖析对象，① 杜赞奇对冀——鲁西北地区的 6 个村庄进行了区域社会经济和文化分析，② 日本学者内山雅生同样也是以冀、津的 4 个村庄和鲁省恩县后夏寨村为研究对象，③ 马若梦则着重剖析了河北省的沙井村、寺北柴村和山东省的冷水沟村和后夏寨村。④ 周锡瑞对义和团运动的源流进行了研究，其中涉及区域性的研究，特别是对大刀会和义和团发生地区——鲁西南和鲁西北的经济、政治和社会环境研究较深。⑤

① 〔美〕黄宗智著：《华北的小农经济与社会变迁》，北京：中华书局，2000 年。

② 〔美〕杜赞奇著，王福明译：《文化、权力与国家：1900—1942 年的华北农村》，南京：江苏人民出版社，2004 年。

③ 〔日〕内山雅生著，李恩民、邢丽荃译：《二十世纪华北农村社会经济研究》，北京：中国社会科学出版社，2001 年。

④ 〔美〕马若孟著，史建云译：《中国农民经济——河北和山东的农业发展：1890—1949》，南京：江苏人民出版社，1999 年。

⑤ 〔美〕周锡瑞著，张俊义、王栋译：《义和团运动的起源》，南京：江苏人民出版社，1998 年。

国内学者如苑书义、任恒俊、董丛林的研究着重于晚清和民国初年河北、山西和内蒙古地区的社会变迁，① 从翰香等学者对华北整体上乡与村的社会结构，市镇的兴起，农业自然资源和粮食生产，手工业与乡村经济，田赋和徭役的发展和演变进行了考察，② 自然涵括了鲁西乡村演进的内容。郑起东对近代华北农村的社会结构、赋税制度、影响农村社会经济生活的重要因素、农户收支与农民物质生活等各方面进行了研究。③张玉法对山东现代化做了综合性、总体性的研究，④ 唐致卿对山东省各个经济区四十多个县近百个典型村庄进行分类，也包括了鲁西部分村庄，但并非重点。⑤

从以上叙述可以看出，除了周锡瑞是以大刀会和义和团发生地鲁西作为研究对象外，国外美、日学者多是以冀—鲁西北村庄为研究对象（主要依据满铁调查资料），国内学者的研究尚未有专门以近代鲁西区域作为研究对象的。

近年来，对鲁西社会和经济进行研究的主要著作有彭慕兰著的《腹地的构建——华北内地的国家、社会和经济（1853—1937）》一书，⑥ 该书把大运河与黄河交汇附近的山东西部部

① 苑书义、任恒俊、董丛林著：《艰难的转轨历程——近代华北经济与社会发展研究》，北京：人民出版社，1997 年。

② 从翰香主编：《近代冀鲁豫乡村》，北京：中国社会科学出版社，1995 年。

③ 郑起东著：《转型期的华北农村社会》，上海：上海书店出版社，2004 年。

④ 张玉法著：《中国现代化的区域研究：山东省，1860—1916》，台北："中央"研究院近代史研究所，1982 年。

⑤ 唐致卿著：《近代山东农村社会经济调查》，北京：人民出版社，2004 年。

⑥ 〔美〕彭慕兰著，马俊亚译：《腹地的构建——华北内地的国家、社会和经济（1853—1937）》，北京：社会科学文献出版社，2005 年。

分州县作为研究对象，“运用……许多第一手资料，探索了自晚清以来国家政策的转型与国家对不同地区服务的重新配置，及其给华北内地的社会、经济和生态变迁所造成的影响，并阐述了当地的金融、农作、交通、税收和来自底层的反抗，进而对中国现代史的‘重大问题’进行了全新的评价”。① 由于本书在论述的时间、空间上和此书多有重合之处，为了说明本书研究的必要性和创新点，给本书的学术探讨求得一发展空间，有必要对该书做一重点介绍，并通过和此书的对话，阐明笔者所要研讨的问题。

该书作者在分析帝国主义—中国政府—区域发展之间的关系问题上提出了独到见解。他论述了国家政策对于区域社会经济发展的重大作用和区域地位的变化，并提出了一个地区的发展会造成其它地区系统的不发展的观点，令人有耳目一新之感。

彭慕兰认为，帝国主义的冲击摧毁了明清治国方略的根本原则，特别是通常要求富裕地区接济较为贫穷地区基础设施的社会重建信条，取而代之的，是国家采取自强逻辑，沿海地区的地位愈来愈重要，导致中国国家政策重新定向，以牺牲内陆腹地为代价，致力于沿海地区的发展。而在黄（河）运（河）地区，中央政府的开支减少并退出了地区治理，原来较为合理的体制被破坏，水灾恶化，社会生态遭到严重破坏。② 正如该

① 马俊亚：《国家服务调配与地区性社会生态的演变——评彭慕兰著〈腹地的构建——华北内地的国家、社会和经济（1853—1937）〉》，《历史研究》，2005年第3期，第3页。

② 对这一问题的详细说明，可参见〔美〕彭慕兰著，马俊亚译：《腹地的构建——华北内地的国家、社会和经济（1853—1937）》，北京：社会科学文献出版社，2005年，第17页。

书译者马俊亚所认识到的，该书探索了国家对不同地区服务重新配置给黄运社会、经济和生态变迁所造成的影响，来探讨中国近代史上的重大问题，即导致清朝和民国政府失败的原因到底是什么？马俊亚从书中推导出，“其失败的根本原因都不是因为‘自强’方面做得不好，也不是‘国家结构不能适应层出不穷的危机’或‘制度不足’及‘政策安排缺位’，而是在于忽略了传统的使命”。所谓“传统使命”，主要是指治水、救荒、维护社会公共秩序、惩治官员的腐败等。在自强的逻辑下，国家注意力集中于“新”经济的增长，抛弃了中国传统官僚机制的合理方面，把各种资源和服务集中到了沿海地区，对于不能为其增加工商税收的“腹地”放任不管，甚至不承担应尽的使命，使得腹地的生态急剧衰败。结果，正是那些在新的治国方略中被政府视为无足轻重的区域，农民群起抛弃了政府，许多人最终转向了革命。马俊亚认为，彭慕兰从国家政策转型的角度解释由于国家“抛弃”了腹地，从而造成该地区农民对清朝和国民政府离心离德的说法，比杜赞奇等学者的观点更具说服力。①

显然，彭慕兰这本书是研究黄运地区社会、经济、生态的创始性著述。笔者在研究鲁西社会时首先是受到彭慕兰这本书的启发，因为这本书所反映的正是笔者长期生活工作的地方的近代社会情况，但笔者广泛阅读了有关鲁西地区的各县县志、档案、报纸杂志、文集等资料后，对于彭慕兰所论述的问题感到也有以下方面尚未述及，因而有值得笔者进一步研讨之处。

---

① 参见马俊亚：《国家服务调配与地区性社会生态的演变——评彭慕兰著〈腹地的构建——华北内地的国家、社会和经济（1853—1937）〉》，《历史研究》，2005年第3期，第4—5页。

首先，该氏是要探讨黄运地区是如何被建构为东部沿海腹地的，其主线在于黄河、运河，通过分析围绕黄河、运河治理而产生的国家政策的变化、服务的转型对社会、金融、生态和水患带来哪些影响？鲁西地区虽然受到黄河、运河很大影响，但黄河和运河并非是鲁西的全部，探讨鲁西是如何被建构成沿海地区的腹地，还需要考察除了黄河、运河以外的鲁西社会的其它地区和其它方面的情形。因而，笔者打算以鲁西近代社会作为研讨对象，更多探讨鲁西作为一个整体在 1855 年以后的社会状况。

该书虽然是要探讨黄运地区的社会情况，但对于近代黄河、运河到底对所在地区产生了哪些冲击并没有详加说明。本书则着重考察了黄河改道、运河停漕给鲁西社会、经济、城市、地理环境、地方秩序等各方面带来的变化，以及这种变化的后果。

第二，彭慕兰希望考察“曾被视为举足轻重的‘京师咽喉’的大运河，在沿海轮船和南北铁路的网络中地位一落千丈，人们对他们生于斯的地区的边缘化是如何做出反应的”，①但显然他在这方面做得还很不够。彭慕兰重点考察的是国家政策的转型对社会和经济的影响，对于地方精英和民众的应对活动也有涉及，如他论述了鲁西南和鲁西北地方精英对农业改良的不同策略，民众和乡村头面人物对生态危机和灾害的应对举措等。作为考察与黄河、运河水利治理相联系的社会背景，这些叙述已经足够了。笔者则希望将鲁西社会作为研究对象，从正面重点考察近代地方精英和民众在面临灾荒和变乱这样的社

---

① 〔美〕彭慕兰著，马俊亚译：《腹地的构建——华北内地的国家、社会和经济（1853—1937）》，北京：社会科学文献出版社，2005 年，《中文版序言》，第 1 页。

会危局时，他们是采取何种方式、方法、策略加以应对的。虽然近代鲁西已经被国家边缘化，但鲁西人并未感觉到自己处于边缘，相反，他们仍然认为自己处于中国的中原地区，是中国的中心，他们在灾荒和变乱中有着一套自己的生存伦理和经验。

第三，该书强调中国区域社会的发展与衰落取决于国家的政策。但自晚清以来，中央政府对黄运地区控制无力，地方绅士力量壮大，地位提升，地方士绅对于国家的政策或号召是积极响应还是消极待命抑或加以抵制？一句话，士绅是如何应对国家的。该书部分内容虽有涉及，但尚有进一步探讨的必要。笔者打算探讨鲁西士绅面对灾荒变乱的冲击，采取了哪些行动？他们如何处理同国家、民众以及他们之间的关系，他们的活动对于地方社会造成哪些影响？鲁西民众也并非消极被动，无所作为的，他们又是如何应对这些天灾人祸的？

第四，该书特别强调国家政策的变化对于黄运地区边缘化的影响。但就山东省而言，随着晚清地方督抚势力的坐大和北洋政府及国民政府时期山东的军阀统治，中央政令对于山东能有多大影响力不得而知，但无疑山东地方政府的施政措施对于其所辖下的黄运地区具有更为直接的影响力，乃至决定某些事件发展的走向。马俊亚认为，“在考虑国家政策转型对黄运的影响时，似应看到地方政府对中央政策的‘阻击’作用，以及为了自身的利益，地方政府对国家政策的歪曲。至少，把黄运社会生态的衰败全部归结于国家政策的转型，显得有些片面”。[①] 笔者认为，除了应考量山东地方政府对于中央政策的

① 马俊亚：《国家服务调配与地区性社会生态的演变——评彭慕兰著〈腹地的构建——华北内地的国家、社会和经济（1853—1937）〉》，《历史研究》，2005年第3期，第3页。

因应而产生的影响外，是否还应考量山东省政府自身的一些政策、法规、施政举措对于地方社会、经济和生态变化所产生的作用和影响。笔者考察了这时期山东省政府的某些举措对鲁西发展的影响，如菏泽县政建设实验县中山东省政府在实验县兴起和结束中的作用等等。

第五，在某些具体问题的结论上，该书中的观点有待商榷。如彭慕兰从农民追求利益最大化的生存经济学出发，认为鲁西南民众的美棉种植得不到推广的最大原因是鲁西南地方精英的阻碍和不合作政策，并推论说是鲁西南精英担心美棉的推广会损坏自身的利益。笔者认为，与其说农民在作物种植时追求利益最大化，不如说他们更注重把风险减少到最低限度，这更符合农民的生存伦理。鲁西南棉花种植面积减少的原因，笔者更多的是想从黄河改道后整个鲁西微地形的变迁上来说明，并认为地理环境的变化对于农作物种植具有更为直接的影响。

近年来对中国乡土社会研究颇有成就的著述还有杜赞奇的《文化、权力与国家：1900—1942 年的华北农村》一书，[①] 对冀—鲁西北地区的 6 个村庄进行了区域社会经济和文化分析。在书中，杜赞奇提出了“国家政权建设”和“权力的文化网络”作为贯穿全书的两个中心概念，重点研究 20 世纪前半期“国家政权的扩张，对华北乡村社会权力结构的影响”，“探讨中国国家政权与乡村社会之间的互动关系”。[②] 他通过分析“国家政权内卷化”，引入了“经纪”概念，通过分析“权力文

---

① 〔美〕杜赞奇著，王福明译，《文化、权力与国家：1900—1942 年的华北农村》，南京：江苏人民出版社，2004 年。

② 〔美〕杜赞奇著，王福明译，《文化、权力与国家：1900—1942 年的华北农村》，南京：江苏人民出版社，2004 年，第 1、4 页。

化网络”的构成因素——宗族、宗教、水利组织、市场体系和婚姻圈以及象征、信仰等方面，将国家政权、乡绅文化与乡村社会纳入一个共同的框架，从而进一步深化和细化了对华北乡村社会的研究。笔者注意吸收杜赞奇书中一些有益于学术研究的概念和观点，如“经纪制”、“权力的文化网络”等概念作为分析工具，同时对他未曾涉及的乡村建设实验县的一些情况加以补充，或证实或补充或修正其观点。笔者在文中将运用一系列资料证实杜赞奇所言的“保护型经纪”和“掠夺型经纪”在乡村社会中的存在，对于以上两种经纪的活动和作用给予解释说明；对于民国时期国家政权打破了乡村旧的权力文化网络而没有建立新的权力文化网络观点，笔者提出质疑，以资料证实乡村建设实验县中所建立的“同学会”实际上可看作是乡村新的权力文化网络的尝试；同时对杜赞奇书中一些微观论点提出质疑，如他提出频繁的土地交易是华北商品流通发展的产物，笔者认为这是农民贫困化，无法从其他渠道筹集资金的结果。因为在土地私有的年代，土地的占有量是贫富的标志，占有一定数量的土地是人人追求的目标。除非遭遇天灾人祸，为糊口保命，或生意破产，急需用钱，才忍痛割爱出卖土地。可以说，卖地是农民最无奈之下的选择。笔者还就杜赞奇所认为的“赢利型国家经纪”是指那些为国家权力所利用，但在一个不断商品化的社会中却没有合法收入的职员的观点加以修正，指出晚清和民国时期的知县应当看作是那种拥有合法收入的国家赢利型经纪。①

① 〔美〕杜赞奇著，王福明译：《文化、权力与国家：1900—1942 年的华北农村》，南京：江苏人民出版社，2004 年，第 28—31 页。

对中国公共领域研究颇有心得的历史学家玛丽·兰金指出，在清末民初，绅商活动的公共领域主要是在地方和乡村层面上，而不是在国家与城市层面上运作的。这与哈贝马斯所谈论的资产者公共领域——属于国家性与城市性现象迥然不同。按照玛丽·兰金的研究，公共领域的出现有三个先决条件：一是中央集权的放松，地方的需求——参与地方事务不再成为需要躲避的繁重义务，更多有声望的精英转向与地方福利相关的慈善行为，并以此巩固他们在地方上的名望。二是识文断字者的增多，扩大了合格学者的数量，使其大大超过国家科举考试以及官僚体制所能提供的职位，这就迫使受过教育的人们在更大的范围内界定受尊重的职业，并使得能够显示身份的标记更加多样化。第三个条件是在中国的一些地方，在社会和经济的支持下，出现了混血的绅——商精英。① 笔者赞同玛丽·兰金对中国乡村公共领域的论断，同时指出，鲁西公共领域的出现，除了上述三个条件外，地方军事化的加强，拥有武力的精英人物强势介入地方事务的管理——在这时期成为乡村中公共领域出现并进一步扩大的重要因素，笔者对于这种军事化的乡村公共领域进行了探讨。

除了同国外学者的对话外，笔者还注意到国内学者的研究成果，如秦晖提出了“黄宗羲定律”这一概念，②“黄宗羲定律”是明清之际著名启蒙思想家黄宗羲在总结中国从唐代直到

① 参见〔美〕玛丽·兰金：《中国公共领域观察》，黄宗智主编：《中国研究的范式问题讨论》，北京：社会科学文献出版社，2003 年，第 200—201 页。

② 秦晖：《“黄宗羲定律”与税费改革的体制化基础：历史的经验与现实的选择》，《税务研究》，2003 年第 7 期，第 2—4 页。

明末清初中国历代税制的基础上总结出来的。但笔者在研读晚清至民初这一段历史时，却发现这一定律对于晚清到民国时期的税制颇为适用。笔者对此时段鲁西的漕米征收和民国时期的附加做了详细论述。

基于以上所述，笔者打算在文中主要讨论以下问题：

第一，1855 年后鲁西的灾荒和变乱是如何产生的？1855 年前鲁西的社会发展是一种什么状态？近代的灾荒和变乱对地方社会带来哪些影响？

第二，面对灾荒和变乱这一危局，国家、地方政府、地方精英和普通民众是如何应对的？都是采取什么样的因应举措？在应对中地方精英和国家、地方政府、民众之间的关系如何？

第三，在地方精英和民众的应对过程中，有没有建立起有效的应对机制？他们的应对有什么特点？

为了解决上述诸问题，笔者打算对本书内容篇章作如下安排：

第一章论述明清时期（1855 年前）京杭大运河通航与鲁西城市商品经济的发展。

第二章叙述 1855 年后的黄河水患和其他气象灾害。第三章考察 1855 年黄河改道导致运河停漕，进而对鲁西的城市、工商业、交通运输业带来灾难性的影响，并探讨了运河对两岸农田、水利事业造成的损害。这两章是从灾荒史的角度，从环境因素来考察鲁西的变迁。

在鲁西遭遇如此重大的灾荒面前，国家、地方政府、地方精英和普通民众如何面对？第四章考察了漕运停止后国家对鲁西的重新定位和国家政策的战略转移，并分析这种策略对鲁西民众的生产生活和社会生态带来的影响和破坏；考究了晚清和民国时期的赋税征调进一步导致地方经济陷入困境。第五章考察了地方精英和普通民众面临灾荒的自救举措，对他们的反应进行了客观的描述和分析。

第六章考察了鲁西的兵燹匪患，这是近代鲁西社会变迁的“人祸”因素。第七章则探讨了在如此的变乱危局下，地方精英和民众采取的因应之策，并分析了这些对策对社会造成的正面和负面作用。

第八章以菏泽县政建设实验县为例，研究地方团体、精英和民众是如何对地方进行综合治理的，进而研讨国家、省政府、地方政府（民间团体）和地方精英、民众之间的互动关系。

第九章主要考察鲁西是如何从传统社会向近代社会转型的？探讨地方现代性发展的诸种面相。结语部分讨论地方有没有建立起一个有效的应对机制？期望进一步总结出地方应对的特点。

三、相关学术史回顾

本书研究涉及运河城市变迁、灾荒、变乱等方面内容，现依照各方面内容做一简要的学术回顾：

（一）运河和运河城市研究学术回顾。关于运河区域商品经济的繁荣和工商业城镇兴起的情况，以往学者进行了许多探讨。比较重要的论著主要有以下几部：景甦、罗仑著的《清代山东经营地主底社会性质》第一章对商业手工业城市如临清、济宁的商品流通和手工业发展进行了研究。① 李文治、江太新

① 景甦、罗仑著：《清代山东经营地主底社会性质》，济南：山东人民出版社，1959年。

在《清代漕运》一书中专章论述了清代漕运对运河流域商品流通和商业城镇的促进作用。[①] 关于运河区域城市研究的成果，傅崇兰的《中国运河城市发展史》是第一部较全面研究运河城市的专著，[②] 许檀在《明清时期山东商品经济的发展》一书中将临清、济宁、张秋、聊城、德州等山东沿运河城镇置于明清时期山东乃至全国市场网络中进行考察。[③] 近年对运河区域社会变迁进行研究的力作当推王云的《明清山东运河区域社会变迁》一书，[④] 该书对明清时期极具典型意义的山东运河区域社会变迁的历史动因、社会变迁的起伏过程和社会变迁的历史趋势及特点，进行了较为全面深入的考察和研究。围绕运河城市商品流通和城市兴衰发表的论文很多，有代表性的如许檀的《明清时期运河商品流通》对明清时期运河的商品流通进行了考察。[⑤] 王守中《山东运河城市兴衰鉴》从总结历史经验教训的视角，对山东运河城市的兴衰进行了考察。[⑥]

（二）灾荒史研究学术回顾。中国古代灾荒史研究的主要特征是对荒政的探讨，全面科学地研究灾荒史是民国以后的事情。现代灾荒史研究肇始于1920年代，《东方杂志》上发表了学者于树德、竺可桢的灾荒研究的论文。如于树德的《中国古

---

① 李文治、江太新著：《清代漕运》，北京：中华书局，1995年。

② 傅崇兰：《中国运河城市发展史》，成都：四川人民出版社，1985年。

③ 许檀著：《明清时期山东商品经济的发展》，北京：中国社会科学出版社，1998年。

④ 王云著：《明清山东运河区域社会变迁》，北京：人民出版社，2006年。

⑤ 许檀：《明清时期运河商品流通》，《历史档案》，1992年第1期。

⑥ 王守中《山东运河城市兴衰鉴》，于德普主编：《山东运河文化论文集》，济南：山东科技出版社，1998年。

代之农荒预防策——平仓、义仓和社仓》,[①] 研究仓储备荒问题；竺可桢的《中国历史上气候之变迁》,[②] 统计历史上水旱灾害的分布和次数；《论祈雨禁屠与旱灾》,[③] 论述古代和当时祈雨中的迷信现象和测雨的科学性。

1937 年由商务印书馆出版的邓云特（邓拓）的《中国救荒史》是一部迄今最全面系统的论述中国救荒史著述。全书分三编，第一编“历代灾荒的史实分析”，叙述了历代灾荒的实况、成因和影响，认为灾荒发展的趋势和特征是普遍性、连续性、积累性。灾荒的成因是由自然、气候变迁、地理环境等自然条件与苛政、战争、技术落后等社会因素共同造成的。灾荒的后果是造成人口的流移与死亡，农民起事、民族之间的战争等社会变乱，招致劳动力激减、土地荒废、国民经济的破坏而使经济衰落。第二编“历代救荒思想的发展”，论述了天命主义的禳弭论、消极的救济论和积极的预防论。第三编“历代救荒政策的实施”，叙述了巫术救荒、历代消极救荒和历代积极救荒政策等。

1980 年代以来，随着社会史研究的拓展和深入，学术界把灾荒问题作为社会生活的重要方面进行了深入探讨，并和政治、经济、思想、文化等联系起来作全面分析。近二十余年来灾荒史研究成果数量远远超过以前，方法上更为多样，视野上更为广阔。

中国人民大学李文海等学者自 1985 年起，组成“中国近

① 于树德：《中国古代之农荒预防策——平仓、义仓和社仓》，《东方杂志》18 卷第 14、15 期，1921 年。

② 竺可桢：《中国历史上气候之变迁》，《东方杂志》22 卷第 3 期，1925 年。

③ 竺可桢：《论祈雨禁屠与旱灾》，《东方杂志》23 卷第 13 期，1926 年。

代灾荒研究”课题组，对中国近代灾荒做了大量的资料整理和研究工作。先后出版了《近代中国灾荒纪年》和《近代中国灾荒纪年续编（1919－1949）》，① 汇集了自 1840 至 1949 年有关灾荒的大量原始资料；1991 年出版了《灾荒与饥馑：1840—1919》，是一部灾荒简史；②《中国近代十大灾荒》则是通俗性论著。③ 在《世纪之交的晚清社会》一书中收录了五篇社会灾荒方面的论文。④ 分别是《中国近代灾荒与社会生活》、《晚清义赈的兴起与发展》、《晚清诗歌中的灾荒描写》、《甲午战争与灾荒》和《清末灾荒与辛亥革命》。

夏明方著有《民国时期的自然灾害与乡村社会》是近年论述灾荒史的一部有影响力的著作，⑤ 作者鉴于农村与自然灾害关系的密切程度及其在旧中国社会中的主导性地位，以乡村为主轴展开，涉及乡村的环境、人口、农业生产力、生产关系以及社会秩序等几个方面，力求揭示民国时期自然灾害发生的状况、成因及其在乡村社会各层面的扩散过程。

王林主编《山东近代灾荒史》对 19 世纪 40 年代至 20 世纪 40 年代山东全省的灾荒情况进行了个案式的叙述。⑥ 如对该时段山东的旱灾、洪涝灾和其他自然灾害进行了概述，尤其

---

① 李文海等著：《近代中国灾荒纪年》，长沙：湖南教育出版社，1990 年。李文海等著：《近代中国灾荒纪年续编（1919—1949）》，长沙：湖南教育出版社，1993 年。

② 李文海，周源著：《灾荒与饥馑：1840—1919》，北京：高等教育出版社，1991 年。

③ 李文海等著：《中国近代十大灾荒》，上海：上海人民出版社，1994 年。

④ 李文海主编：《世纪之交的晚清社会》，北京：中国人民大学出版社，1995 年。

⑤ 夏明方著：《民国时期的自然灾害与乡村社会》，北京：中华书局，2000 年。

⑥ 王林主编：《山东近代灾荒史》，济南：齐鲁书社，2004 年。

对丁戊奇荒，1920年的旱灾与救济，对1927—1930年的天灾与人祸进行了重点剖析；对1855年黄河改道及清末黄河治理进行了研究，对1933和1935年的黄河水灾与救济进行了个案研究，对灾荒与民变的关系则以莱阳、海州、招远抗捐抗税运动为例进行了分析。并论述了灾荒与近代山东社会的关系，书末附有山东近代灾荒年表。

（三）兵燹和匪患学术史回顾。变乱包括兵燹和匪患两种情况，迄今为止，学术界对晚清及民国时期兵燹问题的研究尚嫌薄弱，研究成果民国时期论著主要有王寅生的《中国北部的兵差与农民》，[①] 许涤新的《捐税繁重与农村经济破落》主要探讨了兵差、军事摊派与农村经济的关系。[②] 王树槐的《清末民初江苏省的灾害》将灾害分为天灾人祸，天灾为自然灾变，人祸以匪患、兵燹为主，论述了清末民初江苏省的灾害。[③] 王方中的《1920－1930年间军阀混战对交通和工商业的破坏》对战争所导致的直接的兵燹进行了研究。[④]

对于近代中国土匪问题的研究，国内外已有许多论著从不同角度进行了诸多有益的研究。比较重要的如〔美〕菲尔·比林斯利著的《民国时期的土匪》，[⑤]〔英〕霍布斯鲍姆著的《匪

---

① 王寅生：《中国北部的兵差与农民》，南京：中央研究院社会科学研究所，1931年。

② 许涤新：《捐税繁重与农村经济破落》，《新中华》第2卷第3期，1934年6月25日。

③ 王树槐：《清末民初江苏省的灾害》，《“中央”研究院近代史研究所集刊》第10期，1981年7月。

④ 王方中：《1920－1930年间军阀混战对交通和工商业的破坏》，《近代史研究》，1994年第5期。

⑤〔美〕菲尔·比林斯利著，王贤知等译：《民国时期的土匪》，北京：中国青年出版社，1991年。

徒：秩序化生活的异类》,[①] 蔡少卿主编的《民国时期的土匪》,[②]《近代中国土匪实录》,[③] 王天亮的《土匪秘录》；[④] 史革新主编的《中国社会通史·晚清卷》等书籍；[⑤] 有关土匪研究的论文则更多。[⑥] 由于山东是民国时期华北地区匪患较严重的地区，对山东省的土匪问题也有不少学者进行了考究；对于土匪的个案研究成果很多，今不列举，以山东区域土匪活动而进行的研究成果也有了相当的积累，吕伟俊在其所著的《民国山东史》中对山东土匪情况也作了相当篇幅介绍，[⑦] 论文有吕伟俊、王耀生的《北洋军阀统治时期山东土匪成因浅析》,[⑧] 刘平的《会党与土匪》,[⑨] 徐树梅的《民初山东土匪的新特点》,[⑩] 辛业的《从社会调控功能的缺失看民初山东土匪的蜂

---

① 〔英〕霍布斯鲍姆著，李立玮、谷晓静译：《匪徒：秩序化生活的异类》，北京：中国友谊出版社，2001 年。

② 蔡少卿主编：《民国时期的土匪》，北京：中国人民大学出版社，1993 年。

③ 蔡少卿主编：《近代中国土匪实录》，北京：群众出版社，1992 年。

④ 王天亮：《土匪秘录》，广州：广东旅游出版社，1990 年。

⑤ 史革新主编：《中国社会通史·晚清卷》，太原：山西教育出版社，1996 年。

⑥ 主要有蔡少卿、杜景珍：《试论北洋军阀统治时期的“兵匪”》，《南京大学学报》，1989 年第 2 期；刘平：《清末民初的太湖匪民》，《近代史研究》，1992 年第 1 期；马烈：《民国时期匪患探源》，《江海学刊》，1995 年第 4 期；谭树春：《近代中国的匪患问题初探》，《求索》，1994 年第 4 期；李英铨：《辛亥革命时期土匪活动的反动性》，《中南民族学院学报》，1996 年第 1 期；张杰：《民国川省土匪、袍哥与军阀的关系》，《江苏社会科学》，1991 年第 3 期等。

⑦ 吕伟俊主编：《民国山东史》，济南：山东人民出版社，1995 年。

⑧ 吕伟俊、王耀生：《北洋军阀统治时期山东土匪成因浅析》，《烟台大学学报》(哲学社会科学版)，1997 年第 3 期。

⑨ 刘平：《会党与土匪》，《社会科学战线》，1999 年第 1 期。

⑩ 徐树梅：《民初山东土匪的新特点》，《江西社会科学》，2003 年第 7 期。

起》等。[①]

台湾学者吴慧芳著的《民初直鲁豫盗匪之研究（1912—1928）》，主要以直、鲁、豫三省的地方志为资料，对民国初年三地盗匪的时代背景，种类、巢穴与分布，组织、规律与隐语，武器、战术与习性，祸害及影响等方面进行了研究。[②]就内容而言，自然也包括这一时段鲁西的土匪。

四、研究方法、学术价值、主要创新点

本书拟以历史学、社会学、民俗学、历史地理学等多学科的理论和方法为指导，运用历史分析与逻辑分析相结合的方法进行个案研究和综合研究，对鲁西区域在晚清至民国前期八十余年的乡村社会生态和社会变迁作一深入的考察。

在研究方法上，本书试图以“自下而上”的视角对鲁西社会众生态进行研究，期望能以“同情理解”的方法对近代鲁西民众的社会活动进行考察。陈寅恪是近代最讲“同情理解”研究方法的学者，他说：“吾人今日可依据之材料，仅为当时所遗存最小之一部，欲藉此残余断片，以窥测其全部结构，必须具备艺术家欣赏古代绘画雕刻之眼光及精神，然后古人立说之用意与对象，始可以真了解。所谓真了解者，必神游冥想，与立说之古人处于同一境界，而对于其持论所以不得不如是之苦心孤诣，表一种之同情，始能批评其学说之是非得失，而无隔

① 辛业：《从社会调控功能的缺失看民初山东土匪的蜂起》，《理论学刊》，2006年第4期。

② 吴慧芳著：《民初直鲁豫盗匪之研究（1912—1928）》，台北：台湾学生书局，1990年。

阂肤廓之论。”[①] 对于古人立说需要用“同情理解”的方法，同样，对于近代民众生产、生活的研究也需要置于当时的政治、经济和地理环境等特定的历史条件下，探讨他们之所以如此行事，如此做人背后的深层原因，即他们为什么会这样做，这比起简单地以后见之明或当时人的精英眼光，简单化把一些行为归于“民性恶劣”，“愚昧无知”、“落后”等等，更能揭示历史的真相，明了历史表层之下的深层原因。

本选题对于鲁西区域社会史、山东区域社会史和华北区域（黄淮海平原）研究具有重要的学术价值。

首先，从选题上看，选择鲁西区域近代社会作为研究对象，并以大量翔实的档案、地方志等资料来分析国家、地方政府、精英和民众之间的社会互动关系，是运用地方性资料来解释区域社会史的尝试，也试图以此文填补国内对近代鲁西区域社会史研究之不足。自 1980 年代以来，以现代化视角研究山东区域发展的著述较多，因胶东沿海属于中国近代化发展较早和经济较发达的地区，故对于东部沿海地区的区域研究成果较多。比较典型的如张彩霞著《海上山东：山东沿海地区的早期现代化历程》。[②] 因鲁西是山东的经济欠发达地区，对鲁西区域研究相对于东部而言显然要薄弱得多，但恰恰是这一区域引起了西方学者的关注，如周锡瑞、彭慕兰等人对鲁西区域研究都倾注了很多心血，他们的研究观点对于笔者无疑有很大启发。彭慕兰提出的“一个地区的发展造成其他地区系统的不发

① 陈寅恪：《冯友兰〈中国哲学史〉上册审查报告》，《金明馆丛稿二编》，上海：上海古籍出版社，1980 年，第 247 页。

② 张彩霞著：《海上山东：山东沿海地区的早期现代化历程》，南昌：江西高校出版社，2004 年。

展”和“国家服务重新配置”的观点，周锡瑞对鲁西北和鲁西南社会结构和民俗文化差异的分析，尤其是从地理因素分析两地士绅的多少和差异等，视角比较新颖。但周锡瑞研究重点在于分析义和团运动的起源，彭慕兰则重点论证其腹地构建的理论，本书在论述鲁西社会变迁过程和原因时，注重和学术界名流的对话，以历史史实或证实、或修正其理论或观点。试图弥补国内鲁西区域社会史研究不足的现状。

其次，选择鲁西区域作为研究对象，对于研究近代中国的整体形象具有重要借鉴意义。中国自进入近代以来，产生了依靠开埠通商而发展繁荣起来的如上海、香港、青岛等港口城市，但这些新兴都市能在多大程度上代表当时中国的形象？恐怕很难做出定论。但可以肯定地说，中国大多数地区是同鲁西一样处于衰敝之中。因而，相对于中国的近代化城市问题研究，鲁西农村和农民问题更能称得上是真正的中国问题。对鲁西现代性的分析和国家、地方、民众应对措施的探究，对于研究同时期中国社会和国家、地方、民众之间的互动博弈关系都能够提供借鉴。

第三，本书研究涉及领域广泛，不仅涉及区域社会史研究，还涉及历史地理学、民俗学研究，涉及灾害史、经济史、思想史、新政治史、环境生态史等诸多学科领域，本书试图运用多学科、交叉学科的知识方法对区域社会现象做出解释，并建构近代鲁西社会发展的面相。

本书创新点主要体现在以下几个方面：

第一，本书依照“由下而上”的社会史研究视角，对鲁西地方精英和民众因应灾荒变乱的举措进行了精心梳理，既注意研究社会精英的活动，又注重对普通民众的日常生活进行研讨。本书特别着重对鲁西下层大众文化和衣食住行等大众生活的描述分析，注意把人的活动放在特定的地域空间中加以认识，这是本书最重要的创新之处。

第二，本书对此时段地方同中央的关系，地方精英同国家及地方官府的关系，广大民众同官府的关系，民众同士绅的关系进行了细致探讨，创造性提出了地方动乱是国家社会控制成本低廉化的产物。

第三，本书对鲁西乡村建设实验县“菏泽模式”的考察中，对近代乡村社会变迁中国家、精英、民众关系变化做了深入透视，为社会转型中国家对地方的整合，乡村自救和重建的途径、方式、步骤提供了一个富有典型意义的案例，对菏泽实验县的研究具有填补空白的意义。

第四，本书创造性的论证了鲁西社会在对付灾荒和变乱上，虽有某些组织性，但总体上没有建立一个有效的应对机制；认为传统性和现代性交织构成鲁西区域社会的面相，影响着该地区的发展，认为国家社会控制的无力（行政不作为），资金投入的严重不足造成了鲁西区域的持续动荡，从而总结出鲁西发展迟缓的深层次原因。

五、资料及运用

本书运用的资料有档案资料，主要有第一历史档案馆、第二历史档案馆、山东省档案馆及菏泽市档案馆已出版发行的资料或馆藏档案，以及教务教案档山东部分；报刊资料，主要有《申报》、《大公报》、《晨报》、《民国日报》、《东方杂志》以及《民众周刊》、《山东省民众教育月刊》、《农民周报》等二、三十年代的报刊资料；地方志资料，主要有鲁西各县县志、乡土志六七十种；调查资料，主要有1934年《山东政俗视察记》、《中国实业志·山东省》等，此外还有碑铭资料、文集、口述资料、前人的相关著述等。一般说来，碑铭、档案资料是对历史事实的原始记录，阅读碑铭和档案资料可以使我们“深入历史现场”，获得对于历史场景的真切感受；报刊资料则有助于我们对事件本身、事件发生背景的了解和与事件相关的其它问题的认知；地方志则为我们提供了一个地方在某个历史时期所发生的事件和史实，为我们纵向了解一个地方的全貌提供了多方面的资料；前人相关的著述使我们不仅能了解对某个问题的研究现状，还能够给我们提供资料和观点上的借鉴和对话。对于口述资料，笔者在运用时持谨慎态度，如山东大学义和团调查资料系调查者对当事人的直接调查，并已出版发行，但一些人的细节回忆常常会出现和另外一些人不符的情况，笔者对此有鉴别地加以运用，1950－1960年代的许多口述资料也带有那个时代的色彩；对于笔者平常所搜集到的一些口述资料，因笔者研究的是近代早期（1855—1937）的历史，亲历这段历史的当事人的口述资料已经无法得到，笔者搜集口述资料多系对历史上曾经发生的某些事件延伸体的回忆；现实中的许多遗存、遗迹都能证明过去历史上所发生的事件，口耳相传的资料有时也能和这些遗存、遗迹相互证明；但终因这些资料并非当事人所亲历，笔者在运用这些材料时，多把它放在注释中作为对某些问题或观点的说明或佐证。对于一些文献资料，笔者也不是一拿来就加以运用，而是在分析鉴别的基础上批判地加以运用。笔者希望以上述诸种史料交互证明，来重构鲁西灾荒、变乱和当事人应对举措的场景，并进而探讨鲁西作为“内陆中国”、“乡村中国”和“沿海中国”、“都市中国”发展不同的面相和原因，分析近代鲁西社会变迁的趋势和动因，期冀或许能为今天仍处于变迁之中的鲁西社会提供某种历史启示和警戒。

第一章　京杭大运河与鲁西沿岸城市

如果就今天的经济发展水平来考察鲁西的话，鲁西的菏泽市、聊城市和济宁市，尤其是前两个市所辖各县，无疑是山东的经济欠发达地区。但并不是说，鲁西从来就是经济落后地区。正如我们在绪论中所述及的，鲁西自古就是中华民族的发祥地之一，是经济文化发展较为先进的地区，只是到了近代才走向了衰敝。我们所要考察的就是自 1855 年黄河决口之后到 1937 年鲁西的社会、政治、经济发展情况，但要想了解 1855 年后的鲁西，首先就要对 1855 年之前，具体说就是对明朝和清前期的鲁西发展状况有一个大体认知。本章着重解决以下问题，即鲁西是在一个什么基础上发展到近代的？京杭大运河对鲁西社会经济起到什么作用？

一、京杭大运河与鲁西商品流通

鲁西平原由于京杭大运河的开通和南北贸易的兴盛而在明朝和清前期趋于繁荣。京杭大运河是自元代定都北京以来而修建的连接北方政治中心和南方经济区的新运河，元、明、清三代京师不仅供应“百官六郡之食”所需的数百万漕粮需要南方各省北运，就是“公私一切应用货物”也多仰给东南，[①] 故保证漕粮及各项物资的运输畅通至关重要。元代开凿了会通河和通惠河，但自淮安至徐州一段以黄河作运道，由于河水多沙，黄河又经常泛滥，故采取了河运和海运两种方式以保证京师的粮食供给。明清两代修运河，主要是解决山东境内的会通河水源和避开黄河作运道的问题。明永乐九年，工部尚书宋礼受命重修会通河，他采纳白英老人“南旺导汶”的建议，即使汶水流入南旺湖，利用南旺湖这一南北水脊的有利地势，将汶水分成两股，使河水的 6/10 北流入临清，4/10 南流入泗水，解决了会通河水源问题。清代在明朝开凿的南阳新河和泇河运河的基础上，又开凿了中河，使运河最终同黄河分离而自成体系，终于形成了今天贯通南北的京杭大运河。

南北大运河重新畅通后，海运、陆运皆罢，漕粮全部改由运河输往京师，这条被称之为“京广大水道”的流通路线成为全国漕运和南北货物对流的运输线。而由涡、颖等水往来南北的客商行旅，也纷纷改道大运河，自淮安、清江经济宁、临清赴北京。在鲁西运河沿岸，济宁、聊城、临清、德州等一批商业城市和张秋、谷亭、南阳、夏镇等等一批工商业市镇兴起，它们以运河漕运为依托，以运河所经广大地区为腹地，成为南北物资贸易交流的重要场所，形成了鲁西以运河为中心的经济贸易圈。济宁、聊城、临清作为运河沿岸的重要城市，“南北货物附载而至，达官富商亦随漕而引”。[②] 这条贸易网络北接卫运河可直达京津，南与江淮运河相连而抵苏杭。明清朝廷对

---

① （明）朱国祯：《涌幢小品》，卷二十六，北京：中华书局，1959 年。

② 民国《临清县志》卷六，疆域志，河渠。

运河的疏浚虽然是以漕运为目的，“但大运河以其贯通南北，联结五大水系的优势，实际上成为南北物资交流的大动脉”。① 当时南北方的商品交换有相当大的一部分是通过这条运河贸易通道来进行，同时延展到东西两侧的一些地区。自明代中叶起，运输漕粮的船只，国家允许可以挟带一定量的“土宜”在沿河城镇贸易，“免其抽税”，以补贴运军生计及运粮脚价之不足；后来“土宜”的限额逐渐增加，范围也不断扩大：明弘治年间规定每船不得超过 10 石，嘉靖年间允许不过 40 石，万历时增至 60 石。清代从康熙时的 60 石，雍正时增至 100 石，乾隆时又增至 150 石。并从乾隆时期准许回空漕船可免税揽载商货；商船可捎载免税货物二成，各种船只附载南北土特产品，往来运贩，起着沟通南北贸易的作用。

二、京杭大运河与鲁西城市

运河流经山东近千里，运河的贯通和漕运的兴盛，对山东运河沿岸城市经济的发展起到很大促进作用，极大提高了鲁西的政治经济地位。明末清初著名军事家、历史地理学家顾祖禹在论述山东地理位置时即特别重视漕运的因素，“山东之于京师，犬牙相错也，语其形胜则不及雍梁之险阻；语其封疆，则不及荆扬之旷衍；然而能为京师患者莫如山东。何者？积贮天下之大命也。漕渠中贯于山东，江淮四百万粟，皆取道焉”。山东境内的运河长约八百里，如果“有不法之徒乘间窃发，八百里

① 许檀：《明清山东商品经济的发展》，北京：社会科学出版社，1998 年，第 26 页。

中丸泥可以塞也，蚁孔可为灾也。吾虞咽喉忽焉而中断耳”。[①]

这是从战略角度说明山东对于明清时期京师的区位重要性，鲁西恰恰处于运河经过之处，故国家对鲁西的重视也可想而知。鲁西各地也因国家的重视在经济上获得发展，尤其是沿运河两岸的城市经济和商品流通得到迅猛发展，“亦数百年而不堕”。[②] 具体说来，京杭大运河开通对鲁西城市地位的提升和经济上的促进作用主要体现在以下几个方面：

（一）提高了城市的地位

京杭大运河的畅通，极大地提高了沿岸城市和城镇的地位和价值。使得一些原来名不见经传的城镇获得迅猛发展，成为在山东、乃至华北和全国都首屈一指的大城市，如临清、济宁等。

临清位于鲁西北，汉朝时在这里置清渊县，北魏大和二十一年（497 年）改称临清县，据说因临近清河（亦称卫河）而得名，“隋唐以来，废置相寻，未为要地”。[③] 元时临清属濮州，濮州辖上县一，中县二，下县三，临清属下县，由此可见临清县的地位之低。元代会通河开通后与卫河（御河）交会，在这个交会点上，“商贩之夫，日益屯聚”，成为“南北水运之枢”，因其位于会通河之侧，因名会通镇。经过几十年的发展，会通镇繁华超过其县城曹仁镇，明洪武二年（1369 年）遂迁县治于此。永乐十三年（1415 年），大运河重浚成，海陆运俱

① （清）顾祖禹撰，疏达注：《顾氏读史方舆纪要京省纪要详注》，山东方舆纪要序，上海：商务印书馆，1933 年，第 16 页。

② 侯仁之著：《续天下郡国利病书·山东之部》，北平：哈佛燕京学社，1941 年，第 21 页。

③ 乾隆《临清直隶州志》卷二，建置志。

废，临清在南北转输中的地位益形重要，成为“南北要冲之地，京师之门户，舟车所至，外连三边。士大夫有事于朝，内出而外入者，道所必由，商旅之所走集”之地，①“岁漕江南米粮数百万石，由此输往京师，每岁漕船数帮，往返过境，不仅南北货运可以附载，而至达官富商皆取道于此”。临清商业繁华的程度不仅大大超过与它平级的州城，就是与当时北方的省城、府城相比，也毫不逊色。明清时期，临清成为江北五大商埠之一，出现了“繁华压两京”的盛景。清乾隆皇帝下江南时，曾写下了“临清傍运河，富庶甲齐都”的诗句。

济宁属鲁西南重镇，夏殷时为古仍国，周为任国。秦汉以后多为任城或亢父县。济宁在明代不过是兖州府属下的一个散州，但在元代会通河通航后，凭借其“南控徐、沛，北接汶、泗”的地理位置，很快成为“东省一都会”，②“济当河漕要害之冲，江淮百货走集，多商贩，民竞刀锥，趋末者众”，③“济当南北咽喉，……我国家四百万石漕艘皆经其地，士绅之舆舟如织，闽广五粤之商持资贸易鳞萃而猬集”，④是鲁西南地区与江南贸易的中心。鲁西南地区的土产一般要先在济宁集中，然后才运往镇江，转至长江乃至珠江流域。如峄县的煤炭经由济宁转运江南地区，⑤鲁西南各县的陶布通过运河远销珠江流域。⑥南方的竹材、木材及江西的瓷器、浙江的砂糖等则经过

---

① 乾隆《临清州志》卷二，建置志。

② 康熙《济宁州志》卷八，艺文志。

③ 康熙《济宁州志》卷二，疆域志，风俗。

④ 康熙《济宁州志》卷八，艺文志。

⑤ 光绪《峄县志》卷七，物产略。

⑥ 山东县政建设实验区长官公署编：《山东县政建设实验区实施进程辑要》，济宁，1935 年。

运河运入济宁，再由济宁转发鲁西南各县区。职是之故，济宁成为当时北方最大的货物集散中心。

在清代，山东共设有三个直隶州，其中济宁和临清是在清初设立的，"乾隆四十一年（1777 年），并升济宁临清为二直隶州。度其析置原因，政治背景而外，当以地方经济为主"。①胶州是在清末（1904 年）随着东部经济的发达而设立，由此也可想见济宁和临清作为州城在山东城市中的地位之高。

济宁和临清分别是山东西南部和西北部的政治、经济中心。在戴维·D·鲍德威的《中国城市的变迁：山东济南的政治与开发（1890—1949）》一书中，作者认为山东在 19 世纪有四个经济贸易圈，分别以济宁、临清、济南和潍县为中心。若依照施坚雅的中国传统城市地位划分理论为依据，其中前三个城市属于三等城市，而潍县在 19 世纪后半期也成为三等城市。在这四个城市中，济宁和临清属于鲁西，是运河沿岸城市。济宁控制着整个山东西南部和江苏及河南北部部分地区的商业，临清则是在山东西北部和直隶南部居支配地位的贸易城市，它的贸易量在鼎盛时期，可与天津相媲美。在 1850 年代之前，鲁西内陆地区是山东人口最稠密经济最繁荣的地区。②

（二）促进了工商业的发展

运河的畅通，形成了中国历史上规模巨大的南北物资大交流，打破了地域商业的闭塞状态，密切了同全国市场的联系。

---

① 侯仁之著：《续天下郡国利病书·山东之部》，北平：哈佛燕京学社，1941 年，第 21 页。

② David D. Buck, Urban Change in China: Politics and Development in Tsinan, 1890～1949, The University of Wisconsin Press, 1978.

由运河畅通而兴起，并呈现空前繁荣的重要商业城镇如济宁、临清、张秋等，百业俱兴，手工业发达，商业气息浓重。

济宁凭借运河之利，迅速发展成为鲁西南最大的商贸中心和手工业中心。河道帆樯如林，两岸货积如山，商贸活动在济宁蓬勃发展。各行业店铺行栈形成专业规模，划区而设。如粮行在运河西岸的坝口及越河东口两岸；土产杂货在运河东岸的姜店街；土布市场在慈登寺；细布摊点在天井闸河南；红炉业分居河北；竹器作坊集中在竹竿巷；草西市在顺河门；铜锡瓷器及烟丝香料在河南税务街及永丰巷；湖鲜鱼市在小闸门；绸布、百货集中在南门及瓮城内。大小店铺排列在济宁角尺形的十里运河两岸，热闹非凡。清代济宁大小店铺行栈已有三四百家，日营业额白银十万两以上，零售和小批发商达千户以上。济宁发达的商业和手工业也有力带动了周边各州县农、商、牧业的发展。

济宁皮毛业的兴盛刺激了各县饲养业的发展。清光绪年间济宁大皮毛作坊就有 20 余家，资金达白银 20 万两，雇工百余名，居全省之冠。鲁西苏北大批小商贩及津沪洋行云集济宁，每天成交额达白银 10 万两。

济宁酱菜果品也曾独领风骚。济宁玉堂酱园始建于清康熙五十三年（1714 年），当时苏州人戴某常沿运河往返于各州县经商贩运，在看到“济宁州赛银窝，生意兴隆买卖多，南门口枕着运粮河，交通方便行商多”之优越条件后，在吉市口北运河买了一块地基，盖了三间大厦门头，开了个小酱菜铺，取名“姑苏戴玉堂”。后因资金周转困难无力经营。由冷长连、孙玉庭联合购买后，更改为“姑苏玉堂”。在道光年间派人到江南学艺一年多，酿制成具有南北合璧之独特风味的酱菜。进一步扩大经营，拥有作坊数百间，产品五十余种，畅销大江南北，在光绪年间获得慈禧太后的奖赏，称为“贡菜”，从此营业额随着知名度的提高一再攀升，产品除行销山东外，还远销京师、直隶、河南、江浙、安徽等省。

济宁还是山东最大的竹器市场。竹器业在明末已有了一定规模，竹器作坊和竹器店铺一般由一家经营，边加工，边销售。清末济宁城区有竹器作坊一二十家，形成了竹器加工生产一条街，即广为人知的“竹竿巷”。其他如盐、茶、红炉、铜、锡、木刻等行业在鲁西南也久负盛名。如济宁红炉业作坊在清末达到一百多家，出现了一批叫响的品牌产品，如“呼噜”菜刀、“天字”修足刀、“立字”批铲、“望字”剃头刀、“王麻子”剪子、“三耿”钢货等，驰名鲁、苏、豫、皖、晋数省。

临清以运河漕运为依托，在明清时期商业发展达到鼎盛，正如县志中所言“至元明建都燕京，全国经济端赖河运，临清处汶卫流域，每届漕运时期，帆樯如林，百货山积。经数百年之取精用宏，商业遂勃兴而不可遏”。临清的商业中心主要集中于土城中，“在其盛时，北至塔湾，南至头闸，绵亘数十里，市肆栉比，有肩摩毂击之势”。①

临清还是明清时期运河沿岸最重要的粮食运转枢纽。大运河贯通后，临清仓储日多，所储粮食，主要来自江淮地区和河南。宣德四年（1429），朝廷命“应天、常、镇、淮、扬、凤、太、滁、和、徐民运粮二百二十万石于临清仓”，不久又命

① 民国《临清县志》卷八，经济志，商业。

"南阳、怀庆、汝宁粮运临清仓"。① 由于漕粮不断增加，到成化年间，临清仓已成为运河沿岸的第一大仓，被称为"常盈"仓。

临清是明清朝廷最重要的税收来源之一。临清的税收有两项：一是商税，二是船税。在明代诸多钞关中，大多只对过往船只收取"船料"，"惟临清、北新则兼收货税，各差御史及户部主事监收"。② 由于临清钞关兼收"船料"和货税，因而税收数额远高于其它钞关。万历年间，临清钞关商税总额达到八万三千多两白银，居全国八大钞关之首。③ 由此可见其商品流通规模之大和商业之繁荣。此时临清繁盛的商业行业主要有绸布业、杂货业、北果业、铁货业、陶瓷业、粮食业等。尤以丝绸业规模为最大，当时城内有布店 73 家，绸缎店 32 家，全年布匹销售量不下百万匹以上，绸缎销售量也相当可观，是当时北方地区最大的纺织品贸易中心。

临清的手工业在明清时期同样发达。临清是明清时期沿运河地区规模最大的皮毛产品加工中心，在清雍正五年（1727 年）临清皮毛产品成为贡品，清末临清以缝皮为生者发展到千数百户，作坊和铺子达七十多家，生产规模浩大，为临清三大特产之一。

制砖业是临清又一著名手工业。砖窑主要分布在汶、卫二河沿岸，逶迤六十余里。明清两代北京修建的皇宫、各大殿及皇帝陵寝，绝大部分都是采用的临清砖。临清砖通过运河源源不断地解往京师，同时又通过运河将东昌府属各州县的薪柴源

① 《明史》卷七十九，《志》五十五，食货三，漕运。

② 《明史》卷八十一，《志》第五十七，食货五，商税。

③ 《续文献通考》卷十八，征榷一。

源不断地“运送各窑”。如果没有运河这一方便运输的有利条件，临清制砖业是不可能发展到这么大规模的。

张秋的地理位置非常特殊，它位于东阿、寿张、阳谷三县交界处，为三县共同管辖。虽然张秋在建置上只不过是一个镇，但因其位于临清、济宁两大商业城市之间，大清河又在此与运河交汇，遂成为水道要途，其规模非但同级的城镇不能相比，就连一般的州城、县城也只能望其项背。[①]《阳谷县志》中记载：“在昔繁盛之时，航桅林涌，商贾云集，非三县市所能及也。”[②] 当时邑人于慎行在《安平镇志序》中写道，张秋“北二百里为清源（临清的古称），而得其贾之十二；南二百里而为任城（济宁的古称），而得其贾之十五；东三百里而为泺口（在今山东济南，当时为山东盐运枢纽），而盐荚之贾于东兖者十而出其六七”。[③] 道光《东阿县志》中也说，张秋“都三邑之中，绾毂南北，百货所居，埒似济宁而小”；“五方商贾辐辏并列肆河上，大较比临清而小”。[④] 当其全盛之时，镇城有九门九城厢、七十二条街、八十二胡同。其中主要街道多以交易品名称命名，如米市街、糖市街、柴市街、果市街、竹竿巷等。江南所产竹木、柑橘、稻米、桐油、丝绸、茶叶等，多在此卸船，由陆路运销山西、陕西及本省各地。本地所产乌

---

① 当时东阿县城城周四里一百三十步，泰安州城城周七里六十步。分别见道光《东阿县志》卷五，建置和乾隆《泰安府志》卷六，建置志。

② 摘自民国二十六年稿本《增修阳谷县志》第一册，政协阳谷县委员会李印元、郑清铭编：《阳谷文史集刊》，聊城：聊城市新闻出版局，1999 年，第 457 页。

③ 于慎行：《安平镇志序》，见顾炎武《天下郡国利病书》第二、七、八三册，四部丛刊本。

④ 道光《东阿县志》卷二，方域志。

枣、阿胶等土特产及手工业制品，以及产自山东沿海的海盐等，亦由此装船，运销南方各省。张秋镇成为鲁西主要运河码头及货物集散地之一。康熙年间，林梵、马之骊作《张秋志》，述及当时盛况，有“镇当南北孔道，水路要津，船舻云集，轮蹄纷沓，五方商贾辐辏”之语。①

发达的工商业和便利的交通，使济宁、临清等城市成为山东西部的中心城市，带动了周围地区农村商品经济的发展，而农村商品经济的发展又反过来为城市的繁荣奠定了坚实基础。

（三）带动了城市腹地经济作物的专业化种植

明清时期，山东运河地区农业生产的商品化有了长足发展，并对社会生活产生了积极影响。这时期鲁西的经济作物主要有棉花、烟草、桑麻以及果树栽培，我们以棉花和烟草为例说明这时期鲁西经济作物的专业化种植及其商品化趋向。

鲁西南棉花生产的繁荣带动了济宁棉花和棉布贸易的发展。反过来，济宁棉业流通的兴盛更进一步提高了农民植棉的兴趣。根据万历《兖州府志》记载，本府“地多木棉”，“木棉转鬻四方，其利颇盛。”② 本府所属 27 州县都有植棉，其中尤以宁阳、滕县、峄县、东平、平阴、东阿、阳谷、汶上、金乡、巨野、郓城、定陶、曹县等地植棉为盛。郓城“土宜木

① 转引自张万知，王文岩：《运河名镇张秋》，李印元、郑清铭编：《阳谷文史集刊》，聊城：聊城市新闻出版局，1999 年，第 465 页。

② 万历《兖州府志》卷二十五，物产。

棉，贾人转鬻江南，为市肆居焉。五谷之利，不及其半。”[①] 曹县植棉之利“几与九谷平分轻重”。[②] 随着植棉业的发展，棉布业、棉花贩运业也得以发展，如汶上县“漕河以西，地多植棉”，[③] 嘉靖以后，纺纱织布大兴，“河西之乡纺织之”。[④] 定陶县“所产棉布为佳，他邑皆转鬻之”。[⑤] 曹县、定陶所产“陶布”，行销各地，远至珠江流域。在济宁，设有专门经营棉花和棉布的棉花市街。来自江淮的商人在这条街上设有门市，从事趸运。在明代后期，山东运河地区生产的“北花”，通过运河大量“泛舟而鬻诸南”，[⑥] 济宁成为棉花和棉布贸易的大宗货品集散地。

随着鲁西临清、聊城及张秋镇商品流通的活跃和商品经济的发达，东临地区（东昌府和临清直隶州）棉花、烟草及果木等经济作物的种植，也呈现出专业化倾向，促进了鲁西平原商品经济的发展。

东临地区属于黄河冲积平原，土质沙壤，地势平坦，日照充足，适宜植棉。嘉靖《山东通志》记载，山东棉花种植“六府皆有之，东昌尤多”，山东省虽然六府都植棉，但93%集中在兖州、东昌和济南三府，东昌府已成为山东省最主要的棉产区了。《东昌府志》及其下属各州县的县志中也都记载了各县种棉情况。如光绪《高唐州志》记载：“棉花为州民恒产”，又

① 乾隆《曹州府志》卷七。

② 康熙《曹县志》卷二，物产志。

③ 万历《汶上县志》卷七，杂产，物产。

④ 万历《汶上县志》卷四，政纪志，风俗。

⑤ 万历《兖州府志》卷四，风土志。

⑥ 徐光启：《农政全书》卷三十五。

引其旧志云："货以木棉，甲于齐鲁"，可见在明代高唐州棉花的质量就在山东名列前茅了。在濮州，"土之高者以十计，其二、三率莳木棉"，① 棉田已占地势高（适宜棉花生长）土地的十分之二三，这一比重也大致反映了其它植棉县的棉田所占比重。

随着植棉面积的扩大发展，在一些植棉发达的州县，陆续出现了以商业性植棉为目的的棉花种植大户。在濮州嘉靖时出现了"有万亩之家"的植棉大户，② 种植如此多量的棉花，显然已经不再为了自用，而是欲"转鬻四方"，以赢利为目的了。

相应的，随着棉花的大量生产，也出现了专门经营销售棉花的商人。如《濮州志》录其旧志言，本州人许卫，"本中人之家，素善营财。弘治初年，岁岁丰稔"，其"境内多木棉，亩收二百斤"，他便将其钱财，在春天贷给植棉户，秋收其棉花作利息，"百钱可博二十斤"，于是他"累木棉数万（斤）"。到冬季，他又"以木棉易"，委托别人"运京边"出售，其"利十倍之"。

岳玉玺在《山东运河文化的历史考察及其借鉴意义》一文中指出鲁西运河地区的棉花种植对于当时的社会经济生活产生了三个方面的积极影响：其一，促使社会分工的发展。首先是，由于棉花的大量上市，使一部分农民脱离农业，转化为商人，专营棉花贩运。其二，扩大了山东运河地区与全国的经济交流，促进了商贸的进一步发展。他论证：由于"山东运河地区的棉花大量上市，吸引了全国各地特别是棉织业起步较早的

---

① 嘉靖《濮州志》卷二，食货志。

② 万历《濮州志》卷二，风俗志。

‘江淮贾商’接踵而至，他们‘列肆赍收’，并‘方舟而鬻于南’，……这又刺激了山东运河地区的棉织业的产生和发展。其三，植棉业的发展，使山东运河地区对商品粮的需求量不断增加。他举出临清为例，临清州原来本是传统的谷物产区，但是到清乾隆时，竟出现了‘地产谷不敷用，尤取资于商贩’的现象。出现这种现象的原因，就在于该州的植棉面积扩大，种粮面积缩小；专营棉花种植的棉户增加，从事棉花经贸、贩运、加工、纺织的人不断增加，这些人不种粮，而需商品粮供应。其四，植棉业的发展，影响到一部分地主富商投资观念的转变。由于植棉能‘多获其利’，地主富商资金投向不再是发放高利贷或购买土地，而是投向植棉业，春贷款而秋收棉，这不仅对他本人，而且对植棉业的发展都有利”。①

烟草交易也是济宁和临清商业贸易之大宗。烟草原产美洲，自明万历年间传入我国后，最初仅在南方沿海一带种植。因利润丰厚，在运河地区种植范围不断扩大。明末济宁人杨士聪在《玉堂荟记》中记载，烟草“北土亦多种之，一亩之收，可敌十亩，乃至无人不用”。② 清代烟草在鲁西广泛种植，东阿县“厥田膏沃”多“产烟叶”，③ 滋阳则“至今遍地栽焉”。④ 康熙时诗人查慎行从汶上到济宁，所见一路大田“屑草半为烟”。⑤ 烟草种植在鲁西南已呈现出排挤粮食作物，专业化生

① 岳玉玺：《山东运河文化的历史考察及其借鉴意义》，于德普主编：《运河文化（山东）文集》，济南：山东科学技术出版社，1998年，第18页。

② （明）杨士聪撰：《玉堂荟记》，上海：上海古籍出版社，1996年。

③ 道光《东阿县志》卷二，方域志。

④ 康熙《滋阳县志》卷二，人民部。

⑤ 乾隆《济宁直隶州志》卷二十三，艺文志。

产经营的趋向。济宁和兖州所产的“济宁烟”和“所烟”与“闽烟”、“川烟”等相提并论，成为全国名牌。当时济宁“以烟叶为大宗，业此者六家，每年买卖至白金二百万两，其工人四千余名”。① 从济宁烟草加工业所拥有的人手规模来看，已是具有较大规模的手工工场了。

经济作物在运河地区的广泛种植，对于促进本地区社会经济的发展变化起了重要作用。根据陈冬生的研究，其影响主要体现在以下几个方面：

第一，促使了商品性农业经济在运河地区的兴起发展，加速了农产品的商品化转化，并为城乡商品的交换提供了丰富的商品资源。第二，随着经济作物专业化经营的出现，本地区的加工业也相应兴起发展，特别是有些经济作物的加工业，开始出现脱离农业的趋势，而成为独立的生产部门，社会的分工明显扩大。第三，经济作物的种植发展，可使农户获得较高的经济收益，也大大增强了本地区的经济实力。②

（四）吸引了各地商人、商帮的到来

便利的交通，发达的工商业经济，丰富的农业商品资源，吸引了大批商人、商帮来到鲁西从事百货转输，或坐地经商。济宁、临清商业发达，商人众多，自然毋庸置疑，聊城的繁荣则主要得力于外地商人、商帮来此经营。我们以聊城的山陕商人为例来说明外地商人对于鲁西商品流通的作用。

---

① （清）包世臣：《安吴四种》卷六，闸河日记，台北：台湾文海出版社，1968年。

② 陈冬生：《明清山东运河地区经济作物种植发展述论》，于德普主编：《运河文化（山东）文集》，济南：山东科学技术出版社，1998年，第178－180页。

相对于济宁和临清的商业而言，聊城发展起步要晚，并且聊城的商业，是由外省人——山西和陕西商人占据了主导地位。山西商人到聊城经商，大约始于清初。据聊城旧米市街《太汾公所碑》记载："聊摄为漕运通衢，南来客舶络绎不绝，以吾故乡之商贩云集焉，而太汾两府者尤伙。自国初之康熙间来者踵相接，侨寓旅社几不能容。有老成解事者议立公所，谋之者众，佥曰：'善'。捐厘醵金购旧宅一区，因其址而葺修之，号曰太汾公所。"① 由此可知，山西商人是在清初开始到聊城经商的，到康熙年间因人数众多，致使聊城的侨寓旅社都几乎容纳不下，所以他们集资修建了太汾公所，以解人众之患。此后，山西和陕西的商人到聊城的陆续增多，在乾隆八年(1743 年)，这两省的商人又集资在聊城东关修建了一座规模更大的山陕会馆。山陕会馆是清代商人在此所建会馆中至今保留下来的唯一一处。它坐落于聊城东关运河西岸，坐西朝东，背城面河而立。会馆于乾隆八年始建，历时 4 年，在乾隆十一年（1746 年）竣工。其后经过多次重修和扩建，现在是山东现存规模最大、保存最为完好的一所会馆。

山陕商人在聊城的坐贾，在嘉庆时不下 400 户，行商据推算有六、七百家之多，② 其势力远远超过了山东本省的商人。他们不仅经营聊城的商业店铺，还掌握山东西部的盐引及其它行业。在聊城附近的茌平县，来自山西的刘姓商人垄断了该地的盐业专卖，到清末，全县盐票引票权（4674 引）中有三分之一被晋商控制。恩县的染布业几乎全被山陕商人所垄断。据

① 聊城山陕会馆藏旧米市街《太汾公所碑记》。太汾，即山西太原和汾阳。

② 李华：《山东商帮》，见张海鹏，黄明达编：《中国十大商帮》第四章，合肥：黄山书社，1993 年。

嘉庆年间的记载："东昌府治，东省之大多会也，……人烟辐辏，士商云集"，又说"东昌为山左名区，地临运漕，四方商贾云集者不可胜数"。[①] 当时，聊城城内的店铺有：布店、皮货店、衣帽店、粮行、盐店、茶叶店、海味店、钱店、当铺、铁店、板店、丹店、炭店、烟铺、纸局、西货铺、蜡烛店、粉坊和毡坊等等。西货、铁货、茶叶、海味、板材和食盐等显然是外来商品，而布店、皮货店、染坊和毡坊当为山陕商人为收购加工本地所产土布、皮货和毡货而设。附近的馆陶、齐河等县均有山陕商人所设布庄，收购山东土布销往口外。[②] 当地的土布质量较好，"土人善为布，其坚密不在南织下，公私皆便之"。[③] 聊城的皮毛制品从明代起就是山东名产，嘉靖《山东通志》称"毡，出东昌、临清者精致甲于他处"，[④] 万历《东昌府志》亦载"羊裘、毡罽，出自府城、临清者佳"。[⑤] 此外，聊城还是山东薰枣的主要加工集散中心，枣子"东昌属县独多，种类不一。土人制之，俗名曰胶枣，曰牙枣。商人先岁冬计其木，夏相其实，而直（值）之，货于四方"，[⑥] "每逢枣市，出入有数百万（石）之多"。[⑦] 经过加工熏制的枣子"每包百斤，堆河岸如岭，粮船回空售以实仓"。[⑧]

另据山陕会馆道光二十五年碑记载："东郡商贾云集，西商十居七八"，所以，县志说："殷商大贾，晋省人最多，昔年

① 聊城山陕会馆藏嘉庆十四年《春秋阁碑文》。
② 《馆陶县乡土志》卷二，商务志；民国《齐河县志》卷十七，商业。
③ 嘉靖《濮州志》卷二，食货志。
④⑥ 嘉靖《山东通志》卷八，物产。
⑤ 万历《东昌府志》卷二，地理志，物产。
⑦ 宣统《续修聊城县志》卷一，方域志，物产。
⑧ （清）王培荀：《乡园忆旧录》卷八，济南：齐鲁书社，1993年。

河运通时，水陆云集，利益悉归外省，土著无与焉。"① 由此观之，山西、陕西商人、商帮凭依聊城的区位优势，在商业贸易中获取了大量利益，而本地人则缺乏这方面的素质。这也许是运河停漕后，西商尽撤，聊城迅速走向衰落的原因。

（五）确立了鲁西经济优势地位

明清时期，由于京杭运河的畅通，加上鲁西大平原自然地理条件适合农业经济的发展，故物产丰富，农业商品化程度较高。而同时期的山东东部地区由于政府厉行海禁政策，加强海防，废除海运，故东部经济发展远不如西部发达。明代曾有人对山东东西部作过这样的比较：

> 东西六郡，地亩肥瘠不同，粮数、军数多寡迥异。西府地熟多，荒少；东府地熟少，荒多。西府滨漕运，商贾贸易民繁利广；东郡地僻民贫，肩担背负无锥刀。东民憔悴，西民丰裕。②

若以农产种植业为主，由于"东部多丘陵，雨量多寡不均，耕地面积在百分之三十以下，各种作物产量均微，为一贫产区"。③ 这样的地理环境显然不适合农业的发展，而明清两代又推行禁海政策，限制沿海居民的海上经济活动，这使得"靠海吃海"的百姓无法生存，加以天灾人祸，人民生活十分困窘，不少人只能到内地谋生。《明实录》中记载：

① 宣统《聊城县志》卷一，方舆志，风俗。

② 乾隆《潍县志》卷五，序。

③ 邹豹君著：《山东省农产区域之初步研究》，《师大月刊》第31期，1937年1月。

清、登、莱三府，地临山海，土瘠民贫，一遇水旱，衣食不给，多逃徙于东昌、兖州等府，受雇苟活。①

清代登州府黄县知县李番也感慨“黄地狭人稠，有田者不数家，家不数亩，养生者惟贸易为计，……然一遭俭岁，粟必行三四百里，则滞重难，致而逃亡者多”。② 由于厉行海禁，加以土地硗薄，民生艰难，东部沿海居民多以农业为生，工商经济得不到开发，商品流通处于停滞状态。如栖霞县“敦稼穑，轻服贾”；③ 文登县“近海早寒，商贾不通，……男耕读，女纺织，人罕逐末”。④ 宁海州（今牟平市）“地土浇薄，不通商贾，草野之民礼教失于贫穷”。⑤ 掖县“凭负山海，民殖鱼盐以自利。道里僻阻，商旅不通”。⑥ 显然，按据施坚雅的“核心——边缘”理论，⑦ 明清时期山东西部由于大运河漕运

① 《明成祖实录》卷七十七，永乐九年六月甲辰。

② 同治《黄县志》，旧志序跋。

③ 宣统《山东通志》卷四〇，疆域志三，风俗。

④ 光绪《文登县志》卷一，风俗。

⑤ 同治《宁海州志》卷五，风俗志，风俗考典。

⑥ 胡朴安：《中华全国风俗志》上编，石家庄：河北人民出版社，1988年，第18页。

⑦ 施坚雅认为，从自然地理角度看，每一区域都可分为“核心”与“边缘”两大部分。“不仅大区域具有核心——边缘结构，它的每一层次上的区域子系统均呈现和大区的核心——边缘结构类似的内部差别。”这种差别表现在：一、核心地区多位于河谷或较低地带，边缘地区则处于区域周边的高地、沼泽、盐碱滩或绵亘的山区。二、核心地区集中了区内大部分的资源。核心区的可耕地比例比边缘地区高，而且土质肥沃。在核心区，用于排涝、垦荒、灌溉、抗洪等方面的资金、人力远较边缘地带为高，人口密度更是边缘地带无法比拟的。其次，核心区具有明显的交通优势，核心地区对道路、桥梁、运河、船闸等运输设施的投资相对较多，这样每一区域的运输网络和交通枢纽都集中在核心区。第三，交通设施的相对优越有利于经济往来，刺激市场经济发展，使核心区商品化程度远远超过边缘地带。简言之，核心地区在资源、交通、市场等方面都比边缘地区有优势。

的畅通，农业自然条件的优越，商品流通的发达而处于核心地位，而东部则由于海禁，在资源、交通、市场等方面都较西部地区处于劣势，故处于边缘位置。

正因如此，1920 年，我国著名史学家傅斯年先生在谈到鲁西时曾经说道："山东西部在当年并不是不济的地方。有一条运河和南北大道，所以当地是很富庶的。……比如就聊城县一地而论，聊城在当年是山东西部三大埠之一，三埠是济宁、聊城、临清，商务在济南之上。"[①]这也是对沿岸城市地位和商品经济依凭京杭运河所获得提升和发展的最好说明。

通过对运河沿岸城市工商业发达原因的叙述，我们也能发现一个问题，就是这些城市的发展更多的是依赖于运河交通，依赖于漕粮运输所带来的便利，并且运河漕运对沿岸农业生产造成的负面影响尚不估计在内。一旦运河漕运停摆，鲁西的城市工商业发展就会趋于停滞。不幸的是，1855 年黄河决口，鲁西各地成为行洪区，运河也因黄河淤塞而停漕，鲁西陷入灾难之中。

① 傅斯年：《山东底一部分的农民状况大略记》，《新青年》第 7 卷第 2 号，1920 年 1 月，第 151 页。

第二章 黄河、运河水患和其它灾害

农业受到地理环境的极大制约，在传统社会这种制约性更大，而农业又往往对社会状况产生很大的影响。因此，研究鲁西社会就必须与研究鲁西地理环境诸要素，如地形、气候、自然灾害等结合起来考查。对中国乡村社会深有研究的历史学家黄宗智也特别重视自然环境对农村，对农业发展的重要作用。他认为："研究朝廷政治、士绅意识形态或城市发展的史学家，不一定要考察气候、地形、水利等因素。研究农村人民的史学家，却不可忽略这些因素，因为农民生活是受自然环境支配的。要写农村社会史，就得注意环境与社会政治经济的相互关系。"①

在对地理环境的研究中，水、涝、旱、蝗、霜、雹、地震等农业自然灾害导致社会生态恶化，是一个非常值得注意的问题。灾害导致农业减产甚至绝产，房屋被毁，田地荒芜，民众难以生存。进而会引发种种社会问题和政治问题，出现游民、流民，甚至发生灾民的抢夺及造反，引发地方动乱。因此，有关灾荒史的研究，成为学术界关注的课题。本章结合鲁西各地

① 〔美〕黄宗智著：《华北的小农经济与社会变迁》，北京：中华书局，2000年，第51页。

有关灾害的记录，综合考察自然灾害对鲁西地理环境、社会秩序、人口流动和人们物质、文化生活的影响。

第一节　黄河水灾与地理环境

鲁西平原系黄淮海平原的一部分，自 1855 年黄河在铜瓦厢决口后，自西南向东北方向从鲁西平原西部穿过，经过张秋镇汇入大清河入海。大运河自鲁西平原的中心地带自南向北流过，在张秋与黄河交汇。彭慕兰称这一带为“黄运”地区。这一地区的地理环境受黄河、运河，尤其是受黄河的影响很大，这一地区的地形、土壤、河流、湖泊的“形塑”深深打上了黄河的烙印。

一、黄河决溢

本章着重考察黄河自 1855 年改道至 20 世纪 30 年代对鲁西社会生态、民众生活、社会秩序等方面的影响。限于篇幅，本书不可能对黄河每次决口成灾都予以叙述，实际上也没有如此必要。本书只打算就 1855 年、1920 年、1933 和 1935 年这四次黄河重大决口对鲁西平原造成的灾害做一较详细的说明，其他年份黄河灾害可详见表格。

黄河流经青海、四川、甘肃、宁夏、内蒙古、陕西、山西、河南、山东九个省区。黄河流域是我国文明最早的发祥地，其中下游地区在相当长的历史时期内，一直是我国政治、经济和文化的中心。

黄河流域的土壤、气候及黄河河道的坡度，是造成其下游经常决徙改道的自然因素。黄河上、中游流经土质结构疏松的黄土高原，水中泥沙含量特别多。黄河流域的降水量多集中在夏季和夏秋之交，上、中游经过暴雨之后，河床中便出现洪峰，洪水与泥沙俱下，对下游构成严重的威胁。加以黄河水从海拔 3000 米以上奔腾急下，一泻千里，到达河南孟县以东，骤然降到海拔 200 米的平原，水流减缓，所挟泥沙逐渐淤淀，河床不断抬高，成为“悬河”。一般河床高出地面二至十米不等，河流全靠两岸大堤约束，一旦溃决，便奔突灌泻，不可收拾。

历史上黄河以“善淤、善决、善徙”著称。其下游河道的变迁极为复杂，但自孟津以东至荥阳（南岸）、武陟（北岸）间，因河身为南岸山脉所约束，移动幅度较小。自武陟、荥阳以下正式进入华北平原后，黄河才出现了大规模、高频次的改道，平均三年两次决口，重要的改道 26 次，其中影响黄河下游流向的重大改道有 6 次，统称“六大徙”。[①] 尤其是近代，黄河更是以决徙为常态，安流为变态了。而且决徙的频率和破坏程度随着时间的推移而日益增加。如根据文献资料记载，从先秦时期到解放前约三千年间，黄河下游泛滥达 1593 次，黄河清代 269 年中即达 600 次，从 1855 年至 1938 年，决口达 124 次，辛亥革命后 1912 至 1933 年的 22 年中，决口达 92 次。由此可见，愈到近代，黄河决溢的频度愈高。

（一）1855 年黄河铜瓦厢决口

1495 年明弘治年间黄河会淮水入海为第五次大徙，为保持京杭大运河漕运的畅通，明政府派副都御史刘大夏筑塞黄陵岗、荆隆等口七处，并于北岸修筑了长达 360 里的太行堤，起

① 王育民著：《中国历史地理概论》（上册），北京：人民教育出版社，1987 年，第 50 页。

自祚城，历滑县、长垣、东明、曹、单诸县抵虞城。使黄河河道南入运河，会淮水东注于海。“北流于是永绝，始以清口一线受万里长河之水”。[①] 这次治河的目的在于防止黄河北决影响漕运。治河工程主要在加强北岸堤防，至嘉靖十六年（1546年）后，“全河尽出徐、邳，夺泗入淮”，[②] 从此，黄河成为单股汇淮入海的河流。黄河干道固定后，河床因日久泥沙堆积淤高，成为高出地面之“悬河”。洪水决溢日益频仍。虽然明、清时期都采取了“束水攻沙”的手段治理黄河淤积，但都是只能收效于一时，日久河底淤垫日高。嘉庆以后，政治黑暗，河政废弛，决口泛滥情况与日俱增，特别是下游河淮并槽入海的沙床，淤塞的程度更为严重，黄河的决口改流已成为势不可免。

清咸丰五年（1855年），黄河在河南兰阳汛三堡铜瓦厢决口。[③] 此前黄河是在此转向流往东南汇入淮河入海。6月19日洪水冲垮堤防，全河夺溜，惊涛骇浪，肆虐异常，千里平野，顿成汪洋。当时“溜分两股，一由赵王河下注，经山东曹州府迤南穿运；一股由长垣县之小清集行至东明县雷家庄，又分两股：一股由东明县南门外下注，水行七分，经山东曹州府迤北下注，与赵王河下注漫水汇流入张秋镇穿运，一股由东明县北门外下注，水行三分，经茅草河，由山东沂蒙州城及白阴阁集、逯家集、范县迤南，渐向东北行，至张秋镇穿运。统计漫

① （清）胡渭著，邹逸麟整理：《禹贡锥指》，上海：上海古籍出版社，2006年：《皇清经解》，卷一二，第61页。

② （清）傅泽洪主编：《行水金鉴》卷三九《河水》，上海：商务印书馆，1937年。

③ 铜瓦厢在今河南省兰考县东坝头附近。

水分三股行走，均汇至张秋穿运。”① 各处黄流至寿张县（今山东阳谷县东南）张秋镇穿过运河汇成一股，全归大清河由利津牡蛎口入海。

铜瓦厢决口给山东、河南、直隶三省的部分州县尤其是鲁西平原各州县带来了巨大的损失。黄河决口在山东境内漫溢长达780余里，在河南、直隶境内不足200里，造成山东境内菏泽、鄄城、郓城、巨野、金乡、范县、寿张、东平、平阴、东阿等县均被淹。根据当时有关奏折统计，当时河南6县、南直3州县、山东26州县受灾。涉及鲁西平原被灾各县村庄的具体情况是：菏泽1271村，单县332村，城武639村，曹县663村，定陶150村，巨野368村，郓城449村，濮州（包括现鄄城全境和旧濮县的一部分）1487村，范县589村，寿张696村，阳谷660村，金乡745村，嘉祥278村，高唐61村，东阿81村，东平273村。②

崇恩在奏折中特别提及曹州的受灾情况，“菏泽县首当其冲，水势异常汹涌，郓城几遭倾覆，经该府县督率民夫抢堵护城堤堰，阖城生灵始获保全，而四乡一片汪洋几成泽国。”地方志中也叙述菏泽“尽为鼋窟。”③ 巨野黄水分流间隙，“新柳蔽空，庐草没人。”④

---

① 《再续行水金鉴》，引《黄运两河修防章程》，转引自该书编写组著：《黄河水利史述要》，郑州：黄河水利电力出版社，2003年，第350页。

② 当时山东其他州县被淹村庄统计：肥城186村，平阴191村，齐东355村，禹城85村，临邑112村，惠民98村，商河667村，滨州1178村，沾化200村，利津170村，合计26州县12005村。见菏泽地区黄河志委员会编：《菏泽地区黄河志》（内部资料），第71页。

③ 光绪《菏泽县乡土志》不分卷，水，黄河。

④ 民国《续修巨野县志》卷八，杂钞。

铜瓦厢决口时，清政府正集中全力镇压太平天国起义和各地民变，后又忙于镇压捻军起义，既无力堵口，又未随时沿新河筑堤，听任溃水在鲁西平原（尤其是鲁西南）漫流达二十余年之久。灾区民众倾家荡产，靠赈恤生活。但山东仓储十分有限，“即尽数动拨亦恐不敷大赈”。清政府除令截留漕米5万石外，对山东巡抚的其他请求一概不加置理。仍令山东筹措军需，7月24日谕令“山东漕粮变价银十四万两，著崇恩迅派妥员，分起解赴西凌阿大营应用。现在黄流漫溢，倘道路有梗阻之处，务即设法绕道，迅速解往，毋误军需”。八月初二日，因山东巡抚崇恩呈奏山东灾情严重，需筹办赈济，请缓筹措，朝廷震怒，“至东省前拨甘、黔、庐、扬各处兵饷，均系刻不容缓。现在被灾处所，虽有十余州县，其完善之区，尚可催征钱粮以应支，何得一筹莫展，概置饷项于不问？该抚岂不知部库支绌，各路待饷孔急，苟有天良，应如何竭力筹画，共济时艰耶？所有欠解款项，仍著设法拨解，毋误要需。将此谕令知之”。① 由此可以看出，被太平天国和捻军起义搞的焦头烂额的清政府已不再顾忌山东受灾民众的生死，山东虽然遭受重大灾情，但朝廷仍照旧索取款项以充军需。

黄河决口对运河漕运带来莫大影响。当时溃水由五孔桥穿过运河，以后分五股穿运，浸水侵运，运河受黄河泥沙淤浅，山东省每年都要动员大批人力清淤，以维持运道，日久自济宁至临清段运河终归淤废。

---

① 山东师范大学历史系中国近代史研究室选编：《清实录山东史料选》（中），济南：齐鲁书社，1984年，第1333—1334页。

（二）1925 年李升屯、黄花寺决口

1925 年 8 月伏汛暴涨，李升屯处河形坐弯险要，淤滩坍尽，损及埝身，于 8 月 8 日溃决成灾。决口后，溃水建瓴而下，官堤与民埝之间水与堤平，经濮阳、范县、郓城直冲寿张。顿时四县尽成泽国，秋禾全被淹没。为防止官堤溃决，遂将黄花寺处埝尾掘开放水归入正河。不料于 9 月 20 日黄花寺处决口，堤身坍塌延至五十余里，淹及寿张、东平、郓城、阳谷、汶上五县四百余村。根据《申报》的记载：鲁省自黄河南岸大堤复在黄花寺附近决口后，已成 1887 年来最重之水灾，华洋义赈会执行会董玛乐莱氏往灾地视察后，据称被淹之区已达二千方里，而大股河水又向南横溢不止，灾区刻刻扩大，罹灾者约有二百万人，二千余村镇，溺毙者当有数百人，灾区秋收已全部毁于水。①

另据报道："山东黄河决口，灾情奇重，每二十四小时，河水即将淹没八十方里，水深一呎。寿张二次决口，宽五十呎，几致全境覆没。每秒钟河水冲进四万立方呎。据华洋义赈会工程师陶德报告，即第一次临濮集决口（八月十三日）损失之数，已达一千五百万元或二千万元左右。目今总合前后两次所遭水灾，计淹没一千余村落，面积一千五百方里，而居民之受害者，约在二百万人左右"。②

当时山东战局紧张，财政奇绌，堵口经费难筹。山东省河务局局长林修竹会商濮县、范县、寿张、郓城、阳谷、东平、东阿、汶上八县知事，就李升屯、黄花寺堵口事宜呈请直、

① 《山东黄河决口之巨灾》，《申报》，1925 年 9 月 29 日。

② 《山东黄河决口之损失》，《申报》，1929 年 10 月 1 日。

鲁、苏、皖省长并转呈内务部、财政部批款兴工。时因战事绵延，筹款无着。翌年，八县组织请愿团赴省，请准以八县丁漕银60万元为李升屯、黄花寺大工基金，不足部分八县均摊。以60万元作了200余万元的工程，1926年3月26日进占合龙。

（三）1933年黄河决口

1933年黄河洪灾波及地域广泛，宁夏、绥远、山西、陕西、河南、山东、河北、江苏8省60余县被灾，成为民国以来最大的一次洪水灾害，其中黄河下游的冀、鲁、豫三省受灾最重。

1933年七八月间，华北各地淫雨连绵，黄河水势陡涨，8月11日，河北长垣南北堤溃决三十余处，几乎同时，河南兰封小徐庄故道决口，考城许燕庙南岸大堤决口，两省河水直冲鲁西。根据黄河水灾救济委员会报告书称，黄水分为三大股，“河北长垣北岸石头庄至大车集一带，计三十口门，其水东北流经河南滑县、河北濮阳，沿金堤至山东之濮县、范县、寿张、阳谷，由陶城埠重入本河，此一派也。其南岸漫水自小庞庄决口向东南流，经河北东明县至山东之菏泽、郓城、巨野、嘉祥、鱼台、济宁等县而入南阳湖，此又一派也。其自兰封四明堂决口东北流经考城县境，至山东之曹县、城武、单县、金乡等县而入独山湖，此第三派也”。① 三派黄水自北向南将整个鲁西南及鲁西部分县份分割包围，共淹没山东省22个县份，其中在鲁西平原的即有20个，分别是：单县、曹县、城武、

① 黄河水灾救济委员会编：《黄河水灾救济委员会报告书》第三章，1935年，第17页。

定陶、菏泽、郓城、巨野、鄄城、濮县、范县、寿张、阳谷、济宁、金乡、嘉祥、鱼台、汶上、东阿、东平等。洪水到来之时，各县纷纷告急，菏泽县长孙则让8月16日电告省府称："寒晚大雨终夜，新筑各埝全部溢溃。现水已抵护城堤，平地深三四尺。西、北两方尽成泽国。田禾淹没，村舍亦多倾毁。西南境桃源集一带亦由考城灌入。灾情重大，人民淹毙及衣食俱无者甚多。"曹县县长魏汉章称："据县城十里西南北三面，村庄多被水围，平地水深三五尺不等。"定陶县长则电称："寒夜大雨，水涨不已。堤埝随堵随溃。县属南边各庄均已被淹。"河务局及濮、范县长也致电省府称："河北长垣县石头庄黄河决口，水循金堤南夹河沟下流，势甚汹涌。咸日早九时灌入濮县东北着和寨，现县城以北，金堤以南，水深约丈余，宽三里余，西北朝楼村一带，水深七八尺。删日巳刻到达范县境内，城南关外沿堤河东下，水深一、二丈，宽约四、五里不等，午后又涨一尺有奇。金堤以南至临黄河大堤，宽约三四十里，尽成泽国。铣晨流入寿张境内，水深约有一丈，宽约数里。仍在继续涨中"。① 山东省教育厅厅长何思源乘飞机于8月24日赴鲁西视察灾区，沿途所见"北岸寿张、范县、濮县，均一片汪洋。村庄田禾尽没，仅见树梢。由濮县飞河南岸，见鄄城、菏泽全没水中。郓城西南部、巨野北部、嘉祥西部均见水，菏泽、鄄城陆地行舟，济宁至菏泽汽车路，仅见两旁树梢，已变成河道。巨菏鄄三城均被水包围"。统计有五千村二百万人浸水中，菏泽一县即有四十万人。同机的孙桐岗则称："由机下

① 《山东省政府公报》，第240期，1933年8月，第51—52页。

望，数百里水天相连。”① 根据省府参议张受骞的调查统计：菏泽被淹区域约占该县五分之四；定陶被淹区域约占全县十分之三；曹县被淹区域约占全县十分之三；郓城被淹区域约占全县五分之一；鄄城被淹区域约占全县五分之一；汶上被淹区域约占全县十分之一五；济宁被淹区域约占全县十分之三；嘉祥被淹区域约占全县四分之三；巨野被淹区域约占全县七分之三。②

1933 年 11 月，山东省建设厅对灾区损失进行了初步调查统计，结果如下：

表 2－1　1933 年鲁西部分县份受灾情况表

县名	灾区面积(亩)	受灾村庄（个）	灾民数目（人）	财产损失（元）	尚能播种面积（亩）
东阿	2,400,000	203	78,000	1,332,800	150,000
菏泽	927,268	1102	325,761	27,433,423	692,377
寿张	900,000	385	106,000	6,400,000	
曹县	499,600	1219	175,300	2,712,000	430,000
东平	355,000	342	81,285	3,635,000	142,000
巨野	345,000	455	151,897	1,525,900	337,800
濮县	320,000	370	89,890	3,477,090	200,000
济宁	300,000	290	50,000	1,470,000	170,000
范县	298,700	252	65,748	4,320,000	178,100
郓城	281,000	270	61,987	1,363,680	229,100
鄄城	200,000	202	18,000	1,000,000	未详

① 《鲁西水势泛滥》，《申报》，1933 年 8 月 24 日。

② 《大公报》，1933 年 9 月 24 日。

（续表）

县名	灾区面积（亩）	受灾村庄（个）	灾民数目（人）	财产损失（元）	尚能播种面积（亩）
鱼台	163,504	168	315,060	777,400	143,000
嘉祥	160,000	191	60,000	1,000,000	150,000
城武	143,358	347	50,036	1,909,800	143,300
汶上	120,000	83	27,500	500,000	80,000
金乡	97,000	218	28,253	500,000	97,000
阳谷	90,000	160	37,300	1,300,000	60,000
定陶	53,200	104	7,800	266,700	34,200
单县	20,000	130	10,445	40,000	20,000
合计	9,007,783,630	2,036,288	1,740,253	60,963,793	3,256,877

资料来源：《申报》，1933 年 11 月 6 日。

由于这次黄河决口灾情重，波及地区广，对灾区民众生命财产造成重大损失。根据当时的记录，鲁西各县“除淹毙而死，漂泊无踪者无法调查外”，就所能望见者，“屋顶树巅，已成灾民之安乐窝。昼晒夜露，啼饥号寒，声闻于野，触目皆是。……灾民日常生活，多以树叶及树皮充饥。闻有放赈者，亦属船小粮少，来则饱餐一次，去则终日挨饿”。① 而当洪水退去之时，“村舍田园泥沙壅塞，高积寻丈。数十里之内，悉成荒废。烂泥没骭。……长垣下游，如滑县、濮县、范县、寿张、阳谷一带，汇潴之水，既不得宣泄，而决口之巨流，复灌注不已。数县之间，树仅见梢，屋惟露顶。田庐漂没，积尸浮沉，其南注菏泽及兰丰者，情亦相同。其灾情最重之区，河北

① 《黄河北岸勘查记》，《大公报》，天津，1933 年 9 月 12 日。

则有长垣、濮阳、东明三县，山东则有寿张、阳谷、范县、濮县、东平、菏泽、巨野七县，……其淹灌区域较次者，又有山东之东阿、城武、肥城、长清、郓城、鄄城、定陶、单县、曹县、鱼台、金乡、济宁、汶上、嘉祥……”① 水退后，灾民返家，田舍已是荡然无存，也只能依靠赈济度日，没有种子耕种，即使播种上种子，因土地沙淤性寒，也收成不好。“洪水初来时，其势至猛，灾民迫于逃命，登屋攀树，以待拯救。迨水势稍定，逐渐聚于高埠堤顶。从来旱荒之岁，灾民尚有草根树皮可食，今则亦此而无之。虽间有公私团体，前往施赈，而灾民既众，赈品不敷，收容所经费亦复有限。水势稍退，灾民逃归者，田舍家具，一无所有，亦复惟赈是赖。其水退之区，虽能稍事耕种，而无种可播。且水涨之后，沙淤性寒质紧，禾苗秀而不实，收获之期，正未可望也”。②

（四）1935年黄河决口

1935年山东黄河发生决口，实具有必然性。关于1935年黄河在山东鄄城董庄和临濮集之间决口的原因，《山东近代灾荒史》一书从黄河状况和人为因素两个方面作了分析，从黄河状况而言（实际上即是自然因素），一是黄河河道蜿蜒曲折，泄水不畅。“自董庄至张桥间直线距离仅七公里，而河长竟达十五公里，环绕如S形，弯曲过甚，泄水自难通畅”。二是1925年鄄城李升屯民埝决口，当时只是为救一时之急，加以时局及经费关系，仅修筑了江苏坝挑溜掩护，而该坝至李升屯间

---

① 黄河水灾救济委员会编：《黄河水灾救济委员会报告书》第二章，1935年，第5页。

② 黄河水灾救济委员会编：《黄河水灾救济委员会报告书》第二章，1935年，第6页。

未能接修堤坝工程，大水一至，莫之能御。三是黄河连年决口，下游河床淤垫甚高，不能容纳洪水。人为因素一是山东河务局长张连甲玩忽职守，董庄河堤工程一再拖延，在7月中旬大水到来时工程尚未竣工，致使鲁西各县遂受巨灾。二是黄水会报告水位不准，致鲁省未及准备。① 这些因素自然是这次黄河决口重要原因，但其根本原因则在于山东省本身没有做好1933年黄灾的善后工作，资金严重匮乏，致使官堤民埝咸不足恃。

1933年黄河决口，给鲁西平原人民的生命、财产、土地、河流等都带来了极大的危害，按理应该亡羊补牢，及早做好抗洪御灾的准备工作，但事实并非如此。1934年，全国黄河水利委员会委托工程师齐寿斌进行了灾后冀鲁豫三省黄河善后调查，发现河北和河南除了常年的修防费用外，都投入了专项资金来加修堤坝，但山东省除了常年修防资金30万元外，没有追加一分钱的投资，善后工作根本就没有进行，以致鲁省堤防和冀、豫两省相比矮了一截，不用说遇到非常规的洪水要漫滩，即使是河水稍涨就会决溢。如齐工程师在视察了山东黄河善后工作后所言：

> 豫冀两省因去岁漫溢成灾，河床淤垫颇高，埽坝坍蛰残破，均于常年岁修之外，筹有专款，加修善后工程，以收亡羊补牢之效。惟鲁省因未领有专款，仅限于常年修防各费，故本年所做工程，一如往年，固无所谓善后也。鲁省常年修防费共计洋三十万元，岁修用款外，其余作为防汛之需。②

① 王林主编：《山东近代灾荒史》，济南：齐鲁书社，2004年，第297页。

② 齐寿英：《视察山东黄河善后工程报告》，中国水利委员会编：《黄河水利月刊》，第1卷第10期，1934年10月，第41页。

查鲁省河身本狭于豫冀，上游沿河复束以民埝，其狭更甚。益以河床淤垫，容量愈小，故向非遇非常洪水而始漫滩者，现则稍涨即溢，旧河工所谓底水加高者是也。且鲁省大堤，方之豫冀，原非高厚，然本年豫冀善后工程，均经切实加培，独鲁省以工款无着，除照例岁修外，善后工程竟付阙如，以致冀鲁交界堤防衔接处，顿成阶状。南岸冀堤高于鲁堤一点二公尺，北岸则高于民埝二点五公尺。查民埝为鲁堤上游惟一之前卫，向为官督民修，所需工款，概由地亩附加，年来民生凋敝，筹款维艰，埝工本欠坚实，去岁长垣决口，灾及埝田，以致本年工款益难征集。据河务局言，本年埝工所修仅及往年十之三四，故官堤民埝咸不足恃。①

齐工程师在考察山东省黄河堤埝后，得出了“官堤民埝咸不足恃”的结论，这话很快即得到应验。1935 年 7 月，黄河上、中游流域淫雨连绵，黄河水势陡涨。到 10 日到达鲁境，在鄄城董庄与临濮集间漫决。我们从当时山东省政府主席韩复榘在给南京国民政府、南京中央党部、南京各院院长、北平政务委员会、北平军委分会、各省市党部发的电文中可以看出当时的决口情形：

查此次黄流肆虐，灾情之重为空前所未有。盖以陕洛两处河水暴涨，上游之水，层涛叠浪，狂吼直下，奔入山东境内，……卒致鄄城县境内之李升屯民埝及董庄临濮集间大堤漫溢崩溃，共计决口六处，宽二百余丈。溢出之

① 齐寿英：《视察山东黄河善后工程报告》，中国水利委员会编：《黄河水利月刊》，第 1 卷第 10 期，1934 年 10 月，第 47—48 页。

水，分为两股，经过鄄城引马集郓城黄安一带，一趋菏泽北部，由七里河折而东北，复合为一，横冲直撞、泛滥无归，兼以连日大雨，倾盆水势，日趋严重，……水到之处，以鄄城、郓城、菏泽、巨野受害为最烈，几于处处皆水。余如汶上、嘉祥、济宁、东平、阳谷、寿张等县，灾情亦复奇重。……由据实验区长官王绍常报称：郓城巨野间水阔七十余里，以目前大势论，灾区已长至二百余里，宽七八十余里。田园庐墓，尽成为泽国。赀粮扉屦，悉付波臣。至其灾区人民状况，现有逃至堤上者，风宿露处，无以为生。现有仍困水中者，吁天呼地，奄然待毙，哀鸿遍地，惨不忍闻。……总之此次水灾较之前年东明决口，重逾数倍。鲁西数十县人民自遭东明水患以来，元气凋残，疮痍未复。今春旱魃为虐，二麦歉收，日前雨泽甫经均沾，方足兴秋收有望。而变出非常，又遭昏垫，哀我黎民，何以堪此！①

而根据山东黄河水灾救济委员会的报告：

据各方面报告情形：鄄城决口之水泛滥日广，南溢菏泽，东迄巨野、郓城、嘉祥、汶上，东北至寿张、阳谷、其东平、济宁等县亦相继被淹，灾区范围现已达十余县。灾区面积南北宽约百里，东西长三百余里。近日阴雨连绵，河水续涨，毗连灾区各县，势将次第波及。至于洪涛浩荡，万马奔腾，所有人民生命财物牲畜田庐悉被卷没，损失数量估计当在数千万元以上。其灾区民众或溺水丧命葬身鱼腹

① 山东黄河水灾救济委员会编制：《山东黄河水灾救济报告书》，1935年，第1页。

或揉升树木泣望救援，其幸离水厄而无家可归者约五百万人，宿露餐风，吁天呼地，凡此情形，伤心惨目。①

全国水利委员会在灾害发生后，对冀鲁豫三省灾区状况都进行了调查，在冀鲁豫三省中，山东省受灾最重，若与同年沿江各省水灾受损相比，山东省据全国重灾区的第二位：

> 三省相比较，鲁灾最重，豫次之，冀为轻。若与本年沿江各省水灾论次：则鄂仍最重，鲁稍次，次湘，次赣豫，次皖，次冀。②

山东受灾各县中，“菏泽、鄄城两县为鲁省重灾区，灾民麇集堤顶，鹄面鸠形，惨不忍睹”。③

在对灾区情况的调查中，因这次洪水延续时间较长，各县逐日上报灾情，因而出现了不同版本，1935 年 8 月，全国水利委员会调查结果如下表：

表 2—2　山东省重灾区鄄城等 12 县灾况表

县别	被灾面积（亩）	灾民人数	财产损失（元）
鄄城	600,000	190,000	18,400,000
郓城	1,058,000	330,000	22,000,000
菏泽	741,106	220,783	3,104,893
巨野	1,369,140	330,000	22,850,000

① 山东黄河水灾救济委员会编制：《山东黄河水灾救济报告书》，1935 年，第 2 页。

② 山东黄河水灾救济委员会编制：《山东黄河水灾救济报告书》，1935 年，第 9 页。

③ 山东黄河水灾救济委员会编制：《山东黄河水灾救济报告书》，1935 年，第 8 页。

（续表）

县别	被灾面积（亩）	灾民人数	财产损失（元）
嘉祥	467,931	133,783	3,260,651
东平	773,854	286,743	11,853,592
汶上	784,000	145,700	3,288,000
济宁	2,056,216	400,000	5,000,000
鱼台	740,000	188,580	7,188,000
金乡	200,000	67,000	1,200,000
定陶	660,000	62,000	310,000
城武	148,500	65,000	325,000
合计	9,602,747	2,219,589	98,780,136

备注：本省尚有黄河北岸阳谷、濮县、范县，上游之高唐，运河附近之夏津、武城、德县、馆陶，徒骇河沿岸之禹城、茌平，马颊河附近之恩县、平原，东清河上游之章丘，漳河沿岸之冠县，共14县，亦报有水灾，灾民合计约90万人。

资料来源：许世英编：《山东河南河北三省水灾查勘报告》，1935年，第13页。

另据《大公报》统计，济宁等县损失数目如下：

表2—3 《大公报》载鲁西各县被灾情况表

县名	耕地面积（亩）	被灾面积（亩）	全县人口（人）	被灾人口（人）	被灾村庄（个）	财产损失（元）
济宁	2,056,216	140,000	578,200	400,000	500	5,000,000
嘉祥	504,431	467,931	145,185	133,783	324	3,260,651
巨野	2,409,061	1,369,140	354,993	330,000	1,700	22,850,000
郓城	1,809,911	1,058,000	489,654	330,000	686	22,000,000

（续表）

县名	耕地面积（亩）	被灾面积（亩）	全县人口（人）	被灾人口（人）	被灾村庄（个）	财产损失（元）
鄄城	835,422	600,000	283,855	190,000	700	18,400,000
菏泽	1,401,214	741,106	434,763	220,783	394	3,104,893
东平	1,243,520	773,854	413,725	2,806,743	530	11,853,592
汶上	14,000	784,000	421,044	145,700	300	3,288,000
金乡	936,851	280,000	263,812	102,000	107	1,200,000
鱼台	869,342	740,000	216,874	188,580	1,100	7,188,000
总计	12,465,967	8,154,031	3,601,105	2,292,589	6,341	98,145,136

资料来源：《大公报》，1935年8月20日、8月21日。

这次黄河决口，波及整个鲁西，不仅鲁西南各县惨遭昏垫，鲁西、鲁北各县也受到运河、马颊河等河流泛滥之灾。根据《山东黄河水灾救济报告书》中称：

> 计鲁省被灾二十九县，除鲁西鄄城、菏泽、郓城、巨野、嘉祥、东平、汶上、济宁、鱼台、金乡、定陶、城武、寿张及滕县、峄县等十五县，黄灾严重，业如前述外，鲁北徒骇、马颊、漳、运各河以及黄河北岸亦多泛滥，恩县、平原、禹城、高唐、茌平、夏津、德县、武城、章邱、馆陶、冠县、范县、濮阳、阳谷等十余县均亦报灾。综计全省灾民约350万余人，被水最甚时面积达三万二千五百平方公里。以田亩占三分之一，每亩损失五元估计，农产损失约合二万万元，加以公私财产损失当在二万五千万元以上。①

① 山东黄河水灾救济委员会编制：《山东黄河水灾救济报告书》，1935年，第8—9页。

以上我们对1855年、1925年、1933年和1935年黄河决口大概情形做了描述，简单介绍了历次决口的原因，危害程度和民生的艰难。近代黄河决口频仍，我们无法一一加以叙述，现将1855—1937年对鲁西造成重大灾害的22次黄河决口情况简要列表介绍如下：

表2—4 1855—1935年黄河决溢概况表

年代	纪事
1855	6月，黄河在河南兰阳汛三堡铜瓦厢决口，全河夺溜，惊涛骇浪，肆虐异常，千里平野，顿成汪洋。当时溜分两股，一由赵王河下注，经山东曹州府迤南穿运；一股由长垣县之小清集行至东明县雷家庄，又分两股：一股由东明县南门外下注，水行七分，经山东曹州府迤北下注，与赵王河下注漫水汇流入张秋镇穿运，一股由东明县北门外下注，水行三分，经茅草河，由山东沂蒙州城及白阴阁集、逯家集、范县迤南，渐向东北行，至张秋镇穿运。统计漫水分三股行走，均汇至张秋穿运。
1863	黄水涨发，曹州府属之菏泽定陶曹县濮州巨野城武等处，田庐人畜半入巨浸。
1866	黄水灌濮州北城数丈余，新城在南亦受水。
1868	黄河盛涨，冲决赵王河之红川口霍家桥，大溜渐移安山，由安山入大清河。鄄城、郓城、寿张被淹。
1871	河决郓城侯家林，漫入南旺湖，又有汶嘉济宁之赵王牛头等河直趋东南入南阳湖，水势散漫，淹没巨野金乡鱼台等县。
1872	赵王河东岸张家支门决口，南半入济（宁），北半入巨（野）。
1873	郓城侯家林民埝刷残过水，淹巨野金乡鱼台等县。 6月下旬开州焦邱濮州兰庄冲漫二处，斜趋东南，从张家支门南北一带直抵郓城巨野。 秋，东明石庄户决口，牛头河南阳湖吃重。运堤村落，有平地水深二丈者。南溜下湖运，北溜入郓城寿张。
1880	10月东明高村口堤漫决，下注菏泽郓城巨野嘉祥济宁等处。

（续表）

年代	纪事
1887	6月，直隶开州（濮阳）境内大辛庄黄河漫溢，水势灌入濮州、范县、寿张。 6月，寿张县白岗堤决，“水冲县城下数里，……城垣官署民舍倒塌成泽国”。 7月中旬，东阿县张秋镇黄堤决口，口门宽十四丈。
1890	夏6月黄河泛滥，濮州等37州县村庄被淹。
1892	6月河溢寿张县南岸高家大庙，水深七八尺丈余不等，至梁山安山一带复入黄河。
1898	6月郓城境内南岸八孔桥民埝决口，水向东南流数十里，复决杨庄大堤。水淹梁山南北，东淤运河，过东阿仍归正河。 6月东阿县境北岸香山大堤决口。
1913	山东民堤决濮县、范县。7月，濮阳双合岭河决，漫淹山东濮、范数县。
1917	山东民堤决范县徐屯，寿张夏楼。
1919	山东民堤决寿张县梁集影塘。
1921	夏，东明黄河南岸刘庄高村堤决，菏泽被患。
1925	黄河在鄄城李升屯黄花寺先后决口，水向东南行，灾区2000余方里，灾民200万人。
1926	8月东明刘庄决口40余丈，流入巨野赵王河，金乡嘉祥二县全被淹没。
1930	8月，范县境内廖桥水涨漫口，寿张、阳谷一带积潦成灾。
1931	范县大雨连日，黄水出槽，田禾多被淹没。东阿大雨连绵，各支河宣泄不及，黄河上游水势大张，反成倒漾，田禾淹没。
1933	黄河水入菏后，由高庄集趋吴店，水宽约三四尺。 8月，河北长垣、河南兰封、考城大堤溃决，两省黄水全部流向山东，鲁西各县首当其冲。鲁西菏泽、曹县、定陶、城武、单县、郓城、巨野、鄄城、济宁、金乡、嘉祥、鱼台、濮县、范县、寿张、阳谷、汶上、东阿等县俱被淹灌，范、濮、寿、阳各县受灾最重。

（续表）

年代	纪　事
1935	7月中旬，黄河在鄄城南岸董庄与临濮集之间决口，鲁西尽成泽国。徒骇、马颊、运、漳、赵王诸河及昭阳、微山诸湖多泛滥，鄄、菏、郓、巨、城、定、嘉、济宁、鱼、金、寿、汶、东平等13县全部被水，灾民230万人。

二、黄河水灾与地理环境变化

受黄河决口的影响，鲁西平原的地理环境发生了很大变化。1855年黄河改道经由大清河注入渤海，这是黄河距今最晚近的一次大改道。自此很长一段时间，原先由河南、安徽、江苏、山东四省共同承担的黄河下游水患几乎全部由山东一省独立承担，黄河成为山东的心腹大患，鲁西平原则成为黄河泛滥的直接受害者。不仅山东黄河决口祸及鲁西，河南、河北黄河决口也淹没鲁西。“盖上游之河北、河南两省境内之黄河堤岸，土质不良，而治河者，又依据行政区划，每存畛域之见，未能通盘筹划，全部治理。以致冀豫河决，鲁西即蒙水患，所谓‘河在河北，而患在山东’”。① 1935年水利专家统计，“河北省黄河大堤，……总计过去十五年中，百余里间决口五次之多。民六决于二分庄，民十决于黄姑庙，民十二决于郭庄，民十六决于黄庄，去年又决于小庞庄。每遭漫决一次，鲁西各县辄损失不赀”。② 黄河漫溢对鲁西各县之所以造成重大损失还在于鲁西的地形地势，鲁西地势如鲁西南一带，地势西高东低，济宁、嘉祥等县地势特别低下，黄河决溢后水势顺坡而

① 黄泽仓编：《山东》，上海：中华书局，1935年，第9页。

② 《江河修防纪要》，传记文学出版社，1935年，第19页。

下，但泰山山脉隆起于东部，水势抵达东部后，因受山脉高地阻挡，水势折返而回，致使鲁西几成为黄河漫溢后的“蓄水池”。黄河决口对于鲁西的地理环境造成很大影响，河流湖泊多被湮塞，土壤成分发生变化。

（一）对河流水系的破坏

鲁西平原为黄河冲积平原，河流纵横，湖泊众多。但自宋元以来，屡受黄河泛滥之害。古代遗留下来的河湖陂塘，如巨野泽、梁山泊、济水、菏水、桓公渠、雷夏泽、菏泽等，均被湮灭无遗。元初的运河古道，也几乎失去踪迹。存留到近代的如洙水河、万福河、赵王河、牛头河等诸河流，因受黄河淤塞，大部分河道淤浅，不仅不能得到航运之利，也起不到吐纳坡水、蓄积和灌溉之效。大部分在夏秋季节，雨水一大即遍地泛滥，无所归依；春冬雨少季节则涓滴无存。鲁西农田除了极少数依靠凿井灌溉外，其余田地全为旱地，生产效率极其低下。

《民国山东通志》中对山东省境内河流和湖泊状况作了叙述，在涉及鲁西平原河流时，都特别点出其一个最重要特征，就是易发生水灾。如黄河、小清河、徒骇河、马颊河、卫河在鲁西北，自西南向东北流入渤海。黄河“在省境全长四六六公里，宽五七六至一七二八公尺。因泥沙淤积，河床日高，两岸堤防，高于两岸平原，极易造成水灾”。徒骇河“源出聊城县，……注入渤海，全长四五七公里。……河水宣泄不畅，常闹水灾”。马颊河“许多河段淤成平陆，每逢盛雨，即闹水灾。”卫河“河道弯曲，易酿水灾”。[①] 运河在鲁西，纵贯鲁省南北，

① 张玉法：《地理志》，《民国山东通志》编辑委员会编：《民国山东通志》第一册第二卷，台北：山东文献出版社，2002年，第222页。

“自南边临省江苏流来，……经济宁、东平至黄河，称南运河；逾黄河抵临清，经武城，至德县……出境，至桑园，称北运河”。“全长六五六公里，流经十八县。自黄河改道后，运床淤高，常有水灾”。汶河、万福河、洙水河在鲁西南，西南流入运河或南阳湖，为运河的水源，同鲁西北河流一样，受黄河影响很大，极易发生水患。如万福河“为鲁西南排水主要河道，常有水患”。洙水河流经定陶、菏泽、巨野、嘉祥、济宁及河北长垣六县，“河床淤塞，常有水患”。汶河“源出沂山南麓，西流经泰山、济宁等十三县，注入运河。……夏秋常闹水灾”。① 这里的湖泊多在鲁西南和鲁南一带，如马场湖在济宁县境，蜀山湖在济宁、汶上两县境，马踏湖在汶上县境。独山湖、南阳湖在鱼台县境，昭阳湖在鱼台、滕县、沛县交界，微山湖在滕县、峄县和江苏省的铜山、沛县交界。这些湖泊在调蓄水量，供给饮水、灌溉、航运乃至调节气候等方面都起了重要作用。后因漕运停止，黄河决口泥沙淤积，“居民又就湖边荒地，筑为田亩，使湖面尽变为阡陌。一遇盛雨，则泛滥为灾。故山东诸湖，除麻大湖以外，已失其原有之价值矣”。②

（二）对土壤的影响

中国是一个农业古国，土地是农民赖以生存的主要生产资料，土地质量的好坏直接决定了农民生产量的多少，也决定着农民生活质量的高低。

华北平原地势平坦，落差极小。根据统计，黄河自铜瓦厢豫北平原斜穿山东而达入海口，其中距离约有 550 公里，而其

① 张玉法：《地理志》，《民国山东通志》编辑委员会编：《民国山东通志》第一册第二卷，台北：山东文献出版社，2002 年，第 223 页。

② 黄泽仓编：《山东》，上海：中华书局，1935 年，第 25 页。

落差仅为100米，每公里不足20厘米。如此平坦的地域，使得排水成为一个大问题。清代为保护漕运基本上废除了鲁西水利灌溉事业的兴建，加以战乱的频繁发生，更使鲁西的水利灌溉设施无法兴修，仅有的一些也遭到了严重破坏。

黄河泛滥对黄泛区土地能起到两个方面的作用，一方面，由于黄河是从黄土高原冲刷大量壤土，可以起到灌溉肥田之效。汉代有歌谣曰："泾水一石，其泥数斗，且溉且粪，长我禾黍。"① 用黄河泥沙放淤，可以肥田；用黄河之水冲碱，则可以变石田为沃野。如东平县志中记载了该县西乡安民山前何官屯庄以南，西与梁山相望，"向来寸草不生"，"自被黄水之后，地渐淤涸，转瘠为腴"。② 曹县安陵大丰田村三英吕布等里各村庄，自嘉庆十九年被黄河冲决后，"尽成流沙，地瘠民贫"。但1858年黄水漫溢，水退后"皆为沃壤，桑麻遍野，尽成富庶之区"。③ 故有学者认为："黄河泛滥虽然毁灭了无数生命财产，但水去而土肥，水退后土壤表层淀积了大量肥沃的淤土，土地肥力一时显著提高，农作物产量剧增。一般认为淤土的肥效几乎可以弥补洪水泛滥造成的损失。"④ 所以，如果黄河泛滥为时较短，发生频率不高，对生命财产危害有限，这种说法无疑是有一定道理的。

另一方面，由于黄河含盐碱量颇多，若排水不及时，地面受日光蒸发，则土质变为碱性。黄河由于含沙量大，所挟带的

① 张含英著：《黄河志》第三篇，南京：国立编译馆，1936年，第183页。

② 民国《东平县志》卷一，方域。

③ 光绪《曹县志》卷七，河防。

④ 韩茂莉：《北宋黄河中下游农业生产的地域特征》，《中国历史地理论丛》1989年第1期。

泥沙颗粒粗细不匀，“其为细粒所淤淀者则为佳壤，若为粗粒，则成沙田”。所以沿黄一带沙碱之地非常多，“即以山东而论，可在千万亩以上。豫冀鲁交界一带平原，若濮县、鄄城、菏泽、东明、长垣……尤多”。①

黄河泛滥对耕地的破坏，主要是水冲沙压，破坏农田。每次黄河决口泛滥都使大量泥沙覆盖沿河两岸富饶土地，导致大片农田被毁。黄河水患会使土壤成分发生变化，导致土壤的盐碱化和沙化，从而不利于耕种。黄淮海平原是我国盐碱土的主要分布地区之一，各县县志中都有盐碱地分布及治理的记载。西汉贾让曾上书汉哀帝讨论黄河下游泛滥区的盐碱地问题，“水行地上，凑润上澈，民则病湿气，木皆立枯，卤不生谷”，但“若有渠溉，则盐卤下湿，填淤加肥，故种禾麦，更为粳稻，高田五倍，下田十倍”。② 提及当时黄河下游盐碱土分布广，碱性大，但可以通过灌溉和施肥加以改良。马若孟指出：“在河北和山东的很多地方，大量的盐碱凝结在土壤表面，使大地看起来像是覆盖着一层薄薄的雪”。③ 美国人文地理学者亨丁顿（Ellsworth Huntington）曾联系当时中国 20 世纪二三十年代中国农村生产力状况就土壤碱化、沙化对农业和农民生产、生活的影响进行了分析：

> 冬去春来，中国北部的灾民有的还是不能着手耕种。因为，大水滞留的时候，把土里所含带有碱性的化合物给分解了，水退之后，地上就添上一薄层白的沉淀。科学进

① 张含英著：《黄河志》第三篇，南京：国立编译馆，1936 年，第 183 页。

② 《汉书》卷二十九《沟洫志》。

③ 〔美〕马若孟著，史建云译：《中国农民经济——河北和山东的农业发展：1890—1949》，南京：江苏人民出版社，1999 年，第 9 页。

步的人民也许会设法把这种沉淀用人工洗去，但是中国人对此，便一筹莫展了：他们只好等着，让自然的努力把含碱的物质重新调剂一过以后，才着手耕种。

这种白色沉淀就是盐碱，马若梦和亨丁顿对于黄河决口导致土壤大面积盐碱化的描述无疑是正确的。如果运用科学技术采用压碱的方法也可以对土壤进行改造，亨丁顿认为中国人对于盐碱一筹莫展则是不对的。道光时期的《巨野县志》中就记载了农民种植苜蓿、利用多雨之年耕种和用换土法治理盐碱地的经验。

碱地苦寒，惟苜蓿能暖地，不畏碱。先种苜蓿，岁夷其苗，食之三年或四年后，犁去其根，改种五谷蔬果，无不发矣。又碱喜日而避雨，或乘多雨之年耕种，往往有收。又一法，掘地方数尺，深四五尺，换好土，以接引地气。二三年后，则周围方丈地，皆变为好土矣。①

可见中国农民治理盐碱地有一套自己摸索的成功经验。巨野县志中专门记载这种治碱方法，一则说明当时农业技术已经能小型的治理盐碱地，另一方面也说明了巨野盐碱地之多。

黄河泛滥还导致土壤大面积的沙化。如冠县西部有一条西南—东北走向的百里大沙河，是历史上黄河第二次改道留下来的遗迹。在冠县境内中心河道 100 华里，加上支岔约 1350 华里，南北形成纯沙荒 11.8 万亩，东西支岔共 4.7 万亩。遇风起则沙移，蔽日遮空，往往导致村宅并逝，人亡庄没。当地民谣云："一场风沙扬，遍地一扫光。一年辛苦被沙吞，携儿带

① 道光《巨野县志》卷三，方舆。

女去逃荒”。①

黄河、运河水灾冲毁了鲁西大量农田，也冲击着近代鲁西的经济发展。鲁西地区都是山东的有漕州县，由于水灾，山东巡抚不得不多次奏请免粮减款，影响了清政府的财政收入。《清实录》中也有许多年份宣布对鲁西地区蠲缓、免减钱粮的记录。大量土地的沙化荒芜，使农民失去最为基本的生产基础，在自然条件变化的情况下农民对土地的天然固定性受到冲击，造成灾区劳动力的流失，“郓邑至去年（同治七年）被淹之后，百姓大半迁徙”，② 甚至出现了劳动力不足的情况。如1873年山东巡抚文彬所奏，因鲁西南灾民流亡，欲修月堤都“断难借资其力”。山东巡抚张曜曾上奏言：“山东地方十余年来，黄河为患，灾情频仍，民间地亩或成巨浸，或被沙压，不能耕种，生计日蹙。”③

黄河泛滥带来了土壤的肥瘠不等，也会导致新一轮的贫富不均。洪水过后，水退沙留，沙石可能在某一地方沉积，以至无法从事农作；但相邻地方沉积的可能就是肥沃的淤淀，对下年农作物生长非常有利；某一地方可能因排水不良而引起盐碱化，另一地方则可能因泥土淤积使盐碱土地得以改良；一些土地受灾严重，导致许多农民一贫如洗，无以糊口，但另外一些就可能得以维持相对富裕的生活。20世纪30年代对山东省各

---

① 政协冠县文史委编：《冠县文史资料》，第2辑，1989年，第141－144页。

② 武同举著：《再续行水金鉴》卷九十八，水利委员会编印，1942年。

③ （清）张曜：光绪十五年四月十一日奏折，《录副档》，中国历史档案馆藏，转引龚书铎总主编：《中国社会通史》（晚清卷），太原：山西教育出版社，1996年，第476页。

县进行的土质调查就清楚地表明了这种土壤肥瘠不均的状况，以下为鲁西部分县份土质调查：

表 2-5　鲁西部分县份土质调查一览表

县别	土质
滋阳	地多黑土，土质含有沙碱。
曲阜	东北地势高，土质瘠薄，西南方土地稍肥沃。
宁阳	全境肥田地 1770 顷零 92 亩，瘠田地 7163 顷 68 亩。
邹县	东多山岭，西多洼坡，肥沃之地仅占十分之四。
泗水	东西北三面环山之地土质硗薄，城郭附近较为肥腴，仅占十之二三。
汶上	汶、运两河沿岸及城西、北之地俱肥沃，城东、南地多瘠薄，肥瘠各占其半。
济宁	东南西三面易受水灾，土质硗薄，北乡地势稍高，土质亦优。
金乡	南乡土质多沙，东西北三乡土质松散，均属中等。北乡地势洼下。
嘉祥	北部多平原，土质肥沃，南部多山，土质硗薄。
鱼台	土地多碱，十年九灾，秋季不收入，人民痛苦万分。
菏泽	土地肥瘠不等，肥田约占 65%，瘠地约占 35%。
曹县	地多沙质，或含碱性，肥田甚少。
单县	半属荒沙半系膏壤，有肥有瘠。
城武	大部均属瘠地，肥沃者甚少。
定陶	地多沙碱，土质不良，肥沃地亩甚属寥寥。
巨野	土质多碱，南乡稍佳。
郓城	膏田占十分之七，沙丘不毛之地占十分之三。
聊城	东南乡土质较肥沃，其余地多沙碱。
堂邑	西北两面多膏腴，东南地多硗薄。
博平	田地除沙质及碱地外，沃壤甚少。

（续表）

县别	土质
临清	城东城南土地较肥。西北两方多碱或系沙质，较为瘠薄。
夏津	东南两方土质肥沃，西北两乡多沙碱，土质硗薄。
邱县	沙碱地约占 2/3，其余亦多硗瘠，肥沃之地极为少数。
茌平	北乡土地肥沃，西北次之，东南、西南及南乡土地多系碱质，地瘠民贫。
莘县	土性多碱，五谷不易收成，故素称地瘠民贫之区。
冠县	地多沙碱，硗薄之区，肥田极少。
高唐	土质不甚肥沃而利于种棉。
清平	土地多属肥沃，间或沙碱。

资料来源：张育会、刘敬之编辑：《山东政俗视察记》，山东印刷局，1934 年。

据表可见，各县土地肥瘠程度不均，一些“肥沃，最宜农业”，或“不甚肥沃而利于种棉”；一些则或“沙压不毛”，或“多沙碱”，“地瘠民贫”。

各县县志对土地状况也有所记载，如清平县“县境无高山大川，旷然原野，运河枕其西南，马颊贯其东北。地多沙卤，民苦瘠贫。凭高四望，萧条满目”。①

濮州（后析为濮城和鄄城）“查得柳行头西至大堤北至马陵集前西南至皇姑庙连州西北一带，俱卤薄不毛，一望无际，”“大抵此州四外湾环地土高厚者百无一二，人民贫穷者十常八九，除春旱，率多洼卤薄地，致秋水行潦，茫无际涯”。②

东平“环山带汶，黄运交流，地势高洼不同，土壤肥瘠自异”。“全县地亩性质大不相同。盖东北一带多系山田，性质易燥。微旱即为减收。西南及西北一带地势洼下，历

① 民国《清平县志》，不分卷，舆地，疆域。

② 康熙《濮州志》卷二，赋役二。

年颇受水患，且终年积水不涸，良田变为湖泊者区域逐渐扩大，收获之减更不待言。惟东南一带大小清河流域及汶阳之间土田颇为肥沃，然而面积极小，在全县田地中不过占十分之二三耳”。①

除了因黄河及其他河流泛滥导致土壤的沙化和盐碱化之外，在鲁西还出现了许多不利于耕作的其他土壤类型，如板结地等。曹州所属州县因地形平缓，多系浅平洼地，表层土质多淤，透水性能差，易涝易旱，耕作困难。农谚谓：“早晨粘，中午硬，下午板结锄不动。”鲁西阳谷县西部古漯河沿岸出现了大面积的板结地，“始自朝城南十余里之漯河陂，至阳谷西南十余里之贾河头入境。……河之外，东西阔十余里，长三十余里，穑事极难。不逢时雨，则土块坚硬不能下种，五六月间往往绿不敷野，久旱逢甘雨，须连夜犁沟，灯火遍野。晴后二三日又复坚硬成块，无所施其耘锄”。②这种土壤类型给农业耕作带来极大困难。

由于受黄河泛滥影响，鲁西虽然属于华北平原的一部分，但地势并不平坦，而是高岗低洼，沙坑淤滩交错分布。③ 这也给农民的耕种、灌溉、排涝等带来不少困难。

如曹、单两县处于南四湖以西，新老黄河三角地带，历史上受黄河泛滥影响，坡河纵横，洼地连绵，全年降雨分布不均，年降雨量的70％集中在汛期八、九月份，并缺乏排水系统，坡水汇流后，无条件排泄，集中洼地滞蓄，形成当地雨大

① 民国《东平县志》卷一，方域。

② 光绪《阳谷县志》卷十三，艺文。

③ 自1950年代，拖拉机广泛用于平整土地后，原来一些人力、畜力不易平整的涝洼地、高坡地被拉平。

成内涝，雨小客水淹的局面，故成为有名的湖西涝区。① 鄄城金堤以南基本是董庄决口时黄河水夹带泥沙一次沉积而成，沉积物成层多沙粘相间，纵向分布明显，横向分带显著，土壤呈明显的岗沙、洼粘、缓坡地壤的规律分布；金堤以北是由黄河多次决口沉积而成，沉积物沙、壤、粘均有，大部分交错成层，分布规律复杂，变化大。②

近代以来，由于男耕女织的自然经济遭到破坏，许多地方出现了"男耕女不织"，传统纺织业在西方价廉物美的商品竞争中处于劣势地位，家庭生计更多依赖于农田耕作。在当时靠天吃饭的环境下，农业收成则更多依赖于气候和土壤的质量，故灾害对农业的影响意义非常之大。

第二节 运河变迁及其后果

黄河改道不仅使鲁西土质发生异变，人民流离失所，生命财产遭受重大损失。更致命的是，它使鲁西南北交通的大动脉——京杭大运河遭到严重破坏，漕运运道被毁，虽经多次疏浚，终因收效甚微而放弃。运河衰败对鲁西城市工商业发展，航运交通，对两岸的农田水利和沿河的地理环境都带来灾难性影响。

一、运河失治与城市、工商、交通业

（一）运河停漕

清咸丰五年（1855 年）六月，黄河在兰阳铜瓦厢（今河

① 菏泽地区方志编委会编：《菏泽地区志》，第七编，水利，济南：齐鲁书社，1998 年。

② 山东省鄄城县史志编纂委员会编：《鄄城县志》，第二编，自然环境，济南：齐鲁书社，1996 年。

南兰考西北）决口，过张秋而下，夺大清河故道入海，是为黄河的第六次重大改道。从此黄河下游结束了660年由淮河入东海的历史，又回到了由渤海入海的局面。根据山东巡抚崇恩奏报溃水穿运入大清河的情况是，黄河“由寿张、东阿、阳谷等县联界之张秋镇、阿城一带，串过运河漫入大清河，水势异常汹涌，运河两岸堤堰间段漫塌，……凡系运河及大清河所经之地均被波及，兼因六月下旬七月初旬连日大雨如注，各路山坡沟渠诸水，应由运河及大清河消纳者，俱因外水顶托无路宣泄，故虽距河较远之处，亦莫不有泛滥之虞”。① 山东北部的运道遭到了破坏，漕运受到了严重影响。丁宝桢在奏章中说：“东省漕物之疲敝，其故悉由于运道，而运道之梗阻，其患尽在于黄河。”② 而随着南方农民的抗粮斗争和太平天国农民起义的发生，南粮北运一度萎缩乃至停止。到了光绪时期，随着外国入侵的加剧，国家财政困难的突出和商品经济的发展，商品粮贸易的增加，以及运河淤塞的严重和漕政的败坏，停止征漕之声渐起。各省官员纷纷上疏，要求停漕。光绪二十七年(1901年)，清廷颁布停漕令。至此，从隋代开始的利用运河大规模的南北转运漕粮在经过了将近1300年的历史后，逐渐地退出了历史舞台。

（二）晚清和民国时期的运河决溢

运河淤塞后，清政府和民国时期地方政府、士绅也多次酝酿疏浚。1900年八国联军入侵之际，外国控制了海上交通线，

① 山东师范大学历史系中国近代史研究室选编：《清实录山东史料选》(中)，济南：齐鲁书社，1984年，第1333页。

② （清）丁宝桢：《筹议东省运河折》，《丁文诚公奏稿》，卷六，同治七年九月二十八日。

海运不通，清廷谕令山东省疏浚运河，以利漕粮北运。山东省运河当时分为两部分，黄河以南自十里堡起至江苏接界的黄林庄止为南运河，归运河道管辖，隶属于东河总督；黄河以北自陶城埠起至临清州止为北运河，归山东巡抚管辖。这次疏浚由东河总督和山东巡抚分别负责挑挖南运河和北运河，共耗银九万四千两。[①] 此后常有挑修，但因无总体方案，收效甚微，最终放弃。

运河失治，加以黄河在张秋与运河交汇，黄河每次决溢都会影响到运河，而运河自停漕后，所有蓄水节水设施，如水柜闸坝之类，均失于管理，故运河同黄河一样，决溢频繁，给当地人民的生命财产安全造成重大损失。

关于晚清运河洪灾情况，《清代山东水旱灾害》（初稿）中作了详细统计，兹列表如下：

表 2—6　晚清山东运河决溢概况一览表

<table>
<tr><th>年代</th><th>月</th><th>决溢地点</th><th>年代</th><th>月</th><th>决溢地点</th><th>年代</th><th>月</th><th>决溢地点</th></tr>
<tr><td>1855</td><td>6月</td><td>东阿县、寿张县</td><td>1873</td><td></td><td>夏津县、南阳湖</td><td>1888</td><td>秋</td><td>东阿县、张秋县</td></tr>
<tr><td rowspan="2">1859</td><td rowspan="2">秋</td><td rowspan="2">馆陶县</td><td rowspan="2">1874</td><td rowspan="2">7月</td><td rowspan="2">东平县</td><td rowspan="2">1890</td><td>5月</td><td>武城县、临清</td></tr>
<tr><td>6月</td><td>馆陶县、夏津县、恩县</td></tr>
<tr><td>1860</td><td>6月</td><td>临清</td><td>1878</td><td>10月</td><td>武城县</td><td>1892</td><td>6月</td><td>馆陶县、临清</td></tr>
<tr><td rowspan="2">1863</td><td rowspan="2">6月</td><td rowspan="2">东阿县、东平县、金乡县等</td><td rowspan="2">1883</td><td>7月</td><td>临清胡家湾</td><td rowspan="2">1893</td><td rowspan="2">秋</td><td rowspan="2">馆陶县</td></tr>
<tr><td>8月</td><td>馆陶县、武城县</td></tr>
</table>

① 张玉法著：《中国现代化的区域研究：山东省（1860—1916）》，台北："中央"研究院近代史研究所，1982 年，第 479 页。

（续表）

年代	月	决溢地点	年代	月	决溢地点	年代	月	决溢地点
1868		馆陶县	1884		临清、清平	1894	7月	馆陶县、武城县
1870	9月	馆陶县、临清	1885	6月	东阿陶城埠	1895	6月	夏津县、东平县
1871	6月	临清、恩县	1887	6月	东阿县、张秋	1898	6月	郓城县、东阿县
	8月	南旺、南阳湖						

资料来源：转引自王林主编：《山东近代灾荒史》，济南：齐鲁书社，2004年，第23页。该表据《山东清代水旱灾情》（下册）《运河决溢年表》整理。

以上是对晚清时期运河决口时间及地点的统计。据表可知从1855年至1898年这43年中，运河在鲁西决溢24次，平均1.8年决溢一次。进入民国以后，运河决口依然频繁，灾害依然严重。现依据资料，按照编年的方式将运河泛滥所造成的灾害列举如下：

1917年，运河在临清张窑、恩县耿李庄决口。① 1918年6月下旬，鲁南大雨，山洪暴发，汶、泗、沂、运诸河，堤岸冲决，以致临河各属村庄，多成泽国。济宁也因湖河漫溢，受灾严重，灾民数万，荡析流离。②

1921年，嘉祥入夏以来阴雨连绵，山水爆发，“赵王、澹台、苍公、牛头四大河水贯全境，并由王家桥运河决口，全县被淹320余村”。③ 1924年，“山东西北部，以夏间伏汛，水势浩大，运河堤决，冲没田庐，为数亦在不少”。④

---

① 《申报》，1917年7月4日。

② 《东方杂志》第15卷第9号，1918年9月15日，第210－211页。

③ 《大公报》，1921年10月15日。

④ 《晨报》，1924年10月25日。

1926 年，山东除胶东地区外，全省暴雨不断。嘉祥、金乡因地濒南阳湖与运河，河湖泛滥，嘉祥全县八百余村，无一幸免，田苗儿被淹没无收，饥民多沦为乞丐。金乡全县一千三百一十余村，全陷水中，平地水深有及一丈者。①

1931 年自夏至秋，全国各地淫雨不绝，导致长江、淮河、运河和黄河同时泛滥，出现了百年来中国未有的大水灾。山东被灾严重，其中沿运河各县受灾尤重，滋阳田地被淹五千余顷，房屋倒塌两万余间，灾民十五万人。济宁田地被淹九千余顷，房舍倒塌三万余间。金乡被灾九百余村，灾民十六万人。嘉祥被灾一百八十村，灾民一万八千余人。鱼台被灾一千零三十村，灾民十五万人。②

1935 年，受鄄城董庄黄河决口，加以连日淫雨连绵，导致沿运河各县河水倒漾而成灾。如济宁“运河在城东南二十五里之辛店附近于七月二十五日连决六口，宽各二丈至四丈，大水冲出东流，复折而北，当晚到济宁邹城汽车路水深一公尺余，有直冲济宁铁路之势”。“县城北……及城西北……一带，因雨水甚大，不能泄入马场湖，一因运河水倒漾湖水位甚高之故，受灾亦重，计淹地约三百余顷”。东平“临濮集决口之黄水……东流至安山镇以西，将运河冲断，计大口三处，各宽二、三十丈，其他并决小口无算”。③鲁西“近日运河一再增涨，在聊城县境溃溢。大水由东阿交界流抵茌平，直灌湄新赵

① 《晨报》，1926 年 8 月 12 日。

② 李文海等编：《近代中国灾荒纪年续编》，长沙：湖南教育出版社，1993 年，第 317 页。

③ 山东黄河水灾救济委员会编：《山东黄河救济报告书》，1935 年，第 131 页。

牛各河，在平城南各区多被淹没”。①

从上述资料我们可了解运河在1855年后决溢成灾的频度并不低于黄河，虽然在危害程度上可能比黄河要小一些，灾害的影响比黄河决口要小一些，但具体到受灾深重的沿运河两岸的居民来说，每一次运河灾患都标志一轮悲惨命运的开始。

（三）运河城市与商业的衰败

漕运的停止，山东运河沿岸的城市跟南方物资的交流被迫中断，加以从清朝咸丰年间太平军北伐之后，整个鲁西地区战乱和社会动荡连绵不断，城市赖以生存和发展的商业受到了沉重的打击，城市的衰败已不可避免。如临清“经王伦之劫，而商业一衰，继经咸丰甲寅之变，而商业再衰，运河淤涸，而商业终衰”。② 由临清至南旺湖河段“日渐浅涸”，“自漕运既停，汶河既塞，百货之转输，仅赖卫水一流”；“商业大受影响，商行倒闭无余”；“河床为沿河居民纳租垦种，向之南北孔道悉变为膏腴良田”。③ 聊城以南百余里淤塞不通，仅有聊城至临清间河段，“间有水舟往来，南北物资的运输大受影响”。④ “昔年河运通时，水陆云集——迄今地面萧疏，西商俱各歇业，本地之人谋生为倍艰矣”。⑤ 民国以后，虽然济宁、德县等少数城镇利用津浦铁路运输，商业贸易有所恢复和发展外，多数沿运河城镇因交通条件没有改善而日趋萧条。如聊城“在昔年船舶上下，聊城的商务很称发达，从近年运河淤塞以来，市面逐

① 《大公报》，1935年8月12日。

② 民国《临清县志》卷八，经济志，商业。

③ 民国《临清县志》卷六，疆域志，河渠。

④ 《录副档》，奏折，财政类，宝筠等奏，同治八年八月二十六日。

⑤ 宣统《聊城县志》卷一，方舆志。

渐衰退，并且徒骇河也已干涸了”。① 临清仍是“商业寥落，人烟萧条”；② 而张秋镇则“变乱迭经，加以停运，始而萧条，继而凋零，不啻迅风扫秋叶，百年之间，城郭是而风景非，残山剩水，黯然销魂，可慨也夫”。③ 鲁西平原经济圈也随之进入了衰败期，山东经济重心随着开海禁、开商埠而转移到东部。

（四）交通运输业的停滞

运河的衰败也加大了鲁西地区的运输成本，妨碍了商品流通的发展。根据汪胡桢的调查统计，我们从下列各种交通方式每吨公里运费的比较中可以看到运河对于沿岸贸易运输的重要意义：

表 2—7 其他交通方式和河运成本比较表

交通方式	每吨公里运费	相当于运河航运的倍数
肩挑	34.0 分	28.3
公路汽车	30.0 分	25
独轮车	19.2 分	16
骡车	13.0 分	10.8
轻便铁路	2.4 分	2
铁路	2.0 分	1.7
内河民船	1.2 分	1

资料来源：根据侯仁之著：《续天下郡国利病书：山东之部》（北京：哈佛燕

① 陈博文编，吕金录校：《山东省》，上海：商务印书馆，1934 年，第 83 页。

② 白眉初：《中华民国省区全志·山东省志》第四卷，道县汇志，1925 年。

③ 摘自民国二十六年稿本《增修阳谷县志》第一册，政协阳谷县委员会李印元、郑清铭编：《阳谷文史集刊》，聊城：山东省聊城市新闻出版局，1999 年，第 458 页。

京研究所，1941 年，第 32 页。）改编而成。原资料引自中国水利工程学会印：《整理运河工程规划》，1935 年，第 172 页。

据表可知，除了铁路运输成本稍高于运河船运外，其他交通方式的运输费用都大大高出运河运输。鲁西平原除了兖州、济宁等津浦沿线城镇能借助铁路运输外，其他地方都因距离铁路线太远而无法得其实惠。当时民间最主要的交通运输方式近距离的是肩挑，远距离的就是独轮车和骡车了。而由于陆路运输费用的昂贵，无论是南方还是北方的商民要将自己的产品运输到另一方来进行商品流通交换，基本上会无利可图，因为一般商品根本承受不了如此高额的运输费用。结果运河停摆后，鲁西平原地区同南方的商品交换也就趋于停滞。

黄河改道则直接导致了运河航运业的衰落。自 1855 年河决铜瓦厢夺大清河道横穿运河以后，汶水不能越黄河北流，其后运河改资黄水。但至光绪四年（1878 年），黄河以北至临清 200 里间，河床逐渐淤浅，不少地段变为水田，仅七八月间黄河水涨时可以通航。至光绪十四年（1888 年），黄河以南至台儿庄 600 里间河道亦渐淤浅，惟因相地置闸（共设 27 道水闸），随时开闭，夏季增水时节舟行尚且便利，在黄河枯水时节即停流断航。大运河运输量已较前大减。在 19 世纪初，每年由江南运量百万石，但到 1900 年代，每年仅运粮 20 多万石。从黄河到临清之间的运河淤成陆地以后，京杭运河北段的航运价值基本丧失。民国以后，运河“岁久失修，淤垫日甚”，随着 1912 年津浦铁路的通车，沿河各地出入货物改由铁路运送，运河昔日在商业贸易中的地位逐渐被铁路所取代。正如下面要分析到的，黄淮段运河此时已由黄金水道变成害河。

二、运河和沿岸农业及地理环境的关系

（一）运河漕运与沿岸农田水利矛盾的历史考察

对于运河促进鲁西商品经济发展的作用，以往文献多有涉及，我们前面也作了论述。但对于明清时期运河对鲁西农田和水利灌溉事业所造成的负面影响，则被运河给鲁西带来的商品流通和城市经济的发达这一面所遮蔽。如果我们全面地看待运河对鲁西经济发展造成的影响，就会发现运河对鲁西的农业和社会生态带来不少灾难性的后果。只不过在运河通航时期其负面影响要小于对运河城乡商品经济的促进作用。及至运河停航，其正面作用已不复存在，其对运河流域农业发展的破坏影响就愈发凸现出来。

晚清沈葆桢曾指出运河和两岸农田水利之间的关系：

> 议者谓运河贯通南北，漕艘藉资转达，兼以保卫民田，意谓运道存则水利亦存，运道废则水利亦废。臣以为舍运道而言水利易，兼运道而筹水利难。民田于运道势不两立。兼旬不雨，民欲启涵洞以溉田，官必闭涵洞以养船。迨运河水溢，官又开闸坝以保堤，堤下民田立成巨浸，农事盖不可问。①

沈氏意图在于提倡海运而反对漕运，但他对运河和沿岸农田水利的对立关系的揭示“民田与运道势不两立”一言，却也是一语中的。运河漕运和两岸农田的矛盾关系表现以下两个方面：

其一，在天气旱时，国家为了确保漕运畅通，严禁运河沿

---

① 《清史稿》卷一百二十七《志》一百二，河渠志，运河。

线的农民引用支流的河湖之水溉田。山东西部属于大陆性气候，降水极不平均，春季降水较少，夏秋降水量较大。在春季大多农田需要灌溉之时，运河也需要本区域湖水、河水“涓滴入运”来保证漕运畅通。明清两代对运河流域能补充运河水源的河湖非常重视，把鲁西南诸湖称为运河“水柜”。“山东蓄水济运，有南旺、马踏、蜀山、安山、马场、昭阳、独山、微山、郗山等湖，水涨则引河水入湖，涸则引湖水入槽，随时收蓄，接应运河，古人名曰‘水柜’”。① 明永乐九年（1411年）的《漕河禁例》中严格规定：“凡决山东南旺湖，沛县昭阳湖堤岸及阻绝山东泰山等处泉流者，为首之遣从军，军人犯者徙于边卫。”② 清康熙皇帝在训诫官吏时把漕运和灌溉对立，严厉禁止民间截水灌溉：“山东运河，全赖湖、泉济运。今多开稻田，截上流以资灌溉，湖水自然无所蓄潴，安能济运？……将此旨详谕巡抚，申饬地方，相度泉源，蓄积湖水，俾漕运无误，自易易耳。”③依据这种精神，清代设有管泉专官，分地管理泉水，凡盗截泉水者罪之，“行水者奉法为厉，即田夫牵牛饮其流亦从而夺其牛矣”。④ 饮牛尚且不许，更遑论引水灌溉田地了。因而鲁西不少地方虽然河湖纵横，但临近的农田却无法沾其点滴恩泽，农田水利事业也就随之荒废。时间一久，人民也就习以为常，忘记了灌溉对于农田的收益了。正如侯仁之所痛言：“惟在专制时代，鲁西诸水，均专作济漕之用，设泉河厅以管理之，规例甚严，不容稍异，故从未筑堰开渠引为灌

①③ 《清史稿》卷一百二十七《志》一百二，河渠志，运河。

② 转引自姚汉源著：《京杭运河史》，北京：中国水利水电出版社，1998年，第703页。

④ 道光《滕县志》卷三，山川。

田之用者。迄于今日，人民咸蹈习故常，几不复知灌溉之利。弃利于地，转为灾祸，亦至可惜”。① 民国时期，鲁西农田大多依靠凿井灌溉，诸多河渠因淤塞和水利灌溉设施的不配套而无法利用。

顾炎武在考察兖州府与运河关系时曾论到：运河流经兖州府十分之七的州县，汶、泗、沂、洸挟众多泉水注入运河，“郡水涓滴之流，居民无敢私焉。兖之于国家，亦不轻矣哉！”运河沿岸农村耗费这些宝贵的水源，因漕运而丧失水利，导致农业生产大受损失。因为在降水少时农田得这些河泉之水灌溉，可望获得较好的收成。正如《清史稿》所载“河道半皆淤滞，沟渠亦多荒废”。② 明代入漕济运的泉水有 234 眼，到了清朝乾隆年间，则增至 478 眼，增加了一倍还多，运河和农田争水的矛盾愈形突出。

其二，在降水量充足甚至发生水灾之时，为保障运河安全，宣泄运河洪水，造成沿运河两岸不少地方发生洪灾和内涝。如在鲁西南，清政府为增加微山湖的蓄水量，不断修筑堤堰闸坝，使微山湖湖面不断提高，面积不断扩大，导致鲁西南各州县泄洪不畅。最直接的后果就是导致滨湖农田的淹没，这尤以临近湖泊的济宁州和鱼台县损失最为惨重。据民国《济宁直隶州志》记载，这种被湖水淹没无法耕种因而被豁免钱粮的土地，当地称为“沉粮地”，面积非常巨大。

州属沉粮地占二州县地方，可知者一百四十三庄，计

① 侯仁之撰：《续天下郡国利病书·山东之部》，北平：哈佛燕京研究所，1941 年，第 49 页。

② 《清史稿》卷一百二九《志》一百四，河渠志四。

地二千六百六十九顷十三亩。沉地自康熙二十三年开始，乾隆二十四年至二十六年三年内济宁告沉地一千三百六十五顷二十七亩，鱼台共沉地一千三百零三顷八十七亩。嘉庆二年再谕疏浚，以开微山湖，盛泄涨水，沉地旋涸，洎蔺家坝筑，微湖再塞。咸丰元年，丰县河决，复灌微湖，泛滥北上，涸地再沉。此后，黄河北徙，漕运停顿，浊洸再灌，泗泇并高，诸湖悉淤，而河工人员犹寻黄河在南例案，务使微山湖常年蓄水丈余，始能济高亢近山之泇河。盖自嘉庆二年自今一百二十六年，荆山河永不再浚，蔺家坝永不再开，而济宁、鱼台之沉粮地永不再复。①

微山湖水位提高和湖水面积扩大还造成鲁西南诸州县坡水排放困难，导致内涝或因运河排水不畅而溃决为灾。运河以西的鲁西南各州县因排水不畅极易形成内涝，尤其是下游的济宁、金乡、鱼台、巨野等州县，上有黄河客水汹涌而至，下有湖水顶托，坡水排放相当困难，故水灾发生频率极高，水灾损失也很大。

为引导河水进入运河而修筑的闸坝改变了某些河流的自然流向，如遏泗水入府河、洸河，东西两泇河汇流等，如此虽然保证了运河的水源，但却造成了水系的紊乱，一些闸坝还造成了洪水下泄不畅，以致洪流泛滥于两岸，淹没农田房舍无算。如运河水源的供给河泉汶水、泗水、泇河流经济宁州运河以东的部分州县、兖州府大部分州县及泰安府的大部分州县，这些地区在清代饱受运河泄洪之苦。到了晚清时期，中央政府已无力对运河地区进行大规模的治理，山东运河流域河道淤塞、闸

① 民国《济宁直隶州续志》卷四，食货志。

坝失修的现象已日趋凸现。如泗水、洸河、府河等都是运河的重要水源，在济宁州和运河汇合。清末闸坝制度废弃后，河道淤塞、伏秋水涨，经常冲决为灾。如泗水泛滥，“岁无不决”，两岸农田大受淹没之害。洙水“山水疾激，坝石倾圮，而水行故道，弥原淹野，禾尽腐败，是为利于漕者什一而贻害于民者恒千百也”；府河“自行六十里会洸水为运河后，行五十二里自任城闸以南两岸堤堰向归河工人员管理，河员裁后，久坏不修。右岸自石佛闸南尽鱼台县境已成为沉粮地。左岸（即运河东岸）自赵村闸迄于张家桥至鲁桥镇泗水右岸又为历年缓征地，膏腴之壤污潦矣！”[①] 可见由于泗水、府河和洙水的泛滥，导致济宁州运河以东地方的灾难。尽管运河东岸不像西岸那样有大面积的沉粮地，但也有不少难以保证收成的缓征地。根据方志的记载：缓征地在运河东岸，惟一般年份可以收一季麦子，非常旱的时候秋季才可以有收获，如果下雨稍多，则连麦子也收不成。十年之中，常缓征六七年，缓征数目视水灾严重严重程度而定。[②]

在鲁西北，国家为保证运河水源充足，引漳河水入卫河济漕，漳卫合流后水势大增，流量很大，极易导致两岸洪涝灾患的发生。并且大清河以北运河西岸冀鲁豫三省一些州县的坡水都要经过运河宣泄，为防止坡水大量涌入运河产生漕舟漂没的危险，清代国家严格控制运河西岸闸桥的数目和闸坝的高度。一般说来，西岸坡水要经过三空、五空、平水等闸桥和涵洞方能泄入运河，当运河西岸漳河、卫河伏秋水涨，大量坡水需涌

① 民国《济宁直隶州续志》，卷三，山川志，河渠。

② 民国《济宁直隶州志》，卷三，食货志。

入运河泄洪之时，运河西岸的闸坝往往落闸限水，导致运河以西地区因坡水宣泄不及以及漳、卫河水溢出而发生内涝。如在漳水入卫后，卫河在临清决溢频繁，“百余年，河决不下数十处，县境民宅行船。二十年县境大水，沿卫河二十四州县皆水，为向来未有之奇灾。每决口一次，沿河居民田禾淹没，庐舍冲毁，财产损失不可数计”。① 汶河“自黄河北徙而后，黄水倒灌入运，挟带泥沙，至河身淤垫日高，夏秋之间蓄水过大，往往有溃决之患”。②而在运河的东岸，为防止运河水不致于过多泄入东岸河流入海，导致运河因水位低而使漕舟运行困难，清廷设置了八里庙、龙湾、魏湾、四女寺、哨马营等滚水坝，并将这些滚水坝的高度严格限制在七尺或七尺以上。③ 如此虽然保证了运河的水位，但也造成当洪灾来临时，运河泄洪的困难。

对于运河区域农田水利失修和坡水带来的灾患，侯仁之曾痛切陈述：

> 予读三百年来一方志书，于此重有所感，长江大河之为灾也，群走而呼号，刊为报章，揭之什志，兴巨工，施大赈，视为固然，独于内地农田坡水之害，无所设施。或以区域过小，或以地在僻乡，既不能表现于地图，复不见于公载。然不知一县如此，他县亦如此。此地若干亩，彼地若干顷，合而计之，区域之大，数县之地不止也；一年如此，年年如此，一年之损失有限，数年之损失不计也。④

---

①② 民国《临清县志》卷一，疆域志，河渠。

③ 山东师范大学历史系中国近代史研究室选编：《清实录山东史料选》（上），济南：齐鲁书社，1984年，第382页。

④ 侯仁之撰：《续天下郡国利病书·山东之部》，北平：哈佛燕京研究所，1941年，第18页。

鲁西为山东省县治划分最密的区域，也是人口密度最大的地区。这种人口分布的表现就是农村中村庄的稠密分布，而不是像城市中那样的人口密集。若推论其缘由，则是鲁西属于黄河冲积平原，土地肥沃，经过数千年来的深耕熟耨，农业发展已经达到精耕细作的地步，“农功已达极点”。生产发展，财富积累，生殖日繁，因而影响到政治区划的日析日密，自然这是鲁西数百年来积渐演进的结果。早在明末清初，顾炎武在游历到山东时，即注意到山东西部人烟稠密，耕地利用率极高的现象：

> 予行山东巨野寿张诸邑，古时瀦水之地，无尺寸不耕，而忘其昔日为川浸也。近有一寿张令修志，乃云梁山泺仅可十里，其虚言八百里，乃小说之惑人耳。此并五代宋金史而未之见也，书生之论岂不可笑也哉。①

这是说在北宋时期因黄河决口漫溢而形成的八百里之梁山泊，经过沧海桑田，至明末湖水消退，湖底多被垦为农田，以致寿张县令在修史志时竟不再相信昔日梁山泊会有八百里方圆了。②

和梁山泊临近的郓城县在20世纪出现了“惟因地少人稠，生活困难，赴东北及海外谋生者甚众”的现象。③ 由于受到过

---

① （清）顾炎武著：《日知录集释》，长沙：岳麓书社，1994年。

② 公元944年，黄河在滑州（旧滑县）决口，“侵汴、曹、单、濮、郓五州之境，环梁山而合于汶，与南旺、蜀山湖相连，弥漫数百里”。著名的梁山泊就此形成。北宋时黄河于1000年、1019年、1077年三次灌注梁山泊，这时湖面宽广，号称“八百里蓼儿洼”。从金代开始，梁山泊水源因黄河南徙而枯竭，至明后期，黄河夺淮入海，梁山泊逐渐淤涸。

③ 张育会著：《山东政俗视察记》（上册），济南：山东印刷局，1934年，第412页。

高的人口压力，遂造成对土地的过度开垦，“土无不用，地无不耕，积年勤劳之开垦，竟至与水争田，凡河无常流，水无常潴之地，尽皆犁为农园”。① 在人口如此稠密、土地利用率如此之高的地区即使发生一些轻微的灾情，造成的损失也不为菲，更何况黄河、运河及其他河流周期性的泛滥？

（二）运河衰败与沿岸地理环境

漕运停止后，国家放弃了对运河的管理疏浚，以前靠运河而发达起来的城市衰落了，靠运河而兴起的工商业经济凋敝了，但以前因运河而导致的农田水利事业失修带来的灾难，则因国家退出运河治理，运河流域的诸河泉缺乏专门机构的管理而益加严重。到清朝末年，东平湖和济宁——鱼台的沉粮地连成一体，大片农田被淹。“溯自南运失治，汶泗泛滥于其间，东平、济宁、鱼台数郡连绵三四百里，岁浸民田不下七千万亩。”② 被河水夺去土地庐舍的当地百姓生活异常艰难，靠“植苇捕鱼，自谋生活”。“间遇亢旱连年，地亦时或涸出，农民不肯弃地，犹思及时种麦，以冀幸获，然必次年再旱，始能丰收一季。稍遇微雨，上游水来，则并资力籽种而悉丧之。其后谋开稻田，卒无成效。”③

20 世纪三四十年代，后来成为中国著名历史地理学家的侯仁之在考察了山东运河后指出：“本段运河故道，北起山东省寿张县黄河南岸之十里铺，南迄江苏之淮阴县，长约四百六十里，自漕运停止以来，所有蓄水节水各建筑，如水柜闸坝之

① 侯仁之撰：《续天下郡国利病书·山东之部》，北平：哈佛燕京研究所，1941 年，第 37 页。

② 民国《济宁县志》卷一，疆域略。

③ 民国《济宁直隶州续志》卷三，食货志。

类，均失管理，以致元明清三代所经营之漕渠，成为汶泗诸水横流之泽国，不仅航运之利全失，而鲁西苏北十数县之人民，咸遭昏垫，其惨烈情形有非言语所能形容者。”① 这段话反映出黄淮段运河对鲁西苏北人民造成的严重危害。

在这段运河之中，状况最恶劣的为东平湖至微山湖的一部分，这里处于中原大陆与山东半岛的结合处，是古梁山泊的遗址所在地，地势最为低洼。西部受黄河改道后以南和改道前以北 2 万平方公里的坡水，东部受汶水、泗水和邹县、滕县境中之山脉坡水，北受黄河大堤之阻碍，南部受阻于中运河，以致成为收纳诸水的“水库”，形成诸多浅平的湖泊。自北而南有东平湖、南旺湖、沉粮地、缓征地、独山湖、南阳湖、昭阳湖、微山湖等湖泊湖地，合计面积达 284 万亩，其中完全沉于水底者，达 210 万亩，其余 74 万亩，则处于低水位以上与洪水位以下，名为湖地，可以种冬小麦一季，但如果第二年洪水来得早，则颗粒无收。沿湖附近的低地“因地下水位之接近地面，与排水之不畅，故小雨即盈，必待日光为之蒸化，始能干涸。斯时土中卤质咸随以上升，遗留地面，为害禾稼”。这种低地在鲁西平原分布广泛，“东平县之西北，济宁县之南乡，滋阳县之西乡，以及嘉祥、金乡、鱼台、沛县滨湖一带，均莫不有此现象。故土地生产率异常低下，人民贫苦特甚，向称民风强悍，萑苻遍地，实则饥寒所迫，铤而走险，固无足怪也”。②

由于河流失治，原来的沉粮地和缓征地随河湖的每次涨水

① 侯仁之撰：《续天下郡国利病书·山东之部》，北平：哈佛燕京研究所，1941 年，第 47 页。

② 侯仁之撰：《续天下郡国利病书·山东之部》，北平：哈佛燕京研究所，1941 年，第 48 页。

而续有增加。如 1935 年黄河决口，导致黄河各支河流湖泊、运河等水势大涨，沉粮地和缓征地面积大增。“沉粮地南阳湖与独山湖水势极大，深皆丈余。波涛汹涌。昭阳湖水势较南阳湖略逊，然已水增数尺。破湖埝而西浸矣。”① “济宁以南至鲁桥运河西堤，口门甚多。河与沉粮地毗连沟通。故湖河同涨，东堤又多处薄弱，故崩溃多处，水势东浸达西泗河西岸，北亦将及兖济支路。湖西如嘉祥、济宁为水流途径，自不必提。若鱼台、金乡大部陆沉，独山湖受西来之水升高东浸，亦达十余里。”②

南四湖（独山湖、南阳湖、昭阳湖、微山湖）在清代以前本为浅平湖泊，由于水位上涨，湖面面积扩大，淹没了沿湖大片农田，膏壤尽皆变为水潭。

随着黄河改道和运河的破败，黄运灾患频仍，鲁西大平原也陷入衰敝期，和东部沿海及胶济铁路线地域拉开了差距。鲁西平原区从原来山东省的中心区域逐渐地走向边缘化。自然，这也经过了一个较长时期的过程，是多种因素的结果，但追根溯源，黄河、运河泛滥导致生态环境的严重恶化，实是鲁西经济迅速衰败的一个重要原因。

第三节 其他气象灾害

鲁西平原是黄淮海平原的一部分，从气候条件而言，这里光

---

① 山东黄河救灾委员会编：《山东黄河水灾救济报告书》第四编，灾情，1935 年，第 134 页。

② 山东黄河救灾委员会编：《山东黄河水灾救济报告书》第四编，灾情，1935 年，第 135 页。

照充足，热量资源丰富，尤其雨热同期，极其有利于农业生产。但这里属于大陆性季风气候，降雨主要集中于夏秋两季，并且常以暴雨形式下降，方志记载中常可见“大雨”、“淫雨”，造成灾害事件。同时鲁西平原低洼易涝的微地貌，又形成积水不易排除的局面，更加重了暴雨的危害。季风气候带来的降水又常常趋于极端，容易造成干旱的出现，因此旱涝灾害一直是鲁西平原经常发生的灾情。蝗灾则是另一种常见于资料记录的灾害。

一、各地气象灾害概况

对于这时期鲁西的旱、蝗、雪、雹等灾害，各州县县志中都有许多记载，现以临清、曹县、定陶、济宁、东平为例，做一说明，同时将各州县水灾情况一并记载：

表 2—8　1855 年后临清、曹县、定陶、济宁、东平（州）县灾荒情况

临清		曹县		定陶		济宁		东平	
年代	灾荒	年代	灾荒	年代	灾荒	年代	灾荒	年代	灾荒
1855	大水	1855	水灾	1855	大水	1855	水灾，蝗灾	1855	黄水
1857	飞蝗，大饥	1861	大风	1856	蝗蝻	1856	饥蝗	1856	旱、蝗
1858	大饥，大疫	1863	蝗蝻	1857	蝗蝻	1857	大饥，人相食	1857	大饥，人相食
1867	大雨雹	1865	冻灾	1862	蝗蝻	1859	大水，雨雹	1859	大水
1870	大旱	1866	大雨	1863	大水，大雨	1860	大水	1860	水
1871	无麦、无禾	1874	风灾	1867	大雨，酷热	1861	大水	1862	水

（续表）

临清		曹县		定陶		济宁		东平	
年代	灾荒	年代	灾荒	年代	灾荒	年代	灾荒	年代	灾荒
1872	卫河决口	1877	风灾	1868	黄水	1863	大水	1862—1874	县境西、南、北皆水
1874	大饥	1878	瘟疫	1871	酷热	1865	蝗灾	1875	旱
1875	大旱	1880	风、旱	1872	蝗	1867	大水，大风	1878	春旱，民大饥。大风，大雨
1877	大旱，大饥	1881	风	1873	大雨，冰雹	1869	雪灾，大雨	1888	大雨
1878	大旱，大饥	1892	旱	1877	雨雹，蝗蝻	1870	大水	1889	大饥
1879	水灾	1894	大雨	1878	大疫	1871	大饥	1895	大水，民淹死无数
1881	大雨雹	1900	虫灾	1880	旱	1873	大水	1898	黄、清两河决口
1883	卫河决口	1901	风	1888	秋涝，岁饥	1874	春旱，黄水	1901	清河决口
1884	汶河水涨	1907	大雨	1892	大风、冰雹	1875	大水	1916	夏虫蝗
1885	大雨	1909	风灾，蝗灾	1893	水涝	1876	春旱，冻灾	1917	春旱，秋淫雨
1890	卫河决口	1910	雪灾	1898	大风	1878	春，大旱	1918	清河决口，秋疫
1892	蝗蝻，卫河决	1917	冻灾	1899	大风	1880	大旱	1919	春旱，麦无收

（续表）

临清		曹县		定陶		济宁		东平	
年代	灾荒	年代	灾荒	年代	灾荒	年代	灾荒	年代	灾荒
1900	大旱，饥	1919	旱灾	1920	大旱、蝗灾	1886	冻灾	1921	春寒、秋淫雨清、汶河决口
1902	大旱，大疫	1920	大雨	1927	蝗灾、旱灾	1888	春饥，夏旱，秋疠疫	1923	雨雹
1906	雨雹，大风	1921	霍乱	1928	蝗灾	1889	大饥	1924	黄水
1915	旱，暴风	1923	风灾	1933	黄水	1891	大寒	1927	夏旱，秋早霜
1917	卫河决	1926	冻灾	1935	黄水	1892	夏雹，泗水决	1928	民大饥，流亡
1920	旱，大饥	1929	水灾	1937	震灾	1893	泗水决，大饥	1929	旱
1926	大风	1932	霍乱			1904	大水	1930	小清河决口
1931	雨雹	1937	地震			1907	大雨	1933	水灾
						1910	大水	1934	酷热死百余
						1902	大水	1935	春旱，酷热，大风，雨雹
						1905	大水		
						1906	大风		

（续表）

临清		曹县		定陶		济宁		东平	
年代	灾荒	年代	灾荒	年代	灾荒	年代	灾荒	年代	灾荒
						1908	雹，蝗		
						1909	大水		
						1910	雨雹，蝗旱		
						1911	雨雹，地震		
						1918	大雨，山洪，湖河漫溢		
频度	26/76	频度	26/82	频度	24/82	频度	36/63	频度	27/80

资料来源：张自清修，张树梅、王贵笙纂：《民国临清县志》卷五，大事记，民国二十三年（1934）铅印本。

冯麟溎修，曹垣纂：《民国定陶县志》卷九，灾祥，民国五年（1916）刻本，第258—460页。

张志熙修，刘靖宇纂：《民国东平县志》卷十六，大事，民国二十五年（1936）铅印本，第256—257页。

济宁市地方史志编纂委员会编：《济宁市志》，中华书局，2002年，第10—21页。

曹县方志编纂委员会编印：《曹县方志》，1960年，菏泽市档案馆藏，第59—61页。

可以看出，自1855—1937年，鲁西各县灾害的种类有水灾、旱灾、蝗灾、涝灾、雹灾、风灾、霜冻、酷热、瘟疫、地震等各种，而出现的频率如济宁最高，在63年（1855—1918）中有36年发生灾害，并且有时一年发生2—3次，如1888年

“春饥，夏旱，秋疠疫”，1911年“雨雹、地震”等等。频率最低的如定陶县，在82年中有24年出现灾情，在这24年中也往往一年发生几次灾害。所造成的影响有“大饥”、“大疫”、“民死无数”、“人相食”等记录。现再根据当时的报刊资料了解一些灾荒的个案。

二、灾况举例

近代许多报刊对当时发生的旱涝水灾等自然灾害也多予以报道，如《申报》、《大公报》、《民国日报》等。本书选取1920年、1927年鲁西旱蝗灾害为例作一说明：

1920年，黄河流域亢旱异常，河北、山东、河南、山西、陕西五省发生“四十年未有之奇荒”。鲁西各州县处于旱灾中心点，灾害情况异常严重。《大公报》、《申报》、《民国日报》等报纸上有许多旱涝蝗灾的报道，如对1920年山东旱、蝗灾情的报道：“山东之丰年已不如他省，况本年赤壤千里无生色，其惨状难以形容。总之，山东旱灾地带毗连于直隶之保定及山西境界，然以各省较之，山东灾情殊不减于直晋也。”毗连河北和山西的山东部分即是鲁西东临地区和德州地区，根据山东省筹赈处的调查，“其灾区范围，以东临道属二十一县就中如临清、馆陶、平原……等为最甚，待赈之灾民约达四十五万人以上。”但后来调查发现鲁西各县灾情更重，受灾地区更广，“调查临清等三十八县饥民，不下四百万余口”。① 而在鲁西南则旱蝗并发，“山东入春以来，即苦亢旱，近又发生蝗蝻，遍野皆是。”“曹州所属之菏泽、郓城、单县、曹县一带”，“由河南开

① 《山东民国日报》，1920年10月8日。

封等处，飞来飞蝗甚多，南北宽十余里，东西长三百余里，宛若一河道，所有禾苗，全行吃净，大有飞而食肉之势”。①

再如1927年11月10日《申报》报道，“鲁省曹兖两属十六县，发生七十年未有之蝗灾，禾粒无收，兼遭烽燧，饿殍填塞，中四县灾情尤奇重，草根皆尽”。②

根据华洋义赈会对山东灾情的调查，“山东灾区共五十六县，面积二十四万余方里，占全省面积十分之六，灾民二千零八十六万零一百二十一人，占全省人口二分之一强，灾况之重，实空前所未有”。③ 兹录灾区情况表如下：

表2—9 1927年鲁西各县旱蝗灾害表

县别	被灾人数	灾区内所占村庄数	灾区面积方里数	平均收成	成灾原因
武城	82664	176	2050	1成弱	旱蝗
鱼台	73362	374	2175	2	旱蝗
邹县	107826	1219	3194	4	旱蝗
滋阳	52302	1221	843	4	旱蝗
曲阜	57187	121	1631	2	旱蝗
济阳	172930	609	330	1成弱	旱蝗
高唐	44515	190	1015	3成	旱蝗
冠县	80834	176	1250	1成弱	旱蝗
观城	31399	167	1460	1成弱	旱
郓城	50490	846	5655	1成弱	旱
单县	294675	1884	6240	1成弱	旱
城武	141474	816	2400	1成弱	旱
曹县	317493	2085	9000	1成弱	旱

① 《大公报》，1920年7月15日。

② 《鲁省十六县蝗灾》，《申报》，1927年11月10日。

③ 《空前未有之山东灾情》，《申报》，1927年11月13日

（续表）

县别	被灾人数	灾区内所占村庄数	灾区面积方里数	平均收成	成灾原因
清平	30833	81	600	1成弱	旱
濮县	322500	1302	5058	1	旱
范县	11900	504	2975	1	旱
巨野	212358	707	5620	1成弱	旱
泗水	106251	285	3000	2	旱
汶上	232685	285	4706	1	旱
金乡	20920	690	3525	1	旱
定陶	209770	545	1710	1	旱
朝城	28275	393	2550	2	旱
阳谷	145589	570	2200	1	旱
聊城	91238	404	1700	1	旱
东阿	508416	257	4076	3	旱
济宁	80795	315	1750	3	旱
夏津	58890	130	1375	4	旱
嘉祥	50074	240	1560	3	旱

资料来源：《空前未有之山东灾情》，《申报》，1927年11月13日。

由此可见，这次旱蝗灾情波及面广，受灾人众，程度深，多数作物平均收成仅一二成，这近乎于绝产。由于这次旱蝗交侵，加以兵匪猖獗，人民更增加了困苦。根据12月份的调查，在鲁西冀南，“有二十二县已绝人烟，恒有被迫饥寒，全家自尽者”。① 华洋义赈会办理赈款百万元，但“不敷甚巨”；因壮

① 《直鲁今年之灾相》，《申报》，1927年12月16日。

年投军，“妇孺老弱占九”，故办理工赈也难。而根据济生会会员洪道宏、张谷如函称，兖、沂、曹三府所属被灾最重，而济宁州属一万数千村，水旱兵匪，重重灾劫，尤为亘古未有之惨，饿毙者约百分之三四，逃荒者百分之二十，其无力迁徙者，大抵将门堵塞，阖家待毙。……至曹州府属数县，均在战线以内，无从查悉。……总之灾区太广，又值严寒，若不赶放急赈，恐冻饿而死者，不知凡几矣。① 另据义赈会各地调查员报告，“山东西南各地，如菏泽城武金乡单县等数十县，既受民国十五年之水患，荡成泽国，复被十六年之旱灾，变为赤地”。根据金乡、单县、城武三县服务员王甲山报告，“查此三县灾祲之重，迥异各地。去年大水，低下之地，淹没殆尽；今年苦旱，夏日无收，秋禾未得播种，已故居民乏食，迁徙流离，或出卖妇女，或以小孩易粮，或远走关外，或散之四方，以致全县居民，仅遗十之三四，而其中之贫病待毙者，又居半数。灾民概以糠秕及野菜为食，亦食草根树皮，甚至有食破毡或破棉者，其忍饿不胜，典卖罄尽，借贷无门者，或闭门不出，任令饿毙，或悬梁自尽以速其死，此均数见不鲜之事”。又根据滋阳、汶上、东平三县赈务员孙效忠报告，“查此三县因连年遭遇水旱之灾，兵匪之害，致生民同苦，不可言喻。其所食之物，因交通多阻，赈不能速到之故，多以苲草青菜萝卜树皮地瓜蔓槐角豆白菜根等，杂以红粮粉，或蒸食或煮食，其所居之屋，在先系以土为墙，以草为盖。自民国十五年大水之后，多有坍塌漂没者，至十六年因大旱之故，柴草皆无，以致房屋失修，且有饥饿过甚者，以器易粮，拆屋为薪，今则均已

① 《济生会调查报告》，《申报》，1928年2月21日。

露宿于外，或蜷居穴中矣。其所著之衣，多系前穿后孔，破烂不堪，因其食且不饱，更何暇顾及衣服耶”。① 从这些实地调查报告中，不难发现这次旱蝗灾情之严重，百姓生活之艰辛。

三、灾害特点

总括起来，近代鲁西自然灾害呈现以下特点：

（一）种类繁多。鲁西各地灾害出现最多的是水灾，包括黄河、运河及其他河流灾害；此外还有旱灾、涝灾、蝗灾、雹灾、雪灾、霜灾、风灾、地震、瘟疫等。从表中所列临清、济宁、定陶、曹县、东平等县发生的灾害中，以上各种灾害基本上都具备。

（二）发生频繁，具有持续性。读鲁西各县县志，有一个深切的体会，就是各县的大事年表或灾异志，几乎都成了灾荒的编年史，各县或大或小很少有哪一年没有灾害的记录，许多地方都是连年持续发生灾荒。如东阿县志中记载了民国九年（1920 年）至民国二十年（1931 年）持续 12 年的灾荒：

九年（1920 年）大旱，自八年八月至九年五月无雨。

十年（1921 年）夏淫雨三月。

十一年（1922 年）先旱后潦有蝗。

十二年（1923 年）三月麦苗冻死大半，夏秋潦。

十三年（1924 年）冬无雪。

十四年（1925 年）春无雨。

十五年（1926 年）夏潦。

十六年（1927 年）大旱。

---

① 《山东遍地灾荒之惨状》，《申报》，1928 年 3 月 2 日。

十七年（1928 年）五月飞蝗遍野，早苗无余；六月蝗蝻后生，晚禾殆尽；八月二十日，严霜骤降，重生苗禾凋谢无遗；天灾兵患民不堪命矣！

十八年（1929 年）夏大旱，早禾枯死，晚禾未播，连年荒旱，民不聊生。

十九年（1930 年）秋潦，洼地淹没。

二十年（1931 年）六七月，大雨兼旬，坏民庐舍，禾稼淹没大半。①

巨野县志中也记载了该县多年的持续性灾害，如

咸丰五年（1855 年），“河决铜瓦厢，……漫溢县境”。

六年（1856 年）“夏旱，七月蝗蝻生”。

七年（1857 年）“大饥，饿死人无算”。

到了同治三年后，则几乎每年都有灾害的记录，兹列举如下：

同治三年（1863 年），大雪。

四年（1864 年）大雨淹麦。六月大雨连绵，平地水深数尺，七月烈风拔树捎伤禾稼无算。

六年（1866 年）河决濮境孙家寨，巨境徐家海北尽水，是年以前民欠概予豁免。

七年（1867 年）二月二日夜，大雪三日夜。

八年（1868 年）春旱，夏飞蝗食禾几尽。

九年（1869 年）冬，牛受瘟疫，死者甚众。

十年（1870 年）春旱，八月初旬沮河决口，是年牛复病死过半。

① 民国《东阿县志》卷一，舆地。

十一年（1871 年），三月朔日雹雨交作，人有被震死者。

十二年（1872 年）四月初四日大风雨雹，六月黄水自郓侵巨，二十四日河决兰口，注双河口，东北入赵王河，又东趋刘家潭。境内被水者约十之七。

十三年（1873 年）春旱，四月十八日雨雹，是年夏秋多雨，牛病瘟。

聊城县志中则记述了持续 19 年的黄河水患，“光绪七年（1881 年）大水，自是每年大水，十六七年尤甚。水与堤平，不没者仅三寸。堤根渗透，日夜堵筑防护，始获平稳，西南几成巨浸，往来必以船渡，行人苦之，至二十五年（1899）水患始息”。①

如此多年持续不断的灾害，给百姓的生产、生活带来的影响可想而知，俗语言：三年耕而有一年之获，“一年灾荒，三年不得翻身（意思是不能过正常的生活）”。在持续的灾害面前，百姓只能忍饥挨饿，或被迫远离家乡。

（三）多种灾害并发出现。如经常出现旱、蝗并发的现象，前表中所列武城、鱼台、恩县、邹县、滋阳、曲阜、济阳、高唐、冠县在 1927 年同时旱蝗并发。史书上常把旱蝗并列一起记载，国家气象局等单位在编制《中国近五百年旱涝分布图集》时，把蝗灾作为气候上干旱的间接指示。干旱可看作是蝗虫生存的一种压迫机制，蝗虫因无法迟滞发育来逃避不利环境的影响，干旱季节迫使蝗虫从源地外迁寻找有利种族繁衍的环境。但应指出，一般大蝗灾年份均有大旱出现，但有干旱年份

---

① 宣统《聊城县志》卷十一，通纪志。

不一定会有蝗灾的广泛影响。[1] 1855—1857 年鲁西一带除了遭受黄河水灾外，1856 年遭受旱灾，蝗灾也大面积蔓延。我们可以看《山东省自然灾害史》中对 1855—1857 年鲁西各县蝗灾的记载：

1855 年 7 月，恩县蝗从南来，飞蔽天日，集田害稼。1856 年，定陶，5 月飞蝗遍野，6 月蝻生，食禾害稼。次年 5 月，亦如是。濮州，秋蝻生，禾稼食尽。鱼台，夏，蝗食麦，秋，蝗伤禾。7 月，郓城、巨野、寿张蝗蝻生。冬 10 月，虫蝝生，汶河两岸麦苗几尽。

1857 年，6 月，临清飞蝗蔽天，禾稼都尽，大饥。馆陶，旱，蝗为灾，岁大饥，至有以人肉充食者。恩县，飞蝗蔽空，米价昂，讹言四起。清平，5 月飞蝗蔽天，6 月蝻出西乡，禾稼殆尽。寿张、鄄城，6 月飞蝗蔽天，七月蝻生。[2]

除了旱蝗并发，还有水旱灾害之后的瘟疫，包括人瘟和牲畜家禽瘟疫并发。如朝城，“民国八年（1919 年），秋瘟毒盛行，病十之三，死十之一；民国九年（1920 年）春夏大旱，赤地无禾；复遭蝗蝻。七月，霍乱疾病发生，死者十之二三”。[3] 巨野，同治九年（1869 年）冬，“牛受瘟疫，死者甚众”；十年（1870 年）“牛复病死过半”；十三年（1873 年），“夏秋多雨，牛病瘟”；光绪十六年（1890 年），“自五月初八日至六月初八日，大雨连绵，秋多瘟疫”；宣统元年（1909

---

① 邹逸麟主编：《黄淮海平原历史地理》，合肥：安徽教育出版社，1993 年，第 92 页。

② 魏光兴、孙昭民主编：《山东省自然灾害史》，北京：地震出版社，2000 年，第 109－110 页。

③ 民国《朝城县续志》卷三，灾祲。

年)，“春牛瘟”。[1] 曹县，同治六年（1866 年)，“春多瘟疫”；光绪四年（1878 年）“春，人患瘟疫，城市尤甚”。[2]

鲁西水、旱灾害往往是相伴发生的，即上年旱、下年涝或春夏旱而夏秋涝的现象经常发生。如 1920 年鲁西各县“惨遭荒旱，民不聊生”，1921 年“夏甫得透雨，方庆有秋，讵七月间淫雨为灾，黄河暴发……上游寿张等处民埝漫溢，又直隶所属之危堤决口，黄水灌入菏泽郓城巨野等县，淹没村庄，几难数计，田庐牲畜，荡然无存，小民才过荒年，重罹水患，哀鸿遍野，苦不堪言”。[3]

（四）破坏性强。正如学者所分析的，“灾害的危害程度，不仅决定于来自其原动力的自然界，还决定于其承受体的人类社会。同样程度的自然变迁，发生在不同历史时期、不同经济实力的社会、地区或国家，就可能有不同的反映。”[4] 近代鲁西区域由于遭受频繁发生的并发性自然灾害打击，其承受力已达致极限，并且这些区域水、旱、蝗、瘟疫等灾害之严重，也大大超出人们的承受能力。灾荒的破坏性表现有许多方面，如导致农作物歉收、绝产，引发流民问题，饥民暴动，土地的抛荒，房屋的拆卖等，但最严重的后果莫过于淹死人、饿死人或人相食了。1925 年 9 月 6 日黄河在濮县夜间决口，居民猝不及防，淹死数千人之多，根据报道，“该县境黄河，以今年夏间雨水过大，时常发生险工，不幸于昨日（6 日）夜间，在县

---

① 民国《续修巨野县志》卷一，编年。

② 光绪《曹县志》卷十八，灾祥。

③ 《田中玉就鲁省水灾呼吁筹办赈款》，《申报》1921 年 8 月 14 日。

④ 邹逸麟：《灾害与社会研究刍议》，复旦大学历史地理研究中心主编：《自然灾害与中国历史结构》，上海：复旦大学出版社，2001 年，第 1 页。

境内，溃决民埝数十丈，一时洪水横流，淹没三百余村，居民俱从睡梦中惊醒，逃避不及，葬身鱼腹者二千五百余人，受伤者与牲畜流失，则更不计其数”。①

在鲁西各州县的志书中经常看到“饿殍载道”，“大饥”，“饿死无算”，“人相食”的记录。如1857年春，东平“大饥，人相食”；② 济宁“春大饥，人相食”；曲阜，“夏雹、旱、蝗三灾均有，五谷不登，人将相食”；馆陶，“旱，蝗为灾，岁大饥，至有以人肉充食者”。1876年，单县“自春至七月不雨，赤地无禾，大饥”。1877年，山东全省大旱，冠县“二麦死，饿殍载道”；临清“连年荒旱，民食树皮殆尽，死者无算”；③ 阳谷、莘县“斗米值钱九百，草根树皮人争相食”。1878年，博平、堂邑、济宁等州县旱。东平、阳谷，“春旱，民大饥”；临清、清平，“五月旱，大饥”。1888年，济宁“春饥”。1889年，济宁，“大饥”；④ 东平，“春岁大饥，人民饿死者甚众”。⑤ 1904年，聊城“丙子大饥”。⑥ 1913年，巨野，“春饥”。1920年夏鲁西北35县受灾“灾民383万人”；1927年全省大旱，鲁西、鲁北、鲁南56县受灾，“秋收不及四成，灾民2000万，占全省人口50％以上”。邹县，春夏旱，六月下旬种高粱，十月初收获，粒多秕。1928年全省大旱，79县被灾，“灾民五百万人”。菏泽，“五月飞蝗，赤地千里，旱象严重”。东平，“民

① 《鲁省濮县黄河决口》，《申报》1925年9月9日。

②⑤ 民国《东平县志》卷十六，大事。

③ 民国《临清县志》卷五，大事记。

④ 民国《济宁直隶州续志》卷一，五行志。

⑥ 宣统《聊城县志》卷十一，通纪志。

有饥色，流亡甚众”。[1] 1929 年，全省大旱，94 县受水旱灾害，“灾民 728.5 万人”。茌平，夏雨极晚，春亦鲜雨，所种谷粱甚少，又皆旱死，及伏前始雨，重播高粱后，雨复间断，殆至成熟而秀，则抵八月秋矣。1932 年，金乡，大旱年。1934 年，邹县七月七日至十六日，十日内热死有五六百人之多。由此可见灾害对民众生命破坏性之严重。

以上这些灾害，看似“天灾”，其实在这些“天灾”的背后却重重地打上了“人祸”烙印，看似自然灾害，却有着深刻的社会根源。一个社会政治越开明民主，经济越发达，科学越进步，对某些自然变异加以控制，避免成为灾害的作用就会越强，反之，政治黑暗、国家贫穷，经济衰败，愚昧盛行，则可能加剧自然变异发展成为灾害；或者灾情虽轻，危害却甚大。可见，灾荒发生以及给地方社会带来的损失与国家的政策、地方和民众的反应都有关系。

① 民国《东平县志》卷十六，大事。

第三章　国家对鲁西的策略和重新定位

通过第二章的叙述，我们了解到：1855年后，鲁西处于黄河、运河之间，黄河自西部斜穿，运河在中部横贯，民众的生产生活和生态地理环境受这两条河流极大的影响。如何治理黄河、运河成为鲁西社会经济发展和地方安定的关键，国家对鲁西的策略和定位实际上就是看其对黄河、运河治理的投入和效果。接下来我们将考察以下两个问题：一是晚清和民国时期国家和地方政府对黄河、运河治理策略有无改变？如果发生变化，这种改变对于鲁西社会带来哪些影响？二是晚清和民国时期鲁西民间的赋役负担如何？对于鲁西经济有何影响？

第一节　国家对黄河、运河治理策略的改变

一、明朝和清前期对黄河、运河治理的重视

黄河、运河河道的安危与国家的重视有莫大之关系。明朝和清前期为保障运河漕运畅通，将大量的人力、财力和物力投入到黄河、运河河道的治理和疏浚上。国家对黄河运河的重视是以主管组织的健全及经费的充足与否为标准。中国汉代以前虽然没有治理黄河的专门官员，但每逢黄河出现险情，国家都

派遣大员治理。汉代以后，都设有专官对黄河进行防治。自元代京杭大运河通航后，为加强运河管理，元、明、清三代都设官置守。如元代设有“都水监”掌治河渠、堤防、水利、桥梁、闸堰等事。为治理连年的黄河和运河决口，还先后设立了“河南山东都水监”、“济宁郓城行都水监”、“山东河南行都水监”及“综治河防使”等官职。

明朝初年河官属于工部，没有专为河政设置的官职。如宋礼总理开河工，陈煊任漕运总兵官，经理开河，多系临时派员，官无定设。英宗正统六年（1441 年），朝廷令“总漕都督”兼管河道。之后在景宗、宪宗时期，先后设“漕运都御史”兼管河道，又设“总理河道”及“总河侍郎”等职；世宗嘉靖二年（1523 年），由中央派遣都御史提督河道，山东、河南、直隶巡抚皆受其节制，由此可见明王朝对漕运和运河安危的重视程度。嘉靖四十二年（1563 年）设有“总督河漕”，神宗万历四年（1576 年），添设“河漕总督都御史”，后革去“河道都御史”一职，命各省巡抚就地分管；万历七年（1579 年），命山东、河南、直隶巡抚衔内添“兼管河道”。十五年（1587 年）复设“总理河道都御史”，二十年（1592 年）分设河漕二臣。

清代初期设“河道总督”驻济宁，到康熙年间“总河”移驻江南清江浦，因山东河道与“总河”相距甚远，即交山东巡抚就近料理。雍正年间，将河道一分为三，“南河总督”驻清江浦，“河南山东河道总督”驻济宁，“直隶河道总督”驻天津。乾隆四十八年（1783 年）定河道总督兼兵部侍郎右副都御史。道光十一年（1831 年），林则徐也曾任职河东河道总督，咸丰十一年（1861）河东河道总督移驻开封。

明清时期河道总督为正二品的官职，直辖军队，称为“河标”，掌管河工调遣、督促及守汛防险之事，河道总督之下分管河务的文职长官为管河道，正四品。当时对工程设计要求标准很高，在治理运河过程中也产生了如潘季驯，李加圭，靳辅，于成龙等著名的水利专家。

运河河道工程，在明代即有很大成就。如闸坝的创建、水柜的设计，以及蓄水放水都有极为周详的规划。清承明制，清代山东段运河除数度修浚外，在建制上似乎并无任何新的创设。民国初年，全国水利局咨询工程师荷兰人洪堡因（Vonder Veen）在勘察山东南运工程后，曾称赞：“……以上种种，迄今仍多保其完全状态，足征古人智力之高尚，而为中国不可予夺之荣誉也。此种工作，当十四五世纪工程学坯胎时代，必视为绝大事业，彼古人之综其事，主其谋，而遂如许完善之结果者，今吾后人见之，焉得不敬而崇耶？”① 如此浩大工程，又系完全人工开凿，故修守疏导，必须要有制度性的规章，“必有常工常法，偶有废堕，挽救甚难”。明清两代皆对运河设官置守，因关系国家漕运大政，故不惜重力维持。据有人统计，盛清之时，供役于山东运河者，闸、坝、泉、浅、溜诸夫，合计达二千数百人之多。② 及至漕运停止之后，河厅官夫，一律裁撤，沿河工事，修守无人，“于是数百年来缔造经营之巨工伟业，一举而废。”③ 运河治理的废弃，不仅使鲁西

① 《南运水利计划报告书》，全国水利局译，见潘复：《山东南运湖水利报告录要》，1916 年铅印本。

② 据《山东通志·漕运志》计算，乾隆元年刊本。

③ 张含英著：《黄河志》，第三篇，卷四，修防，国立编译馆，1936 年，第 443 页。

的交通运输失去了一条大动脉，而且还带来了河湖泛滥的灾难。本节论述的问题是晚清中央和山东省政府如何淡出对黄河、运河的治理？这给鲁西社会经济带来哪些影响？

二、黄河、运河治理策略转变原因

彭慕兰在《腹地的构建——华北内地的国家、社会和经济（1853—1937）》一书中特别重点地分析了近代中国中央政府自从采信自强逻辑以来，导致国家服务的重新配置，“国家的焦点在于维持对富有竞争力的地区的控制、现代化建设及从总体上减少威胁国家主权的债务”。由于国家更重视具有战略意义和能为国家增加财政收入的沿海地区，而非“落伍”地区，“这种转向实际上是国家对其服务进行重新配置，在被视为核心的沿海地区，国家改善并增加了诸如治理水灾、维护公共秩序、基础设施建设等方面的服务，但在被视为边缘的腹地，则减少了服务”。[①] 具体到山东，则是国家服务逐渐从鲁西退出，造成这种情况的原因是多方面的。

其一在于漕运的废弃，国家决策侧重点和面临的压力较以前有较大变化。由于黄河决口和运河的淤塞，漕粮可以通过海道运输，因而海运取代了漕运。很快，海运和漕运俱废，私人对东北粮食的运输逐渐为京师和北方驻军提供了一条稳定的粮食供应渠道。既然粮食可以通过其他渠道获得，政府也就不必把保证黄河的安全和运河的畅通作为基本国策了。

以前保障漕运通畅关系国家的根本，各种资金都可以转移

① 马俊亚：《国家服务调配与地区性社会生态的演变——评彭慕兰著〈腹地的构建——华北内地的国家、社会和经济（1853—1937）〉》，《历史研究》，2005年第3期。

到河务上来。而自清末洋务运动以来，国家逐渐把资金转移到了平定叛乱、对外赔款、投资近代化项目及训练新军上。而且河务资金也被挪用到其他事情上来。

明清时期国家耗费巨资保持运河畅通的目的在于保证京津等地的粮食供应。为了维持河务，中央政府从江南等富庶之地攫取财富，以国家的力量对运河、黄河进行治理。但自19世纪50年代以后，晚清和民国政府在帝国主义的压迫下，为了同西方列强相博弈，致力于新式国家的建构，尽全力发展沿海富裕、具有竞争力的地区，并在这些地区创造了现代类型的国家经济。鲁西黄运地区则一方面由于国家政策的改变，以往江南的财富来源断绝，不能再获得外界的财政支持。

其二，河政严重腐败，国家资金投入后受益低下。

河政事关漕运，乃关系国计民生的大政，国家每年都斥巨额经费到黄运的治理之中，河务开支在清代前中期呈逐年上升之势。如“咸丰年间就达三百万两，相当于康熙年间的十几倍。”“一次堵口之费，即约当国家财赋全年收入的四分之一，甚至二分之一。即使没有决口而岁修、抢修等费亦约当财赋收入的六分之一”。① 如此大量的经费投入，却并没有获得预期的收益，经费多被治河官吏乘机中饱私囊。据《清史纪事本末》记载：“南河岁费五六百万金，然实用工程者，什不及一，余悉以供官吏之挥霍。河帅宴客，一席所需，恒毙三四驼，五十余豕，鹅掌猴脑无数。食一豆腐，亦需费数百金，他可知已。”② 奢侈糜烂如此。而河官更被时人道为肥缺，不少河官是靠捐纳

① 张含英著：《历代治河方略探讨》，北京：水利出版社，1982年，第126页。

② 《咸丰时政》，《清史纪事本末》，卷四十五。转引自李文海著：《世纪之交的晚清社会》，北京：人民大学出版社，1995年，第385页。

和大肆行贿获得的职位，到任后就更加肆无忌惮的侵吞治河款项。“河工积习相沿，每值兴举大工，率多夤缘投效以为捷径”。①

上行下效，《黄河水里月刊》中记载到黄河防营一些区区营官也奢靡有加。

> 最初河防营之编制，每营五百人，又分前后左右中五哨，外有佚子二百名，防段平均六七十里。时为营官者，声势炫赫，习气甚深，出必乘舆，扈从蜂拥，行李车缮夫车随焉。入则高坐，侍者雁列两翼，屏息而立，一呼百诺，皇皇乎俨然大官也。其养廉每月库银一百两，公费二十两。然平时兵佚名额止有八成，冬日尤少，仅六成而已，故营官之收入颇丰。②

黄河、运河河务人员不仅侵吞官款，中饱私囊。对于过往船只也极尽敲诈勒索之能事。如山东巡抚周馥奏请朝廷以运河闸官闸夫积弊太深，拟请一律裁撤。当时山东南运河“自峄县台庄闸起北到临清州甎板闸止，共设闸官三十员，闸夫一千三百数十名，专司启闭，以资宣蓄。往来商船每过一闸，向按船只大小捐缴公费，名为巡河修闸等用，实则全归中饱。而不肖员夫，留难需索名目繁多，商船每过一闸，竟索钱一千余至数千不等，水小时讹索更多。实为运河一大陋习。近虽裁并官缺，尚存闸官十五员，闸夫五百数十名，积弊如故，牢不可破。地方官狃于成例，不敢过问”。③

---

① 《宣宗实录》（二），《清实录》，第 34 册，卷一〇一，北京：中华书局，1986 年，第 661 页。

② 《黄河水利月刊》，第 1 卷第 10 期，1934 年 10 月，附录。

③ （清）周馥：《山东运河闸官扎夫请一律裁撤令筹办法摺》（光绪二十八年十一月二十四日），周馥著：《秋浦周尚书全集》，台北：台湾文海出版社，1986 年，第 165 页。

河务和吏治的腐败，严重影响了对黄河的治理。当时治河官吏不怕黄河之多事，而是希望河之事多。黄河出现险情，则可以“利修防以事报销，藉堵口而谋升迁”。[①] 有时蓄意忽视堤坝护理，以使河堤可以“更快地坍塌，更快地朽烂，更快地被冲垮”；[②] 有时甚至为求获得更多的拨款和更快的升迁，“阴坏民所自筑堤坝”，人为地制造险工。[③] 如同民间流传的“靠山吃山，靠海吃海”之谚语，河工上“文官吃草，武官吃土”也是众所周知之事实。即指文官在购取物料时可乘机中饱私囊，武官在施工中会通过偷工减料来捞取好处。由于治河官吏上下其手，“将帑金、工料克扣分肥，以致工程质量低劣”。[④] 河工修防全重秸料，无论堵口、抢险，秸料均属必需，如果秸料分量不足，“必致临时失措，贻误事机”，但许多资料显示，买料不实，以无充有，以少充多是河务委员营私舞弊最惯用的手法，如山东巡抚李秉衡多次揭示出：“查山东河工积习率以买料为调剂之差，架井空虚任意短少。甚至有不肖委员于大汛之际，通同防营捏称随买随用，实并未买一束，料价全饱私囊，糜帑误工，殊甚痛恨”。[⑤] 河工在修筑大坝时最常用的材料就是高粱秸。秸秆最多能维持3年，通常一、两年就会在水

---

① 张含英著：《明清治河概论》，北京：水利电力出版社，1986年，第186页。

② 胡昌图：《清代的黄河治理》，《远东季刊》，第14卷第4期，1955年，第512页。

③ 观鲁：《山东省讨满洲檄》，史学会主编：中国近代史资料丛刊《辛亥革命》（二），上海：上海人民出版社，1957年，第346－347页。

④ 程歗、温乐群主编：《近代中国的政治和社会（1840－1949）》，北京：中国人民大学出版社，1999年，第63页。

⑤ （清）李秉衡：《奏请将买料不实人员革职片》，戚其章辑校：《李秉衡集》，济南：齐鲁书社，1993年，第270页。

中腐烂，因此使用秸秆修筑的大堤需要经常地维修，并且使用秸秆修筑大堤时，比用更耐用的石头所修筑的大堤对劳动力的征用也更多，也使河官能获得更多榨取机会。治河官员对坚固的如用石头修筑的工程大加反对，因为如果堤防牢固，无溃决之事，治河经费就会相应地减少，如此则就大大堵塞了河官们的升官发财之路。晚清河政的腐败于此可见一斑。

三、治理策略转变的表现

表现之一在于治水预算被大量削减。明朝和清前期黄河的治理都是作为国家工程，常以盐务资金作投注，并经常借用其他省份资金或挪用其他省的经费来解决治水工程款项。清代河工靡费甚巨，清代有常例开支 17 项，特别之款 6 项，其中河工、办漕和河工、河防就占了 4 项。据统计，乾嘉道年间每年全国赋税约 4000 万两，光绪初年增至每年 8900 万两，而河工用款每年占 1/4 左右。每年河堤维修费用需几十万不等，堵复决口费用少则几百万，多则一千余万。并且治河费用逐年增多，魏源曾叹："竭天下之财赋以事河"。"国初塞一决，或数十万、百万亦不超过二三百万两，乃乾隆以后多则耗至三千余万，少则千余万，用益多而多溢，榷商不足例，捐官弊政相沿，岂不能剜肉医疮伤，有志者所为蒿目而叹也，当河之决也。"①

由于资料的局限性，现在很难对咸丰五年（1855 年）到宣统三年（1912 年）山东黄河的治理费用作一精确统计，根

① （清）周馥著：《秋浦周尚书（玉山）全集》，台北：台湾文海出版社，1986 年，第 926 页。

据《山东近代灾荒史》一书援引《山东通志》的记载分析，山东黄河河工经费分四种：一、防汛经费，每年额定银六十万两；二、抢险经费，每年或五万两或十万两不等；三、培堤经费，每年约十五万两；四、砖石经费，每年六万五千两至七万五千两不等，总计年均 90 余万两。[①] 这个统计数字没有确切的年份说明，事实上，山东黄河在晚清不同时期治理费用有很大的差别。自咸丰五年至同治十年（1861 年）郓城侯家林决口前，清政府采取的是劝绅民自筑堤埝的策略，政府投入的经费不得而知。侯家林决口，山东巡抚丁葆桢主持堵口筑坝工程，实用银 42 万余两；光绪元年菏泽贾庄堵口筑堤实用银 180 余万两，为近代山东黄河治理一次性投入最大的一次。根据现有资料，清政府岁拨定额在光绪十二年（1886 年）为 40 万两，十五年、十六年为 60 万两，十八年以后定额为 60 万两，以后又加拨 5 万两，共计 65 万两；就另案拨款看，山东黄河每年的另案拨款不超过 40 万两；以上两项合计，自光绪十年（1884 年）后，山东黄河年均治理经费不超过 100 万两。这和乾隆、嘉庆、道光时期每年耗银数百、数千万相比，实不可同日而语。截至光绪十七年（1891 年）前，山东黄河每年用银在八九十万两不等。光绪十八年（1892 年）后，规定每年额拨银 60 万两，然而通盘核计，扣除防营粮饷，委员薪水等项，实用于购料做工之款不过 30 万两，历年因款额不敷应用，每年无不续请添拨，是以定额空有其名。而光绪二十二（1896 年）、二十三（1897 年）、二十四（1898 年）等年黄河

① （清）张曜、（清）杨士骧等修纂：《山东通志》，第 3443 页。转引自王林主编：《山东近代灾荒史》，济南：齐鲁书社，2004 年，第 96—97 页。

连续决堤。二十五年（1899 年）李鸿章奉命勘查黄河，奏请部拨一次修防银 40 万两，又拨一次培堤银 60 万两，两者相加 100 万两，用来修筑堤坝，堵塞决口，而这两年均获安澜。二十七年（1901 年）和二十八年（1902 年）仍请拨 60 万两，而这两年中又均决两次。因此，山东巡抚周馥得出一个结论：款多则害少，款少则害多。根据多年黄河治理经验，修防关键“全在料物宽储”，但山东黄河在光绪二十九年（1903 年）“未届大汛，料已用尽无余，迨事急请款采买，业已缓不济急”。因此，他希望“不如宽为筹拨，以免临时竭蹶”，“请于岁拨六十万两之外加拨二十万两，共八十万两”，“俾得及早多购秸石各料，以备修防，但期获保安澜，虽费实省，所保全者实多”。[①] 但却碰到了户部的软钉子。根据彭慕兰的研究，1850 年以前，中央政府的治水预算占国家总支出的 12%，而在 1850—1900 年之间则下降到 3%，在 1905 年下降到 1.38%。[②] 据《山东公报》估计，1894—1900 年，投入到山东黄河的治理费用平均每年为99.2万两，1900—1906 年平均每年为 67 万两。并且由于银铜兑换率的变化，在 1891—1903 年之间，一两银子对铜钱的比价跌落了 31%；而大部分治河材料及工钱用铜钱支付，这等于把山东的预算从 60 万两进一步削减到 41.25 万两。[③] 1911 年以后，河务

---

① （清）周馥：《请加拨黄河防汛经费摺》（光绪二十八年十二月二十二日），收入周馥著：《秋浦周尚书（玉山）全集》，台北：文海出版社，1986 年，第 179——180 页。

② 〔美〕彭慕兰著、马俊亚译：《腹地的构建——华北内地的国家、社会和经济（1853—1937）》，北京：社会科学文献出版社，2005 年，第 179 页。

③ （清）周馥著：《秋浦周尚书（玉山）全集》，第 204 页。转引自〔美〕彭慕兰著、马俊亚译：《腹地的构建——华北内地的国家、社会和经济（1853—1937）》，北京：社会科学文献出版社，2005 年，第 169 页。

预算进一步被削减，1920—1930 年代，山东每年的河防经费为 52 万元，相当于 37 万余两。①

民国以后，国家和地方政府对黄河堤防的投资更少，黄河大堤逐渐从国家工程变为省级工程，再变为沿黄州县的地方工程。如 1921 年黄河在鄄城范庄和下游利津决口，《申报》对此作了报道，谓“山东上下各游，今夏迭次出险，由于本年河务未作一日之工，未买一钱之料，宜其有此巨祸。故灾民谈及河工，莫不切齿痛恨，或谓出险之时，如果工料凑手，不过出洋万元，便能抢护，不致开决”。即使开决后，赶快修筑里头（即拦水坝）也不过花费数万元，便能保护口门。但由于未能及时筹措经费，致使黄河在山东的上中下三游都出现决口，“统计三项工程，殆将五百余万”。② 这次决口，“为数十年来未有之奇灾，人民受灾惨状，不忍言述”。③ 山东省督军和省议会向中央呼吁请拨巨款以免他处再遭凶罹。北洋政府平时未拨分文，在鲁省报告灾情后，北洋政府居然只筹拨区区五千元赈济款，补助之低恐怕超出任何人的想象。消息传出，鲁省各界大哗，省议会召集各界大会，讨论善后办法，通电中称，鉴于清朝“专制时代，黄河一遇决口，政府动发国币百数十万，修治河堤，地方官平时偶有失察，均予以严厉之处分，是犹不失慎重民命之意，今政府对于治河经费，平日不肯拨给分文，事后呈报灾情，亦仅仅给以区区五千元，敷衍塞责，视人命如

---

① 见《山东河务月刊》第 1 号（1928 年 10 月），“纪事”第 3 页、“公牍”第 21 页。30 年代山东省的河务经费稍有增加，每年增为 55 万元，见张含英编：《黄河志》，第三篇，国立编译馆 1936 年，第 408 页。

② 《申报》，1921 年 10 月 30 日。

③ 《申报》，1921 年 8 月 10 日。

草芥，为专制时代所不如”。[①] 再如 1933 年黄河决口，给黄河下游冀鲁豫三省造成莫大之损失，事后，冀、豫两省都投入巨额资金于黄河堤防善后工作，但山东除了常年修防费 30 万元外，没有追加一分钱的投资，善后工作无从开展，以致 1935 年黄河在鄄城董庄决口。鲁西各县人民再次遭受洪水灭顶、颠沛流离、离乡背井之灾难。

表现之二在于国家治水机构裁撤，黄河和运河治理更多成为地方政府和民众的责任。

1855 年黄河改道之前，山东河防基本上是由河东河道总督管理，实行军事管理和行政管理相结合的方式。铜瓦厢决口北流之后，黄河南岸“以东南皆膏腴之地，国家财赋所出，关系国计民生甚巨，宜筑官堤束水”。[②] 而北岸则由民修民防。因清廷忙于镇压太平军和捻军起义，后又围绕黄河“归故”之争相持多年，黄水在山东漫流达 9 年之久。山东地方士绅和百姓自发组织起来，修筑民埝。但由于涉及当地许多人的切身利益，加上缺乏组织，不能统一筹划，“故鲁境河道几全部流行民埝之中。而民埝修筑之始，以财力及智识关系，只顾保卫当时之民田，未及其他，迨遭冲决，则退后复筑。且沿河居民各自为政，互不相谋，以致堤防曲湾特甚。距离纷岐，河行其中，以悖于自然之性，致南冲北撞现象迭生”。[③] 因山东黄河改道时最初仅有民埝，所以也没有专管机构的设置。故自铜瓦

① 《申报》，1921 年 8 月 10 日。

② 光绪元年，直隶总督李鸿章、山东巡抚丁葆桢联合会奏，得到朝廷批准。见张含英：《黄河志》第三篇，国立编译馆 1936 年，第 399 页。

③ 齐寿英：《视察山东黄河善后工程报告》，《黄河水利月刊》第 1 卷第 10 期，黄河水利委员会编印，1934 年 10 月，第 39 页。

厢决口后，河南、山东、直隶三省河务即开始各自为政。各省总督、巡抚的管理权限扩大，1861 年南河总督撤销后，黄河以北运河段由山东巡抚兼管。1891 年，由于严重的财政困难，清廷彻底放弃了直接由国家来治理黄河的工作，而责令直隶、河南、山东三省的地方督抚来承担此项工作，国家对黄运地区提供的服务更为减少。

1901 年运河漕运废除，1902 年正月河南山东河道总督裁撤，河道事务归河南、山东两省巡抚管理，黄河以南山东运河段兖沂曹济道权力移交黄河工程局，驻济宁，黄河以北运河段归山东巡抚兼管。黄河下游的修守工程，也由山东巡抚与直隶总督共同管理。1904 年山东巡抚周馥奏请将黄河两岸菏泽、濮阳 21 州县长官改为兼河之缺，原设同、通、佐二等官，酌量移驻河干，以辅助州县经理河务之不足，加强了地方州县对河政管理的责任。山东段黄河运河完全由山东省地方当局管理。至此，国家机构已完全撤出黄运，山东黄河成为山东段地方性河流。自民国成立至 1933 年黄河决口之前，由于军阀割据，兵戈扰攘无宁日，北洋军阀政府和南京国民政府一直未能建立统一的治河组织，黄河下游河南、山东、河北三省的河工仍直接由各省办理，国家并没有一个总理黄河河务的机关。黄河分防对运河的治理有很多负面影响，如常常以邻为壑，不能统筹办理等。所以 1929 年社会各界有筹设黄河水利委员会之举，但因为经费缺乏，委员会委员又担任其他职务无暇分身，所以未能组织成立。至 1933 年 4 月又有组织成立之议论，虽然重新派定委员，筹备达三个月之久，但经费仍然没有着落。8 月黄河漫决 50 余处，洪水滔天。国民政府感觉该会成立已到刻不容缓的时候，遂在 1933 年 9 月 1 日成立黄河水利委员会，并委以堵口之任。黄河水利委员会直属国民政府，河北、山东、河南三省河务局受黄河水利委员会指挥监督，但实际上照旧负责各该省河防责任。以后国民政府又设立一临时救济机关——黄河水灾救济委员会，将堵口、赈济等事务移交该会办理。① 所以从 1855 年至 1933 年，山东段黄河经历了从国家级河流到省级河流再到国家级河流的变迁过程。

至于鲁西的民埝，虽然对于保护居民生命财产安全起着很重要的作用，但地方政府向来不予过问，某种程度上可以说这里的黄河就是黄河滩区民众的黄河。如何思源对 1930 年代濮县民埝的回忆："濮县地临黄河，大部分土地处在两道官堤之间的河滩里。濮县人民为了保护自己的生命财产，在前清末年修了两条民埝，保护着几十万人民。这两道民埝由民修民守，每年自己出钱防黄河的险工，官家（指政府）不负担责任，他们只管在这个地区征银子，黄河闹灾不闹灾，他们是不管的。"② 而居住在这里的民众为保护自己的生命财产，每年除正税外，还要拿出数目巨大的埝捐来防治河患。

表现之三在于地方政府政务侧重点转向沿海和经济发达地区。

传统时代，清政府同山东历任巡抚的职责主要在于防堵黄河决口、赈灾救荒、镇压盗匪和地方叛乱、维护社会秩序等方面。如 1850 年以后的山东巡抚崇恩、文煜、谭廷襄、闫敬铭等在任内都有"协剿捻军、北伐援军"、"协剿捻、棍、教诸

① 张含英著：《黄河志》，第三篇，南京：国立编译馆，1936 年，第 405 页。

② 这是指 1930 年代濮县民埝情况，参见何思源：《八年政闻》，文思编著：《我所知道的韩复榘》，北京：中国文史出版社，2005 年，第 78 页。

党”、“防堵黄河、赈灾”、“堵筑黄河堤防”等政绩。以后的巡抚在任期内也多把黄运的防务和社会的稳定作为自己的主要政务来抓。如“堵黄河决口，挑挖运河”，“镇压曹州土匪”等等。国家放弃了黄运地区后，对黄河、运河及沿岸水利设施的治理基本上交给了河南、山东、河北（直隶）各省自己解决。国家由于采取了自强逻辑，注意力集中于“发达”地区而非“落伍”地区，“自19世纪50年代以后，在帝国主义的压迫下，中国加快了其国家构建，以不懈的努力来建设富裕、具有竞争力的地区，并在这些地区创造了现代类型的国家和经济”。[①] 黄河和运河治理更进一步被国家和地方政府忽略。

山东省处于东部沿海，是较早受到帝国主义国家侵略的地区，也是接受资本主义现代文明较早的省份之一。第二次鸦片战争时，法国侵占烟台，根据1858年中英《天津条约》第十一款及中法《天津条约》第六条，烟台被辟为通商口岸，并于1862年3月正式开埠通商。由此对烟台及山东的社会经济面貌带来两个方面的影响：一方面，外国资本主义侵略势力大举涌入山东境内，他们以烟台为桥头堡，把大量的鸦片及工业品倾入山东，并从山东掠夺农业品。另一方面，烟台在开埠通商后，很快改变其“向为一片沙滩”的旧观，由附近的几个小渔村一跃而为繁华的商埠重镇。“船舶往来，四时不绝。帆樯林立，货物辐辏，买卖极盛”。[②] 成

① 马俊亚：《国家服务调配与地区性社会生态的演变——评彭慕兰著〈腹地的构建——华北内地的国家、社会和经济（1853—1937）〉》，《历史研究》，2005年第3期，第7页。

② 日清贸易研究所：《清国通商综览》，明治二十四年。转引自范向德：《近代烟台经济区的兴起和演变（1862——1898）》，彭泽益主编：《中国社会经济变迁》，北京：中国财政经济出版社，1990年，第445页。

为“登、莱、青三府的经济、政治和文化中心”，“手工业半制品制造之中心，并为胶东与东三省、朝鲜东邻、西伯利亚之重要联络港口，胶东与国际之贸易亦以烟台为总汇”。① 甲午战争期间，日本侵略军于1895年1月从成山头登陆，首先占领荣成，接着进攻并占领了威海卫，山东半岛饱受日军之蹂躏。甲午战后，帝国主义国家掀起了瓜分中国的狂潮，沿海的山东首当其冲。1897年，德国以巨野教案为由，强占胶州湾，并于次年迫使清政府签订了《胶澳租界条约》，规定德国“租借”胶州湾长达99年，并取得在山东修筑铁路、开挖矿产和举办各项事业的优先权。此后，德国进一步加紧了对山东政治、经济、外交等各方面的渗透。英国也于1898年强迫清政府签订了《威海卫租借专条》，“租借”威海卫25年。青岛开埠后，在山东省的社会经济地位迅速上升，很快发展成为贸易、工业、交通、文化的中心，并且逐渐超过烟台而居于领先地位。20世纪30年代有人这样描述青岛：“青岛……在三十余年前，那里不过是一个荒落的渔村，……自从清光绪三十一年辟为商埠，便立刻繁荣起来，成为现代最新式的一个都市。”② 德国为加强青岛同山东内地的联系，修建了胶济铁路，全长146公里，于1899－1904年建成通车，自青岛经过即墨、胶州、高密、昌邑、安丘、潍县、益都、长山、章丘等县，到达济南，横贯鲁省腹地。德人经营此路的目的在于“藉此吸收山东全省的农工产品以及矿产。所以在租借条约上，还订明沿线30里以内的矿山采掘权也归于德人，所以全线的路径，就特意迂回曲折地把山东所有著名的矿产区都

① 范向德：《近代烟台经济区的兴起和演变（1862——1898）》，彭泽益主编：《中国社会经济变迁》，北京：中国财政经济出版社，1990年，第445页。

② 倪锡英著：《青岛》，上海：中华书局，1936年，第4页。

包括在铁路沿线的三十里内”。①

面临外国资本主义势力政治、经济、文化诸方面渗透和扩张，庚子事变以后的山东巡抚袁世凯、周馥、杨士骧等对此有切肤之感，如何抵制外国在东省的势力扩张，挽回利权，一直是山东官绅最为关注的问题。在胶济铁路即将全线通车之时，袁世凯、周馥等大吏都敏锐地意识到德国对山东的渗透和控制将不会再局限于胶澳一隅，而是会通过铁路线的延伸渗透到山东广大内陆地区。“惟胶济铁路不久修成，青岛德商欲来开行栈者势日多一日，明禁而实不能禁，与其专利德商而他商无所与，不如由我自开商埠较为有益”。② 为抵御德国势力的渗透，开展同德国殖民经营的竞争，北洋大臣袁世凯和山东巡抚周馥联合会奏清廷在山东省境内自开济南、周村、潍县为商埠。德意志帝国为把胶澳租界建造成“在太阳上的德国地盘”，投入了大量的财力、人力，民国时期一位学者曾分析德国经营青岛“有一个最大的特点，便是在财政上，是以国库的财力来培植青岛，而非以青岛租借地的利益来反哺德国。一般的国家对于殖民地或租借地，都是想从该地剥取一点利益，补助本国的财政。而德人之于青岛，却是‘反是’，而实行一种‘倒贴’的政策”。③ 诚然，德国投入大量本钱的目的在于试图建立一个远东“模范殖民地”，并以此来展示“现代的”、“讲究效率的”特殊的德国殖民主义。④ 青岛在德国的“惨淡经营”下，“商

① 倪锡英著：《青岛》，上海：中华书局 1936 年，第 53 页。

② 山东巡抚衙门：《致密商务局》，中国社会科学院近代史研究所，中国第一历史档案馆合编：《筹笔偶存》，北京：中国社会科学出版社，1983 年，第 675 页。

③ 倪锡英著：《青岛》，上海：中华书局，1936 年，第 25 页。

④ 〔德〕余凯思著，孙立新译：《在“模范殖民地”胶州湾的统治与抵抗——1897～1914 年中国与德国的相互作用》，济南：山东大学出版社，2005 年，第 1 页。

业日见繁盛”，“把胶州湾沿海的一个渔村建设成繁华的青岛市以后，山东全省的商业势力全都操纵在外人手中”。因此，济南、潍县、周村三地的自开商埠，是当时的政府和人民由对“外人的通商怀有仇恨的观念转化为羡慕，由羡慕而起竞争，遂逐渐觉醒过来，急起直追”，“完全是一种商业竞争的行为，当时的目的，全在对付德人经营下的青岛，想用三埠的力量，来挽救已落入德人手中的商业势力”。[①]而自开商埠也需要大量资金和政府行为的投入。

山东地方政府在面临德国殖民文明的重大压力下，自袁世凯以后，政府职责发生了明显的转向：从以前以政治职能为主转向进一步加强经济职能；从治理黄运为主要职责转向更加关注海疆；从以鲁西平原为全省核心地区转向更加注重东部开埠地区。如袁世凯在任山东巡抚时期的主要政绩为：镇压义和团、创办山东大学堂、筹设省商务局、教养局、工艺局，主张建立商会，与德人从事矿务、商务竞争，维护利权等等。周馥在任内也积极与德人争路矿权，办学校、兴警政、息借商埠股份，设立银元局，开济南、潍县、周村为商埠，裁革道府州县陋规，酌给公费，筹办农桑工艺实业，于省城设立农桑总会和农事试验场。同时还治理黄河，疏浚小清河，招商行驶小轮船；派遣留学生，戒缠足，兴女学等。因为黄河长期决口成灾，所以历任山东巡抚仍要投入一部分资金和精力来治理黄运和安定地方秩序。但其主要的兴趣和政策的侧重点已经发生了转向。

---

① 倪锡英著：《济南》，上海：中华书局，1936年，第110页。

四、国家策略转变与地方社会

虽然国家从黄河、运河治理中逐渐放弃自己的职责，山东地方政府也把资金和政府服务的重点转向了东部沿海地区，但黄河危害并未随国家和地方政府的服务重点转移而转移。反之，由于黄河下游堤防主要在山东境内，山东以相对匮乏的经费，不仅要承担本省的防务，还要部分承担邻省的堤防维修，随着国家大量的资金和服务撤出黄河和运河治理，导致地方民财民力的过度耗费，社会生态环境严重恶化。

（一）地方民财民力投入的增大

彭慕兰的研究表明，相对于山东的黄河治理，河南和直隶两省则更有成效。河南虽然比较贫穷，但由于黄河从它的省会开封旁边流过，并且流经该省经济最发达地区的中心；该省的两条主要铁路干线平汉路和陇海路距离黄泛区都很近，尤其是陇海路沿着黄河铺设了许多公里。另外，该省地处内陆，和山东需要把资金投入到自开商埠和约开商埠即必须进行现代化的地区不同，该省没有这样的现代化项目，因而河南省在即使中央不再重视黄河防治的情况下，仍然把大量资金投入到黄河治理上来。并且河南段黄河易泛滥区在 1855 年铜瓦厢决口后，仅占很小的一段堤防。随着 20 世纪省财政收入的增加，对河南省而言，进行适当的黄河治理只是很小的负担。直隶省把本省的大多数民堤在 1918 年前转化为官堤，由省政府每年预算中拨出款项，并由河防营负责保护大堤安全。由于黄河在直隶和河南的路线短，所以虽然从整体上山东省投入黄河上的资金要远超过河南和直隶，但具体到每里堤防上的投入，山东省的比例要远低于后两省。如直隶河堤仅有 170 里，每年投资 25

万元，每里花费 1471 元。[①] 而山东省境内河堤长 1787 里，每年投资 52 万元，等于每里花费 291 元。由于经费拮据，山东河堤“久失培养之功，堤身卑矮，寻常洪水时期，已觉防不胜防，遇有非常洪水，更难安全抵御”。[②]

在豫鲁和冀鲁两省交界地带，因双方对河防皆不重视，故堤防往往最为薄弱。但豫、冀两省黄河决口，受灾最重者则为山东。尤其是直隶，地处山东黄河上游，而且只有一隅之地，一般情况下，黄河决溢后漫水下注，鲁西首当其冲。直隶因利益较轻，对于境内河务往往敷衍了事，或只修直隶一方的河堤，靠近山东一方河堤则需要山东出钱出夫共同维持。根据清代人的统计，在改道后山东黄河决口成灾的 52 年中，省外决口成灾于山东的达 14 年，其中绝大多数源于直隶境内的河段。正如山东巡抚孙宝琦所言，黄河中下游一线，“必兼筹并治，则痛痒相关。若划守分疆，则秦越相视，分合之际，利益判然”。[③]

如河北东明二分庄处河堤，“归河北省河务局负责，每次出险，均流往菏泽，而不入河北省境，故冀河务局对之不甚注意。鲁境因不在辖境之内，虽欲保护人民免受水灾，因不便越境施工，故该处河堤，较他处特为薄弱”。[④]

---

① 参见〔美〕彭慕兰著、马俊亚译：《腹地的构建——华北内地的国家、社会和经济（1853—1937）》，北京：社会科学文献出版社，2005 年，第 225－227 页。

② 黄河水灾救济委员会编：《黄河水灾救济委员会报告书》，出版地不详，1935 年，第 8 页。

③ 中国水利水电科学研究院水利史研究室编校：《再续行水金鉴·黄河卷》，武汉：湖北人民出版社 2004 年。

④ 《大公报》，1933 年 9 月 5 日。

《东明县新志》中对此也有多处记载：

溯自民国六年（1917年）旧历七月间，淫雨浃长河水陡涨，于二十二日由长垣境之范庄（在城西南）小堤漫溢，决口绕县城（长垣县城）东趋流入山东境内，寻涸。

民国十二年七月初，水大至洪浸稽天，为数十年所未见，竟四决于长垣境之郭庄。东明固一片泽国，而鲁属之菏泽各县，地处下游，尤为汹涌，淹没人畜室庐无算，更引为大忧。

十五年六七两月，淫雨连绵，城东北一带水深二三尺，房屋倒塌数千间。黄河水势汹涌，南岸下讯议河头（在城东北）决口一百余丈。山东曹州西北部半为波臣所有，而东明被灾较轻。

按邑黄河十三年来决口五次，各区或当其冲，或遭波及，轻重不等。盖由西南决者受灾百村，由东北决者受灾数十村，究无不流入曹州境内，泛滥数里而入海，所过之处皆成泽国。①

有鉴于此，即使河北段黄河大堤修造，山东省也要出钱出人。如1921年，黄河“三决于东明属之黄堌”，“于是山东菏泽等县之官绅建议组织六县修堤协会，共筹款五万元。其分配法为直鲁各担一万元，天津协会一万元，余则由各县等差分认之”。“并议定嗣后范庄以迄，南端保护看守之责概归直隶”。“其经费并改为两省分摊”。再如1923年7月的水灾之后，“乃复组织直鲁八县修堤协会，共集款十三万元”②等等。实际上鲁西民众所负担的远非鲁西本地的河堤，因河南、河北境内黄

①② 民国《东明县新志》卷二十，灾荒。

河大堤出险主要是殃及山东，故即使豫、冀两省的黄河决口，山东仍要出面组织人力、物力和财力和两省协商修筑堤坝，这无疑进一步加重了山东省的财政和民众负担。

在鲁西北，不仅黄河在河北决溢经常祸及鲁西，就是卫河河决也使山东受害。如 1936 年山东省征工服役修筑卫河堤，计划第一段修筑本省境内一段，第二阶段即要和河北省协议修筑河北省境内一段。原因为“河北之向例，不修卫河东堤”。但如果不修此段，卫河必定会决口，如此鲁西许多州县就会受漫溢之灾，“冠馆朝莘等县，均不免被灾，远之如聊城堂邑，亦被波及”。经两省协商，共同修筑，“土方共为五九二〇〇〇立方公尺。经会议商定，鲁省所摊工程为五分之四”，占地地价，在河北大名县的由大名和山东省的冠县、馆陶、朝城、莘县五县平均分配。[①] 如此等等，山东省不仅要负担本省以内的河堤，还要承担和山东毗邻的豫、冀两省内河堤的工程和款项。这无疑使鲁省本就困窘的省县财政和民间资金愈加支绌。

就山东省的黄河治理经费而言，治黄经费在上、中、下游也不是平均使用的，鉴于资源条件有限，就必须对经费的使用确定优先顺序。山东省政府把资金主要投在济南泺口以下的山东黄河段中下游（鲁西黄河段处于山东省内黄河的上游），那里被认为是最危险和最困难的地方，同时也是靠近省会济南和出海口——属于和外国人相竞争的地方。1891 年的改革，指定山东境内黄河的某些河段用官堤来保护，这几乎全部集中在

① 《山东省征工服役修筑卫河堤计划》，《山东省建设半月刊》，第 2 卷第 3 期，1937 年 3 月 1 日，第 109—110 页。

黄河中下游，“仍由政府负责的1256里（425英里）山东大堤中，仅有213里处于黄河的上段”。[1] 而上游则被认为是不危险的河段，这部分主要转为民堤。官堤则像明清时期一样，由专门负责保护河流的部队和通过从民间征调的劳役来维持，这些工程的资助来自政府的预算。民堤则既没有部队保护，也没有政府资金。[2] “而是在一名由省府委派的委员的监督下，由当地的百姓用当地的资源来维修这些大堤。”而当地由于黄河经常泛滥和其他的天灾人祸已经无法再承受修堤的靡费了，到1928年，黄运东部下游超过半数的地方修筑了石头堤坝，但西部的民堤则没有一处是用石头修成的。1933年，工程师齐寿英在视察山东黄河善后工程报告中谈到这种情况：

> 旧日河工，除堤埝外，所恃以抵御洪流者，厥为埽工，……自张勤果及周建德先后抚鲁，创建石坝，着有成效。后历任河官，逐年添做，至最近止，昔日之秸埽，已改易为石工者居十之八九。……惟鲁省用石均采自中游上段之望口山，上下游因距山遥远，石船或空船均需一度逆水上行，需时甚多，运输极感困难，是以中游埽段几尽易为石工，下游次之，上游最少。[3]

尽管1891年以后新修的许多石头大堤对于防御洪灾证明是非常有效的，但在鲁西地区的黄河段上使用的仍然是高粱秸。原因主要在于：第一，高粱是鲁西地区最常种植的一种农

---

① 〔美〕彭慕兰著、马俊亚译：《腹地的构建——华北内地的国家、社会和经济（1853—1937）》，北京：社会科学文献出版社，2005年，第223页。

② 山东民堤原则上是自给自足，每年仅从预算中给予紧急事件处理费48000元。见《山东河务月刊》第1号（1928年10月），“公牍”第13页。

③ 齐寿英：《视察山东黄河善后工程报告》，《黄河水利月刊》，第1卷第10期，1934年10月，第42页。

作物，可以就地取材。第二，购买石头需要凑钱，而民堤的组织是暂时性且不正规的，没有正式的征税权，要收取购买石料的资金将非常困难。第三，贫困的鲁西民众手中也缺乏现钱，征用人力和物力比收取现钱要容易得多。所以，修筑高粱秸大堤是因陋就简，就地使用当地的产品与人力。而就费用来说，一次性修筑好石头大堤的费用要比秸秆大堤的费用高 1.5—1.7倍，但秸秆大堤最多只能维持 3 年，通常为一两年。而石头堤坝可以维持 20 年而无需太多的维修。因而，从长远来看，秸秆大堤的费用要远远超过石头大堤，并且因秸秆大堤要经常维修，对劳动力的征用也比石头大堤要多得多。所以，鲁西民众是在经济上极端窘迫的情况下将更多的物力和人力投入到堤坝上。彭慕兰说得对，“把黄运的黄河治理作为当地的责任，意味着国家花费较少的资源，但社会花费了更多”。① 这里的社会，自然指的是鲁西区域社会。

派料征夫对鲁西各县民众而言实在是莫大负担，甚至到了不堪承受的程度。清朝在黄河治理上办料派夫定例为“在沿河州县”，只有有紧急堵筑工程时才令临近州县协济。在 1855 年决口之前，黄河向东经江苏入海，鲁西南沿黄州县只有单县、曹县二县。黄河岁修储备夫料均责成曹、单两县领银承办。但在乾隆四五两年（1738 年、1739 年）连续发银到曹、单临近州县成武、定陶、菏泽协办埽料、河夫。定陶本是一个小县，两年统计办“柴柳一千六百余万，夫二千五百名，椿木一百二十五株”。三县士绅惟恐成为定制，上书抚院、布政司，以地

① 〔美〕彭慕兰著、马俊亚译：《腹地的构建——华北内地的国家、社会和经济（1853—1937）》，北京：社会科学文献出版社，2005 年，第 201－202 页。本段一些数字也来自本书。

不临河，按定例恳请免于协办夫料，并将办料之困难和弊端叙述如下："三县地方除柳枝采折无遗，杨木斩伐殆尽，尚不敷额。至于秫秸谷草，灾后并无所出，士民只得往邻近地方购买交纳。按照所发之价赔垫已至十倍。又加装载运送，道路泥泞，驴死马毙不可数计。各县距工远者三四百里，近者一二百里，运料既难，远行交纳又多守候，均须十天半月始得宁家。而河工收料人役以三县从不办料，舞弊欺生，闻有八九斤始算一斤者。……是河工虽得暂解燃眉，而三县士民已情同刨肉矣。"① 这是在黄河第六次决口之前，菏泽、定陶、成武三县连续两年协办埽料、河夫，已苦不堪言。1855 年黄河决口后，鲁西大多数州县成为临黄州县，百姓负担于此可想而知。

（二）对鲁西社会生态的破坏

稭料被大量征用，也造成鲁西民众燃料的匮乏，对地方社会生态造成严重破坏。使用稭料是当时及相当长的一个时期在山东黄河上游治水的主要手段之一，但修埽用料量大，一道坝往往使用稭料十几万公斤，一处险工有三五道坝甚至数十道坝，需用稭料数量相当惊人。加以日常还需要一些料物的储备，这样在一个县的范围内所征集的秸料往往多达数百万公斤。当时沿黄各县煤炭缺乏，民众一日三餐的烧柴全靠稭料，冬季烤火取暖也赖于此。因而黄河运河修防征用大量稭料，确实使当地民众难以招架。按照惯例，秸料应由河员照平价购买以预备河运之需，但发展到后来则成为向沿黄运州县百姓的派纳，在派纳中把各衙门薪烧也都一并加征，加上胥役在征收中肆行加派，给各州县百姓带来沉重的负担。

① 民国《定陶县志》卷三，赋役。

《济宁直隶州志》中记载了孙扩图——一位退职返乡居住的士绅写的一篇感恩文章，感谢蓝河督免去了向济宁征派的秸料，也免去了济宁人数十年来的心头之患。作为一名退职官员，孙对河务和衙门之举措那些是应该做的，那些是不应该做的非常了解："夫河员于冬月平价购办秸料以预运河之需，例矣。州县派民纳，非例也。派纳而并供各衙门薪烧之秸，尤非例也。"最初派纳仅限于力田之农和有田 5 亩以上的绅士，按亩征派。以后采派并行，"肆工市贾皆在派中"，"兼之胥役奉行不善，交纳本色则十倍秤收，折纳钱文则一母十子"。即使绅士贫穷"彻骨"，万难筹措，不得已告诉官吏者，也被视为刁民或劣民，无法免去征派。如孙扩图这样一位退役士绅，也"亲受其累，三诉三斥"，孙感慨万千，"夫绅士与工贾亦无论已。嗟彼良农，银米已完，而追呼如故，旱潦有赦，而私派不休，此何理也"。[①] 由此也可了解黄运堤坝整修对鲁西民众秸料征派之苦。

由于极度缺乏秸秆等燃料，人们大量地燃烧粪便，"以至那些不烧粪便的人也越来越多地失去粪便的某些利益"。[②] 农作物光合作用的产物有一半存在于秸秆中，秸秆富含有机质和氮、磷、钾、钙、镁、硫等多种养分，因而秸秆还田不仅有利于维持农田氮、磷、钾养分平衡，而且会对土壤有机碳库持续增长起到积极作用。——在当时讲秸秆还田也许有点类似于让饥民吃肉糜之类的笑话。由于严重缺乏燃料，沿黄百姓不仅从土地中把出产物从果实到植株全部清空，即使牲畜粪便也被人

---

① 道光《济宁直隶州志》(二)，卷九，艺文。

② 〔美〕彭慕兰著、马俊亚译：《腹地的构建——华北内地的国家、社会和经济（1853—1937)》，北京：社会科学文献出版社，2005 年，第 136 页。

从田地中拾走充当燃料。当时化肥的使用极为罕见，土地上施的主要是草木灰肥，肥料的极度缺乏给当地的农业生产造成了巨大的损失。它使农作物产量下降，收成低薄，由此造成一种恶性循环。

燃料缺乏引起的秸秆还田量的减少，会导致土壤有机质的不足，直接导致土壤肥力的下降。在华北，农民不仅把农作物秸秆取走，在许多情况下是连根拔起，特别是小麦收获，农民一般是用手来拔麦的，这样可以获取更多的燃料。1883 年《北华捷报》曾这样报道直隶地区的情形："有很多农民，连一头牲畜都没有，因此只有很少的肥料，或者没有肥料施到地上。土地上的一切都被农民收去，他们把残梗、叶片和杂草都一齐收去作燃料，地里连一叶、一茎、一根都不留下。"① 这虽然反映的是直隶地区情形，但当时整个华北，自然也包括鲁西大致都是这种情况。李希霍特芬 1896 年在鲁西南一带观察到农民在荒坡丘陵地带挖灌木根充当燃料。他结合在其他地区观察到的情况指出，荒坡地植被被破坏的顺序是先砍树，后砍灌木，再后是刈草和挖草根，最后连草根也掘。② 由此可见鲁西民众燃料的缺乏及由此导致的生态环境的恶化。

整个鲁西土地和其他能够充当燃料的资源都受到过度开发（因技术水平制约，矿产资源除外），致使生态环境持续恶化，民众生活日艰。

---

① 王建革：《"三料"危机——华北平原传统农业生态特点分析》，《古今农业》，1999 年第 3 期。《北华捷报》，1883 年 8 月 3 日。

② 王建革：《近代华北乡村的社会内聚及其发展障碍》，《中国农史》，1999 年，第 18 卷第 4 期，第 17 页。

第二节　地方的赋役负担

鲁西各地在黄河和运河治理上投入更多的人力财力，耗费了大量的物质财富，但并不能因此而免除国家的赋税徭役摊派。由于历史的原因，鲁西各县作为有漕州县，反而要承担更多的漕粮附加负担。以下我们将以个案的方式来讨论鲁西民众所承受的晚清赋役征调弊病和民国时期的苛捐杂税之苦，借以了解地方经济所面临的困境。

一、晚清赋役征调之弊端

本书所研究的鲁西区域在清代主要为兖州府、曹州府、东昌府和济宁直隶州、临清直隶州所辖之地，这 4 府 2 州又全部为征漕之州县。① 清初并无有漕和无漕州县的区别，各州县漕粮都派于地粮之内。后因距离运河水道较远的州县脚运困难，不仅运费较重且常常延误期限。于是远水州县与近水州县协商代办，代办时间既久，遂成惯例，形成有漕与无漕州县之别。起初，有漕与无漕州县负担尚能均平，基本上为距水较远州县出每石 8 钱，由距离运河较近州县代输漕粮。但随着粮价上涨和折色的提高，二者的负担差距愈拉愈大。咸丰七年（1857 年）漕粮每石折银一两二钱五分，比起当时的每石折合 8 钱已加重 5 成。山东在咸丰十一年（1861 年）奏准每米一石

---

① 山东省约有一半为有漕县。沂州府、青州府、登州府、莱州府、胶州直隶州等均为无漕县。

收制钱6千余，约合银3两余，至此有漕州县负担已加重4倍有余。民国七年（1918年），山东丁漕改折银元，地丁统按银1两改折银元2元2角，漕粮则按每石改折银元6元。从每石8钱上涨到每石6元，有漕州县负担更为加重。

清代赋税征收以田赋为主，工商杂税不占重要地位。田赋的征收包括两项，一为地税，一为丁税。自康熙五十一年（1712年）诏以1711年人丁为额，以后滋生人丁，永不加赋。到1726年（雍正4年）又规定，以丁银摊入地亩，定山东地银1两，摊丁银1钱1分5厘。1763年（乾隆28年）诏定新垦之田，永不派丁。[①] 除地丁银外，又有耗羡银，1725年定赋1两加耗1钱4分，均随正税起解。田赋分夏、秋两季征收，夏税称为上忙，所收小麦，于阴历5月15至7月底征缴；秋粮称为下忙，所收粮米，于10月1日至12月底征缴。

曹州府《曹县志》中详明地记载了该县的户口、地亩、税粮、地丁起运和地丁存留、修理、祭祀、盐引及杂税等各项数目，为我们研究晚清时期鲁西平原的地方财税提供了个案资料。曹县有"十二万五千六百九十五户，五万三千二百三十丁，其中乡绅、举贡及其他豁免旧额的人有二万三千八百五十七名，实在当差人丁为二万九千三百七十三人。自雍正4年丁银摊入地亩征收以来，百余年间，曹县人丁增益至二十八万七千四百九十七名，人数增长翻两番有余。地亩有四万七千四百四十顷二十一亩有余"，除去"豁抛荒、冲压栽战地"、"成熟并节年新垦地"、"内寄庄并新垦地"、"额外荒田并新垦地"、"废坝租田"、"盖麻变价地"、"学田并新垦地"、"升租堤地"

① 光绪《山东通志》卷八十一，田赋。

等诸多田亩外，“实在当差地仅有二万三千六十七顷三十二亩余”，尚不及全部田亩的半数。另外还有直隶河南临近几县拨归的田地四百九十六顷五十四亩余，除去豁水冲沙压地地亩外，实在当差地有四百三十七顷六十三亩余。税粮包括两项，“一为丁地等项共征正银五万二千三百七十九两余；遇闰年拨归等地，加征正银三十六两八钱八分；一为正耗米为四千三百四十三石一斗九升四合七抄八撮八粟九颗五粒。起运地丁银四万六百八十九两余，地丁存留官俸役食盐二千四百九十五两六分二厘八毫，修理及祭祀等项用费均由地丁存留中开支，盐引原额为九千九百引”。① 杂税即额外征收名目，有课程银、税契银、牛驴税银、当税银、牙杂银等，均无定额。在地丁和漕粮征收过程中，弊窦重重，知县王坼在《一条鞭法六款》和知县孟可孔在《一串铃条议十款》中多有披露。

（一）征收之弊。曹县每年征收粮差银两，都是委派大户二百余人，分管解收。征收项目繁多，正项均徭有夏税、秋粮、盐钞、地站、俵马等，带征的有里甲雇募工食等。因“头项太多，追征繁琐，官民具困其均徭”。时常出现有大户私收、里长包纳的情状，“而私收包纳，多勒称头，动辄指称官府加耗名色，哄骗乡民，最为坏法之端”。其实，这是知县把征收过程中的浮加归罪于大户和里长。在征收中不仅常出现大户、里长、里书等多收浮收的现象，各县地方官员更是巧立名目，浮收多额。如征粮时有“加耗”、“斛面”、“淋尖”、“踢斛”等目，征银时有“火耗”、“平余”、“重戥”等目，征银浮收每两多至 3 至 6 钱不等，征粮浮收每石多征 1 斗 7 升至 2 斗 5 升不

① 光绪《曹县志》卷三，赋役。

等。除了征收钱粮外，各县的夫马、民快、皂隶、门子等人的工食，“向各出给由帖，令其下乡打讨”。即由县里发给“给由帖”，由这些人下乡讨要。起初还照帖讨要，但后来讨要愈来愈多，“正数之外，打讨加之数倍”。以致导致“小民重困，势当亟处”。

（二）审户之弊。审户由里书和里长五年一审，最初实行审户目的在于“分别贫富当差，为贫者便”，作为充当差役的依据和参考。但法令实行数十年来，丛生弊端，知县孟习孔有一段说明：

而今曹邑数十年来，豪强户尽行花诡得逃上，则下户穷民，置数十亩之地，从实开报，反蒙升户。县官耳目不及周，至贫者升，富者降，往往皆然。且五年之内，富者倏贫，贫者倏富，不可为尝。卑县于三十三年到任之初，尤执前定户，则抱头役。其间，家无寸土，糊口不足，呼号吁天者，皆册中所载中等户则也。其所称下下户，反皆富厚之家，所支分节派而来者，使富者得执下户以避差，贫者为五年前地多之故，便入上中，则哑口无诉。则审户不为穷民累哉！且查，里书当审户之年，增减人地，权握在手，索诈多方，贿赂公行，穷书立富，而避陬之民，悉来听审，盘费颇多，又请托求除者，不惜数十金，以乞一书。其县前酒饭铺店，指此为一年肥润之计。此一审也，而邑中所费不下万金，审户为利耶？为害耶？①

这说明审户原是分别贫富当差，以上中户充差，而免除穷人差役的做法，在执行中却为豪强富室乘机钻了空子。他们使

① 光绪《曹县志》卷三，赋役。

用花招诡计逃脱上户之名，反执下户之名逃避了差役。而一些下户穷民则因据实申报土地数量而升科为上户或中户（因上户隐瞒土地数量）。审户以五年为一期，但在5年中贫富可能会发生很大变化，故以五年前的审户情况可能无法反映出当前的贫富状况；再者审户也为里书借此名目贪渎受贿提供了契机，导致民怨沸腾。

（三）征收丁银之弊。按照清代定制，丁分九则，即按9个等级分别纳税，“最上者至于三钱外，下者不满六分”。“初意不过欲使富者多纳，贫者少纳，以寓伸缩之义”。但在执行过程中，乡村精英富室也同审户时一样，为保护自已利益而把丁银转嫁到一般民户头上。“乃查曹之条鞭册内，上中户应纳之丁，非乡官坐免，则生员带免，所未免者丁二丁在。而下等户则尽皆不免，盖纳银有则，而免丁无则。人皆争免上中则之丁，止遗下则之丁与下户纳之。上中所免一丁，去银甚多。则丁银不足额，必于概县地亩加重以补之，是不使下户代上户纳丁乎?”上等户利用关系免于丁赋，而全县丁赋总额不变，这样上等富室的人丁税反而要由贫穷人家来承担。

划定丁赋等级的第二个弊端还在于九则派银，本无一定准则，全由里书、里长说了算。“且九则派银，里书则轻重其手，即本县十年钱谷之吏，算及丁银茫无下落，况彼深山穷谷，不识一字之民，安知彼之丁为何则，某则丁该派若干，第听里长科收，以一纳二者不无也，适与为藏奸地耳。”① 国家虽然将丁银划分九个等级，但如何认定，不仅一般百姓不知道，就是经验老到的掌管一县钱谷的吏役也无法计算，以致让里书、里长这一类的“国

① 光绪《曹县志》卷三，赋役。

家经纪”可以上下其手，欺上瞒下，乘机满足私欲。

征收丁银还存在着现丁与鱼鳞册中所载不符、和土地占有现状不符的情况，致出现了“有地尽而有丁者，人尽绝有丁者。有地未及十亩，而载三、四丁者；有地至二、三顷而止载一丁，使趋食度日之人，终岁勤动，不能完官家一丁钱。而地连阡陌者，与只身之夫同等，最不均也”的情况。① 有些村庄还出现了“死亡逃绝之丁，累里长包赔”之情形，至于里长如何年复一年包赔这类死亡逃绝之丁银的，因缺乏详尽资料，不好猜测。

（四）寄庄优免之弊。寄庄一是“以流民之不成丁者，列于各里甲牌籍之末，别之曰寄庄”。一是外地人到本地购置田产，称为寄庄。寄庄户可以免去税役负担，曹县一些富室即利用这一条例，买通里书自改户籍，从A里变为B里的寄庄户。当时曹县有田地二万五千八百五十五顷零，除去优免地、河地二千八百八十顷九十四亩以外，实在当差地仅为一万二千八百五十五顷零，而寄庄地则有一万一百九十六顷零。寄庄地和实在当差地几乎平分秋色。因而当时曹县知县谓：“是客几胜于主，可笑也！此时不清查，年复一年，曹邑不尽为寄庄而所有，当役者属之谁也?”。下令让本地充寄庄之户自己承认改正，免予追究罪责。但当地人害怕查出地亩后会升科，无人承认。知县在无奈的情况下，将各里里书传唤到堂，“封入私衙内东书房，不令通音，严法骇之，始报出假寄庄地四千二百二十六顷八十五亩”。因涉及面广，且多为乡村豪强大户，故追查出来后知县也没有严加追究，“只令收回本里甲实在项下，仍照原名立户，亦照加丁照实在地内一例，派纳粮徭一例，轮

① 光绪《曹县志》卷三，赋役。

流当差”。“庶差地加多，穷民稍得休息”。而对真正寄庄之民，即外县购买本县土地之人，“食县之毛，不当县之役，使土著之民任之，甚属不均”。公议决定：“凡别州县买本县地者，即以其大兴，概县派夫之日，不得遗漏外，其余他事，或不得已用里下夫，及逐年编佥、兑军、俵马等役一切饶免。只照原额寄庄地除每年每亩原加额一分二厘外，再加四厘”。

（五）里书造册和连年推让过割之弊。里书不仅在审户、审丁方面弊端丛生，在造册编派钱粮方面同样存在着诸多弊端。按照惯例，里书负责土地的买卖变动，每年一次到县衙办理本里的土地过割契税手续，但因为曹县编差是以甲为单位轮换进行，全县分为10甲，每年两甲承担全县所有差役，以二八、三九、四十、一六、五七相轮，前五年，以八、九、十、一、五甲轮为正，而二、三、四、六、七甲轮为副，后五年则反之。因而为防止有人逃避徭役，知县强烈主张五年过割一次。“若便逐年过割，则人当该编役之先一二年，将地飞入别甲，编役后一年又复飞回本甲，不有十年内不签一役者乎！且县官事冗，每岁不暇亲为查算，任里书私地过割，敝不可胜言也”。因此要求“不许连年推让，以诡寄”。“俟五年满，必要买主卖主，当堂共递一状，状内要载买地之价，县官判日，每日挂号，造为合票式，令户吏票行。里书据票而过，其私过者严法治之。仍明出一示，自某月日推收起，至某月日止，过期后来者不准至。推收截数后，县官将号簿取入私衙，用能算书吏，总计某里某甲割去地若干，比旧管原额加若干，照数用硃笔标算，令里书编入条编，不时查对条编与硃笔单，总算合否。则里书安所售一敝乎！”①

---

① 光绪《曹县志》卷三，赋役。

可以看出，无论是在征收过程中的浮收冒贪，还是平时的审户，征收丁银，无论是区分寄庄，还是里书造册，连年推让过割；在整个乡村的赋役征调过程中，由于制度不严，或无法可依，加上任用非人，尤其是里书营私舞弊、上下其手、浮收冒占，致使弊端重重，不仅影响了国家正常的赋税收入和徭役征调，对于普通百姓也非常不公平不公正，因而极易招致民众的反抗。

二、民国时期的苛捐杂税

阅读民国时期的县志，有一个突出的感受，即县志作者对清代“轻徭薄赋”政策甚为怀念，而对于民国时期的苛捐杂税和附加之滥颇多微词。

相对于民国时期的苛捐杂税，清光绪二十八年（1902 年）以前可谓是“轻徭薄赋”了。根据一些学者的分析，清政府即使在最强盛年代的全部财政收入，都没有超过全国谷物产值的 5.6％，清末全部赋税大约只占国民总产值的 2.4％。① 许多地方志作者感慨于民国时期捐税之沉重，对清代民间较轻的赋役负担深为怀念，“按前清永不加赋之制，世人亟称道之。当时政简事略，海内升平，不加赋而国用足，每亩征正供杂办及派征各项共银二分八厘，征米一升三合四勺。什一之征尚形不及”。②

自光绪二十八年（1902 年）起举办新政，清廷听任各省自由筹款以充地方经费。各省自开名目，搜罗民财，然“皆以田赋为人民所习惯，反抗少而征收易，于是以举办新政为名，

① 〔美〕吉尔伯特·罗兹曼主编：《中国的现代化》，南京：江苏人民出版社，1988 年，第 96、98 页。

② 民国《冠县志》卷三，食货志。

附加税至再至三，层出不穷”，山东增加田赋的办法是将地丁银折成铜钱征收。“早在嘉道年间，各省漕粮即多收折色。至漕粮每石者银或钱若干，各省不划一，有折钱十数千至二十千者。此亦为由实物经济进向货币经济之一例证。漕折本身，并非附加税，不过所折之钱，过于该粮时价之数，则民间之田赋负担，已无形加重，而其影响与加赋无异”。① 但终整个清代，只是在漕粮和田赋折银或钱上做文章，利用铜、银之间的比价差额增加收入，未敢增加其他附加。

到了民国时期，虽然地丁银和漕米正税没有增加，但附加捐税繁多，民间不胜其扰烦。“近代山东田赋、正税、附加税和摊派无统一规定的标准，一般说来，附加重于正税，摊派又重于附加。”②《民国冠县志》的编者给我们提供了一份详细的从 1915—1934 年的附捐项目清单。

表 3—1　民国时期山东冠县附捐项目一览表

附捐名目		说明
省地方附捐	濮阳河工附捐	1915 年以濮阳河工需款，按正赋附加 10% 核计，每丁银 1 两征收河工捐 2 角 2 分，分忙征收。
	田赋赋税	财政厅准部咨，内开濮工附捐一项，经部核定，作为报解中央专款，自 1916 年起，因濮阳河工完竣，再沿旧称，名实不符，改为田赋附税，仍按上下忙报解。1917、1918、1919 年均按 10% 照数报解。1920 年上忙才截止附收。

① 朱契：《田赋附加税之增重与农村经济之没落》，《东方杂志》，第 30 卷第 22 号，1933 年 11 月 16 日，第 10 页。

② 朱玉湘：《辛亥革命以后的山东田赋》，山东省地方史志编纂委员会编：《山东史志资料》，第一辑，济南：山东人民出版社，1983 年，第 123 页。

（续表）

附捐名目		说明
省地方附捐	宫家坝河工附税	1921年以黄河下游利津地区宫家坝堵筑需款甚巨，……按照正银附加10％核计，每正银1两附收2角2分，于1922年上忙开始带征。1928年奉财政厅令以河工附税不敷出甚巨，每丁银1两加收河工特捐6角6分，是年上忙开始带征。
	预借附税	1922年奉省长令国家需款孔急，拟预借地方国家税一次，于上下两忙带征，按每正银1两加征预借国家税洋1元8角。
	教育田赋附加	1923年奉财政厅通令，经省议会议决，自本年下忙起，每丁银1两加收教育田赋附税洋5分。
	军事附捐	1925年奉令新加军事善后特捐一次，每丁银1两加收2元2角，1926年又加征军事善后临时附捐一次，每丁银1两附收1元。
	讨赤特捐	1925年奉张督办令，除照收冬漕外，附加讨赤特捐一次，每漕米1石加收6元，1926年又加讨赤特捐一次，每漕米1石加收8元，每丁银1两加收4元2角。
	摊派附捐	1925年奉张督办令，摊办抚恤券、军鞋、电话三项附捐，随漕带征，一次共摊洋8531元。核计每漕米1石附收银洋5角9分8厘2毫。
	李黄堵口附捐	1926年奉令加收李黄堵口工程费一次，按照正银附加20％，核计每丁银1两加征4角4分。
	汽车路附捐	1930年奉令每丁银1两加收汽车路附捐洋8角7分。
	附税名目取消	1930年奉财政厅令将原有河工、教育、汽车路各附捐统改为省附税，每丁银1两统征附税洋1元8角。
	新加附捐	1932年奉财政厅令，每正税1元加收民生银行附捐4角7分7厘5毫，又加收米麦价附捐洋2角5分。两项于是年上忙征收一次。

（续表）

附捐名目		说明
县地方附捐	学校附捐	1915年，随地丁带征，每亩制钱16文，1917年每亩改征铜元1枚。1929年地方附捐均改收银洋，每地丁1元带征8分9厘3毫；1930年每丁银1元加收1分8毫，连前共收1角1毫；1932年每丁银1元增至1角2分5厘。1917年随漕带征京钱600文，1923年每亩加收京制钱14文，连前原有8文，每亩共收22文，核计每漕米1石带收京钱1646文。1930年，每漕米1石共收附捐洋5角6分7厘8毫；1932年，每漕米1石共收附捐洋8角零7厘。
	自治附捐	民国初年，随漕米每亩带征京制钱8文，1919年由上忙地丁提前带征一半京钱4文，下余4文仍由漕米带征。
	警款自治附捐	1918年保卫团教练所经费，每正银1元带收京钱326文。1934年扩充警备队，经费每正银带收京钱164文。1919年，临时保卫团经费每亩加收京钱60文，核计每丁银1元带收京钱976文。十八年，该附捐每丁银1元该收洋3角1分2厘6毫；1931年，奉令核准每地丁银1两带征附捐洋1元7角，计每正银1元带征附捐洋4角2分5厘。
	支应军事费附加	1926年每地丁正银1元，由上忙带征8角1分1厘8毫，带征一次。
	建设附捐	1931年，每地丁正银1元由上忙开始带征1角3分9厘2毫5丝。
	清乡费附加	民国二十一年，每地丁正银1元由上忙带征6分7厘5毫。（上忙一次）

资料来源：民国《冠县志》卷三，食货志。

从上表我们可以了解，1914年由濮阳黄河决口而随田赋正税征收的10％附加税，是北洋政府时期正式设立田赋附加税之始。附加捐税包括省地方附捐和县地方附捐两种。在这些附加税捐中，有些属于水利工程附捐，如濮阳、宫家坝、李黄堵口附捐等，有些属于军事附加，如张宗昌时期的军事附捐、讨赤附捐，有些则属于工程结束后本该立即取消的，但国家却将此作为一项定制推行了几年，如濮阳河工附捐在1915年濮阳堵口完成后就应即刻取消，但却作为国家的正税附加，从1916年起改为田赋附税，连续征收了4年，这使本来就遭受沉重自然灾害打击的民众更如雪上加霜。有些捐税还滥列名目，重复征收，如军事附捐、讨赤附捐、支应军事费附加、清乡费附加等诸多名目，都是为了某种军事目的，随意征收。对此，地方志作者感慨颇多，通过和清代赋税对比，益发显示出民国时期的捐税之沉重：

> 及光绪戊戌变政，而后学堂、警察、地方自治次第创办，所有各项经费由官府捐廉或由商家暨他经费项下动支，不敢随正供带征开附捐之滥觞。迨民国改建，新政迭颁，连年军兴，因而用度浩繁，管库日绌，在在度支，不得不取给于民众，正供而外，叠增附捐，名目繁多，莫可胜纪。极今昔比较，已超过正供五倍以上。且征无定额，临时变更。乡民完纳尚在茫然，须一度延访，方知确数。足证赋额无定之现象，又于随粮带征而外，历有意外无数之掘罗催科。吏役络绎于途，叫嚣乎东西，隳突乎南北。石壕捉人之惨相历历在目，读苌楚一诗而感及于政烦赋重，茅檐部屋不无抽抒怨咨，须知地丁多属国家税，附捐概属地方税。宪政时期，人民自治，欲繁荣地方，凡百设施必有物质上之补助，方能百废待举，蒸蒸日上。人民负

担自应有适当之加重，彼泥于轻徭薄赋之旧说，代值兹进化时，殊嫌胶柱鼓瑟也。①

这段话把自清末新政至民国时期的苛捐杂税之沉重、吏役征收之暴虐清清楚楚的描述出来。这也并非冠县一县的情况，而是具有代表性，鲁西各县无不深受其害。根据朱玉湘的研究，辛亥革命后，山东田赋征收的方式主要有三种，一是委征，即由县政府把征收的任务委派征收员或粮胥，分赴各乡镇征收。县长对田赋的内容一般不甚了解，由县政府委托书吏经管。二是包征，是预算出本年地丁粮成数，设有一定比较额，由粮胥或书吏认额承包，征收员负短征垫交之责。此种制度，弊端最大，后面我们会详细叙述其弊病。三是官征，即由县政府直接设柜征收。但因小户农民种地不多，直接到县路途遥远，往往托里书或乡村领袖代纳，或者由粮差包征间接完纳。征收人员乘机贪污中饱，手法花样很多，有人总结主要有“飞”、“洒”、“诡”、“寄”等手法。面对那个时代，县志作者似乎表现得很迷茫，一方面对政烦赋重不满，一方面则认为建设时期人民负担应该有适当之加重，似乎不该拘泥于轻徭薄赋的说法。分析起来，民国时期的苛捐杂税主要用于军事、用于现代化事业。一方面用于“现代化部门”的财政支出，如工资和设备等；一方面用于现代化建设事业，如地方公路、电话、军事建设、铁路建设、地方自治、地方保卫、教育等。这些现代化部门和事业对于国家也许是不可或缺的，但对于农民来说，又有几人能享受现代化的恩泽，但这些设施“经费唯一之来源，即以田赋附加是赖”。② 取之于农，但真正用于农村，为民

① 民国《冠县志》卷三，食货志。

② 孙佐齐：《中国田赋问题》，上海：新生命书局，1935年，第279页。

众谋福利的事业却实在是少之又少。

在清末，田赋和地丁合一，简称“地丁”，被称为正税，其他工商税称为杂税。杂税分为五宗——课程银、税契银、牛驴抽税银、牙杂税银、当税银。清代在1902年（光绪二十八年）前，县杂税除田房税企银是尽收尽解外，其他各项均为定额。仍以冠县为例，冠县每年征收课程银21两2钱，牙杂税银51两6分，牛驴税银38两7钱6分1厘，当商银每座纳银5两，共征25两。① 但自1903年以后，清廷改行新制，广辟财源，征收数额大增，为原数额的3倍。在城厢和各集镇实行“揭帖制”，由承包商投标包交杂税，投钱多者为集头，集头负责整个集市的税收，实行包税制。1903年，冠县办定城乡行纪16处，共交帖费银450两，课程银63两6钱，牙杂税银153两1钱8分。嗣后，每届帖费课程税有增无减。民国初年的工商业税种基本上沿袭清制，在征收上也实行“揭帖制”。但和清代相比，征收的范围之广泛和钱数之多超过清代不知多少倍。

冠县在1919年共办定牙纪22处，共缴纳帖费洋1906元，课程洋1112元。1924年，办定牙纪23处，共缴帖费洋2695元，比上届增加789元；缴纳课程洋1439元，比上届增加279元。1929年，全县牙纪23处未变，但各项税费继续增高。共缴纳帖费洋2974元，较上届增加279元；缴纳课程洋1565元，较上届增加126元。

现将1933年冠县年全县行纪23处各行经纪所交纳的证费和营业税及比上届增加之数分列于下：

① 民国《冠县志》卷三，食货志。

表 3—2 冠县各经纪行 1933 年缴纳 5 年证费和营业税表

经纪行名称	任交5年证费洋数（元）	较上届增加数（元）	每年营业税洋数（元）	较上届增加数（元）
城乡花生行	730	301	400	140
本城油饼行	480	200	190	65
本城牙行	282	117	180	64
狼窝集斗秤牙行	262	108	146	49
桑阿镇斗秤牙行	266	110	140	47
本城杂皮行	282	117	84	32
白塔集斗秤牙行	270	114	70	26
贾镇斗秤牙行	226	94	124	42
本城粮行	206	85	124	42
本城花秤行	204	84	90	30
化村集斗秤牙行	204	84	90	31
清水镇斗秤牙行	204	84	102	34
本城白布行	170	72	53	18
烟庄斗秤牙行	170	72	122	41
本城砟炭行	144	60	42	16
中兴集斗秤牙行	144	60	42	15
城乡骡马行	130	53	100	34
本城大猪行	136	56	45	15
本城小猪蓆片行	120	50	60	20
本城羊行	104	44	32	12
里固斗秤牙行	104	44	32	12
王城固店斗秤牙行	124	52	84	30
河北棉花专行	130	60	60	30
总计	5092	2119	2412	845
比上届增加%		71%		54%

资料来源：民国《冠县志》卷三，食货志。

据表可知，1933年全县办定牙纪23处没有变化，但缴纳的证费洋（即帖费洋）已达5092元，较上届增加2119元（上届为2973元），增加了7成以上；缴纳的营业税（即课程洋）2412元，较上届增加845元（上届为1567元），增加54％。当时规定，在增加数内提支4％作县奖金，又在报解证费项下提支7％作办公费。

由此可以看出，相对于清代较为简易的杂税而言，民国时期各项杂税名目多，数额大。这种城乡之间各牙行经纪税收"政绩"的提高，增加的是普通民众商品交易的成本，掠夺的是民间财富，对于地方商品流通的发展无疑带来更大阻力。

清代自咸丰五年（1855年）开始创设的厘金，"是清后期征税范围最大，苛扰最重，影响最深的一个新税种"。但它对江南经济的影响远超过华北，"江南厘金，无论在何时期，实占全国厘金总数的绝大部分"。①而华北地区因为商品经济的不发达，尤其是农村农民占绝大多数，所以受厘金之害相对较轻。正如县志中所言："自咸丰年间，创设厘金，通商要衢，遍立关卡，官吏盘剥，丁胥吞渔。为害几于百年，然其害只波及于商贾，而芸芸民众，犹未直接受其朘剥"。冠县作为一个农业小邑，"农民占百分之九十强，所应纳税金除印契牙纪寥寥数项外，余无别种输将，然亦轻而简要而不繁，予取予求皆未过什一之征，故当时蚩蚩编氓几不觉有征税之苦"。但到了民国肇始，税制倍加繁杂，税率也愈提愈高。"饮食必需之品，家常日用之物，凡经交易，无物无税，名目繁多至不可纪极"。②这种和百姓日常

① 郑起东著：《转型期的华北农村社会》，上海：上海书店出版社，2004年，第269页。

② 民国《冠县志》卷三，食货志。

生活贴身相关的杂税严重扰害了民间。并且这时期的税收，各县采取的是“揭帖”包商制。以招标的方式使标的无限增高，每届包商要先预缴本届五年的帖费（证费）洋给省署或县署，每年再缴纳一定数额的课程税（营业税）。大包商中标领得牙帖后，再分授予县中某市镇或某行当的经纪（小包商），经纪再分授予更小的包商。每经一个中间环节，都要加上一层码，这样层层加码的结果是包商把税收更多地转嫁到商民身上，最终受害的还是普通的商人和农民。

杂税的苛重，严重阻碍了商品流通，妨碍了农民正常的生产生活交易。地方志中曾痛切陈述了这种现象：

> 且种种税收例由包商承办，由大包商而分授予小包商，一分再分，而至零星数分，辗转授受，层层括取，奸猾市侩，操此为业。敲骨吸髓，恬不为怪，自是而商民交困矣。讵意税取烦苛，愈演愈烈。迨近年来，变本加厉，贱丈夫知有机可乘，左右望而罔市利垄断先登。不惜巨金攫得征收特权，既重耗此巨资，又思博得其盈余，则子母相权不得不取偿于市民。卒致物价腾贵，百货沈滞，市场萧条，顿呈经济萎靡之状况。而管库委吏亦利用此辈之盘踞，每逢编审提高税额，引入彀中藉裕国课以便私图，故课程贴费逐年增加，始以分数，而累进继以倍数而激增。再迟之数年或数十年伊于胡底耶？①

包商因能获得诈取钱财的特权而吸引了地方一些“奸猾市侩”从事此业，对商民进行敲骨吸髓的盘剥，以致不惜巨金获得征收特权。这对于商品经济的发展、市场流通的活跃具有很

① 民国《冠县志》卷三，食货志。

大的阻碍作用。这在鲁西各县乃至华北各地都是一种比较普遍的现象，对于整个鲁西及华北地区的社会发展也起到阻滞的作用。正如孟德斯鸠所言："如果包税人厚利的职业因为容易致富竟成为光荣的职业的话，一切便都完了。"因为它使"除包税人以外，其他阶层的人民都表示厌恶；荣誉不再有任何价值；缓慢的、自然的获致显贵的方法不再为人们所重视"，①而争趋于这种邪恶的能快速罗致财富的路径。

农民则深受这种苛捐杂税徭役之苦，在歌谣中抒发了他们的愁苦怨愤之情：

临清县民谣称：

种庄田，真是难，大人小孩真可怜，慌慌忙忙一整年，这种税，那样捐，不管旱，不管淹，辛苦度日好心酸。两眼不住泪涟涟。告青天，少要钱，让俺老少活几年。②

东平县民众感慨：

农夫苦，农夫苦，锄禾日当午，背赤紫，汗滴禾下土，终日劳作不息止。农夫苦，农夫苦，天旱地又枯，釜中无粒粟，儿女牵衣泪如雨。农夫苦，农夫苦，胥吏催租，收成不足无钱付，只得咬牙切齿卖儿女。③

三、田赋附加之滥征

清华大学秦晖教授讨论并税制改革与"黄宗羲定律"的理论，引起当代国家领导人的关注。温家宝总理提出"共产党人

① 〔法〕孟德斯鸠著，张雁深译：《论法的精神》（上册），北京：商务印书馆，1961年，第226页。

② 民国《临清县志》卷十一，礼俗志，谣谚。

③ 民国《东平县志》卷五，风土志，歌谣。

一定能够走出‘黄宗羲定律’的怪圈”。“黄宗羲定律”是黄宗羲在总结中国从唐代直到明末清初中国历代税制的基础上总结出来的，但笔者在研读晚清至民国税收政策时，却发现该定律对于这一时期的税制同样适用。

秦晖对“黄宗羲定律”做了解释，黄宗羲是明清之际著名启蒙思想家，对秦以后两千年的法制、土地制度与赋役制度都进行过评论，对“两税法”、“一条鞭法”等赋税改革措施的效果具有迥异于前人的见解。黄宗羲认为所谓的“两税法”、“一条鞭法”及“征一法”、“一串铃”、“地丁合一”等等，宗旨都在于把国家和地方的或明或暗的正杂诸税名目“悉并为一条”，“一切总征之”。如此做法在短时期内可使“向来丛弊为之一清”，然而它的中长期效果却无例外地与初衷相反。原因即在于原来税种繁多时虽有官吏易于上下其手之弊，但这些税种包括了能够“巧立”的一切“名目”，也使后来者难以再出新花样。但在合并为一之后，诸名目尽失，恰好为后人新立名目创造了条件。时间稍移，人们“忘了”今天的“正税”已包含了以前的杂派，一旦“杂用”不足，便会重出加派。黄宗羲把这种现象总结为“积累莫返之害”，即是说税制每改革一次，百姓的负担就加重一层。秦晖引用当代史学家王家范、谢天佑所总结的“黄宗羲定律”的公式来说明此一问题：

两税法＝租庸调＋杂派

王安石役钱法＝两税法＋杂派＝租庸调＋杂派＋杂派

一条鞭法＝王安石税法＋杂派＝两税法＋杂派＋杂派＝租庸调＋杂派＋杂派＋杂派

倪元璐税法＝一条鞭法＋杂派＋杂派＝王安石税法＋杂派＋杂派＝两税法＋杂派＋杂派＋杂派＝租庸调＋杂派

＋杂派＋杂派＋杂派

地丁合一＝……＝租庸调＋杂派＋杂派＋杂派＋杂派＋杂派

如此每改制之后的新税额都包括了上一次原始税额加上上次的杂派再加上这次新增的杂派，税役制度愈改革，纳税总额愈高。①

晚清至民国时期，鲁西各县无论是地丁银征收，还是漕运折色上，都呈现出“黄宗义定律”的特点来。现以漕运折色为例来说明这一问题。

自元代开通会通河后，明代永乐十三年（1415 年）开始有递运和支运两种漕运方式，都由附近的卫军承担。永乐十六年后令民运，但支运仍同以往一样。宣德五年，改民运为兑运。成化七年，制定长运法例，征收脚耗钱，兑运根据运途的远近而分为三六清斋、二六清斋、一六清斋和折易清斋之别。山东漕米每担加耗三斗一升，外加一斗连尖，共四斗一升。其中二斗五升随船作耗，余下的一斗六升折银八分，称为一六清斋。长运加耗之外又加脚米六升，称折易清斋。这样，本来的附加现在成为正耗。在这两种正耗之外，又有淋尖、踢斛、抛剩、漫筹等名目，脚米六升又加到一二斗不等，清斋银两已成为官征，又加兑费每石四五钱不等，甚至有加至一两者。

到清代，漕米征费名目有增无减，除截头兑费迭次增加外，其余如折席、背手、网司、脚剥之类名目，不胜枚举。顺治九年户部议请，遇灾改折，每石折银七钱至五钱。康熙四年

① 秦晖：《“黄宗羲定律”与税费改革的体制化基础：历史的经验与现实的选择》，《税务研究》，2003 年第 7 期，第 2—4 页。

(1665 年) 改折每石征银二两，九年改折征银漕，每石一两，漕截耗增一例除豁，清斋仍照原额解部，自是以后，大率以一两为定例。这可以说是漕运上的一次改革，把原先各色名目的加耗附收合并为一。历经雍正、乾隆、嘉庆三朝，一直遵循折漕每石一两的惯例而未作任何改动。

道光七年 (1827 年)，山东巡抚贺长龄奏准：本色米每石连一五耗收二石数斗至三石不等，折色米每石收制钱六七千至八九千不等，其实等于在原来加耗折银的基础上再加上一五耗。但“相沿日久，官民俱各遵行”。咸丰五年，黄水漫溢，民力窘困，但漕折依然，各花户把持，以浮收为理由，抗不交纳。① 实际上，当时漕运各项开支除康熙时期改革每石一两，加清斋，再加上贺长龄所奏的一五耗折外，又增帮费、兑费等名目。每年逃亡绝户不能催征者，当时称为“烂漕”，自数百石至一二千石不等，但都是通过现征项下通融筹补，即国家把逃亡绝户而遭受的损失通过加征转嫁到了现有漕户的头上。自太平天国起义，清廷允许各地办理团练以自卫，团费则按亩摊派，并且没有定数，但比起应纳正赋“不啻加倍”，并催缴甚急，以致使国家正赋在民众眼中成为“缓务”。这时又有人提议改革漕折，援引湖北折漕价值，每石制钱四千文至六千文不

---

① (清) 张曜编：《山东军兴纪略》(台北：台湾文海出版社，1970 年) 中记载一知府的上奏，描述了当时山东民众聚众抗粮抗漕的情形，“今则刁民愈骄，愚民愈惑，团民愈聚。劝之不闻，惩之不服，粮差地保所到之处，鸣锣聚众，捆殴差保，焚屋掠物，粮民进城纳粮，辄造截夺。或则一日之间，纠众万千，担糠负裨入城，塞署閧堂，不加耗脚，逼官收纳，或则执持枪械，名为晾团，入城入署，日夜喧哗，意在恫吓。各县情形不一，而蓄意聚众抗粮，则无二致”。见该书卷二十二中，团匪二，第 1226 页。

等。咸丰十一年（1861年），山东巡抚谭廷襄奏请山东漕米应准折纳酌中定为每石六千文，以四千五百文专办漕米起运，以一千五百文提作办团募勇经费，内中五百文归各州县办团，其余每石一千文易为银两交省局拨给五处团营津贴，折色米已减不及六千文者也以六千文为断，仍将盈余分别解支，很快户部议奏，准如所请。至此，办团练的加派又纳入漕折正项。

同治三年（1864年），山东巡抚阎敬铭为限制民团，取消了兖沂曹地民团的官方供给，奏准将征收漕米每石折纳六千文并作办漕之用，删去团营团费。这正如《山东通志》中所言："此任一加，后有贤者，亦必不复减；不贤者，更照增。官之获利，只在莅任之数年，民之受困，即数十百年而未有已"，"漕粮浮收，其弊与地丁等"。① 至此，办团而增的加派虽然不再作为办团经费，但作为漕折正项又纳入其中。光绪二十七年（1901年），山东巡抚袁世凯奏请山东省漕米一石折正银二两，提耗折兑费银八钱。这样，从康熙九年（1670年）的漕折每石一两，经过多次杂派，最终增加一倍，并以正项形式固定下来。

民国时期，田赋征收虽然略有变更，平时各任督军主席虽有增加，但都是在附捐内多征随解，"尚未敢冒不韪加正额之税也"。但地方志中也指出："自北伐成功以来，省库支出加大，而教育、建设需费正多，故每两改征四元，三期征收。业经列入预算，成为定制"。② 民国时期新一轮的加派最终也是以正税的形式固定下来。

---

① 光绪《山东通志》卷八十一，田赋。

② 民国《茌平县志》卷七，赋税志，田赋。

再以茌平县各项附加为例加以说明，茌平县每年“国税省税实征银三万零六百八十三两二钱五分二厘，每两以四元计算，折合洋十二万二千七百二十三元零零八厘。内以二元二角拨归国税项下，计洋六万七千五百零三元一角五分四厘。内以一元八角拨归省税项下，共洋五万五千二百二十九元八角五分四厘”。实际上，这国税省税已经把清代田赋的全部正税加上摊派项目全部包容了进去。因而，在 1927 年国民政府将全国财政收支划分为国家和地方两级，将田赋收入改为地方税时，即规定了不得添设附加费。但这时现代化建设及部门经费日多，如各地的自治、教育、治安、卫生、筑路、水利等项经费，都是从田赋附加中征收。并且征赋权力操于地方之手，省附加于上，县附加于下，擅自征收附加之风甚盛。茌平县志中述及此事：

> 省有省支，县有县用。一县之内，公安教育建设民团等在在需费极大，自然须加。本县以地丁截去零奇，按地丁三万两，计每两加捐三元，在一二期田赋内附加，合洋九万元，以供地方之用。①

除征收地丁羊九万元外，又征漕米以 4200 石计，每石加征附捐洋 3 元，为第三期田赋。现将这三期附捐项目列表如下：

表 3－2　茌平县三期田赋附捐及用途表

项目	田赋		漕米	
	每两附捐（元）	合计（元）	每两附捐（元）	合计（元）
教育经费	0.7072	21216	0.9358	3933.36
地方建设经费	0.281	6243	0.2755	1157.1

① 民国《茌平县志》卷七，赋税志，附捐。

（续表）

项目	田赋		漕米	
	每两附捐（元）	合计（元）	每两附捐（元）	合计（元）
地方内政经费	1.0462	31386		
地方财政经费	0.385	9255		
地方民团经费	0.73	21900	1.787	7520.54
合计	3.1494	90000	2.9983	12600

资料来源：根据民国《茌平县志》卷七，赋税志，附捐整理而成。

以上地方教育、建设、内政、财政、民团经费，若依照规定，是不能再作为附加费添设的，这些附加费是在以前所有附加均作为正税基础上的又一轮附加，但省、县把此作为定制，日久又成为新的固定附加，逐渐转化为正税。

综上所述，晚清和民国时期国家和地方政府（山东省政府）对事关鲁西安危和经济发展成败的黄河、运河治理策略发生了重大转变，国家从以前举全国之力维护运河畅通到逐渐淡出，地方政府也把投资和施政重点集中到东部沿海和胶济铁路沿线，鲁西地区逐渐被国家和山东省政府“边缘化”。对于黄河、运河的治理耗费了鲁西大量的民财民力，致使社会生态环境严重恶化。地方民众除了承担治理黄河、运河的负担外，还要承担国家的赋役征调和各种苛捐杂税，加上征调中的重重弊端导致整个鲁西民穷财尽，地方经济陷入困境。

第四章 士绅和民众的自救

近代鲁西多次遭受黄河运河等河流湖泊泛滥之灾，还受到旱、蝗、雹等灾害的打击，而国家则选择了从黄河运河治理中逐渐淡出的策略，山东省政府也把施政的重点转移到了沿海地区。从某种程度上可以说，鲁西地区已经被国家和地方政府边缘化了。那么生活在鲁西的百姓，包括士绅和下层民众是如何在这种灾荒环境下自救的？他们对于本地区的边缘化是如何做出反应的？他们在应对灾荒的过程中是怎样处理和国家、地方政府的关系以及他们之间的关系的？本书依据史实，试图重构鲁西士绅和民众对灾荒的应对活动场景，并探讨国家、精英、民众之间的关系。

第一节 士绅、社区精英

本书所谓“社区精英”，泛指所有在特定地域内拥有一定资源、掌控支配权力的个人或家族。① 具体说来，社区精英涵

① Esherick 及 Rankin 曾指出，社区精英为维系其支配地位，必须控制下列各项资源：(1) 物质资源（土地、商业财富、军事力量等），(2) 社会资源（社会影响力的关系纽带、氏族群体、结社等），(3) 个人资源（专业技能、领导能力、宗教或魔术力量），(4) 象征资源（身份、名望、特殊生活方式等）。见沈松侨：《地方精英与国家权力——民国时期的宛西自治，1930～1943》，《“中央”研究院近代史研究所集刊》第 21 期，1992 年 6 月，第 376 页。

括了多种人士。其中，在科举制度废除以前，通过科举考试取得绅士地位，为取得社区精英之列的首要途径。

在中国传统社会，国家必须依靠地主绅士才能实现对广大农村的管理。尽管中国历代王朝都强化上层中央集权，尤其到明清时期，专制主义中央集权统治达于鼎盛。但在历朝历代，官僚机构末梢只达县级，“至少在明代以前，中央政府对地方管制以县为下限”。① 县以下基本上是自治的，除了收赋税兵役外，中央甚少直接干预。清设保甲，是中央权力向县以下延伸的第一步。国民政府在县以下设乡，正式把中央的管制延伸到县级以下。按照一些学者的研究，清代平均每个县仅有5名朝廷命官，但要管理二十五万人口的地区，仅仅依靠这些官员的力量显然是无法有效治理广大区域的民众的。所以对广大乡村的行政管理，如税收、治安等必须依赖地主乡绅和政府的合作。中央政府对乡村的控制只有依靠绅权才能延伸到广大基层社会。② 因此，有学者对传统乡村的认识范式进行了这样一个完整概括，即是：国权不下县，县下惟宗族，宗族皆自治，自治靠伦理，伦理造乡绅。③

绅士是近代中国社会转型中一个具有独特社会地位与多方面社会功能的特殊社会群体。“绅士们高踞于无数的平民以及所谓‘贱民’之上，支配着中国民间的社会和经济生活。”“政府官吏也均出自这一阶层”，绅士不仅是官僚的后备军，他们

① 乔健：《“一统”和“统一”》，《二十一世纪》，1991年6月，第5期，第5页。

② 金观涛、刘清峰：《中国共产党为什么放弃新民主主义？——五十年代初中国社会结构的巨变》，《二十一世纪》，1992年10月号，第13期，第14—15页。

③ 秦晖著：《传统十论》，复旦大学出版社，2003年，第3页。

还是国家政权向乡村社会延伸的重要纽带，充当着民众的代言人和乡间社会秩序的维持者。明末清初颜茂猷言："乡绅，国之望也，家居而为善，可以感郡县，可以风州里，可以培后进，其为功化比士人百倍。"①

美国学者弗兰兹·迈克尔认为"绅士乃是由儒学教义确定的纲常伦纪的卫道士、推行者和代表人，这些儒学教义规定了中国社会以及人际关系的准则"。② 绅士的构成无论是举贡生员还是乡居缙绅职官，凡获得封建社会法律所认可的身份、功名、顶戴，无论出仕未仕，均属于绅士阶层。具体说来，绅士由几类人组成：一是具有生员以上的科举功名者；二是由捐纳而获得身份者；三是乡居的退职官员；四是有军功的退职人员；五是武科功名出身者。③ 如按绅士的出身途径可以把绅士分为"正途绅士"和"异途绅士"。"正途绅士"，是指那些通过国家的科举考试而取得功名的绅士。包括生员、贡生、举人、进士等功名人员。"异途绅士"则是指不是通过正规的科举考试，而是通过科举之外的其他途径，如捐纳、军功、蒙荫等获得监生或各类官职而为绅士的人。如按绅士的政治地位和经济状况可以分为上层绅士和下层绅士。一般说来通过初级考试的生员、捐监生以及其他一些由较低功名的人都属于下层绅士，获得较高学衔及乡居退职的官僚和通过捐纳、保举、军功

---

① 颜茂猷：《官鉴》，陈宏谋：《从政遗规》，上海：谢文艺斋刊本，第41页。

② 张仲礼著：《中国绅士——关于期在19世纪中国社会中作用的研究》，北京：社会科学文献出版社，1991年，第1页。

③ 王先明：《近代绅士——一个封建阶层的历史命运》，天津：天津人民出版社1997年版，第10页。

获得官职衔的属于上层绅士。

美国学者往往把这一群体称为“绅士”（gentry）和“精英”（或译为“名流”）（elite）。张仲礼以学衔和功名来划分绅士集团，认为无论是通过科举“正途”，还是捐纳“异途”，只要取得哪怕是最低级功名（生员），都应归于“绅士”之行列。整个绅士阶层可分为上层、下层两个集团，下层集团包括生员、捐监生以及其他一些有较低功名的人；上层集团则由学衔较高的以及拥有官职——不论其是否有较高的学衔——的绅组成。①

周锡瑞则把“持有功名但不居官位的人看作是地方士绅”。他们为村社人们所敬仰，出头管理社会的公共事业或在危急时组织团练等地方武装。周锡瑞认为地方士绅包含两层意义：一是他们精通儒家经典，其信仰及行为大致符合正统；二是他们是当地人的合法代言人，能关心本地人疾苦，因而受到地方、县、省甚至国家一级的重视。②

孔飞力则把这部分人称为“elite”（谢亮生等将其译为“名流”，杨念群认为不确，杨氏用“精英”一词代替“名流”，其实“名流”一词是更中国化的概念，“精英”一词相对更西化些，二者可以互用③），他依据这部分人的势力和影响，将其分为三个层次：即全国性名流，“其影响超越了他们出身的

① 张仲礼：《中国绅士——关于其在19世纪中国社会中作用的研究》，上海：上海社会科学院出版社，1998年，第1—4页。

② 〔美〕周锡瑞著，张俊义、王栋译：《义和团运动的起源》，南京：江苏人民出版社，1998年，第34页。

③ 见杨念群：《儒学地域化的近代形态——三大知识群体互动的比较研究》，北京：生活·读书·新知三联书店，1997年，第89页。

地区，其社会关系达于国家政治生活顶层的那一部分人”；省区名流，他们“和前一部分人有密切联系，但其势力和影响限制在较窄的范围内”；地方名流，“缺乏前两部分人的社会特权和有力的社会关系，但仍然可以在乡村和集镇的社会中行使不可忽视的权力”。生员和监生“都被看作待用的官吏”，因而只能归属“地方名流”。①

费正清则认为“中国的绅士只能按经济和政治的双重意义来理解，因为他们是同拥有地产和官职的情况相联系的”，狭义的士绅是通过考试和捐纳取得功名的个人，而广义的士绅则是“一群家族”，因为“作为个人的士绅是公家官员，掌管政治和行政事务，但他们也是处在家族关系中的成员，并依靠家族关系来维持他们的生计”，“在农民大众眼里，士绅还包括大地主，这是统治阶级的经济基础”。②

马敏、王先明等国内学者则强调绅士阶层的在野性，把在职官员排除在绅士之外。马敏给绅士的界定为：“所谓绅士，应当是指以科举功名之士为主体的在野社会集团，同时也包括通过其他渠道（如通过捐纳、保举等），而获得身份和职衔者”，他认为张仲礼等学者将政府官员包括在绅士范畴内是不妥的，原因在于“明清绅士阶层的特色，恰恰在于其地方性和在野性。所谓地方性，指绅士常是乡居的，是地方上的头面人物……所谓在野性，指绅士并不像官那样是封建统治权力的直接代表，他们并不参与国家政策的制定和实施，并无实际的政

---

① 〔美〕孔飞力著，谢亮生等译：《中华帝国晚期的叛乱及其敌人：1796—1864年的军事化与社会结构》，北京：中国社会科学出版社，1990年，第4页。

② 〔美〕费正清著，张理京译：《美国与中国》，北京：世界知识出版社，1999年，第33页。

治权力，而仅只是封建政权统治地方的中介和工具”。[①]

王先明也认为：“在近代社会中，无论是举贡生员还是乡居缙绅（职官），凡获得封建社会法律所认可的身份、功名、顶戴，‘无论出仕未仕’，一概属于绅士阶层。”[②] 但他又认为，“须知在任之官，还乡即绅也”，“官僚是绅士向上流动（入仕）的结果，绅士则是官僚集团的后备力量或官僚卸任荣归的社会场所”。“官僚的确切含义是指担任国家或政府职务的人员。而绅士恰恰是指不在职的地方上有地位的人士”。“朝野之分成为二者的根本区别”。[③]

关于乡绅、绅士与士绅等概念的辨析，请参考徐茂明的论文《明清以来乡绅、绅士与士绅诸概念辨析》一文，[④] 本书上述内容也多参考此文。

绅士作为“四民之首”，在中国传统社会中享有许多优遇。“在封建时代，取得一定的‘功名’身份，就可以获得不同于庶人的社会地位”。首先士绅享有优免丁徭杂役的特权，如光绪《曹县志》中言：“曹县有十二万五千六百九十五户，五万三千二百三十丁，其中乡绅、举贡及其他豁免旧额的人有二万三千八百五十七名。”[⑤]《冠县志》中也记载了“清光绪四、六

① 马敏：《官商之间——社会巨变中的近代绅商》，天津：天津人民出版社，1995年，第21—23页。

② 王先明著：《近代绅士——一个封建阶层的历史命运》，天津：天津人民出版社，1997年，第6—10页。

③ 王先明著：《近代绅士——一个封建阶层的历史命运》，天津：天津人民出版社，1997年，第12页。

④ 徐茂明：《明清以来乡绅、绅士与士绅诸概念辨析》，《苏州大学学报》，2003年第1期。

⑤ 光绪《曹县志》卷三，赋役志。

等年，抚按两院题请优免乡绅举贡生员，并豁除逃亡人丁共三万一千二丁。”其次，士绅在经济上也有优惠条件。如在征收漕粮中有儒米、民米之分。不仅“儒米每斗较民米减收二数”，在折色时也给予优惠。光绪二十六年（1900 年）儒米每石按一五耗折，收京制钱十二千四百文，民米每石收十三千八百文。民国元年（1912 年）儒米每石收京钱十一千一百六十文，民米则每石折收京钱十二千四百二十文。[①] 再次，士绅在司法诉讼中也享有一定的优遇。“如举监生员在诉讼时一般不受拘押，诉讼可以家丁或子侄出庭，请罪得予纳赎，罪至杖一百也仅咨参除名而已”。[②] 如果罪情重大，需要先行褫革其功名，摘去顶戴，然后才得加以惩处。同样的罪名，他们所得的处分，总较平民为轻。绅士还拥有以平等的社会地位拜访地方长官的特权。大致说来，凡具有官衔或科名者，于拜会地方官时，可免除一切平民所需要的限制与礼节。一般平民对地方官必须称大老爷。在家族性或地方性的典礼中，他们通常被邀请支持或参加。他们得依照其功名或官衔，穿着等级区别与官吏相近的服饰。

许多所谓的地主“士绅”、“乡贤”并不一定享有功名，而主要依靠土地占有、宗族特权以及对地方事务（如义仓、善举、赈灾等）的管理而跻身“名流”（elite）、“乡贤”之列。程歗提出的“社区精英群”概念，对于研究晚清时期的鲁西社会确实非常有价值。所谓社区，按照程歗本人的话来说，并无现代区域社会的含义，特指村落或以集镇为中心的村落群。[③] 鲁西在

① 民国《冠县志》卷三，食货志。

② 王先明著：《近代绅士——一个封建阶层的历史命运》，天津：天津人民出版社，1997 年，第 37 页。

③ 程歗：《社区精英群的联合和行动——对梨园屯一段口述史料的解说》，《历史研究》，2001 年第 1 期，第 3 页。

近代因经济不发展，文化教育落后，士绅的人数不多，士绅的活动远不能概括乡村精英的所有内容。所谓“社区精英群”，包括了这样三类人：一是指下层绅士：参加过科举考试（或预备科考）但没有入仕的下层士绅，包括文武秀才、闲赋举人以及同书院体系相联系的贡生、监生等；二是各种基层正式体制内的半官方人员、正式体制外的各种民间组织领袖；三是形形色色的社会地位和社会角色都相当复杂的乡镇“能人”和“强人”。这对我们研究鲁西乡村精英活动具有方法论的示范效应。

综上各家学者对士绅和社区精英的论述，结合鲁西的实际情况，我们认为构成鲁西社区精英的主体是地方士绅，既包括在野的官宦，也包括一些下层绅士，此外各种民间领袖和各种乡村“能人”、“强人”也都属于社区精英。需要注意的是，这些人物不仅仅凭藉功名、土地、财产和宗族权力等资源跻身精英之列，在晚清和民国时期，掌控武力的地方实力集团部分支配着乡村权力，他们同样是乡村精英的重要构成部分，当然这部分人同前面几部分存在着交叉关系。

第二节　地方士绅防灾救灾的举措

1855年黄河决口于铜瓦厢，汪洋泛滥，巨浸滔天，自菏泽、濮州以下，东阿、寿张以上各地俱被淹没。当黄河初行山东之时，无固定河道，也无明确的流向，到处泛滥，四野漫流。根据董龙凯的统计，自咸丰五年至同治十三年二十年间，仅咸丰十一年没有出现被灾记录，其余各年或多或少皆有灾情发生。其中鲁西南菏泽、濮州、范县、寿张、阳谷、郓城、东平、曹县、单县、定陶、城钨、金乡、嘉祥、鱼台、济宁、汶上、巨野 17 州县为河水漫流州县，东阿、聊城、茌平、博平、清平、观城等为非漫流州县。① 滔滔黄水在平原漫流无阻，生活于其中的百姓生活之惨可想而知。

黄河改道后，清廷因忙于镇压太平天国军和各地民变，既无暇、又无财力修筑堤坝，因而希望地方士绅起来承担更多的职责。如咸丰皇帝就多次谕令士绅捐输钱财，修筑堤埝，这在 1855 年以后的上谕中多次见到。如 1860 年咸丰皇帝在收到沈兆霖的奏折，内称“惟缺口至张秋数百里间，可令民间捐资筹办”后，即令朝廷和山东省地方官员“悉心酌议，核实勘估”。“如果事属可行，即劝谕各该处绅民，力筹捐办”。他还要求遴选熟谙河务的朝廷大员，会同各地公正绅士，妥为筹划，“或应开引河，或应筑堤埝，分别相度，一面劝谕捐输”。并提出“将来民捐民办，均著绅董经理，毋许假手委员吏胥，以归撙节”。② 把修筑黄河堤防的权力下放给了沿黄各地士绅。

一、修筑堤坝

在清廷谕旨的劝勉下，山东地方绅士会同民众，在官府的督导下，从 1856 年起用十几年的时间在山东沿黄各州县筑民埝自卫，修筑了长达一千余里的民埝。1875 年（光绪元年），由山东巡抚丁葆桢督导，由沿黄各县绅民出资出力创筑的障东堤修成，起于直隶东明县的谢集，止于郓城梁山的十里堡，堤长“二百五十余里。堤高十四尺，身厚百尺，顶宽三十尺”。

---

① 董龙凯：《1855～1874 年黄河漫流与山东人口迁移》，《文史哲》，1998 年第 3 期，第 62 页。

② 山东师范大学历史系中国近代史研究室选编：《清实录山东史料选》（中），济南：齐鲁书社，1984 年，第 1403 页。

丁葆桢做《新筑障东堤记》以志之，语曰："余既南塞菏泽贾庄，复恭督官绅员弁监筑长堤。……今幸借民力，独告厥成功，而南堤得以兴筑。"① 障东堤修筑后，因与"北金堤相距六七十里"，两堤之间居民仍受黄河汛水之苦，故从1878年开始，滩区居民在士绅率领下又自行合力分段围筑临河民埝，因民力财力有限，堤埝标准低，堤身卑矮，每遇较大洪水即漫溢溃决，后经多次退修培筑，始逐渐上下贯通，整个堤埝共一百五十余华里。鄄城县康屯村今尚存《山东黄河上游南岸民埝纪念碑》，民国二十二年四月立，记述了山东黄河上游南岸民埝修筑及河势演变的大略，同时对地方士绅在筑埝御水中所发挥的作用予以记述：

夫民埝者灾区之保障，埽坝者民埝之屏藩，而捍卫抵御，为益綦多。民人聚资修筑，故汲汲也。山东上游南岸民埝系前清光绪四年创修。董其事者濮县马九官、范县李清溪诸公。其埝起自刘屯，尽于黄花寺，延长一百五十余里，保护濮、郓、范、寿、阳五县河滩民田，诚巨益也。嗣后，刘屯大河南趋，坍及埝身，一退于王升屯，再退于董庄，而武集亦屡有退修之举。然埝愈退而河溜亦愈形内卧，有不得不为捍御者。民国八年，而王桥乃修埽坝矣。十四年河决李升屯，十五年春合龙，即接办善后亦资埽坝而御洪流。此工甫竣，迄下之康屯河坐湾，大溜刷至埝根，情形危迫。埝长仪鸿钧会同各乡绅耆筹料筹款赶为厢埽，以顾埝身，历四十余日，不分昼夜力与水争，始得转危为安。次年溜势上提，又复出险，其时款料俱无，诸君竭力赊办，添埽多段方无他虞，竣工先后共厢秸埽四十余

① 光绪《新修菏泽县志》卷三，山水。

段，工程渐臻巩固。数年以来河水虽屡次盛涨，平工有埝以防御，险工恃埽以抵御，埝内百余里皆无昏垫，而庆丰登。盖民埝为灾区之保障，埽坝为民埝之屏藩，益昭昭矣。敬功祯珉以为纪念。①

这块碑文反映出以下史实：第一，山东黄河上游民埝创修时间为清光绪四年（1878 年）；创修人为濮县马九官和范县李清溪等，仪鸿钧和各乡绅为修建民埝筹集款料，身体力行；第二，该民埝长约一百五十华里，起自菏泽鄄城交界处的刘屯，止于寿张黄花寺。护卫了濮县、郓城、范县、寿张、阳谷五县的河滩民田。

这篇碑文叙述了山东黄河上游南岸士绅在修筑民埝埽坝中所起到的作用：一是立事谋划，董理诸事。二为筹款筹料，以身作则，保护乡家。同时这篇碑文还是研究山东上游河段变迁和晚清及民国社会的重要社会史资料，如民国时期河政废弛，致黄河堤防“款料皆无”，在碑文中均有揭示。

在今鄄城县大埝乡仪楼村 1981 年重新出土了由“绅民公立”的士绅仪鸿钧的德行碑。碑阳正中为“清庠生仪埝长印鸿钧字治卿先生德行碑”十七个大字。碑文中记载了其生平事迹：

鄄城议先生印鸿钧治卿甫黄河南岸仪楼人也。……甫博一襟，即改民元。二年，襄办王桥埝工，人称其廉干；六年，县师范毕业；七年，省师范讲习所毕业；八年，办理本县财政，粹然无瑕疵；十四年，河决李升屯，是时兵

① 路明：《鄄城县的一批黄河史料碑》，《鄄城文史资料》第 3 辑，1990 年 10 月，第 140 页。

匪交加，先生冒险赴省请准堵塞；十五年春，兴工，举为八县协会会长；襄理合龙，工成告退，一尘不染；十六年，李工善后，举为五县埝长。李工稍缓，康屯新险发生，较李工尤剧，先生乃历精心，持介节，手胼足胝，历数年如一日，是以一方免其鱼之叹。呜呼，伟矣！……况康工捍御百余里，食其德者不下数万家，被其泽者又不止一、二稔，而先生无德色，盖相与忘之矣！①

碑文中叙述了绅士仪鸿钧领导堵筑李升屯决口和康屯决口的情况。先是在治安混乱，“兵匪交加”之时赴省请准堵塞决口；先后任八县协会会长和五县埝长，经历数年修建民埝，捍卫了一方百姓平安。

以上两碑的史料价值在于下面所列数事，在州、县方志中均无记载：

（一）对当时民埝修建情况作了记录。在官方修撰的史书和地方志中只对官修黄河大堤作了记录，对民埝沿革往往一笔带过，如《濮州志·河防说》中只提有“官堤民埝，层出不穷”这么一句，对当时民间自发修造的民埝未作任何记述，只是在碑文中我们才了解到民埝的沿革及其建造情况。

（二）肯定了民埝对防御黄河水灾的历史贡献。民埝虽由地方士绅主持修建，属于民间工程，但对沿黄居民的作用甚大，这150里民埝曾使当时五县人民受益，抵挡住了“比李工尤剧”（李工，即李升屯黄河堵口工程）的洪水。但在官方记

① 路明：《鄄城县的一批黄河史料碑》，鄄城县政协文史资料委员会编：《鄄城文史资料》第3辑，1990年10月，第142—143页。

载中，对民埝多做负面评价。[1]

（三）以上两碑，前者重点记事，但对当时士绅活动也作了记述；后者重点记人，但也记述了当时黄河堤决后的河工情况。二者互为参照，彼此补充，把当时地方士绅在黄河堤埝修造中的作用充分展示出来。

曹州乡绅领导民众办理团练，修筑黄河北堤，不仅起到防水的作用，还具有军事用途，起到了防范捻军马队的用处。1860 年，咸丰皇帝就下谕内阁言："该捻出没靡常，势极飘忽。北省地势平衍，无险可扼。仍恐乘虚纷窜，亟宜预筹堵截。……山东曹、单一带，团练向称得力，……至山东曹州民团修筑黄河北堤，限贼马队……自曹境而东，直至宿迁，亦未修筑，若仿照曹州河堤，一律加修，认真挑筑，使沿河大堤屹若坚城，亦可藉资防御。"[2] 曹州河堤由于防堵捻军的骑兵有用，竟然得到咸丰皇帝的赞誉，并令沿黄未筑堤的各地仿照修筑。

但新修的民埝由于河道窄，堤埝卑矮，多不合标准，故黄河水一旦涨发，就极易溃决。山东巡抚周馥曾言："山东河务本属草韧，向未按照成规治理，将就补苴，岁决岁堵，遂成无底漏卮。"[3] 士绅作为社区的社会领袖和代表，"他们的最重要

---

① 如山东巡抚周馥就提议"非拆去民埝不能修守"，见《黄河拆除拦河民埝片》（光绪二十八年十月二十六日），《秋浦周尚书（玉山）全集》（一），台北：文海出版社印行，1986 年，第 153 页。

② 山东师范大学历史系中国近代史研究室选编：《清实录山东史料选》（中），济南：齐鲁书社，1984 年，第 1398 页。

③ （清）周馥：《黄河拆除拦河民埝片》，收入氏著：《秋浦周尚书（玉山）全集》（一），台北：文海出版社，1986 年，第 153 页。

功能之一是陈述当地的需要，提出具体方案和采取适当的措施”。[①] 如光绪三十三年（1907）夏，直隶孟居庄决口，水势下注范县、寿张、东平、东阿一带，漫过张庄埝坝复入黄河。东阿因地势居于下游，水患倍加严峻。又“因值庚子之乱，未暇治河”。宣统元年（1908），东阿县地方士绅高绍和、郑天长约同寿张县绅士贾超频、东平县绅士王玉蕴及范县、濮州受灾民众代表联名具请愿书，由山东省咨议局通过山东巡抚孙宝琦咨请直隶总督陈夔龙催堵孟居庄决口。高绍和还会同东阿知县和河务官员“并谕催东阿各村首事官民协堵张庄口门，斫伐附堤柳枝，以备椿料，勒期动工。一方灾民出夫抢堤，踊跃争先，……不及两旬，堵工合龙”。[②]由于这次决口在直隶，事关两省，东阿县地方士绅陈绍和在这次堵筑决口的活动中不仅带头联名上书，由山东巡抚督促直隶总督堵住了决口的源头，而且身体力行，会同地方负责官员堵筑下游堤坝。由此赢得公众对他的“认可、信任、赞许、尊敬和服从”，在修筑堤坝过程中他还结识了河道长官和知县及其他头面人物，为他以后再从事社区服务提供了人脉资源。

士绅们不仅修筑黄河堤埝，还修建了许多地方水利工程，他们中一些人也凭借着治水的业绩获得保荐、升职。如巨野田文轩，“于同光间与毕魏姚三君总办侯家林及贾庄两次河工，劳绩卓著，蒙抚部丁保举以知县用”。孟继卜“光绪元年委办河工，加五品衔。”薛法仲，“以团练出力，赏给五品顶戴”，

① 周荣德著：《中国社会的阶层与流动——一个社区中士绅身份的研究》，上海：学林出版社，2000 年，第 94 页。

② 民国《续修东阿县志》卷二，河防。

“嗣以襄办河工，议叙五品衔”。①

二、赈济灾民

绅士在乡间创办义仓，在施粥、放粮等救助活动中发挥了组织和管理的作用。赈济分为官赈和义赈两种，士绅在这两个方面都发挥了自己的作用。施放赈济需要许多工作要做，如灾情的勘验，户口的查核，赈品的管理、施赈措施的落实等等。赈济效果的好坏，关键看如何管理赈品并真正落实到每个灾民人头上。如光绪二十四年（1898 年），黄河决口，清廷虽以大批食物和款项实施急赈、冬赈，但因山东地方政府措施不力，赈品迟迟不能到达灾民手中，在清廷派大员调查后，地方政府“始张皇失措，草草查放”。“十户之中，领者一二”。② 故依靠何人放赈成为清代官赈的重要问题。依靠自上而下的行政系统勘灾、赈济，弊端极多，就连清廷大吏和皇帝都信任不过。如杨景仁在《勘灾》一文中谈到最基层的书吏在勘灾中的作为，“大抵勘灾之弊，半由于书吏需牵索混，往往以熟作荒，以荒作熟。以轻为重，以重为轻，预留征纳条漕，办理蠲缓舞弊图利之地。富者出钱买荒，冀免输纳；贫者无钱注荒，转比追。”③ 依靠书吏勘划灾民等级，往往会出现荒熟颠倒，富商巨绅得以赈济，而真正需要赈济的贫民反领不到钱粮的现象。

① 民国《续修巨野县志》卷五，人物志。

② 《录副档》，光绪二十四年十二月二十二日讲起居注官，翰林院侍讲学士陈秉和折。转引自李文海主编：《近代中国灾荒纪年》，长沙：湖南教育出版社，1990 年。

③ （清）杨景仁：《勘灾》，盛康辑：《皇朝经世文编续编》卷四十一，台北：文海出版社 1980 年。

在赈济中，官吏以种种名义徇私舞弊、中饱私囊的事情更屡见不鲜。如1889年，溥良奉命办理山东赈务，对官吏贪污赈款之花样多有描述，“竟有按亩按户摊派钱粮而取给于所领之赈款为盘费者”，当时官吏查勘灾区，多以灾民所领赈款为盘费，“灾重之地，所委各员往往以人多款少，禀情酌减钱数，或每大口仅给钱数百文，至有每口仅分钱数文，数十文者”。① 当时称这种强行向灾户勒索费用的方式为“勒折”。鉴于官员和差役书吏在官赈中的种种不法行为，大理寺卿许乃普曾奏请朝廷请饬山东在籍大员会同绅士共同办理赈务，他认为“历来办赈，皆由委员不能深悉地方情形，致受蒙蔽，若以本地绅民办赈，可杜影射之蔽，今山东办赈，请责成该省在籍侍郎车克慎等，会同公正绅士办理”。② 士绅不仅在办理国家赈务中发挥作用，在地方遭遇重大灾害时，还捐助钱款物资，对社区内普通民众给予救济。当时清廷和山东地方官员因为官方赈济不及时，加以官仓储存无多，也采取措施奖励官绅捐纳钱粮，并按照捐纳数量分别给予官员顶戴、匾额等奖誉。如山东巡抚丁葆桢就曾刊发布告，“令各州县设法劝捐绅富，无论银钱、米麦、谷豆、杂粮，不论升斗，不计多寡，量力倾助。捐本地之富绅以济本地之贫户，挹彼注兹，尚可助官力之未逮。如有捐数较多，许为奏请奖励……捐资较少各官绅酌量给予功牌匾额外，所有捐数较多及出力各户……敕部查核给以奖励，以昭激劝”。③ 在清廷和山东地方官府的劝勉激励下，山东地方士绅

---

① 《录副档》，光绪二十五年正月初七溥良折。

② 山东师范大学历史系中国近代史研究室选编：《清实录山东史料选》（中），济南：齐鲁书社，1984年，第1337页。

③ 《申报》，1877年3月6日。

在赈济和社会救助方面发挥了积极能动性。

如菏泽皇甫容，太学生，“性好施”，“与皇甫凯等立义仓，值凶岁济贫。邑侯童（正诗）谕令勒石纪事”。[①] 朝城义仓毁于咸丰四年（1854），“屋既焚，谷尽为虏”。光绪七年（1891）知县吉绅奉文劝办积谷 5767 石有奇，统归邑绅屯蓄。十四年（1888 年）灾，知县英吾禀请散放无存，按户口庸亡徭役变更。[②]

东平县候补训导尹应三，“天性孝友，轻财好施，戚党间啧啧称之”。咸丰四年，捻军攻入东平州境。应三奉檄办团，捐资数千串，训练团丁，购置器械，井井有条。又“出麦粮百石余”，赡养团丁家口，使他们无内顾之忧。咸丰七年，东平州出现了严重的灾害，乡民大饥，“附近数十村庄如悬罄”，应三将所存米粮二百余石分起散给，周其困乏，又做好熟食干馍，以防不继。“一时赖以存活者甚众”。尹应三所居的村北原有安流渠，下游常患水灾。应三出资疏浚河流，使得积患顿消。平时佃户亲邻屡有告贷，“至是悉焚其券不责偿”。又好引掖后进。里中贫不能读者，辄邀至家塾，优其供给，俾成就焉。[③]

在临清，同治八年（1870）由士绅“筹补常平仓谷”，光绪二年（1876），临清大旱，由“官绅筹办赈济”。[④] 光绪六年，临清设立募善会粥厂，“蒙州主王倡捐经费成此善举。”“每年邀集绅商众善积捐粮米钱文”，于隆冬时节在碧霞宫开厂

① 光绪《新修菏泽县志》卷十一，人物。

② 光绪《朝城县志略》，共一卷。

③ 民国《东平县志》卷十一下，人物。

④ 民国《临清县志》卷五，大事记。

设粥三个月，“今历七年，颇著成效”。① 粥厂虽然属于官府创设，但离开临清士绅的鼎力襄助，粥厂是不可能连续七年每年开设三个月的。在临清县志《人物志》中对这类急公好义、乐善好施的士绅有诸多记载：

张若，在咸丰七年（1857 年），“州境饥苦，施谷米二百石，阖村赖以存活”。冀彩岚，“每遇荒年，辄捐巨款”。其子冀晖，“有父风。尝倡办水会，擘画周至，复捐置二牐板，桥工坚料实为诸桥冠。遇荒捐款，保奖守备，平日施财督工，义举尚多”。② 冀澜，庠生。光绪庚子岁饥，冀澜请于当道，将停泊于临清的粮艘留下贮仓平粜，民得饥而不害。③ 鲍伟名，“家雄于资，好施与。邑有大工，官辄延请与计划。……筑圩、捍匪、修堤、障水、设粥厂、施积仓、建义渡、实惠及人，尤不胜书……本村义塾、圩墙，伟名皆倡捐巨款，获集其成”。张壮，临清恩贡生，“急公好义，修义渡，置义冢，尤力营胡家湾套堤，水患以平。其他董修大工，施药馈粮，尤多善举。”孙攀月，“咸丰年间，岁饥。施粟活人甚众”。毓衍，“光绪间河决，慨捐巨款。鲁抚张曜以‘急公好义’表其门”。④

济宁潘氏家族夙为济宁望族，自其六世祖潘明宇得中万历丙子科第六名举人，会试明通榜，授予山西孝义县知县后，至清停止科举时，十二代有一百四十余人“身列胶庠”。潘守廉（别号对凫居士）“通经学，成进士，宰河南，历任剧邑”。他在光绪十五年（1889 年）中进士，曾任河南邓州知州，晚年

---

① 民国《临清县志》卷十六，艺文，传记。

②③ 民国《临清县志》卷十五，人物，笃行。

④ 民国《临清县志》卷五，大事记。

退居后“惠泽乡里”。县志上记载了1921年济宁发生水灾时，他和儿子潘复自己施赈，又凭借其在官方的资源吁清国家和民间团体联合救济灾民的事情。

> 辛酉（1921年）夏秋之交，淫雨连绵，泗河暴涨，堤决数百丈，波及数十村。田庐漂没，妇孺流离，绝食断炊四五昼夜。先生急备芦席盖窝棚，令避风雨，施面粉给食物俾免饿殍，继由先生之哲嗣馨航部长（潘复，时任北洋政府财政部部长）义捐三千元，以施急赈。彼时积潦犹存，施赈者咸褰骞裳涉水以至。水退又贷工款一万串，派员监督堵口，借麦种八十石，俾民播种，及时更代。请于北京义赈会旅京协会、华洋义赈会拨款一万串，红粮十五吨而补助之。此先生关怀梓里，泽被苍生。①

济宁士绅还承办栖流所，赈济贫民。栖流所，又称“留养局”、“留养所”，乾隆二十八年（1763年），清政府命“直属州设留养局收恤老弱贫民，其外来流移贫民例无给赈者，一体入局留养”。② 将栖流所作为收容贫民和乞丐的福利机构。济宁栖流所，创设于道光十八年（1838年），由首事王荟宗、王泳、王家柱等与运河厅德畅亭筹资兴建，“是年及十九年收养贫民甚众”。该所的设立，使流落到济宁的流民乞丐免于饥寒冻馁，对于稳定济宁市面的社会秩序确实起到了一定作用。

自道光至民国时期，济宁栖流所凭依驻济宁官绅的捐献，(济宁知州、运河道及本地士绅均相继捐献银两维持)，惨淡经营，维持多年，一直到民国年间，仍保留有此机构。民国八年

---

① 民国《济宁县志》卷四，故实略。

② （清）乾隆官修：《清朝文献通考》卷四十六，《国用》八，浙江古籍出版社2000年。

(1919 年)，济宁巨绅孙静峯“素行积善，年届七十有五，临终嘱伊长公子培泰出铜元一千緡，送助栖流所粥厂作基本金，为经久之计”。民国十二年（1923 年），潘守廉担任筹募“基金洋一万八千一百六十五元，钱一千九百零二吊”，栖留所资金充裕，管理日臻完善。① 其章程声称，“济宁地当通衢，来往流丐甚多，每逢冰雪载地，易因饥寒受病倒毙街巷，贻害商业居民。”收养居民从“老幼残疾，皮黄面瘦”的贫民中选择，先斟酌情况发给散票，散票分“男丐、女丐、孩丐”三种，不得随意更换。被收养贫民“按散出男女孩丐各票检阅收入，无票者概不准私行收入，如有各界保送者，亦可推情验收，以广善举”。“凡收入男女贫民须先问明姓名、年龄、籍贯，及某门、某氏，载在点名清册，以示有别”。所收养贫民“各屋均用席片、铺草、稿荐以避寒凉”。其饮食主要是粥、馍。在制作和分发时，由士绅亲自董理，对各个环节都有严格的规定，以防相关人等乘隙作弊。“凡每日发米煮粥，向遵公署定例，按数照发，必须司昼班绅董合计若干，予夕前亲眼称出，不得奉行故事，任凭差役自由”，“凡下米煮粥，须司夜班绅董亲眼检点，以察稠稀，并防煮粥人等私行剋拨”。馒头制作、分发，亦如发粥。蒸馍用面必须由“司昼班绅董合计每名若干，预夕亲眼过称，不得假手差役致生弊端”。和面时“须司夜班绅董亲身监视用水多寡，不得因夜寒不起，致令面案乘隙作弊”。分发粥和馒时，也由司昼班绅董酌发面和糊制作面汤，“贫民见天日夕领馒后，各自领汤饮送”。②

① 民国《济宁县志》卷四，故实略。
② 民国《济宁县志》卷四，艺文志。

1910—1920之间，因战乱和饥荒造成大量流民进入济宁城，凭借栖留所无偿供应饭食已经无法维持，于是在原来栖留所基础之上，设立济民贫民工厂。① 潘守廉“因本地穷民太多，非代谋生计，则贫民永无自立之时”，乃募集资金，“由县长监督，随时纠察保护”，“专收贫寒子弟，以年在十四岁以上至二十岁，资质明白，素习正当，身无暗疾者”。“以教授浅近工艺，使贫寒子弟造成自谋生活之技能，并发达地方实业”。开设科目有：“一、编科，专编席片、经绳及柳条藤具等类；二、织科，专织地毯、精布、毛巾、手套、袜带等类；三、木科，专制改良木器、家具之类；四、制造科。专置油墨、墨汁、面糊、粉笔、胰碱、毛纸之类。”毕业后由厂方决定其去留，“留厂者，一律酌给工资”。②

1920年（民国九年），济宁道尹张庆云会同邑绅杨毓泗、高为汉提拨地方公款开办贫民工厂，并调查沿河官地，拟抽房租，并将基本金及存款利息13000余串提出，归入该厂作基本金。③

三、组织移民

山东地区的移民，尤其是移民垦荒活动大多是在地方绅士的组织下进行。如铜瓦厢决口后，巨野民房漂没，地方绅士唐守中、王孚等“散粟赈济”全活甚众。并组织移民到江苏沛县微山湖区垦荒，“守中等联合巨郓各绅率农民分段开垦，遂为两县殖民地”。④“殖民地”一词，县志作者显然是运用的有些

① 共捐洋16007元，钱1420吊。

②③ 民国《济宁县志》卷四，故实略。

④ 民国《巨野县志》卷二，食货。

不伦不类，因为移民到何地即归当地地方官管理，不再归移民原属地管辖，谈何“殖民地”之说。当时郓城、巨野、嘉祥等县灾民在地方士绅的率领下，移居各地垦荒，绅士在其中起到了组织、统率作用。其中最为典型的士绅为唐守忠，他初为巨野县平阳屯屯官，“洁己爱民，颇著政声”，“加州同衔”。在1854年，太平军攻陷巨野县城，当地“土匪乘机窃发”。唐守忠“闻警驰归”，和同乡绅士张桂梯等商议举办团练，保护乡闾。他们招募义勇五千人，捕杀斩获土匪数十名，“贼遂遁窜”，嘉祥、巨野两县初步得以安定。当年大饥，百姓无以为食，守忠派子唐锡龄和桂梯分赴各村劝导富者出资，贫者出丁，“括计余粮，按日分给，而团练之势益固”。[①] 鲁西南诸县遭黄水漫流，唐守忠“久伤东民流离，恐生事变”，又因为“曹济灾民失业欲往应佃，虑无统属，因公推守忠”，所以唐“率众领照垦荒，因移湖陵家焉”。[②] 唐守忠是第一个率巨野、郓城灾民到江苏沛县移民垦荒的士绅，后以他的姓氏命名湖团。这时期像唐守忠这样的士绅很多，他们也都以血缘或地域关系，率领着同族同宗或相近地域的人到各地移民。仅到江苏沛县、铜山境内开垦湖荒的就有北赵团、唐团、北王团（巨野拔贡生王孚率领）、新团（山东举人李凌霄率领）、刁团、睢团、南赵团、于团、王团，这些团都是“以首事之人为团长”，士绅在移民垦荒中充分发挥了其组织和领导作用，并且士绅个人行为往往影响其整个团民的命运。如根据曾国藩的查证，在捻军进攻湖团时，唐团团董唐守忠，其子唐锡彤、其叔唐振海

① 《山东通志》，卷一七三，人物志，第十一，《国朝人物》影印本第4册，第5001页。

② 民国《沛县志》卷十，人物志。

"带练击贼，力绌被执，胁之以降，骂不绝口，同时遇害"，其他各团"或凭圩御贼，或圩破被害，遭贼焚虏杀掠之情形，历历在目，其为并未通贼，亦属确有可据"，并且这些团民平日安分耕种，"是客民之良者"，允许安居于此。而南王团"勾贼"，刁团"容贼"，平日又"凌辱土著"，"是客民之莠者也"，则被驱逐回原籍。①

从以上士绅响应国家动员，修筑堤坝，散放家产或倡办慈善机构赈济灾民，组织移民等方面活动来看，士绅显然同国家和地方政府存在着和谐的一面，他们的活动补国家和地方官府财力、行政能力之不足，在灾荒面前以自己家产惠泽乡里，救人于危难之中，维护了地方的治安和社会秩序。给予饥寒交迫的普通民众一条活路，在救灾中起了组织、指挥和协调各方面关系的作用，士绅也以自己的活动树立了自己在乡村中的慈善形象和领导地位。

以上士绅活动也展示了自晚清至民国时期中国乡村中公共领域的存在。正如玛丽·兰金所指出的，在清末民初的脉络里，所谓绅商活动的公共领域主要是在地方和乡村层面上运作的，而不是在国家与城市层面上运作的。这与哈贝马斯所谈论的资产者公共领域——属于国家性与城市性现象迥然不同。按照玛丽·兰金的研究，公共领域的出现有三个先决条件：一是中央集权的放松，地方的需求——参与地方事务不再成为需要躲避的繁重义务，更多有声望的精英转向与地方福利相关的慈善行为，并以此巩固他们在地方上的名望。二是识文断字者的

① 民国《巨野县志》卷七上，奏疏。

增多，扩大了合格学者的数量，使其大大超过国家科举考试以及官僚体制所能提供的职位，这就迫使受过教育的人们在更大的范围内界定受尊重的职业，并使得能够显示身份的标记更加多样化。第三个条件是在中国的一些地方，在社会和经济的支持下，出现了混血的绅——商精英。① 但显然鲁西公共领域的出现，除了上述三个条件外，地方军事化的加强，拥有武力的精英人物强势介入地方事务的管理——在这时期成为乡村中公共领域出现并进一步扩大的重要因素。由于国家力量的不足，鲁西地方精英在国家的引导下积极组织起来，补偿国家控制力的薄弱，并发挥了官僚体制之外的组织的巨大功能。包括地方化的水利控制；建设和修理道路、桥梁以及码头；兴办教育；地方纠纷仲裁；维护宗教观礼和节日；面向穷人的福利服务，如赈济贫民，开仓，向病人分发药品，为老人或弃儿维修房屋，建立神祠，提供教育来加强儒家的社会规范及地方自卫等。乡村精英在公共领域的作为，弥补了国家财力和控制力的不足，正如黄宗智所言，“治水、赈灾或治安等地方公益事务典型地发生在第三领域，是在国家与社会的参与下进行的”。从国家而言，“它没有独自从事这类活动所必需的基础结构”，尤其是在灾害频仍与社会动荡的晚清和民国早期，社会对这类公共活动的需要也随之增加，而国家衰弱，无力提供领导或服务或即使提供服务也不到位，社区精英就会接管有关事务。而从社区精英方面而言，“他们又没有能实施大规模公共活动的民间组织，从而国家的领导与介入就是必不可少的”。②

---

① 参见〔美〕玛丽·兰金：《中国公共领域观察》，黄宗智主编：《中国研究的范式问题讨论》，北京：社会科学文献出版社，2003年，第200—201页。

② 黄宗智：《中国的“公共领域”与“市民社会”——国家与社会间的第三领域》，黄宗智主编：《中国研究的范式问题讨论》，北京：社会科学文献出版社，2003年，第272页。

从这方面看，乡村精英在公共领域的活动同国家的统治能够形成互补关系，以上我们所介绍的也就是精英同国家和谐的一面。

四、绅民冲突

如果我们仅仅根据地方志的记载观察绅士的活动，并以此给鲁西士绅作一个定位，显然是不全面的。因为各州县地方志的纂修者在记载士绅的活动时，虽然不能说他们完全是“隐恶扬善”，“曲笔回护”，但在为谁立传时都作了取舍。地方志大多是为本社区做出贡献的人物立传，目的在于“彰善瘅恶”，而对本社区影响不大或有劣迹的“劣绅”则鲜有记述。但在其他资料中我们还是能看到鲁西士绅活动被地方志所屏蔽的其他方面，其中为富不仁，激发民变的士绅也为数不少。

曹州府单县、曹县两县，大地主很多，贫富分化非常严重。并且曹县和单县是旧黄河（即 1855 年以前向东流经曹、单二县，而后流向江苏之黄河）经过之区域，黄河泛滥带来了土壤的肥瘠不等，一部分土地肥沃了，一部分则变成了卤地。一些土地受灾严重，导致许多农民一贫如洗，无以糊口。但另外一些就可能得以维持相对富裕的生活。在单县和曹县地方志中也记载了不少赈恤贫苦、修桥铺路、济孤办学、兴修水利等义举的士绅。但因长期处于天灾人祸之中，贫困人口愈益增多，而任何人也不知道下次洪水或灾害到来时能持续多长时间，故乡村富户往往自顾自家，即使自家兄弟分家后家道衰落也不愿关照，产生了“为富不仁”的现象。这也导致乡村内部贫富矛盾的激化，进而导致盗匪的产生。如在单县团练章程中就记载了单县一些富民因为富不仁而招致民变的叙述。这段叙述最早见于《义和团运动的起源》一书，该书作者把这部分资料称为是“1896年曹州单县一些乡间文人写成”，[①] 但据宋桂英在《晚清山东团练》一文中透露，日本史学家久保田文次先生赠送她《单县团练章程》复印件一份，章程系义和团时期单县县令毛徵所记录。[②] 其中有有关士绅为富不仁的一段记录，现摘引并分析如下：

单境富不如曹，然同是郡州中般实之县，惟富者连纤累陌，多至数百顷，贫者则无立锥之地。富者惟务修夏屋，建石坊，崇山宏巨丽，夸奇斗靡，不知义举。

这位知县首先指出该县的贫富悬殊很大，而富绅只顾自己享受生活，比富斗奢，不知道举行一些公益活动。他随后举了文昌阁、关圣庙等公共设施都需要重新建筑，而供全县考童读书应考的书院考棚，都是借用琴台充当，致使“宓巫二贤神座旁，卧榻纵横，不成体制”。这在其他穷县，士绅财寡力少，无人搭建考棚尚不足论，而“单旧挂千顷牌者数家，省半岁之入，即足了此数事”。现在即使家道稍衰，但若“以合县富家举之，亦非难事”，“而从来无人道及，尚何望周恤贫乏？”显然，县令认为作为地方富室，应该承担下来像修建庙宇、建造书院考棚这样的一些公共事务，对于单县士绅没能尽到职责很感失望。接着，毛县令描述了由于单县富豪奢侈之风盛行，顾恤之风缺乏，富户不能善待贫穷人家，社会秩序失范，致使贫困者流为盗匪的现象，“有力之家观贫族贫戚贫邻皆为路人。

① 〔美〕周锡瑞著，张俊义、王栋译：《义和团运动的起源》，南京：江苏人民出版社，1998年，第25页。

② 宋桂英：《晚清山东团练研究》，(浙江大学未刊博士论文，2006年)，第88页。

平日尺布斗粟借贷无有，待佃户雇工尤刻。此辈怀恨在心，势将走险。及其时稍周之，可止，乃终贱简固拒，遂为黠盗所招。不旬日，怀利刃，挟洋枪，复入里门。再提借贷，无不响应。如是，安曰盗益多。凡盗案，总有贼线，贼线皆为本庄邻人，如非同族亲戚，则为佃户佣工。为富不仁，激而生变，将欲谁尤?”这位知县分析了单县土地和食物本够全县民众耕种和食用，只是由于兼并严重，造成穷人无所食，不得已为盗，“若以全境谷数人数相较，尚敷食用。而无地者多，水陆通商各项人力，无糊口之资，只靠卖力为生。北方最省农工，岁只三四十日。无所得食，如靠拾粪，终年不得一饱，闻为贼之乐，安得不心生歆羡?”最后这位县令对这些富室提出几点最低要求，“今不敢望如江浙等省捐赈之外，养老恤嫠育婴，施药放粥散衣，义举种种。但愿饶裕者，自恤其贫族贫戚贫邻，不刻待佃户雇工，勿使流而为贼，及为贼线”。①

从毛知县分析单县之所以“遍地皆盗”的原因首要一条即在于士绅“为富不仁，激而生变”来看，显然这位知县抱怨士绅没有尽到周恤贫穷，化解社会危机的职责，反而激化了社会矛盾。从富绅对于贫族贫戚的苛待上，可以看出单县宗族的衰落和宗族生活的衰颓。正如冯尔康所言：“北方宗族衰落，比不上南方，关键还不在宗族规模小一些，而在于宗法制度被践踏，即同宗缺少关怀、顾恤，宗族文化的衰颓，使得宗族难以得到挽救与振兴。”② 从富绅对待佃户雇工的苛刻和他们之间的尖锐矛盾上，也能看到当时农村剧烈的阶级矛盾和阶级斗

① 宋桂英:《晚清山东团练研究》,(浙江大学未刊博士论文，2006年)，第93页。

② 冯尔康著:《18世纪以来中国家族的现代转向》，上海人民出版社，2005年，第81页。

争，后来中国共产党对中国农村两大阶级——地主阶级和农民阶级的矛盾分析，在此也能找到验证。自然，这并非单县一县士绅如此，“此弊不独单县，曹州各县皆然”。

而在东临地区，根据周锡瑞的研究，在黄河改道后，“鲁西北的情况更糟，因为旱灾、水灾和其他自然灾害频繁，并且没有一个富裕的地主阶层在灾荒时给穷亲贫邻提供救济，不管是出自儒家的某种道德责任感，或者是害怕那些因饥饿铤而走险的人抢夺粮食。结果，当灾难袭击该地区的时候，人们往往逃离家园”。①

从士绅热心公益、造福乡里到为富不仁，就连本家本族乃至亲兄弟都不顾及，这体现出士绅在灾荒面前的应对措施是多面的，也反映了现实生活中人物活动的多样性。其实，一个人的仁慈与否很难用人性作为判断的标准，这正如韩非子所言，“故饥岁之春，幼弟不饷；穰岁之秋，疏客必食，非疏骨肉爱过客也，多少之实异也。是以古之易财，非仁也，财多也；今之争夺，非鄙也，财寡也；……故圣人议多少、论薄厚为之政，故罚薄不为慈，诛严不为戾，称俗而行也。故事因于世而备适于事”。②年岁的饥穰对于一个人的道德观念影响很大，饥荒之年，既使自己的亲兄弟也不愿让他分食，丰羡年景，一般客人也请他就食，这并非疏远自己骨肉弟兄而疼爱过客，实在是财物的多少决定的。东汉王充也有关于物质决定道德的同样意思的论述：“让生于有余，争起于不足。谷足食多，礼义之

① 〔美〕周锡瑞著，张俊义、王栋译：《义和团运动的起源》，南京：江苏人民出版社，1998年，第31页。

② 《韩非子·五蠹》，陈奇猷校注：《韩非子集释》（下册），上海：上海人民出版社，1974年，第1041页。

心生；礼丰义重，平安之基立矣。故饥岁之春，不食亲戚，穰岁之秋，召及四邻。不食亲戚，恶行也；召及四邻，善义也。为善恶之行，不在人质性，在於岁之饥穰。由此言之，礼义之行，在谷足也。案谷成败，自有年岁。年岁水旱，五谷不成，非政所致，时数然也”。① 从这一点而言，士绅的俭啬刻薄也可看作是对灾荒环境的另一类应对举措，但无疑这种做法是自私的，这些社区精英拒绝履行他们对其它成员的义务，是对社区服务不尽责任的表现，一旦底层民众无以为生，便会把怒火发泄在这些人头上，打出“杀富济贫”的旗号，促成一场社会变乱。

第三节　民众的对策

在黄河运河和其他河流湖泊泛滥及其他自然灾害的打击下，民众的反应既有适应的一面，也有反抗的一面，实际上是把适应和反抗合在一起的。

普通民众在防治灾荒过程中同样发挥了作用。如修筑堤坝不仅仅是士绅的事情，士绅只是起到组织、号召和筹集钱款的作用，真正出人、出力、出钱的还是广大民众。尤其是黄河堵口合龙需要大量的劳力资源，离开地方民众，这些事情的完成是无法想象的。尽管在史书中没有他们的名字，但正是芸芸众生在修造堤坝中发挥了他们的作用才使得官员和士绅的功劳得以凸现。

① 王充：《论衡》，《治期篇》第五十三，上海：上海人民出版社，1974 年，第 274 页。

一、生活方式的调整

百姓生活在频繁持久的自然灾害环境下，在衣食住行、婚丧嫁娶各方面都做了很大的调整。由于受到灾荒和生产效率低下等因素影响，鲁西民众的生活方式以“俭啬”为特征。如兖州“俗俭啬”；邹县“北近滋曲，多俭啬”；阳谷县“士民勤俭，无所纷华”；夏津县“节俭之风，自古而存；浮华之俗，逮今而革”；单县“风俗俭朴，车服简素”。[①] 朝城“俗尚简朴，今仍乎昔”。[②] 现分衣食住行四个方面论述之。

衣：鲁西各县农民衣着尚俭，多以粗布为衣。现将1930年代各县服饰习尚列表如下：

表4—1　鲁西各县服饰习尚情况表

县别	服饰习尚
滋阳	民尚简朴，多以土布为衣料。
曲阜	乡民素尚俭朴，以粗布为衣，服洋布及丝织品者甚少。
宁阳	服饰尚简，大都粗布为衣，不尚华丽。
邹县	崇尚俭朴，多以粗布为衣。
泗水	以布为料，男子工作多服短衣，应酬时穿长袍马褂。
茌平	多以本地土布或粗洋布作衣料，只求蔽体，不求美观。
济宁	军政学界服制服，农商服便装，以布为料，颇为俭朴。
金乡	男女多以粗布为衣，女子首饰银质为多。
嘉祥	乡间多衣土布，城市间有衣细布者，丝绸及毛织物少。

① 胡朴安编：《中华全国风俗志》上篇，卷一，山东省，郑州：中州古籍出版社，1990年。

② 光绪《朝城县志》，一卷本，第174页。

（续表）

县别	服饰习尚
菏泽	多穿布衣，服绸缎者少，妇女以簪环为饰。
曹县	普通男女趋重质朴，不尚奢华，少数有追逐时髦者。
单县	居民俭朴，多以粗布为衣，妇女只以耳环为饰。
城武	普通民众皆以青蓝布料为衣，风俗俭朴。
定陶	衣服多用草棉制造。
巨野	民多俭朴，普通以粗布为衣，妇女以簪环为饰。
郓城	男子著土布短袄，礼服为长袍马褂，女衣为土布。
聊城	服饰古朴，多以青蓝布为服，平素着短衣。
堂邑	民众素尚俭朴，衣料多用土布，无用外货者。
高唐	习尚俭朴，衣服多用自织棉花为之，色尚青蓝。

资料来源：张育会、刘敬之编辑：《山东政俗视察记》，济南：山东印刷局，1934年。

从表中可以看出，鲁西各县服饰“尚俭朴”，尚实用，“只求蔽体，不求美观”。适应田间劳作的需要，民众多穿耐磨的土布衣服，且多着短衣；颜色上以青蓝色为主，丝绸及毛织服装甚少，从服饰上也可看出民众的生活水平以及在这种生活水平下的生活状态。

关于自晚清至民国时期衣冠的长短肥瘦深浅同时局的变迁关系，民国朝城县志中有一段非常有趣的记载，现摘录如下，以飨大家：

> 光绪初年，衣冠庞然，绰有古风。或问学师王伦堂，云：“今之衣何若是之肥，冠何若是之深？”先生曰：“此乃博大宏昌，太平景象也。子不见咸丰间衫短而瘦，帽小

而尖，而有洪杨之乱；同治甲子曾侯破南京，中华大一统，衣服乃渐改观。吾儒得宽衣博带，雍容于几席，岂不善?”或唯唯而返。洎乎民国，衣冠瘦小，莫此为甚，是即赳赳用武之状，而大乱已如先生之言，于此验矣。①

把衣肥帽深同太平盛世相连，而衣冠瘦小则标志着乱世的来临，王伦堂先生的观察可信乎？但这段记载至少给我们透露出以下信息：随着时代的变迁，乡村的衣冠服饰悄然发生着许多变化，至于这些服饰反映着哪些社会观念、政治观念的变化，尚需深入观察。

食：鲁西各地普通民众生活水平低下，营养不良，平常年份，百姓多食粗粮。如根据 1934 年对鲁西各县主要饮食的调查，单县“以小米、高粱及麦粉为主要食粮”，城武“中产以下均食红粱”；定陶“城乡率多以粗粮佐以蔬菜”；济宁“粗食淡饭”；嘉祥“以粗粮为主食”；② 除了富室外，一般农民平时很难吃上鱼、肉、蛋、奶等营养丰富的食品，而一旦遇到灾荒，连粗粮都吃不上，只好吃些糠菜树叶充饥，如 1927—1929 年山东发生特大旱灾，1930 年中原大战波及山东，百姓衣食无着，田野里的野菜、树叶、树皮成为人们的主要食粮。山东邹县农民以下列树草为主要食料：1. 灰灰菩菜，2. 苦苦菜叶，3. 扫帚菜叶，4. 季菜，5. 杨槐叶，6. 槐叶，7. 柳叶，8. 榆叶，9. 红薯茎叶，10. 芝麻叶，11. 嫩杨叶，12. 秋杨叶，13. 其他树叶。③ 人如长期食用这些叶菜，还谈何营养？但即使是草根树皮，在灾荒年景

① 民国《朝城县续志》卷一，风俗。

② 张育会、刘敬之编辑：《山东政俗视察记》，济南：山东印刷局，1934 年。

③ 《大公报》1931 年 5 月 20 日。

也难获得。如1877年，阳谷“大旱，草根树皮人争食之”;[①] 莘县“草根树皮人争食”。[②] 灾荒环境下的人们，能保住性命就算不错了，还谈什么身体素质？对疾病的抵御能力大大降低，加以医疗卫生条件落后，而每次水旱灾害之后又往往伴随瘟疫的传播，“大灾之后必有大疫”。而农民大都缺乏卫生常识，不知疾病的性质及其传染与预防方法，没有养成讲卫生的习惯，造成病源传染媒介很多，故百姓的死亡率很高，平均寿命很低，有学者研究称这时期农村人口的平均寿命一般在35岁左右。[③]

住：在居住上，鲁西各地乡村多为草房、泥房，房间陈设很少，即使有也多粗笨简陋，如下表所示，其中富室修筑炮楼自卫也是鲁西乡村的一道景观。

表4—2 鲁西各县居室情形表

县别	居室情形
滋阳	乡间多住草房，城市间有瓦房、楼房，惟系旧式。
曲阜	草房为多，瓦房甚少。
宁阳	乡间房屋多系土墙泥顶，瓦房甚少。
邹县	草房为多，瓦房绝少，院宇狭小。
泗水	多以起脊草房为住室，瓦房甚少，有为防匪筑两层或三层炮楼自卫者。
汶上	草房居多，瓦房次之，殷实之家有筑炮楼自卫者。
济宁	多为土筑屋，砖瓦房甚少。
金乡	乡镇多土平房，县城多瓦房。

① 光绪《阳谷县志》卷九，灾异。

② 光绪《莘县志》卷四，灾异志。

③ 朱玉湘著：《中国近代农民问题与农村社会》，济南：山东大学出版社，1997年，第304页。

（续表）

县别	居室情形
嘉祥	普通房屋多用土筑，富裕之家间有用砖瓦者，率多鄙陋不堪。
鱼台	多系茅草屋，房间陈设粗笨简单。
菏泽	普通多为土房，砖瓦房甚少。
曹县	草、瓦房居半。
单县	乡间多以土筑屋而居，形式简陋，砖瓦房甚少见。
城武	多平式土墙泥顶茅茨，城内类皆瓦房，然多破塌。
定陶	一般平民以草坯为屋，少数富户住房有用砖瓦者。
巨野	多为平顶土屋，瓦房甚少。
郓城	房屋多为土筑，屋顶覆以茅草，以泥土抹之，绝无砖瓦房。
聊城	以土墙平房为多，富者或建瓦房楼房，近为御匪多建土筑炮楼者。
堂邑	多编茅为屋，筑土为墙，砖瓦房不过十之一二。
博平	茅茨土阶之平房为最普通。

资料来源：张育会、刘敬之编辑：《山东政俗视察记》，山东印刷局，1934 年。

据表可见，鲁西各地住房多为土房草屋，砖瓦房虽有，但不多见，这是和贫困的生活条件相对应的。这里还有最能反映此一时期社会动荡不宁的建筑，即炮楼，因为社会不靖，土匪肆虐，所以不少富室修筑炮楼以自卫。

以上是鲁西各县民众一般的居室情况。在沿黄地区，为应对频繁发生的黄河决溢，当地居民根据各自家境和地理位置的不同设计出许多适应当地情况的房屋。根据董龙凯的研究，主要有以下三种情况：1. 高筑房台。用土筑成一、二米高的房台，把房屋建于高阜之上来保护房屋免遭水浸。① 2. 建筑“遇

① 直到今天，鲁西各地建造房屋，也都选择地势高的地方，或用土垫高地基，下面用石头（而不是用砖头）铺垫，以防水防潮。

水不倒屋”，就是以石作为墙基，用砖或木作房柱建房。石基不怕水浸，可维持长久。柱有四根和八根之分，称为二梁四柱或四梁八柱。“这种房屋遇洪水冲刷后，墙易倒，但柱与房顶尚存，避灾而返的居民以此为基础，再以土坯、草把等筑墙，仍可居住”。3.一次性住房。是居民就地取材而造的非永久性住房。经洪水一冲，整屋离散无存，但由于造价低，灾后很快又能重建。①

黄宗智比较了近代华北平原村落房屋和成都平原不同的特点，他认为华北平原村民在高地建屋居住，以避洪涝，可能亦有集体对付灾害的用意；成都平原没有水患威胁，村民选择最便于到田间耕作的地点建屋，形成了分散的居住模式。两地村落形成不同的“个性”，华北村庄集结，商品化程度低，街坊关系紧密，比较孤立和内向，村际之间关系疏远；而成都平原村落分散，商品化程度高，街坊关系较松散，村际关系比较密切。②

黄宗智对于华北平原房屋特点和村落“个性”的分析，笔者颇有同感，但同时认为华北平原村民集结居住，除了有集体对付灾荒之意外，是否还受历史传统的影响？此外，以集结的方式居住还有抵御兵灾匪患作用，近代鲁西不少村庄并小庄为大庄，共同修筑圩寨自保，自有军事防御意义在内。（关于此点详细说明，参见本书第六章第一节。）

---

① 董龙凯：《黄河灾害与近代山东的河神信仰、社会生活习俗》，复旦大学历史地理研究中心主编：《自然灾害与中国社会历史结构》，上海：复旦大学出版社，2001年，第511页。

② 参见〔美〕黄宗智著：《华北的小农经济与社会变迁》，北京：中华书局，2000年，第62—63页。

1934年《大公报》一篇文章全面介绍了鲁西农户的衣、食、住方面的情况：

鲁西一带的农户大都居住在阳光不足，潮湿狭隘的茅草屋里，窗户很少。屋内的装饰非常简单。更为贫穷者，一间茅屋则具多种用途。炉灶锅碗均挤在茅屋一隅，煮饭时黑烟蒙蒙……其食物亦非常简单，每年只有极少机会吃肉，以粗茶淡饭为主。只有新麦打下之后，才吃几顿面条和菜蔬。园内所产菜蔬，并不全部食用，还担去城镇换些粮食以维持生活。城里平常食用的油盐酱醋等调味品，在乡间视为贵重品。……衣服都是自家手织土布，多为黑、蓝颜色。①

这还是正常年景下农民的日常生活，一遇灾荒，就连这些最基本的生活条件也难以维持了。

行：鲁西自运河停摆后，只有津浦路穿过兖州、曲阜等数县，济宁有一条支线相连，境内交通一度闭塞。只是到了1930年代韩复榘统治山东时期，大力发展山东公路交通事业，临清、聊城、济宁、兖州、菏泽及其他许多县份都有公路线相连。如由南馆陶经聊城至惠民线，由南馆陶经临清至德县线，济菏线（济宁—菏泽），利菏线（利津—菏泽），历济线（济南——济宁）等，基本形成了一个四通八达的公路网络。② 但交通工具不能配套，广大乡村仍为泥泞土路。如在平县“因地处僻陋，故未通车，所有运输货物及来往行人，仍用骡马车、人

① 《鲁西农户生活的一斑》，《大公报》，1934年7月8日。

② 张鸿烈：《山东公路运输发展之概况及今后改进之计划》，《建设半月刊》，第1卷第6期，论著，第1—10页。

力车，极感困难”。[①] 东平县交通工具有大车、小车、马车、人力胶皮车、自行车等，但因“东北多山，路径崎岖，车不得方轨，骑不得成列，每届秋麦收获之时，或需人肩挑，或以驴负载，农民均感不便”。[②] 由此可见，即使有了现代化的公路交通设施，由于民间贫困，缺乏相匹配的交通工具，广大民众也无法享受现代化的恩泽。

从婚丧嫁娶上也可看出鲁西节俭的民俗。鲁西民众对于生老病死等人生的大事非常注重，可以在其他事情上节省，但对于婚丧嫁娶之事则花费颇多。近代由于灾荒和战乱，一些嫁娶消费趋于俭省，而丧葬仪式仍需要花费相当一笔钱财。如滋阳县，“婚丧从俭，衣服布素”；鱼台县，“嫁娶省约，不论财贿”；聊城县，“嫁娶不论财币，丧葬不尚僧道”；城武县，婚嫁和丧葬则趋于两分，“婚娶不论财”，“棺衾务从厚”；巨野县，则特重丧葬，“丧葬礼仪，奢靡特甚”。[③] 小林一美研究了华北婚丧嫁娶对于土地经营的影响，根据小林的研究，“中国农民还要在老人的葬礼和兄弟姐妹的婚事上花费许多钱，根据《中国农村惯行调查》所载有关葬礼的大量证据，丧葬仪式必须搞得非常隆重，以保全‘面子’，免遭别人耻笑。而且，根据家产的厚薄，为支付婚丧嫁娶等特殊事件所需的费用，即使典卖土地也是十分自然和正当的。……一般说来，拥有 100—200 亩地的人在长辈去世时每次要卖掉 20 亩地（或花费相当

① 张育会、刘敬之编辑：《山东政俗视察记》，山东印刷局，1934 年，第 439—440 页。

② 民国《东平县志》卷五，风土志。

③ 胡朴安编：《中华全国风俗志》，上篇，卷一，山东省，郑州：中州古籍出版社，1990 年。

数量的钱），拥有数十亩地的人要卖掉10亩；拥有20—30亩地的人要卖掉2—3亩（或等量的钱）”。① 在灾荒年景，如婚嫁，能俭省的就俭省了；但由于受传统重视丧葬习惯的影响，还保持着厚葬的习俗。

在维持基本生存需要都尚且不能的情况下，再谈及百姓文化素质的提高——让孩子上学的问题，似乎有些滑稽。尽管鲁西许多地方志中都标榜本地士子喜读书，文风朴厚，如聊城“士多才俊，文风为诸邑冠”，夏津“士习诗书”，巨野“士颇读书”，郓城“多读书，士风彬彬”等。② 但不可否认，近代鲁西由于民穷财乏，百姓无力供养子女入学，文化教育已经落后了。就清代整个山东的科举人才分布来看，“较盛者为济宁，潍县、胶州、福山、蓬莱等州县，这些州县多在胶东西丘陵地之交通冲要区；较衰者为朝城、冠县、嘉祥、夏津、清平、鱼台、恩县等县，这些县多在鲁西北黄河平原地区，这可能因为黄河平原地区水旱频仍，地瘠民贫所致”。③ 这个判断是正确的。到抗战前，鲁西“有些荒僻的农村，竟一连几个村庄没有识字的人。写喜、忧柬帖，文契、书信等，有的要跑几里路以外的地方求人。如鲁西南曹县的刘岗村，是有1000人口的大村庄，读书识字的仅有3个人。鲁西莘县小刘庄有345人，识字的只有2人。鲁西冠县田李村的440人中，竟找不到一个通

---

① 〔日〕小林一美：《近代华北的土地经营与商业运行的特征》，《海外中国近代史研究》，第26辑，1994年12月，第169—171页。

② 胡朴安编：《中华全国风俗志》，上篇，卷一，山东省，郑州：中州古籍出版社，1990年。

③ 张玉法著：《中国现代化的区域研究：山东省（1860—1916）》，台北：“中央”研究院近代史研究所，1982年，第664页。

文墨的人”。①

总之，自然灾害不仅导致人民身体素质降低，还是文化素质低下的一个重要原因，它导致的是人们整体素质的全面滑坡。在灾害的打击下，百姓在无可奈何之下，所采取的应对措施或是忍饥挨饿，或远走他乡，成为饥民、流民、移民，或者沦为盗匪，进而导致整个鲁西社会秩序失范。

虽然从总体上看，鲁西由于灾荒频仍，民众以“俭啬”的生活方式为主。但由于沿黄区域旱涝灾害太过频仍，在如此严酷的条件下生活，民间便产生了破罐破摔的心理。即粗放经营，不置产业，不事积蓄，一有所得，即饱口福，民鲜盖藏。“黄河两岸，水能淹死田苗，风能吹死吹去田苗，在种地区里，春天怕风，夏天怕水，经济生活完全处在风与水的严重威胁之下，……由于经济生活的不安定，这一带的人民耕种土地就和赌博一样，丰收之年也不敢储蓄，形成大吃大喝的风气，生产的改良是根本谈不到的。”② 由于黄河频繁决溢，洪水一来，所有庄稼房产全被冲垮。故此，沿黄农民耕种田地，种植作物时，普遍怀有一种宿命观念，即认为撒种之后，收成由老天安排，“老天给收成，好种歹种都有收成；老天不给收成，成挑汗水也白流”。而由于粗放经营，年景好时可以收成好一些，年景差时则可能颗粒无收，生活无保证，基本上处于贫困线以下，百姓无力积蓄。而黄河经常决溢的环境也使得当地人不能

① 这是谈的抗战前（1937年前）鲁西农村的文化落后情况，参见赵紫生主编：《冀鲁豫老区教育史》，济南：山东教育出版社，1990年，第136－137页。

② 这是谈的黄河两岸一个中时段的民生状况，参见《冀鲁豫边区环境形势及村政建设现况报告》，王传忠、张玉鹏主编：《中共冀鲁豫边区党史资料选编》，第二辑，文献部分（中），郑州：河南人民出版社，第258页。

积蓄，根据黄河沿当地人的叙述，“洪水一来，家物都难免付诸东流，因此村民都没有置家具的习惯。他们把衣服什物，用包袱布一包，挂在墙上，跑洪水时也快当多了。”①因而，当地户鲜盖藏不仅是贫困化的结果，还有“跑洪水”便捷的考虑。

一种民俗一旦形成，即很难改变，直到今天，黄河早已安澜，但沿黄河滩区民众粗放经营，不事积蓄，田亩所得即入腹中的习惯仍然保留下来，② 这对于地方经济的发展和家庭富裕都带来负面影响。

二、迁徙逃亡

鲁西平原民众素有“安土重迁”的传统，然而由于近代以来自然灾害频仍，人口密度大，土地生产效率低下，迫使当地民众改变了原来的思维定势，在灾荒到来后，为免于饥馑，纷纷出外逃荒谋生。谋生去处可以说全国各地皆有，前面我们已经介绍了在 1855 年黄河改道后，郓城、巨野、嘉祥等地民众在地方精英带领下迁徙到微山湖区，还有部分民众迁徙到曹县、单县黄河故道。铜瓦厢改道后，其下旧河道断流，成为南河故道，即今废黄河。河身占地广，淤地多，除了曹县、单县本县民众迁移垦殖外，郓城、菏泽、济宁等地也有不少灾民移居此地垦殖。因属无主荒地，移民垦殖中难免发生一些纠纷。

---

① 董龙凯：《黄河灾害与近代山东的河神信仰、社会生活习俗》，复旦大学历史地理研究中心主编：《自然灾害与中国社会历史结构》，复旦大学出版社，2001 年，第 513—514 页。

② 笔者曾走访家在黄河滩边的一位同事，他给我讲黄河滩区的民众普遍有一种“吃了再说”的心理，即不管家庭境况如何，只要手头有点钱，即先一饱口福。这也是长期遭受灾荒，民众只顾眼前的心理反应。

1873 年（同治十二年），李鸿章奏："……由兰仪以下抵淮徐之旧河，身高于河地约三四丈，因沙河成堆，老淤坚结。年来避水之民移住其中，村落渐多，禾苗无际。"① "至南河故道数千余里，居民占种丰收，并请查明升科，以免私垦争夺之患。"② 以上两种情况属于就近移民。迁往远处的民众也很多，最多的是"闯关东"，还有到西北垦殖，到利津垦荒，下江南，乃至移民海外者。如 1920 年在旱灾和兵匪的双重打击下，山东各地受灾民众纷纷携家带口逃荒要饭，但逃难民众要在某地安身也非易事，需要得到当地官府的同意，1920 年黑龙江督军允许"移植直鲁灾民各五万，惟限真正农民有家眷者，其鳏寡孤独者不纳"。③ 1920 年年底，山东、河南一部分灾民，逃荒到了汉口，"数逾二万，现住郊外，情状可怜，奄奄待毙"。④ 处于 1927—1928 年的旱蝗灾害下，许多灾民为求得一线生机，"多拆屋售材料以购粮与燃料，有多村之房屋仅余四壁，人民结队赴东三省者络绎不绝，有数县去者占百分之六十，其留者有百分之三十，为病所困。有许多处田中全未种物，牲畜日见稀少"。⑤根据哈尔滨直鲁同乡会之调查，山东省来哈尔滨的难民即有 50 余万人之众，"此数月中，共总北来难民，计在八十七万口以上，老幼占总数百分之四十，余则悉属壮丁，妇人则居八十七万口中之三十四万，此项难民，鲁籍者居全数五分之三，直籍者则居五分之二"。⑥ 除了下东北外，

---

① 光绪《山东通志》卷一二二，河防志，黄河考中上。

② 《清史稿》卷一二六，河渠志一。

③ 《黑督电允移植直鲁灾民各五万》，《申报》1920 年 12 月 15 日。

④ 《豫鲁灾民抵达汉口》，《申报》1921 年 1 月 1 日。

⑤ 《鲁省与直南荒灾近况》，《申报》1928 年 1 月 31 日。

⑥ 《申报》，1927 年 7 月 29 日。

鲁西难民逃亡到全国各地，“一九二七和一九二八两年，山东西部定陶、嘉祥、范县、寿张、朝城、堂邑、馆陶、博平、高唐、德县等难民投奔陕西、山西、河北的很多”。① 许多地方志中对这时期灾民流向也有记载，如冠县在1929年对灾荒后的调查，“时当连年凶荒，子女鬻于山西省者四千余人，出关垦殖者万余人，且道殣相望，散之四方者又万余人”。②

1935年黄河决口后，山东省政府除了让灾民自寻亲戚投奔外，还安排男壮到胶东等地谋生，但灾民不愿背井离乡，不少人自主选择到利津黄河口垦荒，“至若少男壮丁，有之就地谋生，有之他乡逃难，尤以去利津一带者为最多。常见小船数艘，满舢满舱，顺流下注者日必数起，良以乡农之辈无他技能，惟有去利津人烟稀少之处，垦土种田以糊口耳”。③

鲁西南著名教育家王鸿一积极主张移民实边，他在看到鲁西南地少人众，灾害频发，农村经济破产之兆已显，青壮年农民纷纷下关东谋生的事实后，欲移垦实边，疏散内地密集人口，经过王鸿一的筹措，1925年，鲁西南几千人移民到了五原、临河地区。④

三、自私自保

在严重的灾荒面前，一些官绅开展了民间救济活动，普通

① 冯和法编：《中国农村经济论》，上海：黎明书局，1934年，第327页。

② 民国《冠县志》卷三，食货志。

③ 《勘查寿张阳谷东阿东平郓城菏泽鄄城等县境内溃水暨拦水埝情形并如何设法泄水还黄等报告》，中国水利委员会编：《黄河水利月刊》第2卷第12期，1935年12月，第1041—1042页。

④ 杨展云：《怀念吾师王鸿一先生》，褚承志编：《王鸿一先生遗集》。台北：山东文献出版社，1978年，第97页。

民众也参与其间。如邹县龚继龙“幼失怙，事母孝，尤好施与，村中逋负者百余家，悉焚券不责偿。咸丰丁巳官劝义赈，首捐钱三百缗，谷万斛，时称为积善之家”。① 但这毕竟属于凤毛麟角。大多数民众为求自保，趋于自私。

美国人文地理学家亨丁顿把自私和自利看作是中国人中间最显著、也最可惜的品性。他举例说，在灾荒年间，东西邻舍有好几家都缺粮，要是有一家肯分些粮食出来，帮助一家的忙，这慷慨的一家就要减少自己生存的机会。要是太慷慨了，生存的机会便更少，不上几天，自然不免饿死。因此，在灾荒年间，慷慨者死，自私者生，长期的灾荒选择，使自私自利就成为中国人的特性之一。② 亨丁顿谈自私是中国人长期应对灾荒所形成的一种心理习惯，并说缺粮时若分些粮食给邻居，就减少了自己的生存机会。其实，在灾荒环境下，即使有钱也很难买到粮食，大多数人家为求生存，任价格高低也绝不会把自己手中一点粮食出售。并且这时期自私不仅仅是邻里之间，父母和子女，丈夫和妻子相互之间的亲情在灾荒中也显得非常微弱。如在1919年夏秋的严重旱灾中，地瘠民贫的鲁北鲁西一带，赤地千里，野无青草。为求自己生存，鬻妻卖子随处可见。青春少妇，10龄幼娃，卖价不到10元。有的地方则“计岁给价”，凡15到20岁的少女，每岁1元，15岁以下每口3—5元，5岁以下找不到买主，且由于父母无力背负往往被投之井、河之中。③

---

① 光绪《邹县续志》，乡贤。

② 潘光穆、潘乃和编：《潘光旦文集》，第三卷，第162—163页。转引自王林主编：《山东近代灾荒史》，济南：齐鲁书社，2004年，第354页。

③ 刘仰东、夏明方：《灾荒史话》，北京：社会科学文献出版社，2000年，第104—105页。

再如1935年黄水为灾，燕京大学教授张鸿钧受中国华洋义赈会的委托前往鲁西灾区实地调查，据其叙述，“济宁车站有一妇人临蓐分娩，后因嫌拖累，将一方蓝布遮盖婴孩身上，彼乘间逃去，不知所之”。在将菏泽灾民送至巨野某镇途中，路过刘常潭时，“有三十余岁妇女携幼子三人，长者仅三岁，小者尚在襁褓，船行潭中，此妇人忽将最小两小孩抛入水中”。①

在物质财富丰裕、衣食无忧的社会生活的人，恐怕很难想象会发生这种事情，但这却是当时人为应付灾荒所做出的选择。“适者生存”这一自然法则在灾荒社会里得到最大限度的展现，这非一般道德说教所能约束的，实是一种自我求生的策略。

四、作物种植与农民的生存伦理

种植什么作物直接关系到农民一年的收成，到了晚清，由于地丁和漕米都可以以货币形式支付，国家对农民种植什么样的作物不再做出具体规定，这给了农民可以自由种植的权利。但一般说来，农民种植什么作物往往受传统习惯的影响，同时也受土壤、气候等条件的制约。近代鲁西平原的谷类作物主要有小麦、大麦、谷子、高粱、甘薯等，油类作物主要有大豆、花生；经济作物主要有棉花、烟草以及鸦片等。其中高粱、大豆、烟草抗涝能力最强，小麦次之，棉花、花生、谷子、甘薯抗涝能力差，但耐旱能力强。由于近代鲁西平原水旱灾害频繁，故耐涝、耐旱的作物种植面积较广。

小麦既耐涝又抗旱。鲁西的气候条件也适宜小麦生长。小

① 《视察鲁灾见闻惨记》，《救灾会刊》，中国华洋义赈救灾总会编印，1935年12月，第12期。

麦播种期在9月中下旬，正值秋雨之后，土壤湿润。冬季降雪多既保护了地温又能滋润土壤；清明前后微雨如丝，风和日暖，麦苗生长迅速。五六月间，阳光充足，气温升高，天气晴燥，少有风雨，最适宜收获。虽然鲁西平原小麦播种面积和产量没有做过专门统计，1908年，山东省小麦播种面积为38945000亩。[①] 山东的小麦产区主要集中在鲁西平原的鲁西南和鲁西北两个地区和山东半岛的潍谷平原，据此可见小麦在鲁西平原的种植广泛。但当时因为品种及其他原因，小麦单位面积产量“不敌小米或高粱，故农民不种小麦而种小米、高粱”。[②] 小米和高粱比起小麦的种植面积更广。

高粱又名红米，抗涝能力最强。据《尹少宰奏议》所载：“高粱枝粗而杆长，较他谷为耐水，故种植者广。”高粱不仅耐涝，而且极易成活。在种植上也和大豆一样，不需施肥，种植成本低。另外高粱的用途广泛，高粱面和谷子面是鲁西平原民众的主要食品，高粱果实还可酿造高粱酒，秸秆既可作燃料，又可用于黄河堤防的秸料，并可用于扎围墙、做房顶等，所以在易受黄河水灾的鲁西平原种植广泛，每届高粱棵起，就形成了人所熟知的“青纱帐”。

小米（粟）耐干旱，适宜于近代鲁西平原旱灾频繁的气候条件，故种植较为普遍。《中国实业志（山东省）》对谷子种植的气候及土壤作了这样的介绍：“粟适于温暖干燥之气候，需

① 叶显恩主编：《清代区域社会经济研究》（上），北京：中华书局，1992年，第77页。

② 邹豹君著：《山东省农产区域之初步研究》，《师大月刊》第31期，1937年1月，第6页。

要水分极少，能耐干燥，山东夏季炎热而无雨，故极宜粟之栽培。至于土壤，则以沙质壤土乃至壤质砂土为适宜。润湿之粘土则大忌。”[①] 但随着鲁西南遭受频繁的黄运及其他河流湖泊泛滥之灾，谷子的种植面积大幅度地下降。如济宁 1932 年仅种植了 5500 亩，鱼台种植了 8000 亩，嘉祥种植了 10000 亩，远低于省内其他县的种植面积。[②]

棉花也是鲁西平原传统的经济作物，明代山东形成了三个棉花集中产区，即东昌府——鲁西北产区，兖州府——鲁西南产区，济南府——鲁北大清河产区。[③] 清代山东棉花种植进一步发展，种植棉花的州县增多，棉花生产出现专业化、大面积种植的趋势。尤其是 1904 年（光绪三十年），清政府禁种鸦片，奖励植棉。1918 年农商部购入美国棉种，分送鲁西北和潍县各地实验，产量和品质均好，各县乐于种植美棉。但这时鲁西南棉花种植出现了倒退的趋势，被武定府各州县超过，以临清为中心的鲁西北棉区则继续保持原有的优势并呈加速发展的趋势。如何解释这个现象？[④] 彭慕兰在《腹地的构建》一书中讨论到美棉的种植问题，他从农民追求利益最大化的角度考虑，认为鲁西南美棉推广不如鲁西北的原因在于两个方面：一是“这些混和品质退化得极快；因此，连续的好收成需要从海

---

① 何炳贤：《中国实业志·山东省》，实业部国际贸易司，戊，1934 年，第 62 页。

② 何炳贤：《中国实业志·山东省》，实业部国际贸易司，戊，1934 年，第 66 页。

③ 许檀著：《明清时期山东商品经济的发展》，北京：中国社会科学出版社，1998 年，第 43—48 页。

④ 许檀著：《明清时期山东商品经济的发展》，北京：中国社会科学出版社，1998 年，第 77 页。

外到纱厂代理者到省实验站不断地输入新种。”而鲁西南的土匪经常使旅行和交通变得危险。二是对食物生产的重视，符合西南乡村精英们的利益，他们依靠手中掌握的粮食资源可以维持在当地政治统治的优越感。新棉种的推广，会让乡村精英们拥有令其头痛的新对手。此外，他还找出第三条理由，就是新棉种比起土棉要晚熟 2—4 周的时间，这与收割后允许拾荒者进入田中拾取剩余物的当地惯例相冲突。①

近代鲁西南棉花种植面积的下降和美棉没有得到很好的推广，原因很复杂，彭慕兰所谈的也有一定道理。如鲁西南落后的交通和匪患对商品流通的影响是显而易见的，美棉由于退化快，需要不断进行棉种更新，交通的危险性使得棉种不能很快得以更新，由此导致的产量和棉花品质下降也使农民不愿再种植美棉。但问题是这时期的匪患不仅仅是鲁西南地区独有，鲁西北如莘县、高唐、恩县、夏津等县匪患尤为严重，② 鲁西北的匪患对美棉种子的更新难道就没有造成影响？而独独对鲁西南交通造成影响？其实，鲁西北美棉得以广泛推广很大程度上要归功于在临清设立的山东省棉种实验场，为棉农及时提供种子和技术指导，后来又在齐河设立山东省第二棉种实验场，这

① 参见〔美〕彭慕兰著，马俊亚译：《腹地的构建——华北内地的国家、社会和经济（1853—1937）》，北京：社会科学文献出版社，2005 年，第 65—68 页。

② 如 1934 年对山东各县政俗调查，莘县情况为，“县民素称犷悍，平善良民往往因一时穷困铤而走险，劫抢架票之案层见迭出，每于青纱帐起及年关之时土匪尤为猖獗”。（第 457 页）高唐县，“县境素为多匪之区，每至青纱帐起，时有抢架之案，夜聚明散，出没无常，极难剿捕”。（第 481 页）恩县，“武（武城）夏（夏津）接壤之地，盗匪时常出没”。（第 489 页）夏津，“县境素为产匪之区，……且西境与河北省交界之区尤常有股匪窜入”。（第 513 页）邱县，“县境……素为土匪出没之区，近年更有河东股匪，时来窜扰，居民颇现恐怖之状”。（第 521 页）见张育会、刘敬之编辑：《山东政俗视察记》（下册），山东印刷局，1934 年。

使鲁西北美棉种植有了牢靠的技术指导和回收基地。再者认为鲁西南乡村精英唯恐种植美棉会导致统治地位的丧失。但1930年代，恰恰是鲁西南豪强地主最多的曹县，① 棉花（无论是中棉还是美棉）种植面积最多，超过了临清而居山东省首位。这如何解释？

首先应明确在交通不发达且水患灾害频仍的地区，手中拥有存粮，确实可以防备灾患。因为在灾难到来，而交通不便利的条件下，救济和以钱财交换食品不可能随时做到，常常出现“一个地方发生了饥荒，可是离这里不远的地方粮食却丰收，……就因为缺少铁路或适当的道路，饥民就得不到别的地方多余的食物来维持生命”这样一种现象。② 而如果灾荒面积广且程度重，即使有粮食的农民或商家也会惜售，即握住手中的余粮，任价钱多高也不愿出售，这时往往出现有钱也买不到粮食的现象。如1920年华北大旱，即使在交通便利的京汉津浦路北段路段两侧，也出现了灾民有钱买不到食物最后饿死的情况，根据《申报》的一则报道，“今日黄河以北，家如悬磬，野无青草，凡京汉津浦之北段路段两侧，饥民靡集，皆奔走就食，而无食可得者，颠连之状，目不忍睹。据各灾地报告，则向日之大村镇，几无卖米面卖饼卖馍馍之铺，民家有余粮未罄者，图缓须臾之死，不肯出售，无粮者即有钱亦无所得粮”。

---

① 如根据何思源的回忆，“曹县是个地主恶霸最多的县，……那时候有个年轻人王宝合新当了县政府局长，组织了一些人，清查土地，找出一些无粮地，叫他们和大家的地一同出捐，办理地方事情。这事再公平合理不过了，但因得罪了地主豪绅，韩复榘就把王宝合押到济南，打得半死。”（何思源：《八年政闻》，文思编著：《我所知道的韩复榘》，北京：中国文史出版社，2005年，第79页）。

② 中山大学历史系孙中山研究室等合编：《孙中山全集》，第1卷，北京：中华书局，1982年，第91页。

“京西某县人言有一六七十岁之老翁，持大钱三千文，奔走十余里，不能得麦米，思及此三千文用罄，仍不免饿死，乃购白面猪肉□石合煮而食之，全家尽毙，似此惨状，直不忍闻，然犹非灾况最重之地也。直隶南境及豫鲁间，树皮草根，煮食已尽，即树叶亦每斤数十文，卖妻鬻子，只恨无买主。析骸易子之事，往往有之。举其普通之情形，则每骡一头，易米一斗，小豕一头，售铜元一枚，以子女售人，亦不过或一二元或三四元，耕牛非宰食即鬻去，此何种景象也。”① 鲁西南地区人民频繁地遭受黄河和运河、微山湖及诸河流泛滥之苦，且交通不便，在这种情况下，种植粮食比起种植棉花来，虽然经济效益上不如后者，但在灾荒中收获粮食可以直接食用，棉花则需交换成货币然后再买粮食，但一般情况下，当地粮食很少交易。② 所以说鲁西南普遍种植粮食是一种生存策略。

再者，棉花种植风险大，由于棉花生长期长，春季播种，到晚秋霜降时才能收获，延续到农历十月份还不能完全收完，正好经历了整个春旱期和夏秋汛期。撒种播苗时往往正值春旱时节，常会出现棉种因干旱不发芽的现象，即使长出幼苗，如果干旱过甚，也会出现枯槁现象，需要一次、二次乃至多次的补苗。“若遇到春季旱灾，单种棉花的农户会损失全年的收入。”③

---

① 《申报》，1920 年 9 月 17 日。

② 直到商品经济发达的今天，鲁西南人民对小麦等粮食仍有惜售心理。20 世纪 80 年代改革开放初期，除了完成国家的公粮外，不少农民虽连年农产丰收，但宁可囤积也不愿出售，当地俗语称：“家有粮食囤，心里不打眼。”意思是家有存粮心里不慌。

③ 〔美〕黄宗智著：《华北的小农经济与社会变迁》，北京：中华书局，2000 年，第 111 页。

美棉相对于中棉，生长期更长，到秋季棉花生铃之时，往往出现秋雨连绵之气象，此时花铃容易脱落。到收获时如阴雨连绵，棉花怕涝，积水过长则易造成嫌气状态，限制无机养料的摄入，棉株下部之蒴容易腐烂，而上部发育未完全之蒴，也容易脱落。如果发生洪水灾害，棉棵受淹之后容易死亡，即使水很快下去也会因潮湿而慢慢枯黄。如 1933 年鲁西南曹县、菏泽等县棉田因黄河水灾，几乎绝产。根据中华棉业统计会调查，鲁西南各县受灾之废田，与有收获之棉田做一比较，见下表：

表 4—3　1933 年鲁西南各县受灾棉田情况

县别	种植时面积（亩）	收获棉田面积（亩）	废田面积（亩）	废田所占百分数％
菏泽	37,500	3,100	35,400	94.40
定陶	61,000	30,500	30,500	50.00
曹县	242,000	21,000	221,000	91.33
城武	22,700	15,000	7,700	33.92
单县	45,000	22,400	22,600	50.22
巨野	69,200	22,000	47,200	68.21
郓城	20,000	1,500	18,500	92.50
鄄城	5,000	1,000	4,000	80.00
共计	502,400	116,500	386,900	76.86

资料来源：何炳贤编：《中国实业志·山东省》，实业部国际贸易司，戊，1934 年，第 132－133 页。

从上列数据中可以看出，鲁西南 8 县棉作下种时面积为 502400 亩，因为水灾关系，有收获的棉田仅为 116500 亩，占下种时面积 23.14%，而废田面积则为 386900 亩，占 67.86%；其中受水灾影响最重者为菏泽、郓城、曹县，废田面积皆占 90%以上，曹县废田为 221000 亩，而有收获之棉田仅为 21000 亩，不到总面积的十分之一。

种植棉花虽然利润较高，每亩纯收入比高粱高出一倍多，① 但所需的投资也较大，“对于小农来说，失收一茬棉花远比失收一茬高粱的损失大，一户小农的经济情况有可能因此开始下滑”。②

美棉产量高，纤维长，品质好，但出壤率低，抵抗性差，需要肥料水分也较中棉高。因而，无论鲁西北还是鲁西南，农民都把“生存第一”放在首位考虑，他们追求的是平均利润，而非冒大风险去追求最高利润。在农民生存问题上，笔者更赞成斯科特的观点，他认为：“由于生活在接近生存线的边缘，受制于气候的变幻莫测和别人的盘剥，农民家庭对于传统的新古典主义经济学的收益最大化，几乎没有进行计算的机会。典型情况是，农民耕种者力图避免的是可能毁灭自己的歉收，并不想通过风险而获得成功，发横财。用决策语言来说，他的行为是不冒风险的；他要尽量缩小最大损失的主观概率。”③ 也就是不求利益的最大化，但求安全第一。这种“安全第一”的生存经济学广泛存在于农民生活的各方面，种植什么作物，种植多少都能体现出这种生存经济学来。

---

①② 〔美〕黄宗智著：《华北的小农经济与社会变迁》，北京：中华书局，2000 年，第 110、111 页。

③ 〔美〕詹姆斯·C·斯科特著，程立显、刘建等译：《农民的道义经济学：东南亚的反叛与生存》，南京：译林出版社，2001 年，第 5—6 页。

这种追求平均利润的方法体现在植棉上就是将洋棉和中棉混合着种，正如《中国实业志·山东省》中所载："鲁省洋棉之种植面积，虽较远逊于中棉，然亦遍布各棉区，以其适合于山东之风土也，但以中棉之抵抗力强，出壤率高，棉农之种植中棉者尤多，产棉各处，极少单纯种植洋棉或中棉者。""鲁省棉农，每将土种棉及美棉杂种，种植中棉之区，固杂种美棉，而盛产美棉之区，亦杂种土棉。"①

从地形地势上看，鲁西南的东部兖济地区也不如鲁西北适于棉花种植。鲁西南和鲁西北都属于黄河冲积平原。运河从平原中部穿过，把鲁西南和鲁西北平原分为两部分。从微地形上看，鲁西北平原海拔高度约在50米以下，而鲁西南平原除了个别石灰岩低丘，海拔高度都低于40米。鲁西南包括曹州、兖州和济宁所属各县（指清代），在地势上，西高东低。巨野、嘉祥、鱼台等县地势最为低洼，自东平湖以南，为古梁山泊潴水之地，到了晚清民国时期，从北向南形成了东平湖、沉粮地、缓征地、微山湖等湖泊低地。棉花适宜生长在高地沙质土地上，如东平"境内地势东北高而西南低洼，产棉之区仅少许山地"。② 夏津棉花种植广泛，但五乡之中只有三个乡适宜植棉，另外两个乡"滨河多瘠，屡有水患"，③ 而不宜种植。所以这时地势低下的鲁西南各县如嘉祥、鱼台、鄄城（临近黄河，经常决口为灾）一直到1928年也没有推广美棉。④ 其他如济宁、金乡等县棉花种植也因地势低下，经常

① 何炳贤编：《中国实业志·山东省》，实业部国际贸易司，戊，1934年，第120页。

② 民国《东平县志》卷五，风土。

③ 民国《夏津县志续编》卷二，建置志，乡里。

④ 何炳贤编：《中国实业志·山东省》，实业部国际贸易司，戊，1934年，141页。

闹水灾而减少了种植面积。这也是农民基于现实的考虑而不得不做出的选择。

对于彭慕兰所提第三个理由，即认为美棉收获比中棉要晚半个月到一个月，正好与鲁西南棉花收获后允许穷苦人拾荒棉的日期吻合，容易导致被拾荒者哄抢，这一点无疑是正确的。这里我还想做一点补充说明：华北农村的“拾荒”传统由来已久。所谓“拾荒”，是指麦秋季农作物收获后，农村中的贫穷者，特别是孤寡老幼有权捡拾落于地中的麦穗或收获期后残留于花秸上的棉花。这种风俗在清代及民国初期在华北地区还普遍存在着。[①] 嘉庆十年的《授衣广州》上这样记载：“霜后叶干，采摘所不及者，黏枝坠陇，是为胜棉，至十月朔，则任人拾取，无禁。犹然遗秉滞穗之风，益徵畿俗之厚焉。”[②] 但随着乡村社会的日益贫困，穷人愈来愈多，这种习俗本来是为救济孤穷，但乡村有限的资源已无法满足众多穷人的需要，“拾荒”也开始变了味道。道光年间的《巨野县志》已把拾荒列为乡间恶俗之一，“女流结伴成群，名拾穗，而暗行偷窃；木棉收拾未尽，号‘闯花’而无异行强”。[③] 光绪八年，秦荣光在上奏中叙述了拾花习惯的变化，“棉花，自十月后，剩有零星小朵，乡间民俗，一听地方孤寡采之，本业户不复与较，俗名捉落花，亦古者遗秉滞穗意也。近乃未至重阳，强壮男妇十百成群，强行采摘，并及青铃”。[④] 临清在清季也

① 根据笔者对鄄城一位老人调查，他说：“那时候，十月一（农历）以后，棉花就归公（指不再属于种植棉花者个人私有，而是属于大家的）了，谁见了谁拾。”

② 《授衣广州》卷上，棉花图第五，采棉说。

③ 道光《巨野县志》卷二十三，风俗。

④ 秦荣光：《请禁作践防农禀》，盛康辑：《皇朝经世文续编》卷三十六，户政，农政，台北：文海出版社，1980 年。

有“闽花”的陋俗，如县志中记载钟珴为人“性方直”，“乡俗秋后有闽棉花之弊，人多病之，珴订立规约，其弊遂除”。①钟珴生活的时代为清代同（治）光（绪）年间，这也说明在同光年间临清的“闃花”习俗仍很盛行，但由于地方社区精英的倡导而废除了此“陋俗”。《东明县民俗》中对“拾荒花”有一段叙述，形象地描写了这种情景：

> “拾花”，是当地的习惯。“拾花”的理由是：有地有土的种棉花，穿衣服，无地的穷人也要“抓把搔把”渡过冬天。一过了寒露，就见不得阴冷天。夜里一听到风声，早起五更，男女便群起而动到地里去轰抢棉花。名义上是穷人拾棉花，实际上是穷富都参加，尤其是妇女。
>
> “拾花”的场面非常壮观。夜闻风声，男女老少不约而同，于黎明前就开始行动，先是串连观望，再是聚群行动。人群越聚越大，个个拎着口袋，像潮水，像奔马，忽东忽西，见棉田就进，人人眼疾手快，风驰电掣，所到之处，一扫而光！一块一块，由近及远。人群之中，有真正拾棉花的，也有乘机看热闹的，轰轰烈烈，确实好看得很。②

由此可看出，“拾荒”——“闽花”习俗是鲁西普通民众应付寒冷冬天的一种对策，含有救济穷苦人家的意思，但到了近代，却变成了美棉种植的很大一种阻力。试想，谁家一块棉花地离收获期还近一月，若遭这么一次轰轰烈烈的“闽花”运动，这一年的辛苦就算白搭了。因此种植美棉要冒被拾荒者抢摘的风险，要冒损失一年的种棉收入风险，这样的代价是任何一家农民，无论贫富，都无法承担的。因而即使知道种植美棉

① 民国《临清县志》卷十五，人物，笃行。

② 李树义编：《东明民俗》，北京：中国文史出版社，1999 年，第 114 页。

能获得较高的利润但也只能在无可奈何的情况下放弃。这也是为什么菏泽县政建设实验县成立后，为提倡美棉种植，成立棉花会禁止贫民抢捡棉花的理由。① 而这样的一个习俗，则远不是乡村地方精英们所能左右的。

五、宗教崇拜与心灵安慰

多灾多难的环境，鲁西民众在现实中无所依归，把希望寄托在祈求神佛保佑上。鲁西各地同当时的全国其他地方一样，崇奉多神教。各个地方庙宇寺观林立，庙会众多。各行均有专司其职的神，如河有河神，灶有灶神，火有火神，天上有玉皇，地下有土地神。如在冠县城乡共有各种坛、庙、寺、观、祠七十余所，分别是神祇坛、社稷坛、先农坛、邑厉坛、关帝庙、城隍庙、龙神庙、马神庙、八蜡庙、仓神庙、土地祠、岳神庙、库神庙、冉子祠、岳王庙、吕祖堂、傅公祠、虫鸣寺、太乙旌院宫、凯利寺、圆召寺、白佛寺、慈济寺、清凉寺、前佛寺、紫薇寺、元帝庙、真武天王祠、园式寺、圆通寺、圆新寺、省佛寺、崇兴寺、定惠寺、万寿寺、慈惠庵等等。② 信仰神祇涉及儒、佛、道、天主教、基督教和中国历史人物、传说中的神圣等等。但许多寺庙坛观到民国时期都呈衰败之像，被废弃或充当小学堂。黄河上更有许多河神和河神庙，供奉着六位“大王”和六十五位“将军”。这六位大王分别是金龙四大王、黄大王、朱大王、栗大王、宋大王和白大王。诸多大王、

① 〔日〕清永盛光：《中国乡村社会论》，岩波书店，昭和二十六年七月，第576页。转引自王建革：《近代华北乡村的社会内聚及其发展障碍》，《中国农史》，1999年第4期，第16页。

② 民国《冠县志》卷五，典礼志。

将军屡受明清朝廷封赏，建构出一个河神系谱，在黄河流域流传着许多诸如金龙四大王显圣的故事，传说在黄河堵口合龙之时，总会出现“大王”、“将军”前来助阵的景象。

鲁西各地庙会众多，如济宁就有寺堌堆、王贵屯、王母阁、火神庙、华佗庙、南海大士香火会、鲁桥会、爷娘庙等庙会，金乡的城隍庙会也很有名。[①] 定陶县的庙会则有“髣山庙会”“火神会”、“龙王会”、“天爷会”、“泰山会”、“牛马王会”、“天奶奶会”、“老姆娘会”、“春姑奶奶会”等，其中髣山庙会最为出名。[②] 在清平县志中记载了许多庙会及其会期。

表 4—4　清平县庙会暨会期情况表

<table>
<tr><th>所在</th><th>庙名</th><th>会期</th></tr>
<tr><td rowspan="4">城内</td><td>吕祖庙会</td><td>二月初八至十一日</td></tr>
<tr><td>方公祠会</td><td>三月十九至二十二日</td></tr>
<tr><td rowspan="2">城隍庙会</td><td>五月二十八至六月一日</td></tr>
<tr><td>九月二十八至十月一日</td></tr>
<tr><td>城东关</td><td>娘娘庙会</td><td>四月初八至十一日</td></tr>
<tr><td rowspan="2">辛集</td><td rowspan="2">娘娘庙会</td><td>四月十三至十六日</td></tr>
<tr><td>十月中旬</td></tr>
<tr><td>康庄</td><td>娘娘庙会</td><td>四月十八至二十一日</td></tr>
<tr><td>十里堡</td><td>玉皇阁会</td><td>二月二十三至二十六日</td></tr>
<tr><td>刘芳庄</td><td>娘娘庙会</td><td>二月二十五至二十八日</td></tr>
<tr><td>戴湾</td><td>娘娘庙会</td><td>二月二十五至二十八日</td></tr>
<tr><td rowspan="3">魏家湾</td><td>娘娘庙会</td><td>四月初八至十一日</td></tr>
<tr><td rowspan="2">真武庙会</td><td>三月十九至二十二日</td></tr>
<tr><td>十月二十五至二十八日</td></tr>
</table>

① 山东省立民众教育馆编辑部总辑：《山东庙会调查》第一集，济南：山东省立民众教育馆，1933 年，第 55—84 页。

② 贾鸣岐：《定陶县迷信的庙会》，《民众周刊》，第 29 期，第 7—8 页。

（续表）

所在	庙名	会期
二十里堡	关帝庙会	二月中旬
王集	娘娘庙会	四月十五至十八日
元武营	娘娘庙会	三月十五至十八日
麻佛寺	麻佛寺会	三月下旬
于林	娘娘庙会	四月初一至初四日

资料来源：梁钟亭、路大遵修，张树梅纂：民国《清平县志》，不分卷，礼俗，节序，民国二十五年（1936）铅印本。

对于此一时期民众的宗教信仰，当时及以后的社会精英都认为是民众愚昧、落后、民智不开、迷信的表现。并认为平日省吃俭用不敢稍有浪费的百姓将大批血汗钱投资到香火上实在是愚昧之至的表现。对于此点，实在有加以解释的必要。

首先，民众的神灵崇拜是他们遭受某种痛苦或灾患无法排解而寄希望于外部解决的表现。农民之所以信神，就在于与他们有切身利害关系的事项或问题如水旱灾荒疾病发生时，他们的知识不足以使他们了解问题而加以应付，就要把这种支配权，归于一个玄渺的东西，即神圣。他们认为只要虔诚信仰，神就会替他们排忧解难。从心理上来说，农民很讲求实用性，他们不是为信神而信神，而是在自身历经苦难而不知其发生的真正原因，自身力量无法解决而寄望于神灵解决的结果。

其次，神灵崇拜也是民众心灵上的一种寄托。他们之所以信仰火神、龙王、菩萨等，既与他们所受教育程度有关，也与农村的社会经济状况密切相关。正如我们前一章和以后章节所要描述的，近代鲁西灾患连绵，或洪水滔天，或赤地千里，或恶疾瘟疫频连，或兵匪烧杀劫掠无日无之。而国家威权丧失，地方政府官员咸存“五日京兆”之心，对于农村兴修水利、设立医院讲求民众卫生之事全然不理。民众在现实生活中无法找到可以依靠的力量。“在这种情况下，没有机会受到教育的他们，不信神信什么？不信能使他们生命所寄托的土地不受水旱之灾的龙王信什么？不信能使他们的身体免去疾病的药王信什么？不信能使他们消灾去病救苦救难的佛爷，菩萨信什么？除此外，他们的精神还有所寄托么？”①

第三，神灵崇拜仪式或庙会仪式对于乡民来说也是一种娱乐方式。好游戏本是人的天性，某些仪式藉着某种语言、动作而使人得到快感和安慰，某种程度上具有娱乐的功用。如冠县“殡时每演戏或用高跷平台等技，以为观美，恬不为怪。至逢旱求雨，村人聚集，插柳圈为轿、抬神沿村祈祷。惟谊哗跳跃，锣鼓齐鸣，戏玩故事，亵渎已极。且观者云集”。② 除去县志作者对于民间小传统的蔑视话语外，我们可以看到民众出殡或求雨过程中的表演也含有诸多娱乐成分，定陶庙会中“赛会以废历正月十六日为最盛，是日有玩旱船，竹马、狮子、高跷等，杂以鼓乐，三月间㚒山大会巫妪云集，抬楼进旗悬匾”，其中娱乐成分占很大比例，每年“初六晚上，演上一夜的大戏，会长带领着会员挑着灯笼在戏台下面对着火神牌位行拜会礼。一些村庄如不演戏，也要由会长领着会员，挑着千百盏灯笼，一对对排成行列，来烧香礼拜，当地称这种活动为‘朝会礼’，场面颇为壮观。初七是火神的生日，各村庄的民众，无论在会还是不在会的，无不到火神牌位前焚香膜拜。一时间香烟缭绕，男男女女，老老少少，无不焚香叩首，祈求火神爷的

① 山东省立民众教育馆编辑部总辑：《山东庙会调查》第一集，济南：山东省立民众教育馆，1933 年，第 5—6 页。

② 民国《冠县志》卷一，风俗。

赐福和保佑”。[①] 农民终年劳苦，平日没有什么可供解闷提神的玩意供给他们消遣，而设在农闲时间的庙会以他们“筹神”的戏剧、仪式、杂耍与玩意来供农民调剂精神，消遣快乐，这也是乡村民众对庙会和神灵崇拜趋之若鹜的一个重要原因。正如清平县志中谈论民众赶会的情况，“庙会之说，始于唐时，风气相沿，于今为烈。僧徒假神道以罔布施。居民亦乘暇日以恣佯狂，……前往游戏者十九而强，是庙会之设，实娱乐之一端”。[②]

第四，庙会等公共场所也提供给民众乡村商品贸易的场所。他们藉之出卖家庭手工产品，购买所需的生产工具——农具和牲畜。近代中国农村基本上仍是自给自足的农业经济，工商业不发达，交通不便利，他们除了利用一个临近的适中的地点来进行商品贸易外，没有其他方法。庙会则提供了这种便利，如定陶“农历三月二十七是劈山庙会，庙会上骡马牛羊，各种布匹，农具玩具，食物用具等各种商品都很繁盛，卖吃的、卖喝的应有尽有，方圆百十里内的民众来赶会的人络绎不绝，持续 4、5 天的时间才散会。男的来劈山是买卖东西、凑热闹。女的是来烧香敬神”。[③] 庙会在民国时期已成为一个集宗教活动、市场交易、娱神、娱人为一体的“公共空间”。

---

① 贾鸣岐：《定陶县迷信的庙会》，《民众周刊》，第 29 期，第 7－8 页。张勃、侯仰军描述了 2001 年曹县桃源集花供会祭祀火神爷的场景。曹县和定陶相邻，都属菏泽市管辖，民国时期定陶县初六晚上举行“朝会礼”，参加者俱为男子，和今天桃源集初七男女以街为单位共同参加不同，这也说明了风俗随时间的变迁而改变。参见：张勃、侯仰军：《曹县花供会及其渊源初探》，《民俗研究》，2003 年第 4 期。

② 民国《清平县志》，不分卷，礼俗，节序。

③ 贾鸣岐：《定陶县迷信的庙会》，《民众周刊》，第 29 期，第 7－8 页。

第五章　晚清民国时期的兵燹匪患

所谓变乱，是指战争或暴力行动所造成的混乱。自晚清至民国前期，鲁西平原兵连祸结，战乱频仍，对于鲁西社会经济的发展显然起到阻碍作用。晚清发生在鲁西的战事主要是太平军北伐军、北伐援军、捻军、地方民众和清军、团练之间发生的战争。19世纪末，鲁西又是大刀会和义和团运动的发源地。进入民国以后，这里多次发生战争，如曹州独立、鲁苏战争、鲁豫战争、国奉战争和中原大战，诚可谓兵革扰攘无宁日。伴随着战争和兵灾，鲁西盗匪猖獗，群雄并起。兵灾匪患对鲁西的社会、经济、秩序都带来破坏性影响。本章主要解决以下问题：一是鲁西的战争和兵灾情况如何？它和社会经济之间有什么关系？二是哪些因素导致土匪蜂起？土匪猖獗对地方社会又有何影响？

第一节　兵燹

所谓“兵燹”，指军人所造成的灾害。约可分为两种：一为战争所造成的灾害，对战争发生地的地域社会具有不可避免地直接损害，如战争破坏、伤亡、灾难等；一为士兵滋闹抢劫、军事征发、摊派、兵差所造成的灾害。

兵燹匪患和自然灾害一样，对人类的生存发展、对社会财富累积所造成的负面影响难以估量。本书主要依据各地方志、档案及当时的报道，对发生在这一时期鲁西的战争及兵燹作一全景式的描述。

一、战争灾害

1855年黄河改道不仅仅给鲁西带来了连年决溢，自然灾害频发和运河漕运停摆，沿运河两岸商品流通和城市经济衰败的灾难，它还导致社会秩序紊乱，整个鲁西陷入无序动荡之中。国家控制无力，地方豪强并起，民众纷纷起事，整个鲁西呈现出乱世景象。正如巨野县志作者为我们描绘的一幅乱世图，“此百年间，粤氛北犯，流寇横行，长枪会、大刀会此仆彼起，势豪土匪纵暴里闾，悍卒溃兵，杀人盈野，荡析剽劫，棼若乱丝。又值民国初基，人心浮动，其间时事变迁治术沼草之故，殆不可胜纪”。①

导致鲁西秩序破坏的首先是外部势力的阑入和内部早已存在的不安定因素的结合。

黄河决口前，黄河为鲁西平原一道天然屏障，太平天国军和捻军几次欲过黄河北上，均为黄河所阻。决口后，黄河天险尽失，“黄河溃于豫之兰仪县铜瓦厢，决而北，汇于濮范郓巨诸县，古道下游曹单金鱼，顿失天险”。②“不特沿边曹单金鱼邹滕峄变居黄南，凡大清河东北数十州县，皆在黄南矣”。钦差防河左副御史王履谦也奏言：“黄河自兰阳漫口之后，下游

① 民国《续修巨野县志》卷一，县志续编序。

② （清）张曜编：《山东军兴纪略》卷二十二中，团匪，台北：文海出版社，1970年，第1207页。

自下北缺口，以至曹单。旧河数百里间无涓滴之水，俨然平陆，可以万众驰骋。”① 太平天国北伐军和捻军乘机北上，进入山东，攻城拔寨，连续攻克鲁西数个州县。在外部势力的阑入下，“土匪”乘势而起，配合了太平军和捻军的行动。“会粤贼由丰工渡河，飘忽驰骋。连陷金、巨、郓、谷、莘、冠六县。……同时土匪樊拷得、王三托盘嘴众六七百，纷扰郓、濮。土匪解广业等众二、三百，纵横巨野。土匪耿新等驰突东阿。土匪李三杠子、王五胳膊、魏大汉等蹂躏阳谷，土匪陶三相、王方云、杨二帽缨、张广居、马心宽等，乘乱踞金乡”。②

巨野县志中也有类似记述，“盗贼为乱，无地无之，而以曹州为最，自粤匪、皖匪之后，染其余风，一波未平，一波又起，即更扑数焉，不能尽，……于是，孔广东起于巨野，陈土地起于郓城，冯在田及陈二母牛起于曹濮之交。多者数万人，少者百数十人，奉其酋为杆首，狗苟蝇营，其名不胜举也焚掠劫夺无虚日。曹州之全境，被蹂躏久。大江以北，汴京以南，安徽淮、徐诸边境，皆波及焉”。③

对于鲁西各地所遭受的战争灾害，我们依据时间顺序，分晚清和民国两个时期来叙述：

（一）晚清的战乱

1854—1867 年，鲁西各地先后成为太平军北伐军、北伐援军、捻军北上南下的战略要地，许多地方多次遭受战争破

① （清）张曜编：《山东军兴纪略》卷二上，粤匪，台北：文海出版社，1970 年，第 86、87 页。

② （清）张曜编：《山东军兴纪略》卷十上，土匪一，台北：文海出版社，1970 年，第 604 页。

③ 《曹州剿匪纪略》，民国《续修巨野县志》卷八下，艺文志，会匪纪实。

坏，鲁西各县县志和乡土志中对晚清的战争灾害都有较为详细的描述，方志作者对于农民起义更多看到的是对于城乡社会、经济的破坏和民众的灾难，这也为我们从乡土视角观察农民起义提供了另外一个视野。

咸丰四年（1854 年）四月，太平天国北伐军援军攻陷临清，“死难官绅五十六员，兵民八千七百三十一名，妇女七千六百四十一口，失姓名者尚不可偻指数”。“城内庙宇、廨署、市庐、民舍，悉付焚如，榛茅瓦砾，百年元气不复，洵建城以来未有之浩劫也”。[①] 太平军战败后，在南返途中，经过冠县城南顾子头、史村和十里铺等村庄，村民受惊都逃到要庄避难。太平军经过时，因村中好事之徒鸣枪示威，太平军大队“怒反攻之，纵焚房舍，火光四射，沿户搜杀，男女少长无幸免，死百余人，惨号之声彻闻”。[②]

金乡县志中记载，咸丰八年（1858 年），“皖匪扰东境，……十一月大至，东西南北周围约二百里，县境大小村镇靡有不到（其大队宽约十里，游骑则或百数，十数，三三五五，散布满郊野）。焚掠裹挟，甚于粤祸”。[③] 十三日，捻军“复自丰入县境（金乡），屠化雨集，杀戮二千余人，壕水为赤”。[④]

郓城被太平军和捻军先后两次攻破，咸丰四年，郓城陷，“由是土匪蜂起，阖邑办团练以自卫”。咸丰十年，郓城再陷，“民避水中者受害尤惨”，“（十二月）二十三日大雪深数尺，避乱者皆踏雪而行，元旦不敢归”。[⑤]

① 民国《临清县志》卷五，大事记。

② 民国《冠县志》卷十，杂录志。

③ 同治《金乡县志略》卷九，忠义传序。

④ 民国《济宁直隶州续志》卷六，兵事。

⑤ 光绪《郓城县志》卷九，灾祥。

咸丰十一年（1861 年）十一月，“捻匪刘占考盘踞范县，劫掠乡村，名曰打粮，本境（朝城）大受蹂躏”。

咸丰十一年（1861 年），“莘、冠等县教匪蜂起作乱，时匪旗帜分五色：黄旗张玉怀，白旗程顺书，黑旗宋景诗，绿旗杨朋岭，红旗延抡秀。莘、冠等县皆失。……黄旗张玉怀攻破朝城县城。……自城陷后，数月无兵至。各旗匪此往彼来，则民间供亿，稍不如意即行杀戮”。①

同治元年（1862 年）正月，“降众杨朋岭、张锡珠、张玉怀等大肆焚掠，……合股犯本境（朝城）之大王寨、王奉集，所过焚屠如洗”。②

同治二年（1863 年）春，捻军张宗禹率领部众进攻冠县，“所过为墟，奸淫掳掠，备极惨酷，人以‘二孬种’呼之，扰及数月”。③

同治二年（1863 年）秋，捻军张玉怀与鲁西宋兴师等扮作木商，兵器藏在木内，到东阿陈家店会场，突然起事，“抢劫骡马，疾驰北上”，纠集捻军二千余名，进攻茌平沙头寺等处，声势浩大。和茌平民团沿赵牛河展开会战，双方各有援兵。茌平民团团长团丁死难五六百名。④

同治六年（1867 年）九月，捻军张宗禹自陕西由豫境趋入朝城之毕家屯一带，“沿途杀人，到处焚掠”。⑤

菏泽县志中记载了晚清时期长枪会、捻军和清军、地方团练相互博弈、抗衡的局面。一心团又名长枪会，本是以征剿皖匪为名而成立的练勇组织，在同团练争夺乡村社会控制权的争

①②⑤　光绪《朝城县乡土志》卷一，兵事。

③　民国《冠县志》卷十，杂录志。

④　民国《茌平县志》卷十一，灾异志，兵灾。

斗中因僧格林沁袒护团练走向了联合捻军反清的道路。“于是河东南则倪和尚，高丕振等管领金乡、定陶、城、巨、菏、濮各团寨奸民，河东北则刘占考、丁书堂等管领郓、范、寿张、东平各团寨奸民以及散勇，数逾五六万。值皖匪犯境，遂合捻斗团，连陷郓、巨百数村寨”。① 同治四年（1865 年），捻军首领赖文光、张宗禹率众经过鲁西，“自菏泽之朱家集、濮州之临濮集、开州之焦邛，戈矛如林，人马如蚁，不见其际”。在菏泽高楼寨，捻军设伏击毙清军统帅僧格林沁。先后数次围攻济宁城。

表 5—1　1854—1867 年太平军和捻军转战鲁西情况

时间	起义部队	转战地区
1854 年 3 月	太平军北伐军援军	自江苏攻入山东，转战鲁西单县、金乡、巨野、郓城、阳谷、莘县、冠县、临清州、东平、馆陶等地。
1854 年	太平军北伐军李开芳部	自直隶入境，攻打高唐，屯驻于茌平冯官屯。
1860 年	捻军张乐行部	驰骋于鲁西金乡、巨野、嘉祥、济宁、东平、汶上、宁阳等地。
1865 年	捻军	由河南进入鲁西，先后转战于曹县、菏泽、城武、定陶、巨野、郓城、金乡、济宁、汶上、滋阳、濮州、范县、嘉祥、东平州等地。
1867 年	捻军赖文光、任柱、李允部	曹县、菏泽、巨野、郓城、汶上、宁阳、滋阳、曲阜等地。

① 光绪《菏泽县志》卷十八，杂记。

（二）民国时期的战争

民国时期，鲁西各地多次发生战乱，比较重大的战事有以下几次：

曹州独立：1924年10月，曹州镇守使参谋长吕秀文乘曹州镇守使徐鸿滨潜逃之际，争夺镇守使职位，但未获得山东省军事督办郑士琦的同意，吕秀文宣告曹州独立，收编曹州一带地方土匪武装，改编为国民军第五军。郑士琦宣布独立为非法，派遣鲁军驻扎济宁，同国民军对抗，1925年4月，奉系军阀张宗昌甫任山东省军事督办，即派大军由济宁分道直扑曹州，吕秀文被带到济南，曹州独立失败。

鲁豫战争：1925年9月，河南省军事督办胡笠僧，派遣三师一混成旅兵力，大举进攻山东，鲁豫战争爆发，战场主要分布在鲁西南曹属诸县和济宁、兖州诸县，豫军先胜后败，鲁西诸县重新被奉军占领。

鲁苏战争：1925年11月，张宗昌同浙督五省联军孙传芳作战。

蒋奉战争：1927年4月，蒋系豫军大举进攻山东，战争从鲁西南拉开序幕，蒋军占领曹州，奉军占据巨野及以东，曹属诸县处于战火之中。张宗昌在鲁西南到处招兵买马，扬言谁能招收多少人马，就给谁当多大的官。刘鸿勋纠集千人流氓、地痞，被委任为旅长；杨清臣网罗“红枪会”五百人枪，被委任为军长。

国奉战争：1928年4月，蒋系北伐军和冯系国民军联合进攻山东，战场集中于济宁、巨野、兖州、临清等地。

中原大战：1930年，阎锡山、冯玉祥、蒋介石的军阀战争——中原大战爆发，鲁西各县几无一幸免，均被战争波及。

二、兵燹之祸

（一）士兵抢劫

鲁西各地在近代不仅相继成为战场，而且军队过往频繁，往返军队不仅有组织的大肆勒索，许多军队如同土匪，纵容士兵烧杀抢劫，抢夺民财。

1912 年曹州籍参议员彭占元在上书总统时指陈曹州驻防军士剿匪无能，但残害百姓有余，“曹州驻防二十余营无或能何，抢架妇女，焚烧村庄，惨杀良民，无日无之。……且匪与兵勾计，得其子药，兵与匪联，借得其财货，以致酿成兵匪莫辨之世界。匪来也，抢掠已空；兵至也，敲索继之”。①曹州士绅痛陈：“尤可痛者，贼众蹂躏，平民已不堪其苦，而各省兵士在开战地点于匪退去之日，往往指平民财务为匪徒所遗财物，平民牲畜为匪徒所遗牲畜，劫掠一空，平民何辜，既受贼害，又被兵扰。罹此奇冤，未由陈诉”。②

《冠县志》中对军队哗变和溃兵扰民也有记述：民国十四年（1925 年）旧历九月，山东第四混成旅团长时永胜来冠县驻防，东北军 138 旅旅长杜凤举疑时军通敌，十一月初九日解除其武装，时军一部哗变，枪声隆隆，编衢掠夺。变兵饱载而去，商民损失甚巨。③

民国十七年（1928 年）旧三月，革命军北攻，势如破竹，

① 中国第二历史档案馆陆军部档，全宗号：一〇一一，案卷号：6066，抄交山东彭议员负请治曹州土匪呈。1912 年 9 月 18 日。

② 中国第二历史档案馆陆军部档，全宗号：一〇一一，案卷号：6066，曹州府单县黄子阿，巨野县郭占元等呈，1912 年 10 月 30 日。

③ 民国《冠县志》卷十，杂录志。

奉军崩溃窜过冠境，历两昼夜，凡经过之村庄，车马财物掠夺一空。①

朝城县志中则斥责该县练军不仅不能起到维护治安的作用，反而乘机为盗，“朝城所用捕役练军，亦皆为盗。无事则乘夜窃出，结乡间之小丑以劫人货财。有事则执碟公行，通在案之群匪，以速其避匿。或则贪图臧贿，指盗为良，或则乘机寻仇，诬良为盗。致使为盗者不讳言盗，被盗者不敢言盗。而闾里之骚动。不捕之而民不安，捕之而民愈不安，此捕盗之弊尤甚于不捕也”。②

（二）摊派和支应兵差

农民在支付正税和其他杂税之外，军事机构的征发摊派成为地方上的沉重负担。自晚清至民国，鲁西因军队过往频繁，地方上普遍成立支应局、军事招待处等以应付临时性的军事征发，包括力夫和运输所必需的车辆、牲口、船只等。摊派大多是军事单位借军事名义，以武力为后盾，对地方予取予求，漫无限制地强行摊派索取。临清州在咸丰七年(1857)，李鸿章、丁葆桢会筹运河防务，修筑河墙，圈剿捻匪，“绅民筹备供给，应付烦扰”。③ 民国时期军阀一面肆意扩充兵额，一面克扣军饷，造成士兵饷械不足，而易发生兵变。而一旦士兵哗变溃散，最先倒霉的还是军队驻地的商户士绅百姓，因而为防范士兵哗变糜烂地方，许多支应局也被迫向民间摊派以应付之。

---

① 民国《冠县志》卷十，杂录志。

② 民国《朝城县续志》卷二，捕盗。

③ 民国《临清县志》卷五，大事志。

民国元年（1912 年）九月，济宁防营因欠饷密谋哗变，经官府绅商议决，提款发饷，事遂中辍。① 民国十四年（1925 年）十月，国民第 2 军第 12 师师长王翰章率部驻扎东平县城乡一带，“该师饷项匮乏，万众汹汹，势将哗变”。“保卫团团长王庆云出面斡旋，……不崇朝集两万余元，作为该师饷项”。②“山东第五师也于是年驻扎东平县境，事态万变，迫令筹饷。刻期集万余金，得不哗变”。③

而一般的军队过境，强迫地方供给军事费用、车马等也成为地方上的一大负担。十五年（1926 年）春三月，鲁军旅长方永昌率部来东平，驻扎半年之久，横占民宅，强劫民粮。城外附近树株任意斫伐，并将各区人民自卫枪支没收净尽，骚扰不堪言状。除民众损失外，地方供给尚费洋至十万余元。十七年（1928 年），国民军孙良诚、梁冠英、吉鸿昌部相继率部过东平县境，地方供给共计费洋八、九万元。十九年（1930 年）夏五月朔，别动队团长张浩然冒称晋军乘机入城。“勒索供给强暴异常。……索去大洋两千二百五十元。……本年晋军到境除筹垫军饷两万余元外，地方供给尚费洋四万八千余元”。④

1924 年，山东督军郑士琦为讨伐曹州国民军，派兵南下，集中济宁，所有一切军用品，除军饷由县署及省政府筹拨外，余如车辆夫役粮草等物，则在四乡抓取，故人民皆为叫苦。⑤由于政治局势的变动，鲁军盘踞济宁将近一年之久，因供给军

① 民国《济宁县志》卷四，故实略。

②④ 民国《东平县志》卷十六，大事。

③ 民国《东平县志》卷十一下，人物。

⑤ 《曹州局势之严重》，《申报》，1924 年 12 月 15 日。

需、支应兵差等过于苛重，济宁当地百姓无法承担，济宁县知事也因被军方逐日逼迫索饷，愤而自杀。①至于这次济宁百姓所受损失，马若孟引用满铁的资料统计做了说明："1925至1927年间，战争毁灭了山东济宁周围的地区，农民的损失估计为21.3万头牛，12万头骡子和44万头驴"。②

1930年蒋阎冯桂中原大战爆发，山东各地不仅要承受炮火之无妄之灾，还要受军队的勒索之苦。山东民众刚刚经历了张宗昌督鲁时期的横征暴敛，又被迫为驻防军队提供大批给养物资，"各地驻军往往以饷糈不济向驻在县份提借款项，为数颇巨"，以致被"罗掘殆尽"，百姓怨声载道，实在无法再照旧交粮纳税。中原大战结束后，1930年9月，韩复榘入主山东，按照惯例让各县呈报垫支军费数目，从每年的上下两忙地丁税中偿还。同时规定对于中央正式军队直接提拨军费和杨虎臣、任应岐、孙殿英、刘桂堂各部前在各县提拨军费，"取有正式印收者"，"由县查明数目连同印收呈送核办"。无正式印收的不赔，和中央军对阵的阎锡山晋军搜罗的则不计在内，"各县垫拨晋军高桂滋军用款，以及奉令垫办招兵给养、大车作价、修筑城防，挖掘战沟各项费用，一律另案办理，不能适用清理

① 见《申报》1925年7月8日、9日、14日报道。记者谓：因驻军索款，急如星火，王氏既不欲挪借公款，又无力抵制拒绝，因之愁肠郁结，遂萌短见。……用手枪自戕，遗有绝命书一封："此间大军云集，财政异常困难，刻已至山穷水尽之时，公款既无可挪借，地方亦难再筹垫，而粮秣缺乏，隐忧方长，零星军需用品，日必需千吊左右，（由署开支不在军需之列）长此以往，不特无法以善其后，将来更不知如何得了，与其终不免于累己累人，并遗地方之害，不如及早牺牲，以促彼方之觉悟，俾后之来者，或可易于应付"。

② 〔美〕马若孟著，史建云泽：《中国农村经济——河北和山东的农业发展，1890—1949》，南京：江苏人民出版社，1999年，第313页。

军费条例”。① 即便如此，应赔偿各县军费的数目也不菲，最多的如阳谷县，每年分上下两忙两次赔偿，每次偿还387376元，共需偿还15年30次，共计偿还11621293元，自民国二十年（1931年）上忙开始赔偿，要持续到民国二十四年（1945年）才能还完这笔款项。鲁西其他各县应偿还军费年金数目及期限、总额如下：

表5—2　山东省财政厅偿还鲁西各县军费情况

县别	每忙偿还年金（元）	偿还方式	偿还总额（元）	备注
冠县	80,000	2年4次偿清	320,000	
濮县	336,500	2年4次偿清	1,346,000	
泗水	250,000	1年2次偿清	500,000	
金乡	275,000	2年4次偿清	1,100,000	
曲阜	529,575	2年4次偿清	2,118,300	
范县	439,273	2年4次偿清	1,757,092	
邹县	420,000	5年10次偿清	4,200,000	持续到1935年
寿张	300,000	1年2次偿清	600,000	
嘉祥	350,000	2年4次偿清	1,400,000	
单县	600,000	1931年上忙一次偿清	600,000	
莘县	164,827	1年2次偿清	329,655	
汶上	300,000	5年10次偿清	3,000,000	
临清	289,600	1931年上忙一次偿清	289,600	

① 山东省财政厅编：《山东省财政厅偿还十九年各县军费案汇编》，济南：该厅出版，1931年，法令类，第1—2页。

（续表）

县别	每忙偿还年金（元）	偿还方式	偿还总额（元）	备注
鱼台	350,000	1年2次偿清	700,000	
观城	347,686	1年2次偿清	695,372	
定陶	483,162	5年10次偿清	4,831,628	
阳谷	387,376	15年30次偿清	11,621,293	持续到1945年
城武	331,250	8年16次偿清	5,300,000	持续到1938年
巨野	318,793	8年16次偿清	5,100,695	同上
菏泽	605,670	8年16次偿清	9,690,721	同上

资料来源：根据山东省财政厅编印：《山东省财政厅偿还十九年各县军费案汇编》附表（1931年）改编。

所说的偿还，实际上就是在征收上下忙税收时，不再征收。即使按照书面上的赔偿时限，从1931年上忙开始，到1937年韩复榘撤离山东，抗战开始，阳谷、城武、巨野、菏泽等县也没有偿完这笔军费。单县县志中对1929年前的军费赔偿问题有过记载：“至近年，驻防军队过境，军队皆取食于民，供億浩繁，一邑之中每岁需数十万至百余万不等，此乃地方格外之供支，上虽有拨还之文，而事属空谈，民无实惠。无惑乎民之不聊生也”。①

三、兵燹与社会经济

（一）对民生状况的危害

战争对地方民众生活带来的影响是毁灭性的，由于战争的直接破坏及军事征发、溃兵（兵匪）骚扰、军队过境时的劫掠

① 民国《单县志》卷四，武备志。

等等，造成地方社会糜烂不堪，百姓纷纷逃难以避战乱兵灾。如1926年的《晨报》报道：鲁省自军兴以来，各地平民生活，日形困难，凡罹兵燹区域，即素称小康之家，亦多难以谋生，鬻宅质物，携眷出境者颇多，其中尤以赴关东者居大半。① 1927年《东方杂志》也刊登了当时山东省尤其是靠近津浦线一带的农民由于不堪承受战争和兵匪之侵扰，而被迫离乡背井，逃亡关东的事情。“山东……连年战争，除饷糈多半出自农民外，到处之骚扰拉夫拉车更为人民所难堪。至于作战区域（津浦线）十室九空。其苟全性命者，亦无法生活，纷纷抛弃田地家宅，而赴东三省求生”。②

（二）对交通和商品流通的破坏

战争首先对交通造成重大影响。这一方面是战争双方对交通线和交通工具的掠夺和控制，导致客观上交通条件的破坏。一方面是由于战乱，人们对战区缺乏安全感，不愿来做生意。在战争中，交战各方首先想到的是控制交通大动脉——铁路，“自军人干涉行车以来，各铁路均陷于紊乱状况，……各军队用车自向铁路扣留，不复有令调之周折”。③ 以对鲁西地区有重要影响的津浦铁路为例，1930年中原大战结束后，津浦路每日只有一、二次客货混合车开行，“且无头、二等车。……南段车辆大部被石（友三）军带走，剩余者复被中央军运输司令部调去，供军运之用。……中段被韩复榘所扣车辆，刻已交与运输司令。北段者……被晋军占用，损失约二百余辆，……

① 《战后之鲁省民生状况》，《晨报》，1926年4月11日。

② 集成：《山东省》，《东方杂志》，第24卷第16号，1927年8月25日。

③ 《申报》，1924年10月7日。

全路客货运输均陷入停顿之中”。[①] 由于交战各方动辄切断铁路、强占车辆，阻碍运行。对地方的商品流通带来极大的破坏。如根据《晨报》1926年的报道，“承平之时，鲁省土产，输出甚多，经济界赖以调剂，而日用品仰给于舶来者甚多。因海陆交通，尚称便利，故价值亦不甚昂。自去秋军兴以来，交通闭塞，输出之途完全杜绝，收入减少。而日用品反以舶来品不易运来，日形昂贵”。“山东产物之重要输出品，棉花，落花生，鸡卵，麸子，生牛等之行情，自货车停运以来，贩卖之途已绝，其价格较之战前，应归于下降之一方。棉花行受打击而停业，棉花无以输出，没有市场。落花生生产地之大汶口、泰安，临濮（临清、濮州）等处之落花生，则运入全无，至今尚堆积于产地，其品质污而恶化。鸡卵之交易，其颓败最惨，近中纵有货车运行，而久存于农家之生卵，业已腐朽不适于出口。因而，战区农家本年季已陷于绝望之境”。由于战争，交通断绝，鲁西商品因无法输出而变质或价格低落。

而对于和民众生活息息相关的面粉加工业和百姓日用必需品，则因原料缺乏而物价腾贵，“重要输入，及输入品之砂糖、烟草、煤油、纸，及谷类、石炭、棉丝、布等，与前述之输出品之行情适相反，应呈暴腾之相。煤油、焦煤等，则较战前价增一倍，石炭、纸、大米、小麦等，各腾价近于一倍，大米则市中几无存货，面粉则市民购入为艰，……由外输入之糖，形同绝迹。此等生活必需品，多仰给舶来之物。自货车停运后，致有上述之现象”。“自军兴以来，因原料小麦之来路不多，及燃料石炭之购入不易，又因货车停运，贩路杜绝，渐次停止作

① 《大公报》，1930年11月6日。

业，至于今日，几全在休业状态，面粉之腾贵，乃为当然之归结，此中等以下之生活阶级，所最感困难者也。洋火工场，原料仰给于日本，自货车停运，顿受打击。……制品之需要，近虽日盛，但无法可施，……且以物价之骤贵，生活费之增加，工价之增长，所有肥皂、手巾、梳子等家庭工业，亦备感经营之困难，与原料之不足”。①

由于战乱，缺乏交通条件，商品流通不畅，致农产品无法出售，价格低迷，农民生计陷入窘境。而乡民所必需的一些工业品及生活用品因无法输入，价格昂贵，如此一低一升，给战区民众生活所带来的灾难性后果可想而知。1926 年济宁等地小麦丰收，堆积如山。但由于受战争影响，车辆稀少，天津等地粮商咸持观望态度，不肯前去采买。② 要明白，鲁西南农民种植小麦并非是为自己食用的，而主要是为了出售赚钱。一旦销售不出去，缴纳钱粮则无有着落。而商贩如果到战区收购，则往往冒很大的风险。1925 年马寅初先生在一篇讲演中谈到："购原料则有武人土匪动辄勒索。甚至时局不靖，交通阻断，车辆扣留，坚不放行。如最近某商经由山东运麦至沪，行贿十一万元，方得车辆。不然，则所有之麦，全不放行，损失更大"。③ 如此等等，还有哪个商人敢冒此风险来战区进行贸易。由此可以看出地方不宁，军队和土匪都对交通和商品流通造成极大破坏。

---

① 《晨报》，1926 年 4 月 13 日。

② 胡光明、蓝长沄主编：《天津商会档案汇编》，第 4 分册，天津人民出版社，1992 年，第 4209 页。

③ 马寅初：《马寅初演讲集》第 3 集，商务印书馆，1929 年，第 167 页。

（三）对教育和教育设施的破坏

兵灾对战争所在地的教育具有极大的破坏作用。战事一起，军需开支浩繁，导致教育经费、教师薪金难以筹措；校园被军队占用，仪器设备被毁，学校停课，学生无法就学。教育维持局面尚且不能，发展更谈不上了。如1926年《晨报》的报道：

鲁省自军兴以来，全境教育，均陷于停顿之状态。……内除私立各校因兵燹之余，款项支绌，不能开办者外。即省立各校，闻仍有被军队占据，难以立刻恢复者，亦属不少。其损失最大，则系曹州第六中学，校中家具及一切科学仪器，约计损失竟达一万六七千元之巨，势恐不能即时恢复矣。查本省各校教育经费，欠发已至四五个月，屡经各校长前往催索，……当局无辞支吾，始于日昨发费一个月，内中系一半军用票，一半六个月期金库券。然此票券，在市面购物多打折扣，各期限为一个月，实则所得甚微，以目下情形而论无论何校皆有岌岌不可终日之势。①

对于山东各公私立学校遭受兵燹的情况，山东省教育当局虽然也决心加以整顿，但因为战事频繁，学校成为兵营，严重影响正常的教学工作。

虽值此炮火掀天血肉纷飞之际，迭颁整顿教育之令。若严禁军队占住校舍，……揆其实军队占各县中小学校舍者并未减少，且不是设备器具被毁一尽，即学款已被挪用，鲁南北各县学校，至今已开学者十无二三，间有开学者，灾区学子，家资荡然，谋生不暇，今年能以继续入校者，难得半数也。就探闻所得，鲁南已开学将近匝月，之

① 《战后鲁省之教育》，《晨报》，1926年5月1日。

某某数中学，所到学生，均未臻全数三分之一，一般人对于教育，殊抱悲观。①

《大公报》刊登了山东阳谷县一名14岁小学生的来信。反映他们那里因闹土匪不能上学，后来山东省主席韩复榘派一团军队会同民团剿匪。但打跑土匪后，学校却变成了兵营，学生仍是不得上学。小学生来信说："匪是抢东西，兵是要东西。"询问："兵、匪到底是不是一样的?"报纸编辑则答复他："兵如果骚扰百姓，当然可以把他们看作是匪!"②

1935年2月《农业周报》在报道了山东省的灾荒和匪患的同时，还记述了一位小学教师的谈话，这位教师认为"现在的教员，已到了末路，不仅皂白不分，而且待遇菲薄。"薪水从原来的10元、11元、12元普遍降到7元，原来"仅能糊口，尚无饥寒的可虞"。现在"月薪低落到七元，安砚到孤庙里，吃的是黑面窝儿，还得自炊而食，自煮而饮"。如此"上养父母，下蓄妻子，衣食问题，既谈不到充裕，势不能不上俭省路上跑"；"小学教师尽日挣扎的叫苦，摇旗呐喊的增薪，无异纸上谈兵，无济于事。"③ 这些史实都反映出战争和兵灾对于教育事业的摧残。

第二节 匪患

土匪是晚清至民国时期一个严重的社会问题。有人说，整

① 《鲁省兵灾后之教育近况》，《申报》，1926年4月7日。

② 《兵、匪：他到底是不是一样的?》，《大公报》，1931年8月3日。

③ 毛建章：《与一位小学教师的谈话》，《农业周刊》，1935年2月8日，第161页。

个中国已成为一个土匪世界。在这种大的社会氛围中，鲁西地方社会结构本身就存在着军事化的趋势，这一时期更是盗匪蜂起，蔓延整个鲁西。但若按照地域和时间划分，则在民国以前，鲁西南盗匪之风甚炽，到了民国时期，鲁西北群雄并起，烧杀掳掠，鲁西南仍和晚清时期一样，兵匪交加；整个鲁西地区成为一个"盗匪"世界。对于这一长时段的土匪活动，本文并不打算对其一一描述，只是希望对该时期土匪的成因和对鲁西社会发展所产生的影响做一探讨。

一、"土匪"定义

在晚清至民国的奏稿、谕旨、报纸杂志及文牍中，这时出现了几个使用频率很高的词，如"匪"、"匪徒"、"土匪"等。并都着重渲染土匪对社会秩序、百姓生活、治安交通等造成的影响和危害。何谓"匪"？何谓"土匪"？何谓"匪徒"？

"匪"，按照《辞海》的解释："匪，强盗，危害人民或者是窝藏盗匪的人，如土匪、惯匪、匪军、匪患"等。①

英国犹太裔著名左派历史学家、社会史家霍布斯鲍姆给匪徒下过这样的定义：

> 匪徒，根据定义，指那些拒绝服从的，并踞于权力可控范围之外的人。他们以自己的方式行使权力，反抗现有的政权。②

霍布斯鲍姆对土匪的构成做了分析，"从法律上说，任何一群以暴力从事抢劫和袭击活动的人就是土匪。从那些在城市

① 《辞海》，上海辞书出版社，1980年缩印本，第168页。

② 〔英〕E. J. 霍布斯鲍姆著，李立玮、谷晓静译：《匪徒》，北京：中国友谊出版公司，2001年，第15页。

街道拐角处抢夺钱财者，到有组织的、尚未被官方认定的起义者和游击队员，均属此列”。①

正如蔡少卿所言，学术研究以此为土匪定义似乎太属宽泛。蔡少卿综合西方学者各家之论，结合中国土匪活动的实际情况，给土匪做了四个方面的界定后，又给土匪下了一个定义：

> 土匪是这样一群人：(1) 他们来自农业社会，是农村社会周期性饥馑的严重的天灾、战争等的直接产物，为了不被饿死，他们结伙武装起义，为所欲为；(2) 他们的存在和活动不为国家的法律所允许；(3) 他们的行为虽然是对现实的抗议，在客观上具有反社会性，但他们又缺乏明确的政治目的；(4) 他们脱离生产，暴力抢劫和赎勒是他们生活的主要来源。
>
> 概括起来说，土匪就是超越法律范围进行活动而又无明确政治目的，并以抢劫、勒赎为生的人。②

笔者认为这四个方面的界定和对土匪的定义比较全面和准确地概括了土匪的构成和性质。

二、土匪成因

对于晚清和民国时期山东土匪猖獗的原因，已有不少学者从各方面进行了论述。吕伟俊、王耀生从六个方面分析了北洋

① E. J. Hobsbawn：Bandit. P. 17. 转引自蔡少卿主编：《民国时期的土匪》，北京：中国人民大学出版社，1993 年，第 3 页。

② 蔡少卿主编：《民国时期的土匪》，北京：中国人民大学出版社，1993 年，第 3 页。

军阀统治时期山东土匪的成因，① 辛业从社会调控论的视角从四个方面分析了由于社会调控功能的缺失而导致民初山东土匪的猖獗。②

大体说来，土匪的成因就在于政治、经济、军事、社会、文化等方面。但具体到某些盗匪起事则可能政治方面原因占主导地位，或经济方面的原因占主导地位，或者社会方面原因占主导地位，或者同时有几个方面的因素。如晚清时期，鲁西南盗匪活动猖獗，首要原因在于山东省自然灾害频仍，灾害种类繁多，有水灾、涝灾、旱灾、蝗灾、雹灾、雪灾、霜灾、风灾、地震、瘟疫等，且发生频繁，甚至连续数年灾荒不断，而鲁西民众绝大多数都以力农为生，靠天吃饭，自然灾害对民众生活构成极大威胁。有些就是为了混口饭吃而走上盗匪之路。（对该问题的详细论述参见第六章第四节，此不赘述。）

---

① 这六个方面是：一是中央权威的衰落，吏治的腐败，动荡的社会，不断的战事。二是当政者横征暴敛，战乱不已，天灾不断，使山东农村经济凋敝，民生益困，这种破败的经济状况，是不断产生土匪的温床；三是被迫离开土地的农民成了饥民、游民、难民，当他们的衣食无着时，弱者以讨乞为生，强者则铤而走险，沦为盗匪。这是土匪产生的社会根源；四是在当时中国的社会，到处存在着尚武主义倾向和暴力价值取向；五是各省招兵多半在山东，被遣散的军人因难以维持生计，便成为土匪，有的是哗变后投靠土匪；六是山东落后的教育和多匪的鲁中、鲁南、鲁西南地区剽悍、尚武、不驯的特殊民风。参见吕伟俊、王耀生：《北洋军阀统治时期山东土匪成因浅析》，《烟台大学学报》，1997 年第 3 期。

② 辛业指出民初社会调控功能的缺失主要体现在以下方面：一是政潮迭起，政局动荡，吏治窳败，行政调控手段缺失。二是军阀混战，武人争雄，军权为大，兵匪猖獗，法律调控无从谈起。三是苛捐杂税，灾害频繁，农业破产，经济调控手段无力。四是崇尚暴力，民风闭塞，教育不兴，道德教化功能丧失。参见辛业：《从社会调控功能的缺失看民初山东土匪的蜂起》，《理论学刊》，2006 年第 4 期，第 115—117 页。

其次，清廷和民国政府缺乏足够的社会控制能力。在近代警察制度尚未建立前，军队起着维持治安和安靖地方的作用。近代对外战事爆发，清廷往往把内地负责治安的军队抽调到前线，甚至一些民团都被征调，如此则削弱了地方的社会控制力。第二次鸦片战争期间，清廷命令山东团联大臣杜翮率民团北上勤王，“探闻洋情猖獗，飞札调取郓城民勇三千名，派赵康侯、季锡鲁率领北上”。[①] 后来曹州府改派赵康侯和郭秉钧率领团勇和练勇勤王。结果各地长枪会众因缺少一个领导核心，酿成长枪会之乱。

中日甲午战争爆发后，清廷鉴于朝鲜和辽东军情紧急，急调山东及其他地方驻防军队北上。如要求曹州镇总兵王连三奉旨“统带所部马步练军北上，并由李秉衡（山东巡抚）抽调路劲旅数营，拨定粮饷，配齐军火，一并交该总兵迅速起程”。而此时山东西部驻军嵩武四军新募福字八营，因沿海外患军情紧急，已经调到了胶澳、烟台、登州等紧要处扼扎，“内地已形空虚。虽陆路尚有数营，或修守黄河堤防，或分巡曹济地面，并关紧要，委难抽调”。但山东巡抚还是“于无可分拨之中”，抽调“陈大胜队勇”，“单县营参将岳金堂练军各马队抽调一百名，并王连三所部营队，即日北上”，并负责供给所需饷项。[②] 及至日军攻占威海，山东巡抚则多次要求曹州镇、兖

---

① 山东师范大学历史系中国近代史研究室选编：《清实录山东史料选》（中），济南：齐鲁书社，1984 年，第 1422 页。

② （清）李秉衡：《奏总兵王连三遵旨北上折》，戚其章辑校：《李秉衡集》，济南：齐鲁书社，1993 年，第 154—155 页。

州镇和济宁州招募兵勇，选拔将领，奔赴前线。[①] 河防诸营也先后开拔，以致战后出现了“海防已松，河防吃紧”的局面，山东巡抚要求归复河防营旧制。[②]

甲午战争之前，山东水旱灾情并发，百姓生活困窘，流离失所，社会动荡不宁。及至驻军先后开拔，社会控制力益弱，民众乘势而起。1894 年山东巡抚李秉衡奏称：“查山东曹、兖、沂数郡，民氛素强，近年萑苻啸聚，动辄结队成群，劫掠焚杀，俨同巨寇，民不聊生”。[③] 1895 年御史管廷献上奏，“山东曹属土匪肆扰”，“据称，曹州杆匪头目有段瞎子等，纠集党类甚多，四处抢劫，地方深受其害。”“又有金钟罩一教，一名帖布衫，徒党日众，如有蠢动，较杆匪尤为可虑。”“本年二月间，突有曹州府属匪徒约马步八九百人，阑入豫境”。[④] 1894—1895 年，汶上县传教士韩·理加略报道了由于中日战争而在鲁西频繁出现的强盗抢劫事件，“大批军队从内地开拔到沿海地区，许多城市和村庄失去了皇帝军队的保护，成为唾手可得的猎物。所谓‘强盗’绝大部分属于贫穷的农民，他们因为 90 年代的自然灾害基本上倾家荡产了。对于他们当中的大多数人来说，抢劫和偷盗成了唯一的生存之路”。[⑤]

---

① 参见（清）李秉衡：《致曹州曹镇军电》（587 页），《致济宁马观察电》（601 页），《致济宁州彭刺史电》（601 页），《致兖州田镇台电》（615 页），戚其章辑校：《李秉衡集》，济南：齐鲁书社，1993 年。

② （清）李秉衡：《奏规复河防营旧制折》，戚其章辑校：《李秉衡集》，济南：齐鲁书社，1993 年，第 258 页。

③ （清）李秉衡：《奏请将曹州府知府毓贤暂缓引见折》，戚其章辑校：《李秉衡集》，济南：齐鲁书社，1993 年，第 145 页。

④ （清）李秉衡：《奏辑剿土匪先将现办情形复陈折》，戚其章辑校：《李秉衡集》，济南：齐鲁书社，1993 年，第 235—236 页。

⑤ 〔德〕余凯斯著，孙立新译：《在“模范殖民地”胶州湾的统治与抵抗》，济南：山东大学出版社，2005 年，第 441 页。

战事结束后，“山东海防各营节经先后裁并”，曹州府、济宁州、兖州府由于征募兵勇较多，被裁士兵返家，更增添了许多不安定因素，山东巡抚李秉衡对此忧心忡忡，“曹、济各属向称盗薮，兼以关内、外所撤营勇半多曹、济无赖之徒，难保不麇集为患。必须重兵震慑，以遏乱萌”。①

民国时期，若一地军队撤防，随之而来的则是土匪蜂起，社会秩序丕变。如1918年濮州因“自客岁撤防，土匪乘机披猖，百数成群，到处抢劫”。② 1918年因“月前张检阅使奉令南征，抽调去一师一混成旅，益觉匪众兵单，不敷分布”，“综计东省现在之匪，兖曹及东临一带不下十余股，共约数万人”。“东省匪患自上年辨兵被遣，毛匪乘机勾结，日渐蔓延。虽经随时分别剿除，迄今未歼灭。昨电请派兵协剿，迄未邀准。不早铲除，恐酿成巨患。本省匪患既深，丰砀邻匪又虞窜入。派重兵至少一个混成旅来东助剿，俾靖匪氛”。③ 由此观之，军队往往是地方社会控制的主要力量，军队的撤防会导致地方秩序的失衡。而地方官员对盗匪之事的漠视也是社会控制不力的重要表现。

民国时期，军阀割据混战，互争地盘，民初十六年间，仅掌控山东实权的最高长官就更替了8人，且多系军人出身，并以主官执掌民政，拥有行政、财政大权。“一朝天子一朝臣”，

---

① （清）李秉衡：《奏调江苏候补道李光久片》，戚其章辑校：《李秉衡集》，济南：齐鲁书社，1993年，第279—280页。

② 中国第二历史档案馆陆军部档，全宗号：一〇一一，案卷号：1197(19)，院交山东濮县绅民于让夔等电，1918年5月30日。

③ 中国第二历史档案馆陆军部档，全宗号：一〇一一，案卷号：6068(38)，济南张督军电，1918年4月8日。

每个官长一上任，就委派效忠自己的人为县长。这些县长不再是地方百姓的父母官，亲民官，而是军阀的鹰犬爪牙，专为军阀筹办给养，更有许多县长本身也都是些贪赃枉法的恶劣之徒。他们上任后，除了欺压善良百姓，中饱私囊外，对于和百姓利益切身相关的盗匪之事，不闻不问，甚至故意隐瞒匪情，放纵盗匪。如《申报》报道：

> 东临一带，西毗直省，悍匪啸聚，千百成群，猖獗实甚。年来架人勒赎之案，已不胜枚举。……而各县知事及警队，自有土匪以来，既守闭关主义，无论土匪闹至若何景象，苟不攻彼县城，即置若罔闻。惟知雷厉风行，催办预征钱粮而已。①

这是对知县只知搜刮民财却不管百姓死活的谴责。

朝城县知县和练军素质更差，不仅不敢剿匪，反而乘机为匪，骚扰民间，朝城县志中记载：

> 迨至民国以来，土匪滋扰无日无之。迄民国七年，上宪因陆军防营兵力不敷分布，饬各县成立警备队，兵饷皆派自民间，而是年土匪益形横肆。县长林仲玗拥兵自卫，警备二百五十名，警察五十名，共三百名之多，不敢出城缉捕。……所用捕役练军，亦皆为盗。无事则乘夜窃出，结乡间之小丑以劫人货财。有事则执碟公行，通在案之群匪，以速其避匿。或则贪图臧贿，指盗为良，或则乘机寻仇，诬良为盗。致使为盗者不讳言盗，被盗者不敢言盗。而闾里之骚动。不捕之而民不安，捕之而民愈不安，此捕

---

① 《申报》，1923年5月28日。

盗之弊尤甚于不捕也。①

山东旅京公民王谢霆等十九人概述了山东吏治的腐败："往往有盗接近郭十里内外，被害者火急报案，而官僚方环坐博赌，置之不理，仅于一二日后循例验视而已。……人民控诉过急，则官反诬以通匪，缘此，破家罹害者甚众。其间虽有贤明知事，亦但求旦夕为自保计，而不暇更顾其他。"②

此足以说明县长、驻军、捕役练军等俱不能尽到维持地方治安之职责，或坐视土匪扰害百姓，或本负有捕盗之责，却乘机暗行土匪勾当，"致使为盗者不讳言盗，被盗者不敢言盗"。

有些县长则勾结土匪、巴结土匪。如 1918 年，茌平县县长萧赟昌为人昏聩，任用非人。土匪里应外合攻破县城，"县长潜伏理发店内装为伙计，得以身免。所有档案公物付之一炬，而全城受涂炭者诚不知几许人。犹复认贼作父，为之建醮演戏，竭力奉承"。③ 1928 年，鲁西范县县长倪光端，勾结土匪攻入县城，携款潜逃。④ 1930 年春天，聊城县长王克昌与土匪王冠军勾结，劫去海源阁古籍 8 箱。⑤

由以上记载可以明白，作为具有守土之责的地方官员，不仅不能亲民爱民保民育民，反而勾结盗匪，残害百姓，甚至开门揖盗，认贼作父。善良百姓既得不到地方官的保护，又受到种种压迫，还必须负担应尽的纳粮义务。而为非作歹之徒，地

---

① 民国《朝城县续志》卷二，匪患。

② 中国第二历史档案馆档，全宗号：一〇一四，案卷号：251（3），山东旅京公民王谢霆等呈，1918 年 11 月 9 日。

③ 民国《茌平县志》卷十一，灾异志，兵灾。

④ 民国《续修范县县志》卷四，职官志。

⑤ 吕伟俊主编：《民国山东史》，济南：山东人民出版社，1995 年，第 345—346 页。

方官反而包庇巴结，横行无阻，于是一人振臂奋起，众人纷纷响应，这是盗匪大起的因素之一。①

（三）军事原因。自晚清至民国，鲁西各地兵连祸结，战乱频仍。对于军队对地方的危害，本书已在前面“兵燹”一节中予以叙述，持续不断的战乱，对地方社会秩序的稳定和社会经济的发展都造成一种灾难性的后果。军队和土匪都成为近代鲁西地方权势结构中的重要构成部分。其表现形态为民、匪、兵相互转化，整个近代鲁西介于“兵匪”和“民匪”之间。

按照一般逻辑，军队担负着剿除匪患、安定百姓的职责。但近代鲁西兵匪关系并非如人们所想象的在正常社会情态下，处于水火不容的状态。相反，在许多情况下出现了异化现象，具体表现为以下几个方面：

募匪为兵。鲁西一带民风彪悍，性格质朴敦厚，作战勇猛，晚清和民国时期的各派政治军事势力集团都乐意在鲁西募兵。从袁世凯的新编陆军，张勋的定武军，苏省孙传芳，奉军张宗昌到豫军，各路军阀都先后在鲁西招兵。如 1924 年，吴佩孚在山东广招兵马，曹州和济南的大街小巷，乃至“曹州极偏僻的地方”，“无数招兵白旗下从军者如潮”。② 1925 年皖系卢永祥“在山东招新兵三千，规定在济南招五百，余则派人分赴兖曹一带招募”。③

---

① 吴惠芳著：《民初直鲁豫盗匪之研究（1912—1928）》，台北：台湾学生书局印行，1990 年，第 17 页。

② 硕夫：《直系军阀马蹄下的山东人民》，《向导》周报，第 88 期，1924 年 11 月 22 日。

③ 《鲁省军政界要事》，《申报》，1925 年 2 月 6 日。

各路军阀不只是招募一般贫民为兵，更是广招土匪入伍，故报章称："三五年前，鲁犹称为产兵之区，今则直可称为产匪之区矣。"① 鲁西最早由匪招募为兵的当属鲁西南巨匪毛思忠、毛思用部，曾被剿匪督办张敬尧招安改编为"新编陆军"。另一著名匪首范明新1918年受龙济光振武军招安。② 1926年1月4日《申报》报道交战的鲁豫双方争相招募土匪，山东方面，"省军三分之一为土匪，而大帮土匪来投效者，如孙百万、顾人宜、王玉芳、尹大麻子等，……近自抱犊崮临城匪魁孙美瑶之弟孙美松，带其匪众，约一千五百人，枪械马炮齐全，忽率众来济，投靠鲁张"，豫军同样相率招募匪兵，"国民第二军第四师师长陈文钊，派委匪魁徐州人任小山（即任自立）及孙大麻子等，广募草泽英雄，尽量收编，以增加其战斗力"。"于是山东土匪，尽变为官兵矣"。

其结果，正如1918年陆军第一混成旅旅长吴长植言："刻下来鲁收抚者颇不乏人，树帜张罗，大声号召。该匪等左右回翔，如鸟择木。"致使当时负责剿匪的军队在清剿土匪时，"不曰为某所收，即曰投诚某处。"令官军无法清剿。③ 美国学者菲尔·比林斯利对这种情况做了分析后认为，各部队收编土匪要比正式招募士兵合算得多，"因为土匪拥有武器而且有作战经验"，而且"收编大量土匪可以给外界造成兵强马壮的印象，自然也就可以得到更多的税收、军需等等"。④ 这是由匪转化

① 《鲁省兵匪通气情况》，《申报》，1923年8月6日。

② 《范明新股匪之略历》，《申报》，1923年9月12日。

③ 中国第二历史档案馆陆军部档，全宗号：一〇一一，案卷号：1196（2），陆军第一混成旅旅长吴长植电，1918年8月9日。

④ 〔美〕菲尔·比林斯利著，王贤知等译：《民国时期的土匪》，北京：中国青年出版社，1991年，第339—340页。

为兵的形式。

兵匪勾通，逼民为盗。曹州籍参议院议员彭占元分析曹州土匪愈演愈烈原因时，认为兵匪勾通是曹州匪患难以治理的重要原因，“匪与兵勾计，得其子药，兵与匪联，借得其财货，以致酿成兵匪莫辨之世界”。由于兵匪串通一气，坑害百姓，致使百姓无法生活，故群起为盗，“匪来也，抢掠已空；兵至也，敲索继之。民不欲生，群思为盗，一波未平，一波又起。山东岁治曹匪兵费不下二百余万，而不收效”。因而他提出治标之法在于将旧驻防营皆调他处，另派他处防营新兵痛剿严办。① 兵匪勾通的方式主要表现为枪弹和钱财的交易，官军出售给土匪枪支弹药，土匪则送给士兵钱财。如“济南迤西北之匪，其子弹仰给于官军，官军击匪一次，若打去十响，则报称二十响，以此十出子弹可换银洋五元”。② 申报上则揭露兖沂曹区“军队所驻之地，即土匪出没之区，所有子弹，全由军队供给，略取报酬，而土匪得赃以后，军队亦分其余润焉”。③ 曹州悍匪范玉琳，“闻其子弹之来源，半由山东军队之接济”。④ 曹州士绅在上书时痛斥负责剿匪的防营士兵因与土匪多系防营旧伙，因而不仅不能够认真剿匪，反而暗送子弹，“各防营暗送子弹，以致匪团与官军开战，而其子弹得以应用

① 中国第二历史档案馆陆军部档，全宗号：一〇一一，案卷号：6066，抄交山东彭议员负请治曹州土匪呈。1912 年 9 月 18 日。

② 中国第二历史档案馆档，全宗号：一〇一一，案卷号：263，陆军少将钱锡霖呈，1918 年 5 月 4 日。

③ 《山东匪患之猖獗》，《申报》，1922 年 11 月 19 日。

④ 中国第二历史档案馆档，全宗号：一〇〇二，案卷号：51，山东调查员报告，1918 年 12 月 2 日。

不乏”。[①]这种事情成为公开的秘密，北洋政府致电督军张树元言及山东省士绅上书控诉“驻防各营有以子弹助匪藉为护符，间有围困股匪之时，夜鸣枪为号，纵其逃逸。又有防兵数百名与匪接数十仗，终不能斩获一匪。比迨匪退后，防军大肆抢掠。各该村所余衣物牲畜为之一空，民苦于兵尤甚苦于匪”等语，命令张树元按照前报情形密查确实，尽法严惩，勿稍姑息。[②]

官军为何不清剿土匪，反而和土匪相勾结祸害地方呢？山东军队若从编制上看，实在不少，剿匪应该够用，“该省正式军队，有一师十一个混成旅，其余杂队尚不在内，兵力不为不厚”，军队如此众多，“而遍地土匪如毛，官兵坐视不剿”，原因即在于其一，许多军官冒报兵额，吃兵缺，实际兵力单薄。“如第五师为该省主力军，人数实不到六千，他如第五第六等旅，每旅不到千人，其余各旅人数，亦俱无一实者，名虽有如许军队，兵力实际薄弱”；其二，士兵与土匪本系一家，报纸上说了兵匪一家的第一个方面表现，“匪多游勇所化，与兵通气者甚多”，《申报》记者叹息“该省之匪患，遂至无办法，其言甚可叹也”。[③] 笔者补充第二个方面为“兵多土匪转来，与匪惺惺相惜”，招募土匪为兵，已如前述，这些士兵和土匪多有联系，一旦时机不好，他们就会重回绿林，故对剿匪敷衍塞责。

---

① 中国第二历史档案馆陆军部档，全宗号：一〇一一，案卷号：6066，曹州府单县黄子阿，巨野县郭占元等呈，1912年10月30日。

② 中国第二历史档案馆陆军部档，全宗号：一〇一一，案卷号：1197（104），院部致张署督号二电，1918年11月23日。

③ 尊庸：《鲁省兵匪通气情况》，《申报》，1923年8月6日。

民匪难辨。当时剿除土匪最大的难题就是民匪难辨，尤其是在土匪肆虐的地区，按照当时人用“他者”的眼光来看，当地百姓平时为民，一有劫掠机会则成为土匪。如“东临区匪首顾得麟，拥众数千，……胜则肆行劫掠，败则各向本乡伪作良民。……彼之党羽，尽系东临各县土著，无事时各回其家，安居乐业。一日招集，则不数日可成大队”。① 禹城马海龙奉命到鲁，历金乡、巨野、郓城，匪股或集数千或集数百，“民匪浑而不分”。② 山东督军张树元则称：“东省兖曹东临各区人强俗悍，地瘠民穷，流氓土棍滥其觞，溃勇逃兵添以翼，浪人乱党处处勾连，子弹枪支源源接济。今日之匪，颇与昔殊，而啸聚动称数千众，蹋伏动遍数十村，不特漫无标识，持枪为匪，弃枪为农又无一定行踪。兵多则逃，兵少则拒。户比星罗，聚歼则恐伤良善；人皆土著，穷追则随地消亡；兵来匪窜，兵去匪来。……酿患之由来，固非一朝一夕故也”。③

遣兵为匪。土匪在招募为兵后，或不能承受军队的约束，或官府本意在于招安后将其消灭，因而哗变情形多次发生。或战事结束，则将军队解散，被裁兵士，无所事事，则聚而为匪。正如陆军少将钱锡霖在上总统书中所言，“各省招兵，多半在山东，而遣散一兵，山东即来一匪，是在招兵未战之时，已伏蹂躏山东之种子”。④ 据陆军部1918年的调查，山东土匪

① 《山东匪患之猖獗》，《申报》，1922年11月19日。

② 中国第二历史档案馆陆军部档，全宗号：一〇一一，案卷号：6068（83），禹城马海龙电，1918年6月2日。

③ 中国第二历史档案馆陆军部档，全宗号：一〇一一，案卷号：1197（141），张树元来电，1919年1月。

④ 二档馆，全宗号：北十四，案卷号：186，陆军少将钱锡霖谨呈，1919年。

主要由定武军（即张勋率领的辫子军，复辟失败后被遣散）及在逃兵士、退伍兵士与难民结合而成，其中以定武军的势力最大。“东省兖沂曹济一带，本为盗匪渊薮。自上年定武军兵溃暨遣散民军后，均与股匪合伙，肆行劫掠，遍地萑苻，几无一片干净土。若不及早剿灭，为害日甚，非请速派一师来东协力痛剿，否则养成匪患，不可收拾”。①

当时的报纸也指出，山东境内的土匪，不是被遣散的民军，就是溃散的定武军。1923 年山东省议会以土匪多出于游勇，曾建议行政当局谢绝各处赴鲁招兵，并禁止人民应募，以清匪源，这当然完全是一纸空文。② 民国时期，各地兵变不断发生。从 1918 到 1925 年，发生在鲁西地区的兵变就达十余起，如 1918 年 9 月 17 日，山东振武军哗变。1920 年 8 月 26 日，兖州镇守使唐天喜部士兵哗变，9 月 7 日，鄄城驻军士兵哗变。1925 年 9 月 17 日，东昌驻军哗变。③ 此外，还有曹州独立被扑灭后，国民军解散后整体哗变。④ 这些加入土匪队伍的士兵，武器精良，训练有素，比一般的土匪更加凶悍，所以当地的政府“很难用军队来剿灭他们”，而只好改用招抚、收编的办法。

土匪如此无法无天，对于当时军队和官府的剿匪，百姓也都有清醒地认识，鲁西一些地方把土匪称为“老攫”（que），

---

① 中国第二历史档案馆陆军部档，全宗号：一〇一一，案卷号：6068，(39)，兖州唐天喜电，1918 年 4 月 2 日。

② 《鲁省兵匪通气情况》，《申报》，1923 年 8 月 6 日。

③ 山东省地方史志编纂委员会编：《山东省志·军事志》，《大事年表》，济南：山东人民出版社，1996 年版，第 42—48 页。

④ 《鲁省之匪患与交通》，《申报》，1925 年 5 月 28 日。

他们编写的民谣和谚语真实反映了当时的社会状况：

《临清县志》中有军队和土匪、百姓关系的歌谣：

兵剿匪，瞎胡闹，围庄村，放空炮；

百姓哭，土匪笑；

土匪来了吓一跳，土匪走了不知道；

那个敢睡安生觉。①

有些歌谣则直接指出了土匪众多的原因，虽然含有对土匪生活的谴责，但却也有羡慕心理，一些人实际上是将不满与羡慕结合在一起的：

连年荒，连年歉，老攫到处吃饱饭。

小杆兵不打，大杆招了安；

又发财，又升官，你看眼馋不眼馋。②

兵不打，官不问，看看老攫得混不得混。③

有些歌谣则直接斥责官兵剿匪的无能，如东平民谣：

吃老农，喝老农，老农养你有啥使用？遍地土匪你不打，倒把子弹送贼营。④

兵匪互通，军队剿匪无力，实是土匪孳生蔓延的重要军事因素。

（四）侠盗文化和尚武风气的影响和熏陶

鲁西平原是中华文明的发祥地之一，千百年来鲁西人民历经沧桑，积累了一套乱世生存的经验。鲁西一带民众秉性强悍，富有反抗精神，在历史上就曾多次揭竿而起，反抗官府的

① 民国《临清县志》卷十一，礼俗志八。

②④ 《民众周刊》，1932年6月，第4卷第26期。

③ 山东省立民众教育馆编印：《山东歌谣集》，1930年，第10页。

暴虐统治。如隋末曹州孟海公起义，河南瓦岗寨起义军中也有不少山东人，如程知节，今梁山县斑鸠店人；李勣，东明县人。唐朝末年，濮州人王仙芝在河南长垣起义，冤句人（今曹县西北）黄巢率众8000人响应，掀起了唐末农民大起义的序幕。北宋末年，郓城人宋江等36人打出“替天行道”、“劫富济贫”的旗号在梁山泊起义。瓦岗寨起义和宋江起义在鲁西留下了不少传说，民间文人依据这些口耳相传的故事写出了脍炙人口的小说《说唐演义》和《水浒传》。两部书都虚构了一部英雄好汉啸聚山林、杀富济贫、替天行道，反抗暴政，势力强大以后，最后归顺朝廷这样一个结局。此外还有《三侠五义》、《施公案》等，塑造了大量智勇双全、劫富济贫、抑强扶弱、视金如土的公道正直的侠义人物。尽管小说中的人物并非是历史的真实，而是被建构出来的另外一种形象。但它比真实的历史在民间更受重视，民间感兴趣的恰恰是这些人物重武尚侠的品格。《说唐》中的主要人物秦叔宝、程咬金和《水浒传》中的主要人物宋江、武松、鲁智深等都是义气当先、行侠仗义的人物。

这些演艺小说人物评价的尺度标准显然和官方尺度有很大的差距。如按照演艺中的说法，秦琼本是一名捕快，却和北方各路的重要盗匪头目都有交情，并私自放走了抢劫皇杠的盗匪，最后落草为寇。如此一个县衙捕快，和黑社会相勾结，在官方眼中应是一个典型的“吏役中的败类”，但在民间传说和《说唐》中他却被赞誉为“赛专诸、似孟尝”的“江湖大侠”。宋江，按《水浒》中所塑造的形象，也是郓城县的一个刀笔小吏，私下给抢劫“生辰纲”的盗匪通风报信，本该受到谴责，但被江湖人士誉为“及时雨”。这些民间传说和小说所宣扬的是不同于官方正统的评价标准，实际上是一种绿林亚文化。这种文化对形塑底层国人的性格、行为方式具有很大作用。“20世纪的中国人都知道扶危助困、轻视钱财的‘及时雨’宋江。因为文字和印刷把一种地区和口头流传的方式固化成了一个民族的永久流传的模式。”① 傅斯年在描述鲁西北地区义和团兴起的原因时，即指出“义和团是水浒、封神演义、包公案、济公传、彭公案、施公案、七侠五义等书中的人生观化合成的宗教”。② 这几部书都对江湖侠义道称颂赞美，对一些武艺超群、杀富济贫、为朋友两勒插刀之江湖人士予以褒扬，显然鲁西底层民众更多受到这方面思想熏陶。

以上几部书中的人物如程咬金、宋江、黄天霸等绿林好汉都有杀富济贫、替天行道，最后接受朝廷招安，博得封妻荫子的结局这样的情节。这对于民间社会有很大的诱惑力，许多民众也是迫于无奈最后走上反叛的道路，心中也不想一生为盗匪，而是幻想着有朝一日接受招安，获得荣华富贵，“想当官，杀人放火等招安”是这些人的心理。

鲁西习武之风甚盛，民间有无数大大小小的习武团体，仅拳种就有长拳（大红拳）、小红拳、罗汉拳、梅花拳、炮拳、金钟罩等多种拳术，武术文化在鲁西源远流长，影响深广。根据周锡瑞的研究，鲁西南大刀会是鲁西义和拳的前身，鲁西南各地年景不好的时候，“地方常有小乱，每到黑夜一些为吃穿

---

① 〔美〕菲尔·比林斯利著，王贤知等译：《民国时期的土匪》，北京：中国青年出版社，1991年，第186页。

② 傅斯年：《山东底一部分的农民状况大略记》，《新青年》，第7卷第2号，1920年1月，第149页。

所迫之穷人，聚集一起偷抢别人，故稍有家业者请外地师父（多曹、单二县）来村教人法术。每到夜里练功夫，排刀、排枪，看家保身”。[①] 聊城、临清等地武术文化同样发达，如临清县志记载：“民国以来，文弱之风丕变。士人习尚技击，临西尤甚。其派别不一，有少林拳、梅花拳及大小宏（应为红）拳之分。器械则有长枪、大刀、拐子、流星等。人专一技，互相比赛，亦有一人而兼擅众长者。在前多由技师开场授徒，练习于私家，近来国术日进，往往来城表演，尤见尚武精神”。[②] 聊城，“武风亦极一时之盛”。[③]

而传统的儒学文化教育则落后许多。这可从 19 世纪中期到 20 世纪初期的文武举人占全省的比例数字中看出来。根据周锡瑞的研究，从 1851 到 1900 年，鲁西南武、文举人的比例为 2.38∶1，鲁西北地区武、文举人之比为 1.22∶1，而整个山东武、文举人之比则为 0.57∶1，鲁西文举人的比例则远低于全省平均数。周锡瑞曾就山东六个区域在 1851—1900 年间每 5 万人中的举人数作过一个比较：胶东半岛 17 县为2.95人，济南昌邑地区 15 县为 4.40 人，鲁南山区 12 县为1.34人，鲁西北 14 县为 1.85 人，济宁直隶州 10 县为 2.91 人，鲁西南 9 县则为 0.81 人，显然鲁西南中举人数远远低于全省平均数。[④] 并且在鲁西南和鲁西北中举人数中，又以武举为多，如巨野县从道光到光绪年间，全县只有 1 名文进士，8 名文举人；而同

① 路遥主编：《山东大学义和团调查资料汇编》，上册，济南：山东大学出版社，2000 年，第 611 页。

② 民国《临清县志》卷十一，礼俗志，习尚。

③ 宣统《聊城县志》卷一，方域志。

④ 〔美〕周锡瑞著：《义和团运动的起源》，南京：江苏人民出版社，1995 年，第 35 页。

时期则有武状元 1 名，武进士 5 名，武举人 13 名。①《朝城县志》中也记载“朝城风气刚劲，率知礼让。其列考校者，武胜而文绌”。② 由于重武轻文，鲁西成为全省受儒学教育的士绅最少的地区，民间对武术精英持崇拜态度，对于武术精英的活动到处传颂。③

除演艺小说外，民间戏剧也有不少以侠义英雄为题材。而乡民们接受这方面的知识更多来自于闲暇时节的“说大书”、民间俗称为“拉呱”。一些老人把自己从前辈听到的故事通过拉呱（口耳相传）的方式传给下一辈。在这些故事中，都习惯于“对造反者予以讴歌与赞美”。青年人受说书唱戏所传播的文化熏陶，崇尚的是游荡江湖、行侠仗义的英雄好汉，对为富不仁、贪财好利之人则充满鄙夷。他们接受的思想资源除了宗法的、宗族的儒家思想观念外，就是这种“侠盗”思想资源。当灾荒到来，生活无有着落，传统的宗族思想无法解决问题的时候，这时“杀富济贫”、“替天行道”等另外一种思想资源就会被利用来改造自己的命运。

（五）地理环境的影响。鲁西一带虽然多属于平原环境，易攻难守，不利于武装割据，但也有以下几种地形适宜于土匪活动。

首先是地处数省或数县交界地带，统治力薄弱。在当时政

---

① 巨野县史志编纂委员会编：《巨野县志》第二十三编，教育，济南：齐鲁书社，1996 年。

② 光绪《朝城县志略》，不分卷，第 174 页。

③ 直到当下，鲁西乡间还传颂着本社区武术精英的一些壮举，诸如比武打擂，惩罚坏人、恶人等。菏泽、聊城、济宁等县市多年来武术学校纷纷创办，这也反映了鲁西一带武术文化的兴盛。

局混乱，中央控制力薄弱，地方割据，不仅是在省与省之间的接壤地区容易出现统治鞭长莫及的情况，就是在同一省份县与县之间的交界处也易出现治安紊乱，地方不靖的现象。因此当某一地土匪遭遇官军剿捕时，他可以选择逃入别省或别县暂且逃避，而官军往往囿于防区限制而望界生叹。一些地方官府对土匪采取以临为壑的做法，即把土匪赶出自己的辖区了事。如自晚清至民国时期盗匪活动一直猖獗的鲁西南曹单地区，处于鲁、苏、豫、皖四省交界之处，属于典型的“四不管”地区，故此地成为土匪孳生的乐土。这里不仅有山东土匪，还有江苏土匪、河南土匪和安徽土匪，匪势浩大。民国初年，江苏徐州、河南归德（今商丘市）、山东曹州三省土匪连成一气，加上“多数溃军搀入其中，势遂猖獗，不可收拾”。发展到匪众7000余人，快枪4000余支，洋枪3000余支，占据了“东至丰沛之间，西至虞城曹两县分界地，北至城武巨野郓城诸县”，“为长蛇之势”，屡败苏鲁豫三省进剿联军。曹州士绅分析苏鲁豫三省官军进剿不能取胜的原因为：其一，三省军队之上无统一总机关以司军令，各省军队进攻不能一致，截剿难期互应。其二，各省陆军防营不相统属，互相水火，临战阵地，彼此不能接济。其三，师团屯驻无一定地点，饷筹无充实之存储。其四，贼苦连战而各省军官多一战辄止，不能乘势洞追。① 归根到底，即由于地域原因，三省分属于不同的政治集团，相互之间充满戒备，故不能协调一致，全力剿匪。民国时期著名社会学家严景耀在到山东调查灾情，问及一名土匪曹州多匪的原

① 中国第二历史档案馆陆军部档，全宗号：一〇一一，案卷号：6066，曹州府单县黄子阿，巨野县郭占元等呈，1912年10月30日。

因，回答是："曹州和别的地方没有什么不同。我们这些人当土匪都是因为连年灾荒。在曹州当土匪在政治上有个有利条件，它与直隶、河南及江苏三省交界，他到别省作案很方便，逃到别省也比较容易。"① 在鲁西北，则有数县与河北省接壤，土匪众多，鲁省进剿则逃往冀省，冀省军至则逃往鲁省，如"山东观城一带土匪屡在直东边界抢掠，春间经大名练军痛剿，窜回东境，今又至南乐观城交接处大肆扰掠"。②

其次，河湖交叉地区也是土匪蔓延区域。鲁西一带河道纵横、湖泊众多，这些水道成为水匪匿身的最佳去处。如 1918 年兖州镇守使吴长植报告："据探报汶济嘉三县交界之南旺蜀山两湖匿有土匪多名，抢架时闻。……两湖面积百余里，其中尽系麻苇高粱，一望无际，并无村落，实为匪薮，剿除非易。"③ 新、老黄河地区是易生匪患之地。废黄河处于曹单连接江豫之处，盖三省接壤间，"废河绵亘，形势险恶，此黄河北徙后积匪之区，向无完全办法，此拿彼窜，土匪惯技，不分畛域"。④ 新黄河水道摆动不定，"又以黄流袤延往复，其藏匿最深之处，有隔泥沙一二道者，有泥沙四五道者。水涨则轮涟数里，水落则曲折千条，必土人方识其经路"。⑤ 故此成为土匪繁衍栖息之地。

---

① 严景耀：《中国的犯罪问题与社会变迁的关系》，北京：北京大学出版社，1986 年，第 192 页。

② 中国第二历史档案馆陆军部档，全宗号：一〇一一，案卷号：6066，大名镇李重光电山东观城一带土匪请责成大名镇相机剿办，1912 年 7 月 20 日。

③ 二档馆，全宗号：一〇一四，案卷号：182，济宁吴长植电，1918 年 7 月 24 日。

④ 二档馆，全宗号：一〇一四，案卷号：186，府交贾鸿宝等报告办理山东清乡经过已往弊端及善后意见等情文电，1919 年 4 月 26 日。

⑤ 中国史学会编：《捻军》（四），上海：上海人民出版社，1958 年，第 245 页。

一些“插花地”由于孤立于所属县境，属县管理不便，又不归所在地地方政府管理，极易成为管理的死角，给盗匪活动提供了便利。如“临清旧有十八村，离城十余里至九十余里，经过直隶清河县，孤悬境外，四围皆系直境，盗贼易于潜藏”。“冠县境内河北地方有中兴集，俗名甘集镇，据城四十里，地属插花，与直隶之威县、曲周、清河等县三面毗连，素号盗贼出没之区”等等。①

鲁西各地的圩寨林立，成为地方武装和土匪的据点。圩寨本是鲁西各地士绅民众为防范兵灾匪患而修建，但一旦为土匪攻占，则就成为土匪盘踞的要地。档案中记载了许多土匪据土圩同官军激战的情况，如 1918 年 5 月 20 日，吴长植旅熊团在夏津北张官寨同土匪激战，最后攻破贼穴，生擒匪首一名，窝匪一名，匪徒十五名。② 1920 年 8 月 9 日，吴长植旅二团二营在濮县箕山地方，据人报告匪首刘长板、邵老六、王振江等合股约数百名在箕山南 12 里之孟庄盘踞，立即率队驰往该庄搜剿，于 8 点 20 分即向该匪开始攻击，匪众据寨顽抗，两点余钟之久力始不支，纷藉高粱地向西南方向逃窜。③

三、土匪概况

自晚清至民国前期，鲁西地方变乱的主要概况列表如下：

---

① 中国第二历史档案馆陆军部档，全宗号：一〇一一，案卷号：6066，复查临清冠县盗匪并饬严拿情形，1914 年 12 月 18 日。

② 中国第二历史档案馆陆军部档，全宗号：一〇一一，案卷号：1197，(15)，济南张督军电，1918 年 5 月 20 日。

③ 二档馆，全宗号：北十四，案卷号：182，呈报职部二团二营徐营长在箕山之孟庄剿匪获胜各情形由，1920 年 8 月 19 日。

表 5—3　晚清鲁西土匪变乱概况表

发生年代	蔓延地区	首要人物	部众约数	简要介绍
1856	东平州	胡四		月余平定
1894	曹县、单县	岳二咪子		被大刀会平定
1896	临清	张五		盗劫州署
1899	冠县	黄三太	数十人	
1902	郓城	冯金銮	百余	1914 年受招安
1904	郓城	王学显、李扒子		斩杀防营统领，1907 年招安
1905	馆陶、濮州			
1906	东平	陈二母牛	百余	
1906	曹州	马在田	二、三百	匪首多被捕正法
1906	单县	刘双田、王根春		杀死参将岳金堂
1906	濮州	王宗明		被捕正法
1907	菏泽、定陶、曹县	唐六妮、王咬		匪首多被捕正法
1907	曹州	王铁头、孙百起		匪首被捕正法
1907	菏泽	朱怀清、宋广文		匪首被捕正法
1907	巨野	李义合、张义臣	百余	匪首被捕正法
1908	冠县	临清	数百	杀富济贫
1909	冠县	王六槓火、冯保、焦二、杨八郎	数百	抢劫杀掠 2 年余，1912 年与白玉山合
1911	曹州	王可义、庞二妮	七、八千	受革命党人运动
1911	单县	庞三姐		
1911	兖、济、曹属			聚众抢劫

资料来源：根据张玉法著《中国现代化的区域研究：山东省，1860－1916》（台北："中央"研究院近代史研究所，1982 年，第 102－112 页。）整理而成，另据各县地方志加以补充。

民国以后，鲁西社会变乱更加频繁，现将1912—1937年各地土匪情况列表如下：

表5—4　1912—1937年鲁西土匪概况表

发生年代	蔓延地区	首要人物	部众约数	简要介绍
1912	单县、城武、曹县	李扒子、郭金山	二千余	
1912	曹州		二百	入莘县抢劫
1912	曹州		二股各三、四千	
1912	东昌府			肆行劫掠
1912	鱼台			首领自称皇帝，下设丞相、大元帅等
1912	寿张			打家劫舍
1912	郓城			七、八十人为官军所歼
1912	东平、东阿	冯天臣、李四考	七、八百	为民团击走
1912	金乡		时常出没	
1912	鱼台		四、五千	抗粮，攻破县城
1913	东平、寿张、阳谷、郓城			被官军平定
1913	夏津		二十余	抢劫
1913	东平			为官军击毙二十余人
1913	东昌府		三百余	白昼抢劫
1913	巨野			与官军对抗

（续表）

发生年代	蔓延地区	首要人物	部众约数	简要介绍
1914	东阿			打死官军十三人
1916	曹县、单县	徐二茅草、戴得功		架单县某高小全校学生
1916	城武、巨野	范秉新、郐金山	四百人	
1917	巨野	范秉新、王庚烈（白天祖）	万余	1918年被山东第五军消灭
1918	单县	时克文	千余	首领被杀
1918	郓城	张连科、许克诚、王良振、王德胜等十余头目	上万人	几个日本人为参谋，被山东第五军消灭
1918	鄄城	刘昌久、王思允、王占元、刘忠贞、李德林	二万余	被山东第五军和曹州镇守使军队伏击、围攻殆尽
1918	阳谷、莘县、博平、冠县、朝城、观城	白天祖		
1918	东阿	史清扬、傅眇子、徐五和尚、李小普	七、八十人四、五百人	架户，攻迟家庄，杀人放火
1918	鲁西河北诸县	顾德麟	二千余	
1918	东昌	杆首三百余	万余	

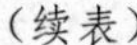

（续表）

发生年代	蔓延地区	首要人物	部众约数	简要介绍
1918	朝城			围攻围寨，攻打县城
1918	茌平			屠孙庄全村
1919	临清			张三被剿灭
1919	东阿	齐二	四、五百人	架户勒赎
1921	东阿	陈竞秀、陈二酋	二百余	围困警备队
1921	临清	许十一、张二大爷	四千余	被省署派军队歼灭
1923	夏津		六十余	架肉票百余人
1924	武城			屠戚庄
1925	郓城	黄临江、赵修捐、张公堂		后被褚玉璞招安
1927 1929 1930	聊城	王金发	千余	由军队哗变为匪，先后三次占据聊城，海源阁藏书被其损坏
1928	临清	小罗成		匪首被擒拿
1929	冠县、堂邑、夏津	王金发等	百余名	攻陷各县县城，与民团打斗，架学生与民户
1930	阳谷、寿张、冠县	刘桂堂	数千	沿途恣意掳掠
1930	冠县	任振堂、张连王	数百	抢劫焚掠

（续表）

发生年代	蔓延地区	首要人物	部众约数	简要介绍
1931	堂邑	梁景妮		
1932	茌平			屠刘连亭庄
1932	高唐、清平、冠县	刘桂堂	二千	由山东警备军哗变为匪
1934	郓城、临清	刘桂堂	七千余	祸害郓东南达4个多月，临清损失颇巨
1935	寿张、郓城嘉祥、巨野	刘洪洲、孙五	六、七十人	趁水灾打劫，匪首被拿获

资料来源：根据中国第二历史档案馆藏档案：全宗号：一〇〇二，一〇一一，一〇一四等；鲁西各县府州志，《申报》，《顺天时报》等资料编制而成。

何西亚对鲁西地区1910—1920年代的盗匪情况做了调查，统计情况如下表：

表5—5　何西亚对1910—1920年代鲁西盗匪统计表

曹州地区			兖济地区			东临地区		
首领	巢穴	人数	首领	巢穴	人数	首领	巢穴	人数
张得功	曹县	400	孙矮子	东平	500	朱秃宝	高唐	300
梁得胜	曹县	300	李憨子	济宁	500	王广胜	范县	300
梁胜怀			方连胜			刘茂让	武城	500
朱延振	曹县	200	范玉麟	金乡	700	孙玉白	聊城	300
王顺	巨野	200						
韩得功	单县	200						
吴三秀	单县	200						
冯福堂	曹县	2000						
李宪之	曹县	500						

资料来源：根据何西亚编《中国盗匪问题之研究·国内现有土匪支分布形

势》（泰东书局，1925年）改编而成。

注：这个表格中还遗漏了范明新股，驻曹县，1500人；韩得功、吴三秀不仅驻单县一地，还盘踞曲阜、邹县、鱼台等县。

据表可知，鲁西各地土匪蔓延时间长，匪股多，规模不一，一些股匪合成一大股，人数达二万以上，有些仅几十个人。从时间和地域分布上看，晚清时期，鲁西南（包括曹州府、兖州府、济宁直隶州所辖各县）地方多匪，鲁西北（东昌府、临清直隶州）各县土匪较少。而到了民国以后，鲁西北地区匪患日趋严重。这种情况可从茌平县志和冠县志的记载中得到说明。民国《茌平县志》中记载：

> 民国以前，人民不知土匪为何物。追光复后，四处风声鹤唳，南北土匪流氓乘势而起，又称民军者，有称游击队者，真伪莫分。而本地地痞亦与匪合，互相勾结，到处抢劫。是为入民国茌平第一次所受之匪祸也。……烧毁庐舍器具牲畜，不计其数，城内置若罔闻，不一过问，乡民自是亦无敢与持者。①

民国《冠县志》中也有同样的叙述：

> 三十年前，向无土匪。自民国后，连年匪患，遍地萑苻，烧杀劫掠，民无宁日。②

张树元督鲁时期，鲁西北一带较大的股匪有河北（山东黄河以北的山东地界）顾德麟二千余人，濮县各杆匪徒发展到二万余人，东昌一带则有“土匪万余，匪首三百余”。③ 1921年

① 民国《茌平县志》卷十一，灾异志，兵灾。

② 民国《冠县志》卷一，三十一。

③ 《顺天时报》，1918年7月17日。

10月，临清一带，发现大股匪四千，[①]《申报》在1922年的报道中把东临区列为山东省盛产土匪的区域之一，[②] 从表6—4中我们也可发现此一时期聊城、临清、冠县、茌平、夏津、堂邑等地均有土匪活动。

若以地势而论，兖州地区属岱南山区，山岭绵亘，易为匪薮。曹州地区黄河泛滥，自清代就是有名的土匪出没之地，加以地处冀、豫、皖、苏数省交界之处，匪徒犯案后易于逃避追捕。而东临一带，除了与河北省交界外，属于典型的平原大野，无高山深谷以藏匿宵小，而土匪如此猖獗，原因何在呢？

除了前面我们已经论述鲁西土匪产生的经济、社会控制、军事、文化民风和地理环境等方面原因外，鲁西北土匪猖獗还有经济发展不平衡的原因。

民国时期东（昌）临（清）地区经济有了一定的发展。晚清时期，由于黄河、运河及其他河流经常泛滥，涝灾、旱灾、蝗灾等灾害频繁发生，东临地区民众不像鲁西南地区百姓那样由于常年同黄河打交道，积累了丰富的应付水灾的经验，在黄河改道后相当一段时间内，这里的民众在突然降临的灾难面前无能为力；自然灾害导致这里的人民普遍贫穷化，频繁的灾害，贫瘠的土地已无法供养一个士绅阶层，大量富室纷纷迁往东北等地定居。留在此地的，贫富差距较小，阶层之间矛盾较小，大家都在同一水平线上讨生活。自然，这种环境也供养不起土匪队伍。但到了民国时期，这里大量种植棉花，尤其是美棉的种植比较普遍，民众在同灾害长期打交道的过程中也逐渐

① 《申报》，1921年10月28日。

② 《申报》，1922年11月19日。

积累了经验，而棉花种植对地势和土质有一定要求，一般棉花应种植在地势较高，砂质地壤上，而低下涝洼盐碱之地则不适合棉花生长。鲁西北连年的棉花种植带来了良好的经济效益，也使鲁西北的经济逐渐复苏，贫富之间也逐渐拉开了差距。一些贫穷无依的人为生活所迫，便拉起了杆子，当了土匪。经济的复苏及发展的不平衡性为土匪的产生提供了经济基础。

应特别强调的是这里的社会控制力极其薄弱。军队、县长都不能尽到御匪护民之职责，如朝城练军、东临及茌平县、范县、聊城县长不仅不能防匪，反而与匪勾结，这也是匪势猖獗的一个重要原因，因前面已经述及，兹不赘述。

四、土匪危害

盗匪猖獗，使广大民众本来就很贫困的生活更如雪上加霜。土匪通过劫掠、征税等方式敲诈勒索，强抢民财。如汪歪脖子率众七八十人占据范县县城两月余，征收附捐数万。① 曹州的土匪经常要附近百姓供给饮食，他们也常向村民投递征税信件，村民必须亲自带着税额去缴纳。② 而当村寨不理睬他们的勒索要求或不能满足他们的要求时，这时冲突就会发生：1918 年 4 月 28 日，刘二、毕三彪等至山东夏津县，向胡官屯民团索要快枪、银元被拒，遂伙同顾德麟、于文焕、赵全德、郭大拼等攻入村庄；③ 同年九月，傅眇子纠众四五百人至东阿

① 民国《续修范县县志》卷六，灾异志。

② 〔日〕长野郎：《支那兵、土匪和红枪会》，东京，1938 年，第 69 页。

③ 民国《夏津县志续编》卷九，艺文志。

县，占据傅家庄一带各村庄，强迫每庄派款若干元，违即往攻。迟家桥恃有民团，拒不纳款，遂被围攻。[①] 这些还属于先礼后兵的形式。有时盗匪则直接采用武力进攻的方式，如1924年3月2日，土匪六七十名，各执快枪，围攻武城南戚庄，圩内民团，开枪抵御，因人少即被攻破，匪徒进圩后，逢人便击，遇屋即烧，掳掠奸淫，无所不至。自上午九时至下午四时，始携带银钱细软，架掳男女四十余人，缓缓退去。计毙男女老幼五十余人，烧房屋百三十余间，人民大半死于火内，肢体焦烂，面貌模糊，腥气熏天，惨不忍睹。[②] 另据《申报》报道，曲阜西五十里有万济堡，曾穷治数匪。土匪得到援助后，围堡纵火，老少男妇，悉被屠戮，间有葬身火窟者，有图逃者，则遭枪毙，小孩多被撕成碎片，堡内居民千名，全遭毒手。[③] 再如茌平县七区孙庄本为一个小村落，有寨栅。土著四五十家，虽非巨富而颇饶足，土匪垂涎已久。1932年初秋，匪招集大股，围困数昼夜，村内人少，势渐不支，竟破之。村内老幼男女几无一幸免，淫杀之残，不堪言状。寨内死者男女老幼共六十余口，本村不能居，民皆他徙。村尽为墟。[④]《申报》在1922年年末报道：最近十日中，各县电省报警请兵者，日有数十起，几至山东全境，无一非土匪盘踞之所，如金乡县一夜焚毁村镇四十余，死伤农民千五百人。……合计全省每年用之于赎肉票者在一千余万元，而焚毁村镇之损失，尚不在内，其数目之巨，真可令人闻而咂舌也。[⑤]

---

① 民国《东阿县志》卷十一，政教七。

② 《申报》，1924年4月19日。

③ 《曲阜西乡土匪洗劫》，《申报》，1927年1月20日。

④ 民国《茌平县志》卷十一，灾异志，兵灾。

⑤ 《鲁省匪患之猖獗》，《申报》，1922年12月19日。

如此烧杀掳掠，社会秩序紊乱，人民无法在安定的环境下从事劳作，每日人心惶惶，提防被绑票勒赎，对农作自然产生很多不利影响，而农谚又云：人误地一时，地误人一季。社会的不安定自然使农业经济发展受到很大影响。如 1918 年观县、朝城、范县人民代表联合上书，言及河南股匪北渡黄河，“濮县失守，范观朝三县唇齿相关，人民惶恐，一夕数惊，危急万状，有朝不保夕之势。正值秋禾将熟之时，纷纷弃家逃避，无敢收获”。“贼胆肆行无忌，今竟在河北演戏称贺，勒令各村庄按亩捐大洋一元，且在各庄架人焚掠。富者勒赎，贫者毒殴，人民畏惧，男妇逃亡，流离之状惨不忍言”。“恐农事一失，民食缺乏，人心沸腾，不可收拾”。①

长期处于盗匪横行的环境之下，人的思想整天处于高度紧张焦虑之中，对人的心理和生理健康都会造成莫大之损失。如阳谷县志中记载光绪十一年“教匪倡乱”被平定后，“逃难者陆续返乡，受惊者纷纭断命”。县志解释说“乱平后病黄瘅疾而死者或一家七八口，皆惊症也”。② 再如在平县民众因忧虑战乱，竟发生集体“恐惧症”。县志记载：“清光绪十四年（1888 年）四月杪，乡中不知何处传来警耗，各处筑修栅寨不约而同。忽一夜言贼至，男女老幼奔避，星火塞途，怆皇惊怖，若贼至目前者。抵明无事，至午复然。如此者数次，惴惴月余，竟无一警。后两月余无滴雨，六月杪始雨，七月大雨弥

① 中国第二历史档案馆陆军部档，全宗号：一〇一一，案卷号：1197（68），呈交陆军部，1918 年 9 月 7 日。

② 光绪《阳谷县志》卷十三，艺文。

月，八月疫疠大作，霍乱痧症沿街几无幸免者，城市尤甚，死伤无算。凡事之来，必有前兆，为之虚惊或即是欤”。① 对变乱的惊恐担忧导致群体心态的错位，而忧虑的社会心态亦造就更使人恐慌的谣言流言，人们长期处于这种焦虑心态下，生活、生产备受干扰，身体也会被搞垮，而灾荒、疫疠更使人恐惧的心态如火浇油，时日一长，人何以堪？

土匪盛行，也影响了交通运输的发展，对商品流通和作物品种的改良都有很大负面影响，使本来就闭塞落后的鲁西平原各村落更加闭塞。前面我们已经叙述到，近代以来，社会动荡不宁，各村庄耗费大量的人力、财力修筑圩寨以求自保，圩寨的修造，使得鲁西村庄像一个个独立的小王国。闭塞保守，很少与外界接触。而时局不靖，土匪肆虐，使得人们视外界如畏途，严重影响了商品流通的发展。以盐业为例，食盐是民众必需品，清平县志中记载：‘盐业经营以农村为销场，自民国以来清平境内匪患频仍，导致“营业亦日见萧条”。② 近代鲁西南棉种改良也因路途多匪，技术员不敢到村庄出售改良品种，收购产品。他们要求地方精英保证他们的人身安全，但这样的事显然不是地方精英所能完全左右的。

导致农村财富枯竭。土匪架人勒赎，多以富户为对象，富室除了修筑圩寨同村民共同防御外，不少还在自己家中修造炮楼，由此耗费不少财富。不少富户在乡村无法保障身家性命安全，就携家带口逃到了城里。如在菏泽，1918 年“土匪蜂起，四乡富户逃避城内，因无所事事，于是集股组织钱庄，一时达

① 民国《茌平县志》卷十一，灾异志，人异。

② 民国《续修清平县志》，不分卷，经济，第 487 页。

128 家”。[①] 在曹县，由于土匪猖獗，“大小地主及有钱户，都逃避到县城内居住，后来连城内四关也住得满满的，乡下住的都是终年劳苦家贫如洗的人。”[②] 在茌平，“民国以来，连年匪患。乡民之雄于财者群迁移城内，以避之”。[③]

这些富户离村来城，“他们来时不是空着手的，而是满载金银财宝；因之银行中的库存就对应着农村金融的涸竭而激急增长，证券交易所散户买卖也大形增加”。[④] 由此导致“国内幼稚的工商业，决不能消化这多量的现金，于是造成银行的饱和状态”。[⑤] 也导致农村里本来就少的金融资本和财富随着富室迁移而转到了城里，农村金融枯竭，高利贷猖獗，纸币土票充塞，呈现绝对贫困化状态。

但即使从乡下逃难到县城，县城也不是绝对安全的地方，也时常被匪攻破。如 1918 年 4 月 17 日，万红、“小白眉”等率 500 余人攻陷茌平，开狱释囚，“复将城内富绅巨商及学校学生共绑去 170 余人”。临行时匪徒将抢掠来的财物装了满满 19 辆大车，扬长而去。[⑥] 1918 年入夏以后，“野狸子”率匪七八百人在濮县四乡抢劫，“乡民稍有自给者，多被勒架，以致四乡中产以上者，皆避入县城”。8 月 19 日凌晨，土匪攻破县

---

① 菏泽市史志编纂委员会编：《菏泽市志》，大事记，济南：齐鲁书社，1992 年，第 16 页。

② 韩承金主编：《新编曹县乡土志》，曹县档案馆，1993 年，第 125 页。

③ 民国《茌平县志》卷十一，灾异志，兵灾。

④ 骆耕漠：《近年来中国农村金融中的新事态》，薛暮桥、冯和法编：《〈中国农村〉论文选》，（下），北京：人民出版社，1983 年。

⑤ 缪青萍：《中国农民的离村及其救济》，《大公报》，1935 年 8 月 25 日。

⑥ 《不可扑灭之鲁省匪祸》，《时报》，1918 年 4 月 28 日。

城，“劫放牢狱，烧县署”，直到下午6点，“始将城内财物搜掠一空，架去商民800余人，马匹骡驴车无算”，从南门撤走。①

山东民谣“有钱的吓煞！无钱的饿煞！好汉爷（土匪自称）们滋煞（即快活煞）！”② 生动地描述了土匪肆虐，富室遭殃的情形。

当然盗匪侵袭，损害的不仅仅是富人的利益，一般人的利益也受损害。如《东方杂志》1927年对山东省的情况估计：“土匪总数无确切统计，但总在二十万以上。以前架户尚选择主户，今则不论其家有十亩八亩，或三百元二百元，均难幸免矣”。③

导致人口大量逃亡。民国时期东平县志中就分析当时人口增减情况及其原因，认为“试就一乡一村观察现在之户口，较之三十年前，不惟不见增加，反更有减少者，则全县之不能增进可想矣。……盖一则水患连年，流亡过半；一则兵灾匪患，本地无以为生，因而远徙关外，谋食他乡者，乡村动以百计，故户口之数不见加多，亦理势之必然也”。④ 把兵灾匪患作为人口大量迁徙的一个重要原因。

造成农村劳动力的大量流失。根据学者研究，土匪的年龄多为16—45岁的男子。根据我国著名社会学家严景耀的调查，男犯16岁至25岁之间人数增加最快，至29岁逐步下降，但

① 《不可收拾之山东匪患》，《时报》，1918年9月3日。
② 山东省立民众教育馆编印：《山东歌谣集》，1930年，第208页。
③ 集成：《山东省》，《东方杂志》，第24卷第16号，1927年8月25日。
④ 民国《东平县志》卷一，方域。

35—44 岁是犯罪高峰期，44 岁以上犯法人数逐渐减少。[①] 蔡少卿通过对第二历史档案馆陆军部所存民国年间 7 个省份处决 1425 名匪犯年龄所作的定量统计分析表明：民国时期土匪年龄的分布面是相当宽广的，但其中很明显的是集中于青年时期，21—25 岁是人数迅速增长阶段，25—35 岁是高峰时期，36—50 岁阶段人数逐渐减少，50 岁以上的匪犯为数极少。[②] 由此可见，土匪多为农村中的青壮年，正是在农村里出力干活的黄金年龄段，但这些人却抛弃田地，靠劫掠为生，严重破坏了乡村正常社会秩序，扰乱了农业生产的正常进行，更使农业生产失去了大量劳动力。

严重破坏了农民农作的积极性，使农民无力也不愿尽力田亩。由于盗匪猖獗，农民辛辛苦苦一年的劳作，随时可能被劫掠而去，不知一年辛苦为谁忙，如此也严重影响了农民的生产积极性，导致耕作上的粗放经营，不像以前那样精耕细作，造成作物产量下降，生产率低下。

综上所述，可以观察到，自 1855 年以来，鲁西区域随着整个国家大环境的变化而变化，社会动荡不宁，整合失序，国家威权削弱，调控措施无力，地方军事化加强，武力成为社会生活中的决定因素。鲁西既是军事战略要地，又因地处平原易攻难守。故各色军队来往如梭，战争频发，但没有任何一方军事实力集团以鲁西作为根据地锐意经营，反而是纵容士兵抢

---

① 参见严景耀：《中国的犯罪问题与社会变迁的关系》，第 23 页。转引自蔡少卿：《民国时期的土匪》，北京：中国人民大学出版社，1993 年，第 51 页。

② 蔡少卿主编：《民国时期的土匪》，北京：中国人民大学出版社，1993 年，第 51 页。

劫、勒索，摊派和支应兵差层出不穷，给地方社会经济造成毁灭性的破坏。并导致整个鲁西社会失范，地方武装蜂拥而起。而经济的、社会的、军事的、地方民风和地理环境各方面因素又为盗匪活动提供了合适的土壤。土匪作为寄生于乡土社会的毒瘤，对社会生产具有极大杀伤力，使整个社会经济发展受到阻碍乃至迟滞，影响了社会转型的进程，是鲁西由传统社会向现代社会转型中的反作用力。

第六章　精英和民众对变乱的反应

在时逢乱世，人心惶恐之际，清廷、鲁西地方官府，地方精英和民众如何因应这种变乱危局的？本章将分别以地方精英和民众为主线，考察国家、地方政府、地方精英和民众各自的行动以及他们之间的互动关系。

第一节　士绅与社会控制

士绅阶层是国家体制中上下关系调适的键钮。士绅借助自己的财势和威望，在乡村社会中扮演着国家和民众之间中间人角色。充当着乡村的保护者和利益的维护者，同时也充当国家最基层社会的控制者。鲁西地方精英在地方防务方面也做了不少工作。我们以晚清时期鲁西地方精英对变乱的应对为主体，同时延伸到民国时期来考察这一时期士绅对地方社会是如何防范控制的？

一、响应清廷谕令，组建团练

在太平天国起义和捻军起义爆发后，清廷鉴于国家正规军——八旗、绿营已无力对付起义军和地方民变。转而向体制外的地方精英求助，号召各地在籍官员和士绅组织团练和勇营。

仅在咸丰三年（1853 年）二月初七至二十六日短短 20 天内，咸丰皇帝就连颁四道谕旨，令在籍前任山西巡抚梁萼涵、江苏布政使李璋煜、河南布政使王简、浙江按察使孙毓溎、湖南按察使王允中、四川按察使刘耀春、闽浙总督刘韵珂、广东巡抚黄恩彤、江苏巡抚傅绳勋、湖南巡抚冯德馨、漕运总督李湘棻、江西巡抚陈阡、工部侍郎车克慎等督办山东团练事宜。① 1853 年 2 月，山东巡抚衙门要求通省办团的指令，为清廷所批准，“李僡奏办团练事宜请派在籍大员以资董率一折。已明降谕旨，准令该绅士等会同办理矣。……务令官绅联为一气，众志成城，……方足以收实效而固人心”。② 清廷是欲让那些在籍官员为朝廷出力，但这也为那些没有进入仕途，平日以耕贾为生的下层士绅提供了参与政治和分享权力的机会。天灾人祸引发时局动荡，清廷此时无暇、无财力来控制鲁西乡村社会，这给鲁西地方精英提供了发挥作用的空间和机会，他们的活动除了传统的维持道德风化作用外，主要集中在了修筑黄河、运河等河流堤坝和创建团练、兴修寨圩上。但绅权的扩张也导致了同官府和他们自身的内部矛盾，最终导致鲁西社会的无序动荡。

团练起源于保甲，是在官方的督导下由地方士绅组织创建的武装组织，以村寨为基点，筑墙设圩，坚壁清野，实行寓兵于农，实施地方自卫。团练是嘉庆年间为镇压白莲教起义而首创的士绅自卫并实施基层社会控制的一种武力组织。19 世纪中期，以太平天国、捻军起义及各地不断兴起的兵灾匪祸对清

①② 山东师范大学历史系中国近代史研究室选编：《清实录山东史料选》(中)，济南：齐鲁书社，1984 年，第 1215－1218、1218 页。

王朝统治和地方社会秩序的冲击，成为团练兴起的时代契机，也使团练发展为一种完备的社会控制组织。

如按照孔飞力将绅士所划分的三个层次：全国性名流、省区名流和地方性名流来看，① 鲁西绅士中如济宁的在籍工部侍郎车克慎、湖南巡抚冯德馨、浙江按察使孙毓溎为全国性名流，郓城团总季锡鲁、赵康侯和巨野团总魏笃等则为省区名流，后面我们所介绍的诸多士绅大多为地方性名流。我们本节重点介绍济宁这三位全国性名流，济宁城正是依赖他们的全力防御，才得以始终未被起义军攻克，城市各业得以免遭涂炭。

咸丰三年（1853 年）二月，太平军北伐军直抵鲁西南曹县刘家口，山东大震。济宁是山东省的门户，“为东省繁富之区，久为捻匪所垂涎”。② 朝廷命在籍工部侍郎车克什、湖南巡抚冯德馨、浙江按察使孙毓溎督办团练，加强对济宁州城的防御。他们在地方官员的协助下，就济宁城防主要做了以下工作：

修筑圩寨和环城河。他们加强修筑济宁州城墙并建筑环城土圩，以马场湖及汶泗洸府诸水为圩外隍池，充当护城河。没有河水环绕的圩子则“就旧日河形添筑支河二道”。城内按四隅设防，四关择要设九卡。乡团使大庄自为保护，小庄附之，一处有警，环集救应。1859 年 4 月，土圩筑成，派兵丁分 8

---

① 〔美〕孔飞力著，谢亮生等译：《中华帝国晚期的叛乱及其敌人：1796—1864 年的军事化与社会结构》，北京：中国社会科学出版社，1990 年，第 4 页。

② 山东师范大学历史系中国近代史研究室选编：《清实录山东史料选》（中），济南：齐鲁书社，1984 年，第 1423 页。

段防守。

招募兵勇，添置炮械。兵有练勇、义勇之别。募土著有家者为练勇，得 1200 余人，编成智、仁、勇三团。1864 年城关始雇义勇，按户抽丁，得 14000 余人，“以绅衿望重者领之”。平时各安生业，十日或二五八或三六九卯期齐集各局，练习枪炮技击。共得练勇义勇 15000 余人。乡团亦次第举行，众至 10 余万。后以经费不足减汰练勇，酌留精锐 600 人，改 4 隅 3 团 9 闸为 4 隅 7 团。

多方筹措经费。济宁民团创建后，因清廷并不供给饷项，车克什、冯德馨、孙毓溎等乃多方筹措军费。首先是各官捐廉，各绅商公捐。“斯局初设时，绅民富家量力出资，有捐银千两、数百两、数十两者；有捐钱三四千串、数百串、数十串者。”① 孙毓溎于公捐外自捐银 2500 两，合计得银 1 万余两。但不到一年，所捐款项即已罄尽，乃改为分股月捐，“以钱百千为一股，有力者十之，力薄者半之”。其次是采取捐纳制，“予职衔以为奖励”，按月输将，仍不能支应浩繁的军事开支。第三是抽取厘金。“知州复谕粮炭杂货各行商榷，为按厘抽捐”，但经费仍然不足。于是采取第四种手段，裁汰练勇，缩减兵士薪水饭食。“遂汰练勇之半，薪水饭食亦递酌减，经费出纳择忠诚谙练者数人管理，分年造册报司存案”。“义勇经费亦系劝捐于各户支取，有共捐钱百千者。有按月捐钱数十千、数百文者”。练勇义勇经费“损之又损，几至于无”，犹有因经费支绌停练者。

后来，车克慎和孙毓溎先后入京，捐输团练由冯德馨独立

---

① 民国《济宁直隶州续志》卷二十，艺文志。

承担。1860年，捻军围攻济宁，“各义勇局经费靡不告匮。土圩被攻，残破又需修缮，总局穷于应付”，只是到了1861年，僧格林沁命团练归知州办理，命冯德馨办理亩捐以助军需，办团经费问题才算有个着落。州志作者曾自豪地宣称济宁州办理团练体现了官、绅、民的和舟共济，患难与共之情。“惟不动官项，不累农民。绅商出资，丁壮效力。咸晓然于自卫身家之义，而无纷争凌亢之风，则当日山东团练中所仅见者耳”。① 言不累农民是当时说话太早，后期也办理亩捐而“累民”了，但说“不动官项”这种情况在当时的山东团练中所仅见大概言不为虚。

咸丰四年（1854年）三月，太平军北伐军渡过黄河进入山东，一路所向披靡。当进入单县境内时，县令卢朝安率城乡团练堵截，被击败。金乡县令杨郑白、署典史叶国霖被杀。巨野县令和县教谕因反抗也被杀。北伐军连克郓、巨、阳、莘、冠诸县，鲁西重镇临清虽然以“绅士姜毓杰为团长，练义勇二千余名，协镇营兵数百，复招在城丁壮得万余人”，② 严加防守，但仍未能阻挡住太平军的进攻，临清终被攻克。济宁州城在在籍绅士车克慎、冯德馨、孙毓桂办理的团练防守下，幸免攻克。

因太平军攻入山东时，单县首当其冲，士绅争效办团自卫，延至民国时期，仍有不少乡绅筹集款项和兵勇抵御外力的骚扰。兹将单县士绅的活动列表如下：

---

① 民国《济宁直隶州续志》卷六，兵革志。

② 《山东军兴纪略》卷一，粤匪二。

表 6—1　单县士绅活动情况表

姓名	功名	年代	主要事迹
赵珠	不详	咸丰	办团练御“南匪”（太平天国军）。
刘际	贡生	咸丰	办团练，筑村寨。
李世论	不详	光绪	招义勇防匪患；代表官绅监修琴台。
朱世德	举人	道光	在籍办团。
朱鸿黻	捐浙江分府	宣统	修城池、办团练及其他公益事为一色提倡者逾二十年。
管泗	贡生	道光	独捐修涞河桥及其他古路荒祠。
王文鄂	不详	咸丰	创修王新庄寨，保障一方。
王先孚	不详	咸同	筑黄河围堰四百余丈，筑王小庄寨，远近六七十里村乡民归此一寨。
刘安周	武生	咸同	结寨自卫，防御太平军、捻军、长枪会。
孟广济	增生	咸丰	出资防御捻军
苏瑞云	太学生	同治	出财力筑圩、挖壕、结寨。
张安玉	太学生	清末民初	光绪 23 年镇压刘世端、曹得礼大刀会；民国元年平定马良数十村土匪肆扰。
程德荣		民国	率乡里子弟迭歼大股悍匪。
朱鸿乔		宣统	筹饷筹兵竭力捍御土匪。

资料来源：李经野纂，项葆桢修：《民国单县志》卷十二，乡贤。

在曹县，由士绅率领的团练武装同捻军据城相抗，最后城破被戮。县志中记载：“咸丰元年，曹县县公童督练民团，三年五月，粤匪北扰。八年，皖匪继起，河决上汛；八月间，贼至，县公茅赴省未回，民争出城逃乱。城内团总陈玉仓、沈汝霖、刘五瑞、刘溥等率人登俾守御。贼侦东城缺陷，于十五日未刻入城，劫掠一空。教谕赵介福骂贼死于署；陈玉仓、沈汝霖皆死之；刘五瑞巷战被重伤，翌日死，刘溥阖家俱死，其余死者四百八十余人”。[①]

巨野自咸丰甲寅太平军北伐军到达后，依照清廷指令，“办理团练者不下百十人”。[②] 在《民国续修巨野县志》中记录了 40 名团练首领，他们中许多位不仅承担着办团筑寨，守卫一方的职责，还承担了诸如组织移民，兴修水利的重任。[③] 因为天灾人祸具有相联的关系，天灾导致人心浮动，加上时局动荡，极易诱发变乱。稳定灾民心理，让其有口饭吃，也就起到了稳定社会秩序的作用。

比较知名的如唐守忠，“在藉以屯官团练乡兵。嗣率巨嘉难民开湖荒八百余顷，纳租助饷”。

谢为橘，庠生，“咸丰八年团练乡兵，率诸团筑黄河大堤以御南匪，继修寨圩保卫一方”。“迨同治初年会匪蜂起，公迅赴长沟乞王师，剿抚兼施，俾玉石不致俱焚。光绪二年，以甲庄河工劳绩，保奏尽先训导，加五品衔。至三年（1877），本境因亢旱，突起大变，尤赖公为狂澜之挽”。

陈广基，“甲寅变后，与郓邑赵康侯倡办团练，无役不从。丙辰春败贼于辛庄，冬败贼于滩河。并歼厥其渠魁。事平以经制保叙把总。丁巳偕众团击脘匪于独山之西，……同治间以协办君山侯家林河工，蒙抚部丁保奖都司衔，赏戴蓝翎”。

田文轩，“接磻溪公团练防堵”。“于同光间与毕魏姚三君总办侯家林及贾庄两次河工，劳绩卓著，蒙抚部丁保举以知县用”。

孟继卜“以团练剿贼，积功”。“光绪元年委办河工，加五

① 光绪《曹县志》卷十八，兵燹。

② 民国《续修巨野县志》卷七下，德行碑。

③ 民国《续修巨野县志》卷五，团练。

品衔”。

高志尚，监生，“以团练河工积劳”。

薛法仲，“以团练出力，赏给五品顶戴”，“嗣以襄办河工，议叙五品衔”。

李树荣，庠生，“同治年间，河决侯家林，公督办椿料，颇著勤劳。复办团练”。

田九龄，“团练乡兵，东南一隅倚为保障”。“复于暇时挑挖万福河，使两岸室庐田禾无漂没患，尤为一方之利”。

郓城县志中也有许多记述：

席中桂，从九品，咸丰十年（1860）捻军攻至郓城时，“公率众筑圩守御，并卖宅捐资以治守具。众感其义，争效焉逃圩内者，赖以全”。

王化美，千总，咸丰四年（1854）太平天国北伐军来伐，“出粟千二百石，……散给村众同力筑圩，数日而成。邻村之人移避其中，赖以保全者甚众”。①

周汝楠，“自其高曾皆以好施重义闻于乡”。“咸丰四年春，粤匪北窜，土匪乘势蜂起，公倡办团练，乡里恃以无恐”。“五年，黄河支流灌入济河，率团众修筑南岸，邑东南得免水患”。后又率团多次同捻军或配合清军同捻军作战，最后被捻军杀死。②

宁阳县绅士曹思珍，道光初补学籍。咸丰六年（1856年）宁阳大旱蝗，翌年春天“道殣相望”，“有贫族强借邻村富家

① 光绪《郓城县志》卷五，义行。

② 光绪《郓城县志》卷十，人物。

粮，控官将重惩”，曹思珍极力营救，出粟代为偿还。“并计村中饿者凡三百余口授食至麦熟止。”1861 年，捻军打到宁阳，清廷下令各州县行坚壁清野之法，曹思珍“以夙望为众首推”，先后在葛石店、张家楼、西赵庄各筑一堡，又卖掉腴地数顷在本村以三合土修筑坚固城堡一座，“屹然可恃”。捻军起义平定后，因“村中乏井，汲濯不便，乃自村东北疏泉引渠，绕村西注，涓涓不竭，并名湛泉”。① 曹思珍主要体现了士绅三方面的作用：一是调解纠纷，救济贫困；二是修筑城堡自卫桑梓；三是为公共工程捐款并主持其事。

莘县安乐雍，贡生。学问深纯，人品正直，素为一方之望。“辛酉之乱，大兵进剿，良民有被累者，安乐雍不计个人利害，苦为分晰，全活甚多。后余匪复乱，率正谊团剿捕，获贼交官，未尝擅杀，四乡赖以安”。②

东平州志中对这类士绅记述更多，因这些士绅活动并不局限于一个方面，现将其活动分为自卫、兴修水利和其他善举三类，兹列表如下：

表 6—2　东平县士绅活动情况

姓名	功名	年代	主要事迹		
			筑寨办团自卫	水利事业	其他善举
陈复安	贡生				捐资设立义塾
吕元举	贡生				施药于乡党，排难解纷，轻财好施。

① 光绪《宁阳县志》卷十四，笃行传。

② 光绪《莘县志》卷七，人物志。

（续表）

姓名	功名	年代	主要事迹		
			筑寨办团自卫	水利事业	其他善举
吕元钧	监生	雍正		雍正五年，河决，独捐重赏	推有余以瞻贫窭，里中待以举火者数十家
宫沈修	贡生	咸丰	倡输家财劝同里殷实者摊捐银米，赈恤贫穷，养二十八村团练		代邻居偿还债务
范允元					年荒，庄邻多饥，允元计日与粮，赖以保全者甚众
李衍福	痒生		土匪扰境，率众筑围		
李潇林	痒生		为首筑围守御		倡修咽水闸于运堤，利民济运。在渡口创修桥梁
候怡庭				先后修建唐家营庄后桥，刘家桃园庄前济清桥，筑大清河堤，独力修造小清河堤一段	
赵灿章	举人	咸丰	输财练团，固守		
赵梦卜	候补知县	咸同	办团筑寨，九十余村民来归。磬家储馈赠军饷		

（续表）

姓名	功名	年代	主要事迹		
			筑寨办团自卫	水利事业	其他善举
崔日恭	千总	咸丰		输巨资，率乡里量捐挖挑成河	1857年岁大饥，出粟数百斛赈乡里
赵文粱	监生	咸丰		独捐巨资修筑汶河邢家林堤	
张际顺	贡生	咸丰	办团筑圩，为团总	倡众修筑大小清河堤坝	
王世儒	庠生			协助孝廉赵振江挑挖农河，会水入运	
范允章	武庠生			纠众修筑龙拱河堤	
陈存常	监生			倡邻族修筑大清河堤，修渡船，造草桥	岁饥以薪粮蔬菜分饷亲邻，送柴火与贫民乞丐以御寒
王玉璋		同治		百余亩田尽数捐出治理黄河决口	
焦尔煜	贡生	咸丰	办团练，筑寨，近百余村人避居		
李福云		宣统		倡修大金山至十里堡民堰二十余里，堤西数百村庄得免水患	

资料来源：民国《东平县志》卷十一中，人物。

而根据旧志中所载，在太平军和捻军打击下，东平县死的士绅有 104 人。①

二、修筑圩寨

进入近代以来，因时局动荡，大江南北各地多修村寨以图防御。尤其是鲁西一带，地处华北大平原，地势平坦，一马平川，一旦黄河失守，则无险可阻，兵匪更易成患。山东团练大臣杜翮就曾上奏清廷，“请于省城关厢及各州县地方，一律修筑土圩，共图保护，意在坚壁清野”。② 很快，受到战乱威胁的鲁西各县村镇，尤其是一些规模较大，人口较多，经济力量较厚实的村庄相继修起了圩寨。光绪年间《新修菏泽志》中记载了菏泽地方修筑圩寨的缘由、过程和作用。

当时菏泽县下设有 69 都，“都下有集有寨，夫寨之设也，今无几时矣。咸丰之初，粤匪倡乱，窜扰湖湘，破金陵，蔓延江皖，驰骤兖豫之域，震惊畿辅。贼踪飘忽，昼夜疾驰三百里，势若风雨，兵力不能及。蒙台之间，土匪蜂起。于是方面重臣仿古人坚壁清野之法，条其说檄，行州若县，而州若县之民犹或难之。盖当时富者惜财，贫者惜力，承平日久，惮兴大役，及贼至，民无所逃匿，剮剔割剥之惨，所过糜烂，民情崩裂。既乃愤急合并村落，相地立碉寨，增壁垒，裹粮兴筑，昼夜不少休，于是一州县之地多百余寨，少亦不减数十。其后，贼果无所得食，大困。而天心亦厌乱矣”。当时诸多村庄都以“某寨”为名，笔者查阅了菏泽 69 都下以寨为名的村庄共有

① 民国《东平县志》卷十一中，人物。

② 山东师范大学历史系中国近代史研究室选编：《清实录山东史料选》(中)，济南：齐鲁书社，1984 年，第 1452 页。

103处，如成庄寨，孔楼寨，高村寨，吴店寨等等。①

曹州府各州县的村寨民圩多是在咸丰年间修建，如巨野在咸丰十年（1860）十二月，“贼（指捻军）踞大田集，盘桓逾岁，时大雪。避乱者流离辛苦不可名状，是年，乡村始筑圩自守，名曰寨”。② 定陶县志记载：“咸丰十一年，本地捻乱起，四乡集镇多建圩堡以自卫，……迩来变乱时起，四乡无寨者屡被害。”③ 郓城县志中述及：“贼自是来去无常，所过焚掠一空，乡间坚壁清野以自固。村庄之大者独筑一圩，小者数村共筑一圩。贼至则昼夜登陴以守，贼去则乘隙以理农业”。④ 可以了解到，当时鲁西南修建堡寨的目的在于防范太平天国军“粤匪”、捻军“皖匪”和当地农民军“土匪”，修造村寨由于民财民力耗费较大，起初颇费了一番周折，只是在富室和一般民众经受了“匪灾”和“兵燹”的摧残蹂躏之后，才大规模修筑圩寨，并起到了清廷所预想的坚壁清野之作用。

临清县志中也有关于栅寨的记载。所谓栅，即指栅栏，设在街市。所谓寨，即围寨，设在乡村。“其形势虽殊而用意则同，皆所以御外患而卫民生也”。临清在清季通衢大街上设有栅栏，偏僻小巷则无。进入民国以后，“伏莽猝发，扰及四境。临清以济西重镇，民物殷阜，尤为土匪垂涎之区”。“故中州一带各街皆筑栅栏，不遗穷巷”。“街长司筦钥，岗警司盘诘”。每当戒严时期，则薄暮闭门，阻绝交通。乡间围寨，“则筑土

---

① 光绪《新修菏泽县志》卷二，建置二十一。

② 民国《续修巨野县志》卷一，编年。

③ 民国《定陶县志》卷二，建置。

④ 光绪《郓城县志》卷九，灾祥。

为垣，置四门或两门以严出入，团兵昼夜梭巡，壁垒亦颇森严，一遇变乱，则附近村民移居其中，恃为安土焉”。根据县志中的统计，临清全市共有栅栏 139 道，乡村围寨共有 52 个。设有围寨的村庄集中于临清富庶之区。“因第二、第三、第八各区为全县富庶中心，故围寨较多。其面积之广大、垣壁之高厚，均非他村所能及”。而其他的穷乡僻壤因经济条件所限，围寨或未筑或修筑规模简陋，起不到应有的防御作用。如临清“第五、第六及九、十各区则并无围寨，实因土瘠民贫，力有未逮。四区虽属仅有，而规模简陋，垣墉破碎，殊不足以资防卫也。”①

聊城县志中也有许多关于圩寨的记载，“同治元年东关修土圩成”，② 宋汝惠在“咸丰季年捻匪犯境，以监修围圩，功保训导，加五品衔”。宋泰于“咸同之际，捻匪蹂躏遍齐鲁，东郡适当其冲，筹办团防，筑修围圩，与当时深谋硕画，多有建白”。③

鲁西北在清代只有一些人口较多、生活较富庶的村庄筑有圩寨，到了民国时期，由于土匪猖獗，各地相继筑寨置堡，加强防御。如清平县在同治七年（1868 年）四月，“城西北金郝庄、西南侯家寨民圩成。初大府檄民间筑圩自卫，为坚壁清野计。以工艰费巨无应者，惟二村尅期兴工，未合龙而匪至，赖以捍御”，五月，“盛庄贾庄崔楼……胡里庄等村民圩次第成，初县境惟康庄、吕庙、辛集、李洼有民圩，……至是多相率筑

① 民国《临清县志》卷十二，防卫志七。

② 宣统《聊城县志》卷十一，通纪志。

③ 宣统《聊城县志》卷八，人物志。

圩”。[①]在《防卫志》中又对圩寨进行了专门记述：“乡村之有圩寨，犹州郡之有城垣。其规模虽狭要，皆所以保境而安民也。清平地处平原，无险可守，一遭变乱，村镇丘墟。非有圩寨不足以资保障。查昔年圩寨，除康庄、吕庙等村外，为数甚少，自清之季世，捻匪流寇相继扰略，金郝庄、侯家寨及盛庄、贾庄、崔楼等寨次第告成。民国以来，土匪顾得林肆扰于前，王志芑蹂躏于后，一时筑寨自卫之风纷起相效。于是境内之寨愈增愈多，所在皆是矣。此间围寨多筑土为之，置四门或两门。四角并设碉楼，以资瞭望，而便攻守。壁垒亦殊森严。一闻匪警，附近村民恒聚处其中，恃为屏障焉”。[②]

到民国时期，清平县五区皆有圩寨，而以一、二两区为多，现将第二区所有庄村圩寨建筑形势，创修年代和成因整理成表。如下：

表 6—3　清平县第二区圩寨表

所在庄村	建筑形势	创修年代	备　考
金郝庄	周围七百二十丈	清同治间	因捻匪之乱筑此设防
杜洼	周围六百九十丈	光绪十六年	因防水设置
昌庄	周围六百丈	民国七年	因防匪
石集	周围五百五十丈	民国六年	因顾得林之乱
新集	周围三千四百丈	清同治初年	垣多倾圮而面积之大为全境冠
小孙庄	周围四百五十丈	民国十四年	
李洼	周围八百丈	清同治初年	因防捻而筑

① 民国《清平县志》，不分卷，纪事篇一二。

② 民国《清平县志》，不分卷，防卫志，圩寨，第 320 页。

（续表）

所在庄村	建筑形势	创修年代	备　考
周庄	周围五百二十丈	民国六年	因土匪于文焕之乱而设
濮庄	周围六百七十丈	民国六年	因顾得林之乱筑此置防
李寨	一千五百六十丈	清咸丰年	今半倾圮
野村寨	周围五百六十丈	民国七年	因防匪而设
双井		民国二年	
寒泉庄		民国元年	
戴庄		民国五年	
刘公庄		民国四年重修	内外两层坚固为全县之最
海军张庄		民国四年	
后丁庄		民国十一年	
宋洼		民国二十年	
方屯		民国十五年	
萧寨		清咸同间	因教匪之乱而设
任官屯	周围四百余丈	光绪二十六年	因拳匪之乱而筑

资料来源：路大遵、梁钟亭修，张树梅纂：民国《清平县志》，不分卷，防卫，圩寨，民国二十五年（1936）铅印本，第320页。

这些圩寨，“皆为防卫而设”，“属于一二两区者为数最多”，“足见该区之富庶与居民保守之特性”。①

至于这种寨墙——民圩是怎样的一种状况，东明县志中有乾隆年间直隶省东明县所修筑的民圩情况：“于村庄四围树墙濬壕以绕之，又于出入总要建立栅栏以钥之，且晚轮夫击柝守

① 民国《清平县志》，不分卷，防卫志，圩寨，第321页。

望，不减城堡护卫。”“墙式高八尺，厚二尺；壕亦深八尺，阔五尺。”① 华北平原各地圩墙，虽然存在圩墙高低厚薄，壕沟深浅之不同，但式样大致是相同的。

环绕村庄挖掘如此深阔的壕沟，修筑如此高厚的圩墙，自然要靡费不少的钱财和大量的人力。承平时期是不会有人把如此众多的财力和人力投资到这样的防御工程上去的，只有在战乱之时，村庄饱受匪患兵燹之苦，尤其是各村富裕士绅更是饱受战祸荼毒，在不得已的情况下才捐出大量资金修筑圩寨。圩寨的建成，更进一步增强了士绅在乡村社会的领导力和威望。士绅成为官民之间的桥梁。在围寨里，交粮、纳税等要通过士绅完成，民事纠纷也会通过士绅调解，一个个村寨成为一个个独立王国。作为官府修筑圩寨的意图在于共图保护，坚壁清野。但寨圩筑成后，一方面对于太平军和捻军确实起到了防御和坚壁清野的作用。但同时又极易形成一个内向的坚固壁垒，为村寨中的豪强大户所左右，形成割据势力。故清廷谕令，若寨圩“惟办理不善，易滋流弊，必须素得民心州县，督率公正绅士善为办理，始不至聚众抗粮等事”。②

晚清至民国时期鲁西平原这种圩寨林立的景观很有些像施耐庵在《水浒传》中所刻画描写的北宋末年华北农村的一些村寨，如强夺梁山战马的曾头市，三村结盟战梁山的祝家庄、扈家庄和李家庄。《水浒传》曾描述祝家庄的景观：“祝家庄又盖得好，占着这座独龙山岗，四下一遭阔港。那庄正造在岗上，有三层城墙，都是顽石垒砌的，约高二丈。前后两座庄门，两

① 乾隆《东明县志》卷二，壕栅二十二。

② 山东师范大学历史系中国近代史研究室选编：《清实录山东史料选》（中），济南：齐鲁书社，1984 年，第 1452 页。

条吊桥。墙里四边，都盖窝铺，四下里遍插着枪刀军器，门楼上排着战鼓铜锣。”[①] 村庄内部都有一个家境富足，实力雄厚的寨主，掌握着大量的土地、房屋等财富，拥有一支或私人、或村庄集体豢养的庄丁，负责护院、看青、防匪等治安工作，寨主在村庄内部是代表全权，对外则是全权代表。小说的叙述虽然不能作为历史的真实看待，但也反映了北宋时期，至迟明末清初华北一带村寨的概况。水泊梁山的故事对鲁西平原影响很大，《水浒传》对村寨的描摹对鲁西社会民众的心理也会产生影响。

这种圩寨从晚清到民国在鲁西各地愈修愈多，成为乡村社会中的一道景观。如何思源描述过鲁西南曹县一个村寨的例子：“我在青年时代（1912 年左右）就亲自看见一个例子，……曹县有个地主朱凯臣，他家朱庄是个寨子。他住在中间一个砖围子里，周围都是他的佃户，此外还有几个‘下庄子’。佃户耕他的地，住他的房子。”[②] 在 1930 年代，山东省县政建设实验区要求各村高修寨墙，深挖壕沟，做好战备工作，提出“各县于五十户以上村庄各修土寨一座，限于 1936 年 3 月 1 日开工，7 月 1 日完工”。[③] 1930—1940 年在鲁西南城武县工作的共产党干部总结出城武北部地理社会状况的四句话，其中之一就是“有村皆有寨”，即是说因土匪猖獗，地方不靖，每村

① 施耐庵、罗贯中著：《水浒全传》（中），上海：上海人民出版社，1975 年，第 593 页。

② 何思源：《梁漱溟先生所办的乡村建设研究院》，《光明日报》，1952 年 1 月 10 日。

③ 《山东省政府公报》，第 352 期，1935 年 10 月 17 日，附录，第 53 页。

都建有土围子即寨墙用来防御。[1]

施坚雅曾提出一个以村庄为中心单位的分析模式：他认为一个村庄随着社会、经济、政治的变迁，会经历一个从“开放”到“关闭”的“周期”。在一个朝代兴起之时，社会秩序重新建立，商业化随之而来，在行政和商业方面显现出较多的向上流动，这是村庄的“开放”形式，是一个从“政治”到“经济”、“社会”的开放过程。当朝代开始没落，向上的社会流动机会缩小，骚乱增加，贸易体系受到破坏，村庄也因匪盗及叛乱的高涨而必须设立看青和自卫组织，最后产生武装内向社团，也就是最极度封闭的共同体。于是，“关闭”的过程，就按“社会”、“经济”和“政治”的顺序而进行。[2] 鲁西众多圩寨高挺、深沟水壕环绕的村庄，正呈现出国家处于没落时期的村庄共同体的景观。

需要指出的是，这时期乡村精英所发生的转化，此时的乡村精英凭藉他们所掌握地方社会支配权力的资源基础，也由传统的科举功名，一变而为强制性的武装力量。

三、调解邻里纠纷

在近代鲁西平原各州县，士绅除了承担因黄河和其他河流湖泊决口泛滥而引起的治理水患、救灾恤贫职责，和由战乱而引起的组建团练、修筑圩寨等防御职责外，不少士绅在乡村中

---

① 这四句话是“脚小辫子大，学少庙宇多，有村皆有寨，无地不飞雪”，是对当地社会和地理现象的概括。参见政协成武县文史资料委员会编：《成武文史》，第四辑，1997年9月，第249页。

② 施坚雅：《中国农民和封闭的共同体：一个有开有闭的论辩》（“Chinese Peasants and the Closed Community: An Open and Shut Case,” Comparative Studies in Society and History）1971年，第270－281页。

还承担着调解民众日常纠纷的职责。乡村民众之间经常会发生这样那样的争执和冲突，按照鲁西乡村习俗，一般的争执很少用“打官司”的途径来解决。有学者列举出农民不愿打官司的原因：一是农村里没有律师，农民不识字，不知道怎样写状子，也不知道往哪里投递。二是浩大的诉讼费和长期拖延的司法程序非农民家庭所能承担。三是数不清的此类故事和谚语使贫穷的农民失去向司法机关提出诉讼的勇气。故除非严重的刑事案件，大多数纠纷都不敢经官府过问。对乡村民众日常纠纷的调解主要依靠本社区的士绅，“地方上的士绅因主持公道而受民众的敬重，所以由他们充当争执双方的裁判人。”①这里的“律师”、“诉讼费”、“司法机关”、“司法程序”等词汇显然来自西方，是用西方的一套话语来解释中国晚清和近代的事情。但他所说的农民不愿打官司，由社区士绅充当调解人这一事实无疑是正确的。这样的个案在各县地方志中有很多记载：

莘县孙彭年，绝意仕途不出大门殆四十年。咸丰四年，太平天国军经过莘县，焚烧其家宅财物尽绝，但孙氏并不为意，他移居高庙，周济贫乏资助婚葬。“善者慕而化，不善者畏其知”。乡里有争执，孙彭年即遣人调解，争执者曰：“不可怫先生意也”，“遂两释”。这是士绅依靠自己人格力量化解乡里纠纷的典型。

东阿人郑天统，“邑庠生”，“敦睦邻里，敬老慈幼，安民和乐”。“乡民有争斗者，则仿古人息讼之法，判其是非曲直。使之两相和解而后已。以故里有仁风，梗顽者胥化焉”。② 显

① 周荣德著：《中国社会的阶层与流动——一个社区中士绅身份的研究》，上海：学林出版社，2000 年，第 101 页。

② 民国《续修东阿县志》卷二，人物（上）。

然，郑天统是有意识地学习古人息讼方法化解双方的争执。

阎应华，东阿“庠生”，“为人性情平和，与人无忤，料事明达，议论多中。四乡共仰，公举为村首，理村事数年，排难解纷，村中争讼渐息，静谧无事。”①

在《巨野县志》中也记载着，自清末至民国初年，巨野县内的民事纠纷，一般是沿袭“礼制”办法，“由族长、村长或乡里的头面人物，左邻右舍德高望重的人”，即地方社区精英出面调解，基本宗旨是“和为贵”和“礼、让”。南京国民政府时期，部分纠纷才由村长、区长出面调解。②

可以看到，地方士绅对乡邻纠纷的调解方式许多是以自己的人格魅力实施社会教化，以德行、礼教的方式感化民众，把社会矛盾化解于底层，很大程度上弥补了国家治理之不足，稳定了传统社会的统治秩序，起到了社会冲突“减压阀”的作用。

四、对地方官员的制约

士绅对国家和地方官府的谕令不仅仅只有正面的积极回应，同时在一定程度上也发挥了制衡国家及地方官府的作用。一些士绅比较有干才，敢于为民说话，伸张正义，对抗官府的不法举动。有这样的士绅在社区，对于官吏的举止也有一种约束力，这种人以其独特的行事在县志中得以流传。如临清赵五人，为咸丰年间名诸生，其人“诙谐机敏有辩才”。“居间排难

---

① 民国《续修东阿县志》卷二，人物（上）。

② 山东省巨野县史志编纂委员会编：《巨野县志》，第十七编，政法，济南：齐鲁书社，1996年。

扶弱抑强，尤精律例，能持政府短长。凡事有病民者，他人咸束手，得五人一言辄罢除，以故官吏严惮之，不敢作奸犯科”。①

蒋毓濂，清光绪丙子举人，东平县大渔营人。“有干才，处事不避怨嫌”。光绪辛丑年（1900 年）东平州牧柳堂“征国课浮收若干，众虽稔悉，惧祸罔敢发”。这时蒋毓濂愤然首倡，将州牧所为呈控于省巡抚和藩台处，民众冤屈得到处理。“柳遂撤任，调他邑”。“其浮收之数掃数重修南桥”。②

士绅作为一个社会权威力量，起到了维系正常的社会秩序，组织正常社会生活的作用。其以绅势对官权的抗衡，在一定程度上维持了传统国家与社会的整合。

五、应酬军事摊派

为军队筹饷、应对军方也成为居乡绅士的一项重要职责。自晚清至民国初期，鲁西各地战乱不断，土匪、农民起义、官军、游兵溃卒来来往往，对于当地的社会秩序、经济生活多有破坏。而一旦供应不及时，则会使社区遭受更大的损失，故这时期的士绅也多把应酬军事摊派，尽可能减轻军队对社区的骚扰作为自己的使命。如临清州在咸丰七年（1857），李鸿章、丁葆桢会筹运河防务，修筑河墙，圈剿捻军，“绅民筹备供给，应付烦扰”。③

民国元年九月，（济宁）防营因欠饷密谋哗变有日矣，萧士杰闻信告密，经官府绅商议决，提款发饷，事遂中辍，安靖

①③ 民国《临清县志》卷十五，人物，笃行。

② 民国《东平县志》卷十一，人物。

如常，是可谓消弭大患于无形者。①

1925 年（民国十四年）冬十月，国民第二军第十二师师长王翰章率部驻扎东平县城乡一带，“该师饷项匮乏，万众汹汹，势将哗变”。幸保卫团团长王庆云出面斡旋，并慨捐巨款以为商民倡“……不崇朝集两万余元，作为该师饷项。军士尽皆欢颜，商民赖以无虞”。东平县“除筹垫军饷外，地方供给尚费钱八十二万吊有奇”。②

民国时期一些保护型乡绅因为苛捐杂税繁重，军事摊派频繁苛重，已无力承担，被迫退出社区服务或遭到破产的境地。如东平县劝学总董龚象临，为清贡生，候选教谕。宣统元年为东平县咨议局议员。1925 年第五师到东平县境，象临筹划集资数万金犒军，得不哗变。未几，红沙会起，大军麇集，龚象临内弭兵端，外筹给养，卒以积劳致疾而殒。③

再如东平县杜五声，清庠生，曾任直隶北河县丞，告归后热心地方公益，官民倚若柱石。重保董时，义德保每年分摊印花捐一百四十余元，概由杜五声个人交纳，未尝分派花户。累年捐千余元。继任乡团总，筹饷练勇，训成劲旅。闻警督剿，辄击破悍匪，夺回肉票。民国十四年，第五师驻境，事态万变，迫令筹饷。首捐巨款作倡，刻期集万余金，得不哗变。十五年管理全县财政，收支分明，……为地方服务二十余年，从未身受公家秋毫，赔累数千金至破产不惜。④

① 民国《济宁县志》卷四，故实略。

② 民国《东平县志》卷十六，大事。

③④ 民国《东平县志》卷十一下，人物。

六、保护乡里

还有一些士绅在战乱时期保护乡里，或于战后赈济遭受兵燹的民众，充当乡民的保护者。如冠县柳士英，例贡生，常以济人为怀。道光初年，连年遭受“凶歉”，士英“每日备糇粮若干以待饿者而食之”。岁大饥，则修圩寨造房屋以工代赈，恒有数百人仰食其家，行之多年不间。清咸丰四年，冠县城失守，村人惊慌欲逃，士英每户助钱二十贯，以为避乱之资，散施数千贯而不惜。稍定，村人旋里，又每户与粟一石，暂为养生。清泉书院重修，复捐资助之。至胜宫保驻防，则送军装以犒兵士。吕祖庙创造，则捐基地一段。①

临清孙振藻，庠生。咸丰年间宋景诗起义，乡民多起而响应，振藻百般劝阻无效，乃携家出逃。起义平定后，有怨家搜得“匪册控官”，想着“穷治党羽”。知州素知振藻谨愿，招请其至州署面询，振藻曰：“乡民无识，遭恚误尔。”知州“韪其言”，“由是乡人得保全”。②

临清鲍伟，“家雄于资，好施与，综核多智”。“邑有大工，官辄延请与计划”。“甲寅变后，城垣衙署及祠庙之列祀与典者均被毁堕，官倡议修筑，皆伟名董其成。其余筑圩捍匪，修堤障水，设粥厂施积仓，建义渡实惠及人，尤不胜书。清源书院甲寅被焚后，课士无所。伟名以旧捐冀宅一区，改修书院。多士便焉。本村义塾圩墙，伟名皆倡捐巨款，获集其成，州人称焉。③

---

① 民国《冠县志》，卷八。

②③ 民国《临清县志》卷十五，人物，笃行。

临清人冀澜，庠生。光绪庚子岁饥，冀澜请于当道，将停泊于临清的粮艘留下贮仓平粜，民得饥而不害。民众受义和拳影响，毁坏美国教堂，上令严究，冀澜与州牧往复抗辩，事得平息。宣统年间，大水，临清与直隶清河两县民众为筑堤事发生械斗，冀澜与州牧亲往勘探，毁堤放水，“人免为鱼”，“后两境互控，澜一言而决”。①

民国时期，随着土匪、各方军事势力介入乡村社会，适应此一时期的社会需要，各地也出现了不少脚踏黑白两道，无论在官府还是在土匪、秘密社会那里都说得下话，办得成事的人物。他们辗转腾挪，周旋于各方势力之间，被百姓称为“大能人”。单县的刘际禹和鄄城的张履福即是其中的代表。

刘际禹，是单县城北重镇白浮图人，其祖父刘安周拥有三十余顷地，是白浮图镇的老寨主。因析家分业，到刘际禹时仍有良田数顷。刘际禹“富而好友”，整日宾朋满座。“他的交往层次，上自山东省参议员，下到三教九流及盗匪，满眼是朋友。拉户的、劫路的、烟鬼、酒鬼，只要上门喊上声五爷，有酒有饭，有吸有喝，他的家成了盗匪们的避难所和安乐窝。匪徒们出了天大的事，只要上前一跪，喊声五爷，大事小事他一人独担。因此他被盗匪们推崇备至，到处宣扬，于是就成了大名鼎鼎的单北五爷刘际禹。”② 刘际禹属于传统戏曲演艺中所说的那种“仗义疏财”的人物，虽然保护了乡里的平安（土匪

---

① 民国《临清县志》卷十五，人物，笃行。

② 政协成武县文史资料委员会编：《成武文史》，第4辑，1997年9月，第253—254页。

看在他的面子上多不敢在他地盘上勒赎绑票），但他这种做法也委实有通匪的一面，韩复榘统治山东时期刘被地方驻军所杀。

鄄城县张履福，家有中等产业，有田约六十余亩。他曾结拜了十八个把兄弟，内有商人、有草莽武装（土匪）头目、有地方富绅，各界齐全，是鲁西南一股较大的潜在势力。张履福重义气，不置产业，周旋于官府、土匪及财主绅士之间，就连青帮与他也有深交。只要有人相托，总是将事办成，江湖上来投奔者即使素不相识，也……管吃管住，……慨赠盘费。土匪头目被捕入狱，识与不识，只要将信息传到，即不遗余力营救，因此江湖送他绰号“二秦琼”。他曾经协助同乡人吕秀文（时任曹州镇守使署参谋长）于1923年在曹州起义。当时吕秀文响应冯玉祥号召，组建国民军第五军，张履福联络当地大小土匪武装由吕秀文收编后，打出“国民革命军第五军”的旗号，委张履福为旅长，继续招收土匪武装，曹州宣告独立后，被张宗昌派兵通过分化镇压，吕秀文被张宗昌软禁于济南，张履福仗义气多方奔走，并通知曹兖沂三府各大小股绿林武装到处骚扰，最后张宗昌迫于众怒难犯，将吕释放。

张履福一生交往者，不仅有冯玉祥系如吕秀文、王鸿一等国民党人，石友三部师长、绿林好汉如河南悍匪李德全、鲁西南著名草莽武装首领王金妮等，国民党系如专员孙秉贤及卞九、张自刚等，还与共产党抗日干部郭文斋、张方来往频繁，在抗战中，中共冀鲁豫边区首长如杨勇及机关文职人员都把家安置在张履福家中，张履福虽不富裕，但勉力而为，不仅保障了他们的生活，也保证了人身安全，并为八路军提供过重要的反扫荡情报。①

近代某些鲁西乡村士绅在应酬军事摊派和保护乡里上起到了“保护型经纪”的作用，他们凭依自己的社会资源和经济资源，最大限度的保护乡梓少受军队和土匪的危害，一些人甚至赔上了全部家产和性命，这也说明近代随着乡村社会环境的恶化，充当“乡村保护人”的代价已经越来越大，一些正直的士绅开始逃离乡村，移居县城居住，而乡村领导权则逐渐被“掠夺型经纪”所掌握。

以上也说明了在晚清和民国时期士绅活动的多样性，士绅活动的公共空间进一步扩大。士绅不仅仅同官府有交往，在特定条件下，他还同社区中的其他势力互有往来，包括政治上的敌对双方和土匪等，这明显是不能用“乡贤”或“劣绅”这样的概念所能概括的，这也是士绅为适应当时的环境而做出的对策。

第二节　士绅与国家、士绅与士绅间的矛盾与紧张

一、官绅冲突

历史发展的多样性和吊诡性在于，历史事变是不会依照哪一个阶级或阶层的主观愿望而转移的。“社会是一个复杂的有机体，当它的基本结构出现某种变化时，这种变迁就如自然界

① 鄄城县政协文史资料委员会编：《鄄城文史资料》，第 8 辑，1997 年，第 196—211 页。

的洪水、风暴和地震一样，人们不可能做到把它们起作用的范围严格限制在预想的目标之内”。① 清代对地方绅士或精英的态度经历了一个从被控制的主体到社会的控制者这样一个变化，清初统治者严禁士绅干预地方政务，顺治九年（1652 年）颁布的卧碑文就规定：“生员不许纠党多人，立盟结社，把持官府，武断乡曲，所作文字不许妄行刊刻，违者听提调官治罪。”② 对士绅的行止，活动空间、范围都做出了严格规定。而后这种控制在乾隆、雍正、嘉庆时期逐步强化。到了近代，清廷是在逼不得已的情况下希望地方绅士站出来承担责任，为国家分忧。但在如何对待绅士上，并没有一个连续的行之有效的策略或政策，这种政策应使地方绅士在尽义务的同时，具有尽义务和责任的经济基础，享受应得的权利。而士绅在社会动荡时期，骤然获得支配地方社会的权力，一方面确实为了自己的利益免遭更大的损失，也响应清廷号召办团筑圩的指令，实施坚壁清野，使得太平天国军北伐军和援军、捻军在山东地区得不到后勤供应，并帮助清军扑灭了这两次深入山东腹地的军事行动。另一方面，士绅由于掌控了地方的军事、宗族和征收钱粮的权力，导致士绅同官府之间的关系紧张，士绅同士绅之间争夺乡村社会的领导权力斗争愈发凸显。尤其是在鲁西，这种士绅同官府、士绅同士绅之间的矛盾和紧张最终导致整个鲁西社会陷入无序的动荡之中，对鲁西社会经济的发展产生了很

① 金观涛、刘清峰：《中国共产党为什么放弃新民主主义？——五十年代初中国社会结构的巨变》，《二十一世纪》，1992 年 10 月号，第 13 期，第 16 页。

② 托津等纂：《钦定大清会典事例（加清朝）》卷三百十一，《吏部·学校·训士规条》，台北：台湾文海出版社，1991 年，第 3717 页。

大的破坏作用。

绅权扩张同政府之间的矛盾冲突。清廷显然对由绅士领导的地方团练武装意在利用和限制，一旦兵患消弭，马上就解除其武装。在组建地方武装过程中，清廷并没有动用官费，而是要各地绅士在不影响国家赋税漕粮征收的情况下，依靠输捐或其他手段，自开财源，支应办团筑圩、添置器械的费用。正如前面我们已经分析到的，19 世纪五六十年代，由于黄河决口改道，鲁西大多地方庐舍飘零，民众经济状况已趋于贫困，加以盗匪盛行，社会不靖，士绅的经济力量也不足以维持耗资巨大的筑圩办团等重任。即使是像济宁这样工商业发达在鲁西首屈一指的城市里，办团经费既有绅商募捐，又有各商行的厘金和各户的捐献，尚且捉襟见肘，不得不削减练勇，在获得僧格林沁允征亩捐的指示后，团练才得以维持。工商业不发达，士绅财力不大，又无厘金和各户捐献的广大鲁西各地团练，在团费问题上自办团之始就同官府闹了个不亦乐乎。这在《山东军兴纪略》中有多处记载：

咸丰九年（1859 年），平原东乡民团王汝玉、赵万圻等引团千余，薄城下。知县韩光登城问之，争言团费无出，乞免征漕米。

同时莘县西南王狗、焦建中等千余，合盐匪杨庚寅延玉会等五百余，以求减漕诣县。①

其他各县民团率众抗粮闹漕之事层出不穷，山东巡抚文煜

---

① （清）张曜编：《山东军兴记略》卷二十二中，团匪二，台北：文海出版社，1970 年，第 1220 页。

奏言："东省现惟登州一府未报抗粮之案，其余九府二州，钱漕多半抗延。"这事很快为清廷所晓，咸丰皇帝大为震怒，下旨让山东团练大臣杜翮整理团练："各州县中大小团长人数既众，贤愚不一。藉团生事，若不及早惩办，恐成巨患。著杜翮晓喻各处团练，毋得抗欠国课，自干罪戾"。①

晚清士绅获得清廷许可办团筑圩，拥有了军事力量和地方控制权，尤其是在围寨内，士绅们取得了独霸一方的特权。有些士绅取代了官府的职责，掌控了刑罚杀戮权力，而有些地方长官则成为士绅的傀儡，"是绅士之贤者，引众贤以相辅助；不贤者，引众不贤为爪牙。地方官之贤者，轻财劳力，日与绅民讲求而切究之，殆不数觏；其不贤者，深居简出，若无所事事。一以委之绅民，绅民乐其易与也；捐资教练，诘奸捕盗，致之于官，曰'挞之'，官则挞之。曰'杀之'，官则杀之。四野翕然，颂一方之团练，以成始也。刑罚杀戮，出之绅民之口"。② 还有些绅士则利用自己同官府之间的关系，煽风点火，上欺下瞒，从中渔利。"按籍部民之肥瘠，曰'某也应纳团费若干'，'某也应纳练费若干'，不纳则缧绁从事矣。诱民阳请缓其狱，出则曰'官怒矣，倍蓰而罚耳'。入则曰'某也非甚富，愿有私于君，而不著名于籍'。官乐其便也。于是绅民得十之八九，官得十之二三。"一些利用办团以满足个人欲望，同官府最初狎昵而最后闹翻的事例比比皆是。"官与绅利相市，而官卒为绅所卖。""官与绅势相角，而官恒负，于是悉听绅民

① （清）张曜编：《山东军兴记略》卷二十二中，团匪二，台北：文海出版社，1970年，第1222、1224页。

② （清）张曜编：《山东军兴纪略》卷二十二，团匪一，台北：文海出版社，1970年，第1193页。

所为。”更有一些士绅品行低劣，在乡间随其所欲，横行霸道，“其不贤之绅，藉以渔利婪贿，武断乡闾无论已。甚而细民里长，武生文童职监，以及吏胥钳徒下贱，自跻于绅，挟众以号令一邑，肆其贪暴而生杀由之，官与绅皆无如之何”。①

有些绅士则凭藉武力，同官府公开抗衡，进一步加剧了鲁西混乱的社会环境。如在鲁西南单县，民团斗杀官军，“咸丰六年九月，抚标守备胡运鸿引兵由金乡赴单击捻，行抵单东北徐家寨，民团数百人斗之，杀伤马兵王琢玉等，失马二十三。民团赵镜秋等控言：官兵冒贼杀掠，知县多端不敢平其狱”。②

鲁西北“夏津伪团范贞祥等千余于二十五日，张红旗，由油坊镇谢鲁庄奔屯武城县西子游庙，掠人索马。武城与直隶清河民团击之，奔西南。临清协副将成志引兵会团夹攻之，斩十余级，禽二十八人”。③

“汶上西乡民团侯希杰、王成矩等纠众设卡抽收货税，商旅苦之。八月，邹平西北孙家闸民团孙传秀等，集团二千余要遮僧王所派侦贼武员忠林……等，戕二十六人，夺其乘马衣装，投尸浒山埠湖洼。”

“咸丰十一年，曹属观朝濮范遍地皆贼，四五百里间，钲鼓烽烟，声色不绝。土教诸匪，分合出没不可辨。其著者范县廖家桥庠生王来凤，即王仪廷，号称办团，纠濮范数百十村

① （清）张曜编：《山东军兴纪略》卷二十二，团匪一，台北：文海出版社，1970年，第1196页。

② （清）张曜编：《山东军兴纪略》卷二十二中，团匪二，台北：文海出版社，1970年，第1219—1120页。

③ （清）张曜编：《山东军兴纪略》卷二十二中，团匪二，台北：文海出版社，1970年，第1232—1233页。

众，推为堂主，俨袭皖匪故态。来凤遣党横行，居守不出”。①

有些团总挟私复仇，如朝城县团总张跻堂，被各团推为总首领，因与舍利寺团长邵翼之有仇，故在同治二年二月初六日引“教匪”黄旗张玉怀等攻破舍利寺圩，屠男女数千人。②

职是之故，在太平天国北伐军被打败后，山东巡抚崇恩因“团练大抵皆绅士董率，官吏未能尽操其权。众绅贤否不齐，办理致难划一。甚有倚众要挟，不服地方官吏，几有官弱民强之势”。即分饬各州县将团勇“收缴军装，散遣归农，以杀其势。”“惟最要之曹、济等处，暂留团勇备缓急”。③

二、绅绅之间、官绅之间的紧张关系：以长枪会为例

韦伯认为，国家的首要本质在于它对合法武力的垄断，这也正是国家机关赖以存立的最终保障，一旦国家丧失该项垄断权力，既有的政治秩序必然发生危机。④ 咸丰同治年间，清廷既无法凭借国家军事力量维持社会控制和社会秩序，反需依赖私有性质的地方武力为奥援，遂不免开启地方精英觊觎国家权力之门径。在近代，鲁西各地先后爆发了地方势力集团同清廷的斗争，如1860年以山东邱县、冠县、莘县为中心的邱莘教起事，其中以宋景诗为首的黑旗军坚持斗争时间最长，规模最大。同年宋继鹏领导的邹县文贤教起事。而在鲁西南，地方精

① （清）张曜编：《山东军兴纪略》卷十一，土匪三，台北：文海出版社，1970年，第651页。

② 民国《朝城县志》卷二，匪患。

③ （清）张曜编：《山东军兴纪略》卷二十二中，团匪二，台北：文海出版社，1970年，第1211－1212页。

④ David Held et al., States and Socities, N, Y., Unversity Press, 1983, pp. 35－36.

英同官府、地方精英之间的矛盾与紧张在控制乡村社会权力争斗中愈趋激烈，终于导致了一场席卷鲁西南数年之久的长枪会之乱，对鲁西南乡村社会生产力和人民生命财产造成莫大之损失，也导致整个鲁西南社会陷于无序的动荡之中。我们以曹州长枪会之乱为个案来分析地方士绅之间、士绅与国家、地方官府之间的矛盾与紧张关系。

自嘉庆、道光以来，山东西南部曹州一带，与淮北毗邻，受"皖捻"（指安徽捻军）的影响，当地也出现了许多股"土捻"。[①] 黄河于铜瓦厢决口后，山东西部二十多个县被灾，西南的几个县受害尤其严重。在兵燹天灾的洗劫下，许多人为求自保或谋生计起见，纷纷加入捻军；甚至有阖村阖族全部加入者。地方志中称这些人为曹州土捻，以区别于安徽皖捻。1856年，王三托盘嘴、张殿乙聚濮州河东各路捻子于刘寺、富春集起事，与皖北捻军相配合，活动于兖、曹之间，发展到万余人，到处打击官府，破城陷镇，声势很大。山东巡抚崇恩在奏折中言："捻匪王三托盘嘴为著名匪首，聚众滋事，经该抚派委员牟，分路查拿，该匪复敢于兖、曹交界之梁山、满家峒等处，会合另股捻首王方云等，裹胁饥民，往来窜扰。"另一方面，1853年正月，由于太平军起义，清廷命各省办团自卫。"而曹州自咸丰四五年以来，夙有官募练勇数千，自备长枪，名曰长枪会义勇。守令闻警率以御贼，禀请台司，动支正赋廪给，日久糜帑甚巨，台司停其廪给"。长枪会的创立要稍早于民团，最初是由官府招募练勇，动用正赋作为军费，后因靡费太大而解散。在太平军起义爆发后，山东巡抚令通省州县官绅

① 《文宗实录》卷二一六，第12—13页。

办理民团，一县有四五团或十数团不等，团长管一村寨或近邻三四个村寨，团总管一乡或数十村寨。这使闾里乡间不仅拥有武力，而且接管了许多州县长官的职权。如乡邻争斗狱讼、地丁田赋的征缴等事，多在圩寨中自行解决。而民团团长、团总的权势也由此大增，在经济上，他们为一寨之富户，拥有大量田亩房产；在政治上，是奉诏办团的团总，在武力上，拥有相当数量的庄丁——团勇。因而，团长、团总职位成为地方精英和各宗族间争夺的焦点；谁控制了团练，谁也就取得了地方社会的领导权。当时的山东团练以曹属各州县最盛，也最桀骜不驯。“东省团练，曹州为最。曹州团练，郓城之季锡鲁、赵康侯，巨野之魏笃为最。而三员中素称忠勇，众论推交者，又锡鲁为最。民间倚为长城，贼中目为枭虎。”① 团总们“横行曹属，生杀由己，敛费无度。地方守令条教号令，不及团总片言”。② 致使地方官府无法容忍，这为曹州长枪会的再度兴起作了铺垫。这里要注意的是此时曹州出现了练勇——长枪会和团勇两种武装力量，“练”是从地方上抽调人员，由州府统一调用的地方武装，费用由官府筹措；“团”是由地方士绅为保自己的利益而组织的地方武装，费用地方自筹。

曹州团练组建后，主要活动有二个方面，一是镇压地方民众变乱，1856 年 12 月“山东兖、曹等处匪徒王三托盘嘴等，诱胁饥民，纠聚党与数千人，由水路窜至濮州、巨野一带”。③

① （清）张曜编：《山东军兴纪略》卷二十二中，团匪二，台北：文海出版社，1970 年，第 1218—1219 页。

② （清）张曜编：《山东军兴纪略》卷十一下，土匪三，台北：文海出版社，1970 年，第 655—656 页。

③ 《文宗实录》卷二一四，咸丰六年十二月初二，第 415 页。

菏泽、郓城、巨野团练首领先后率团剿办，最后大败之，王三托盘嘴被擒。1858年11月，“皖捻北扰，由金乡入巨镜，诸团练拒之于独山南，互有杀伤，赵康候继至，败之，捻遂遁”。1859年10月，“贼又由考城境北扰定陶，团练又败之于张家湾，贼又遁。”而各村寨土捻害怕团练的搜捕，有投奔皖捻的，有投军营的，俱不敢在家。二是领导抗粮闹漕。1861年（咸丰十一年），山东巡抚谭廷襄奏言：“山东自咸丰五年黄水漫溢以来，民力愈困，而征漕本色折旧，仍循旧章，近来银米皆减，而州县所收，未能随时递减，以致民众借口办团，抗粮聚众，殴官围城。”① 团练一方面领头抗官抗粮，一方面向乡民征敛团费，以致“有倍蓰正赋者”。团练、团长“按籍搜刮，不纳，则缧绁从事”。② 故此遭到众多乡民的反对。按照清代对于地方士绅活动范围的规定，士绅干预地方事务的程度是由官府做出明确界定的，如包揽钱粮、教唆词讼等，是始终禁止的。这时期团总领导民众抗粮抗漕，征敛团费，无形中削弱了国家在民众中的权威，相应提高了团总在社区中的权威和声望。而这时官府由于没有武力支持，反听命于握有军事力量的团总，“守令张空拳，益听命于团总”。③

曹州长枪会的兴起是在和团练抗衡的基础上建立的。长枪会会长郭秉均也是菏泽县的一个生员，“家本素封”，他和本乡

① 中国史学会济南分会编：《山东近代史资料》（第一分册），济南：山东人民出版社，1957年，第272页。

② （清）张曜：《山东军兴纪略》卷二十二，团匪一，台北：文海出版社，1970年，第1194页。

③ （清）张曜：《山东军兴纪略》卷十一下，土匪三，台北：文海出版社，1970年，第656页。

团总马振乾素来不睦。马振乾祖父马济胜曾任福建提督加太子太保二等子爵，马振乾藉祖父荫庇，“有威压乡人之势”。郭秉均不愿受其钳制，加上团练苛征暴敛团费，原来的练勇头目倪广和、郭秉钧等人向曹州府太守童正诗抗议，“赴愬团练苛敛强横，我等既为官练，随官御捻，又无例给口粮，不应再出团费”。曹州太守认为他们说得在理，倪、郭等又提议，于民团外重新组织长枪会。而曹州太守也因地方团总、团长侵夺州、县权力，“生杀由己”，不受约束，也想借助其他势力以抗衡团练武装，“以各团总多跋扈，欲令长枪会隐为之敌而减其势”,① 应允了郭的要求。因此，从长枪会的重新组建来看来看，无论是创办人还是官府，他们的主观动机都有同团练相抗衡的一面。

1859 年，长枪会重组成立。本来团练都是同里的数十村寨连成一起，俗称联庄会。为同各村寨团练争夺人力，长枪会章程规定：“不拘村庄之远近，接连与否，有愿从者，即为其会之人。既入其会，即出乎团练之外，团练之总不得管束，虽盗贼亦不得拿办。”②这一章程也得到曹州府太守的允准，这出乎团练的意料之外。

在当时动乱的环境下，乡民也希望能加入一个强有力的自卫组织中以图立身安命。长枪会恰巧提供了这样一个既可以免于苛征暴敛、又能提供安全的组织，故此，乡民纷纷加入。另一方面，一些原先加入土捻以自保的乡民为避团练追捕，这时也大量加入长枪会。而郭秉钧为扩充势力，“惟恐人不附己，

①② 刘葆光：《长枪会匪纪实》，民国《续修巨野县志》卷八下，杂钞。

多方网罗，不分良莠”，“曹属之贼，大半悉入其会中矣”。①1860年，郭秉钧旗下已有二三万之众。他将会众分隶五色旗，每旗有五六千人，首领有“千长”、“五百长”等。长枪会和团练的组织不同，但和安徽捻军的五色旗制组织相类似。为取得经费，郭秉钧派部下占据黄河口，为船划装卸粮货，每日得工钱数百缗，作为会众的开支。

长枪会势力的扩张，引起团练首领的忌恨，加以长枪会创办目的即在于与团练抗衡，故双方矛盾日深，冲突不断。郓城、巨野一带团总向山东团练大臣杜翮指控长枪会谋反，杜翮即饬曹州府解散长枪会，但太守童正诗唯恐激出事端，回来后向郭秉钧说明一切，但并未强制解散长枪会。②团练首领即向清军统帅僧格林沁投诉，“言长枪会包藏祸心，急宜征剿。并言牧令庇匪害团”。僧格林沁非常震怒，派遣将军福瑞引兵合巨野团总赵康侯团勇“压境捕治”。导致长枪会“众大哗，谓地方官庇团给我”。即是说长枪会众认为这是地方官庇护团练哄骗我等，于是曹州所属各县长枪会众起而反抗。③

关于长枪会的起因和团练的活动，巨野县举人刘葆光所写的《长枪会匪纪实》和山东巡抚张曜幕僚所编的《山东军兴纪略》中有关记载有很大不同，前者是地方士绅的记录，后者则为官方的典籍。《长枪会匪纪实》的作者刘葆光是巨野县举人，其父亲曾在僧格林沁大营中充当幕僚，刘葆光在《纪实》一文开头便说：“丁文诚公抚山东时，僚属作《山东军兴纪略》一书纪咸同年间山东各匪本末，余初未见其书，窃以为所纪之事

①② 刘葆光：《长枪会匪纪实》，民国《续修巨野县志》卷八下，杂钞。

③ （清）张曜编：《山东军兴纪略》卷十一上，土匪三，第657页。

皆实录也。后得此书观之，……惟咸丰辛酉曹属长枪会事则与真实录缘由全然不合，即其中纪贼之踪迹与僧邸之战功亦十语九非，可见此书之成但凭当日官府文报，而分撰诸人并未采访民间辄率意而为之也。”他批评《山东军兴纪略》所用资料都是官府文报，没有实地调查，故而与事实出入很大。然后说他自己“长枪会匪之本末，余所目睹且与匪首郭秉钧居甚密迩。其未叛以前事无大小，罔不周知。即当日府县亦未能如余知之详也，故作是纪，以志其实”。① 据此看来这是属于历史事件的见证人来书写这段历史，《纪实》篇的叙述应该是当事人所保留的第一手资料，后人在研究中运用《纪实》中的资料应该比《纪略》所述更为可信。

但笔者在查阅了《纪实》篇和《纪略》中有关长枪会的记载后，却感到刘葆光所记载的也并非如其所说的那样全是实录，就僧格林沁和团练镇压曹州长枪会的记述中，《长枪会匪纪实》中有不少地方运用春秋笔法之处，即“为尊者讳，为亲者讳”。

从《纪略》与《纪实》对长枪会起源、发展和一些细节看，主要有以下几点差异：

第一，关于长枪会的起因：在长枪会兴起时间上，《纪略》中是先有长枪会，后有团练，而《纪实》中则是先有团练，后有长枪会。

《纪略》：曹州自咸丰四五年以来，夙有官募练勇数千，自备长枪，名曰长枪会义勇。守令闻警率以御贼，禀请台司，动支正赋廪给，日久靡帑甚巨，台司停其廪给。

① 刘葆光：《长枪会匪纪实》，民国《续修巨野县志》卷八下，杂钞。

在清廷令各县办团后，“郓巨等县团总，自矜御捻有功，横行曹属，生杀由己，敛费无度，地方守令条教号令，不及团总片言”。民众不堪团练搜括，“濮范黄河以东民寨纷纷从贼”。这时原来长枪会首领倪广和、郭秉钧、郭廷珍，生员焦瑞麟、董执信、李标、王广继等俱赴县府控告团练苛敛强横，“我等既为官练，随官御捻，又无例给口粮，不应再出团费”。曹州守令“韪其言，谕告团总，当时无敢违忤”。这时长枪会各练总重新宣言号召会众，“入会者日多”。这导致“团总之权日杀”，激起团总的仇视，“因与练总寻仇构衅，牧令不敢为左右袒”。团总感到牧令不能限制练勇，即投身僧格林沁大营构陷长枪会谋反，“言长枪会包藏祸心，急宜征剿。并言牧令庇匪害团。王大怒，遣骑将引军合赵康侯民勇压境捕治”。大军压境之下，逼反了长枪会，“会众大哗，谓地方官庇团给我，于是河东南则倪和尚、高丕振等管领金乡、定陶、城武、巨野、菏濮各团寨奸民，河东北则刘占考、丁书堂等管领郓城、范县、寿张、东平各团寨奸民以及散勇，数逾五六万”。这时又正值捻军攻占山东，进入鲁西南，长枪会“遂合捻斗团”。①

从《纪略》中可以了解到长枪会本是官府招募御贼之练勇，因靡费太大而停止供给。团练设立后，也因为敛费无度，且与官府在地方控制上多有龃龉，长枪会在官府支持下乘势而重组，激起团总忌恨，双方矛盾不断，团总赴僧格林沁大营构陷长枪会谋反，在僧格林沁大军压境之下，长枪会众愤官府之不公，起而造反，很快控制了鲁西南大部，又得到捻军支持，而合捻斗团。这样，长枪会起事团练应负大半责任，僧格林沁

① （清）张曜编：《山东军兴纪略》卷十一上，土匪三，第655—657页。

不辨青红皂白，偏听偏信团练一面之词，也不能摆脱干系。

《纪实》中则只字不提长枪会系前期官方练勇之事，只叙述了团练系奉旨而兴，“菏濮郓巨范五属之交向为产盗最多之处”，经过团练的缉拿捕获，“自六年（1856）以后，曹境肃清，皆团练之功也”。长枪会的兴起则是由于菏泽志道都（当时菏泽县下设都，相当于乡）郭秉钧“心刚好胜”，与其都团总马振乾“素不相能，故不欲受其钳束”。因团练屡败入境之捻军，“于是团练之名益著，即团总之势益尊”。郭秉钧进谒曹州府童太守，“请于团练之外别立一团”，童太守“以各团总多跋扈，欲令长枪会隐为之敌而减其势”。故“竟允之”。以后长枪会“多方网络，不分良莠”，“曹属之贼大半悉入其会”，《纪实》中虽然也承认当时长枪会并未发生抢掠民财之事，但却如此叙述：“虽其时无抢掠之事，而恣睢于乡党，各团练皆不能制。”“郓巨各团总见会众反形已露，赴省具禀”。

我们可以看到《纪实》中对团练和关于长枪会起事成因的叙述，团练显然是奉旨兴办的，并在剿灭曹州土匪和捻军中发挥了很大作用。而长枪会起因于郭秉钧和马振乾的“素不相能”和童太守的纵横平衡之策略，而长枪会利用了团练和官府的矛盾，不分良莠多方网络，以致“曹属之贼大半悉入其会”，而在长枪会未反之前，团总就见到会众反形已露向省督办团练大臣杜翻告状了。

两种叙述比较，我们可以看到《山东军兴记略》中的叙述把长枪会起因归于团练的诬构和僧格林沁的草率，而《长枪会匪纪实》的叙述则极力为团练辩解，宣扬团练的功绩，而把长枪会起因归于郭秉钧同曹州团长马振乾的矛盾和长枪会的招污纳垢上。

第二，《纪略》中对民团和僧格林沁清军不分良莠、肆行杀戮之情状多有披露，而《纪实》对此或语焉不详，或曲笔回护。

《纪略》中叙述了长枪会和捻军联合斗团之事，曹属民团（郓城团总季锡鲁战死后，巨野团练成为曹属团练的主力）和长枪会屡次过招，都以失败告终。郓城、巨野数百村寨相继被长枪会攻破，团民死伤惨重，如长枪会和捻军"围赵家楼，陷之。团长……教谕……皆战殒"。这在《巨野县志》中也有记载：1858 年，独山集之战，长枪会和捻军联合，乡团"阵亡数百人"。1860 年，"团练迎战于汶南国家庙，阵亡数百人"。① 长枪会众乘势包围曹州府城，僧格林沁派遣骑兵赶来增援。团练得到僧军的援助后，乘势欲复前仇，赵康侯上书僧格林沁，言"自愿就地筹饷剿会匪。令富者尽力捐助，入会之家概行抄洗"。《纪略》认为这是赵康侯"志在假公以快其私"。僧格林沁怀疑其动机，没有答应他的要求，但赵康侯又联系到帮办军务侍郎宗室陈国瑞，最终得到僧王的允准，团练和清兵一道进剿长枪会所居各村寨，沿途"纵火而前，辇资粮系钱帛者豁免。曹州益大乱，哭声盈野"。② 致使地方守令大为惊愕，"谕劝不止，弹治不服"。山东巡抚谭廷襄获知后，会同山东团练大臣杜翮遣使持檄，"旁午于道"，力图阻止，未果；谭、杜二人函告僧格林沁，未获回音；地方守令往大营面诣，不获见面。巨野团总赵康候提议"入会之家概行抄洗"，但在进剿中，无论是否属于长枪会所居村寨，只要不是团练所属，即概行杀

① 民国《续修巨野县志》卷一，编年。

② （清）张曜编：《山东军兴纪略》卷十一上，土匪三，台北：文海出版社，1970 年，第 658 页。

戮焚掠。此时团练的作为已明显带有报复心理，其行径也带有盗匪、团匪的性质，也失去了曹州的人心民意。在民团与清军肆意蹂躏下，长枪会及曹州民众普遍起来反抗，山东巡抚谭廷襄奏言，“濮（州）范（县）巨（野）郓（城）菏（泽）定（陶）成（武）等处，随地皆匪，皆成大股，势将逾万，漫及寿张、阳谷，日聚日众，解散为难”。[①] 僧格林沁宣称“若以势论，曹属各州县，几无可活之民。似此诛不胜诛，剿不胜剿，又不得不权宜宽猛，相机办理”。虽然僧军凭依兵强马壮连获胜仗，但“曹属会匪”似乎愈剿愈多，大有剿除不尽之势。僧格林沁生前为清廷之柱石，殁后倍获殊荣，《纪略》系根据当时战报所撰，撰者无论什么动机，当不会也不敢诬构这位蒙古亲王和宗室、帮办军务侍郎陈国瑞的。显然，《纪略》中所述这部分史实应为真实记录。

《纪实》中对这一部分则掩而不彰，只是说其父亲（作者刘葆光之父）劝说僧格林沁行仁义，勿枉杀无辜之事。“时先严从军，请于邸帅，止搜余党诛之，以保良民。乃不攻”。[②] 把这些血腥杀戮事实遮蔽，同时还不失时机地夸赞了他父亲的仁义和乡泽之情。

由此可见，《长枪会匪纪实》作者刘葆光显然运用了春秋笔法，“为尊者讳，为亲者讳，为贤者讳”，为尊者——僧格林沁所率清兵，贤者——巨野团总赵康侯所率团练的肆行杀戮刻意回护。《纪实》认为《山东军兴记略》把长枪会造反“归咎于僧邸袒护团练激成长枪会之变，并不详叙僧邸战功，尤为失

① （清）张曜编：《山东军兴纪略》卷十一上，土匪三，台北：文海出版社，1970 年，第 663 页。

② 民国《续修巨野县志》卷八下，杂钞。

其实矣”。[1] 显然《纪实》就在于要渲染僧格林沁之战功。但需要指出的是，《纪略》中并非“不详叙僧邸战功”，而是叙述的很多，但却没有达到《纪实》作者的期望罢了。

所以笔者认为刘葆光《长枪会匪纪实》中在叙述长枪会与团练、团练与曹州官府关系上有曲笔之处，是对历史的一种修饰。但并非认为这篇文章的史实全属造伪，在叙述长枪会活动史实和当时的社会情状方面，该文提供了大量的第一手资料。

该文叙述了郭秉均从为朝廷报效出力到被迫走上反抗道路的心路历程和当时整个曹州群雄并起，攻占杀伐的混乱场景：

1860 年 7 月，英法联军攻战大沽，进犯京、津，清廷飞札调曹州府练勇及团练各 3000 人勤王。但此时曹州府并无练勇，以往府县上报，多是自称率练勇会同团练击贼获战果若干，实际上是假托练勇之名以邀赏。此时朝廷征调练勇，童太守让郭秉钧冒练勇之名勤王，但尚未出山东省境，清廷和英法达成和议，奉札停止进军。而此时捻军黑白两旗联合由嘉祥、汶上冲入曹州，郓城团总战死，各团退而守寨，不敢出战。留在曹州境内的长枪会各首领，见捻军势力日盛，纷纷易旗响应，郭秉钧回到曹州后已无法控制局面，乃携带家小入曹州城避难。

此时长枪会五色旗组织已趋瓦解，“各竖各旗，互不统属，大者万余人，小者一千人，仍袭皖捻之名曰堂主”，[2] 又有许多“土寇”、“各寨奸民”聚集多人，打出“一心团，又曰长枪会”的旗号。有名的有曹县的刘景山、王景崇、萧百如，巨野的张

---

①② 民国《续修巨野县志》卷八下，杂钞。

四敬，菏泽的王凤琢，定陶的祝振清，城武的李兴瑞，以及范三秃子、刘七等人，拥众数万，“同时窃发，在附近各处藉马藉粮，定期起事”。① 黄河南岸长枪会俱归倪广和（倪和尚）、高丕招节制，黄河北岸长枪会总首领则为刘占考、丁世堂等人。其中最重要的首领是刘占考，长枪会势力不仅控制了曹州一府，而且波及兖州府、泰安府的部分州县。

刘占考原来也是濮州练勇首领，因武功高强，为人义气，当地练勇“拥戴之”，因此引起了邻村团总马梦成、于世钦的不满，欲密谋而除之。练勇告之于刘，刘感到自己势单力薄，遂去河北向黑旗军宋景诗借师三千，联合濮州当地练勇，首先击败了团总马梦成、于世钦，攻克濮州，接着挥师南下，围攻曹州，迫使曹州闭关二十多天。

在曹州府城避难的郭秉钧，因部众多树反旗，和捻军共同来反抗清廷暴政，自己所掌控的队伍不多，“既不能为群贼之首，即不屑与群贼为伍”。② 故在战乱初发之时，并未做好起义的准备，但其弟郭秉刚揭竿而起，召集郭秉钧的部众千余人，自称堂主，郭秉钧此时不得不走上起义的道路，刘占考、倪广和等都尊奉郭秉钧为会首，但郭部实力则远不如刘、倪二人之众。

此时长枪会的性质已经从防御捻军的自卫性团体转化成了类似于捻军的农民起义组织，并且由原来郭秉钧一人领导转化为多捻、多支的多元化领导，但当时无论是长枪会原来的首领，还是新起的起义领袖，都打出长枪会的大旗，都尊奉郭秉

① （清）张曜编：《山东军兴纪略》卷十下，土匪二，台北：文海出版社，1970年，第645页。

② 刘葆光：《长枪会匪纪实》，民国《续修巨野县志》卷八下，杂钞。

钧的会首地位。

长枪会为配合捻军的行动，在咸丰十一年（1861 年）曾两次由濮州、范县渡过黄河，“剽掠冀南，兼及豫北”。为建立一个牢靠的根据地，1861 年 4 月，郭秉钧、刘占考、倪广和联合二次围攻曹州城。这时正在邹县镇压文贤教起义的僧格林沁，分兵来援，和曹属民团共同镇压长枪会。

长枪会势力全盛之时，“曹县则刘景山、王景崇、王礼坦、萧百如等，起郭家楼；巨野则张四镜，菏泽则王凤琢，定陶则祝振清，城武则李兴瑞等起茅家胡同，苏家集，陈家集，新集，沙土集，巨野西南柳林集，定陶东北孟家海，陈天王庙，姑姑庵，黄店，城武之王家堂，郓城之梁山，所在响应，众几万余，民团皆散而入会”。①

1861 年 8 月，长枪会众多随同捻军北上，后方空虚，僧军乘势攻占了郭秉钧、刘占考、倪广和所居村寨，并将郭氏一族屠戮殆尽，郭秉均、倪广和率余部参加捻军，刘占考投降胜保，后为山东巡抚丁宝桢所杀。

从总体上看，长枪会创设的目的，一在于防捻自卫，二在于和团练武装相抗衡。这也是适应当时曹州混乱局面由官府许可，由民众自发组织的武装自卫组织。它适应了当地百姓身处乱世，渴望加入一个强有力的组织以自保的需要，并可借此摆脱团练苛征暴敛的盘剥。因而曹州所属“过半村寨”都加入了长枪会组织，一些为团练所追杀的土捻也加入进来。加以民团的构陷，在安徽捻军大举进攻山东之时，长枪会众趁势而起，

① （清）张曜编：《山东军兴纪略》卷十下，土匪二，台北：文海出版社，1970 年，第 645—646 页。

各举义旗，形成了和民团、清军全面对抗之势。长枪会之所以走上起义的道路，也是和民团的相逼，僧格林沁“不分良莠”的镇压有莫大的关系。

长枪会主力失败后，其会众主要去向有：一是投靠捻军。郭秉钧在投靠捻军的途中，遭遇菏泽县令率领民团的包围，郭秉均力战，大败民团。随后又遭遇清军，郭秉均中炮而死。郭秉均少弟郭秉刚则和倪广和投奔了捻军。二是潜入黄河水套，成为水套军。三是投靠邹县文贤教起义军和淄川起义军。

在菏泽濮州之间有长枪会众数千人，称为“水套军”。所谓“水套”，是指在咸丰五年黄河在铜瓦厢决口后，水势向东北流出，在菏泽、濮州“正洪之外，旁溜分歧，广数十里，中间村落隙地，皆新柳蔽空，芦草没人，易于匿隐，故依为薮”。[①] 山东巡抚谭廷襄在奏折中称：“臣查濮、港河东水套屯匪，大抵皆黄流浸灌失业穷民。虽逾巨万，只因逃匪数十人潜入为之渠率，穷民无识，从以谋生，故焚掠之情，究与畔民有间。惟逋逃日众，每外匪麇至，则接引渡河，倚其凶焰，不得不勒兵捕斩。又以黄流袤延往复，其藏匿最深之处，有隔泥沙一二道者，有泥沙四五道者。水涨则轮漪数里，水落则曲折千条，必土人方识其经路。”[②] 由此可见水套地形之复杂，官兵围剿往往劳而无功。长枪会隐匿在此，并和外面义军互通声气，在僧格林沁追剿张宗禹、赖文光、任柱等部捻军时，水套军和捻军配合，在菏泽西北高楼寨大败清军，僧格林沁被斩杀。杭州将军陈国瑞在奏折中称：“贼窜至曹州，勾结伏莽，

① 民国《续修巨野县志》卷八下，杂钞。

② 中国史学会编：《捻军》（四），上海：上海人民出版社，1958年，第245页。

纠约马步数万，势甚凶悍。”《续巨野县志》中称，陈国瑞所言伏莽，“即会匪余党之在水套者也”。[①] 至此，长枪会虽然被僧格林沁镇压，但长枪会所遗水套军却和捻军联手，大败清军，一举斩杀僧格林沁。

小结：长枪会之乱与国家、地方官府、地方精英、社会之间的互动关系。

19 世纪五六十年代，清廷面临内忧外患，尤其把“发捻”视为心腹之患。但在国家正规军八旗和绿营兵腐败不堪，无以为恃的情况下，清朝中央政府不得不依靠由在籍官员和地方士绅组建的地方武装——团练和各地修筑的圩堡，希冀通过实行坚壁清野和守望相助之策，使得起义军在各地得不到粮草供应和后方支援。任用地方士绅修造圩寨，组建团练武装，对清廷来说是不得已而为之的策略。如咸丰六年五月，大学士文庆等奏言：“自粤逆犯顺，通行团练。数年来不少得力之处，亦多视为具文。皆缘实心者每患权轻，喜事者有同儿戏，甚至土豪劣董，借名科敛，几启乱萌。一旦有警，贤者效忠，不肖者逃匿。且有奉旨办团之巨绅，潜踪不出，以此见任绅不如任官也。”[②] 但各地在籍官员毕竟为少数，大多数地方还是由地方士绅出面组建团练。

对于地方官员而言，地方士绅修筑圩寨，拥有武力，占有的不仅仅是对乡村社会的控制权（士绅本来就拥有对基层社会的控制权力），对于地方官府的权力乃至国家的权威都构成了

① 民国《续修巨野县志》卷八下，杂钞，第 735 页。

② （清）张曜编：《山东军兴纪略》卷二十二中，团匪二，台北：文海出版社，1970 年，第 1209—1210 页。

威胁。如前所述，在曹州练勇因靡费过多被遣散后，县令“张空拳”，反而要听命于团总。这也说明晚清时期官府在鲁西南的统治并没有深入到基层，在基层社会中发挥作用的是地方士绅和民团、练勇等民间组织，“浸假民知畏团总而忘畏官，官亦依团总催科缉盗而自忘其为官，团乃横不可制”。[①] 财物管理学中有企业自有资本和负债的比率对于企业的利润和风险之间的关系模式：大致说来，若企业全部资本均为自有资本，负债为零时，这时企业利润率最低，风险也最低；若企业全部资本中自有资本和负债均半时，利润率和风险均半；负债比率越高，则企业利润率越高，企业承担的风险也越大。如果把企业换作国家，自有资本换作国家掌控的军队和财富，负债换作民间武装，那么这个关系模式仍然是存在的。在对付内外患时，如果国家完全依靠自己掌控的军事和财政资源，不需要其它民间武装和财力，这时国家付出的成本最高，风险则最低；反过来，如果国家在某个地区完全没有自己掌控的军事和财政资源，而完全依赖民间，这时虽然国家在对付祸患时的成本降到最低，却也面临着最大化的风险。我们通过对长枪会之乱时的背景分析，就会发现这时期曹州官府所掌控的军事和财政实力远远小于民间力量，地方出现动乱也是国家控制成本低廉化的产物。

就地方精英而言，在鲁西乡村社会面临一系列变故的情况下（黄河决口改道，太平军和捻军攻入鲁西，英法联军打到北京城），他们也意识到乱世的来临，会根据自己的利益而调整同国家和义军的关系，或迎或拒。士绅之间出于家族的、历史

---

① （清）张曜编：《山东军兴纪略》卷二十二上，团匪一，台北：文海出版社，1970 年，第 1200－1203 页。

的、经济的等诸多方面的矛盾，往往会相互博弈，争夺对乡村社会的控制权。这种权力之争在鲁西南区域就表现为练勇和团勇的矛盾和紧张。首先，他们都具有合法性，团练是奉清廷谕旨和山东省巡抚命令而组建的，长枪会则是原来的地方官方武装，获得地方长官的首肯而重组的；他们都打出了保境安民的旗号，以剿杀捻军和本地“土匪”为职志。其次，他们都为地方精英所掌控，在创建后相对于官府具有独立性。长枪会虽然原来属于官方组织，依靠国家正赋供给。但这次重组后也不再由地方官府支给，而主要是依靠黄河渡口装卸货物所得为主要经费来源。团练则靠搜括民间作为团费。练勇首领出身于地方官府募佣的武装，多为乡村中的“下层”士绅，他们凭藉地方官府的支持，运用了一系列策略，争取乡间的人力资源和经费资源。

以长枪会之乱为代表的地方精英之间的博弈，结局是无论国家、地方政府、地方精英和民众最后都输了，是一场没有胜利者的博弈。从国家而言，清政府希望借助绅民力量和钱财，平定变乱，安定地方，但最终却导致更大的变乱，以致当时清廷倚为柱石的僧格林沁也被捻军和长枪会余部斩杀于曹州。从地方政府而言，由于没有自己可控制的武装，地方官员试图运用纵横捭阖之术让团练和长枪会相互牵制，自己居中驾驭，但无论团练还是长枪会在势力强大后都没有把地方官员看在眼里，官权下沉，绅权上扬，最终曹州府县官员在僧格林沁战死后受到清廷惩处。对于团练团总和长枪会会总而言，他们都想着争取对鲁西南乡村社会的控制权，并极力争取外部的奥援，结果长枪会被逼上反抗现存政权的道路，和捻军结盟，最终随着捻军的失败而失败。团总也因残虐的报复行为失去了曹州的民心，又因不听从山东巡抚和团练大臣的劝告而失去了官方的支持。对于鲁西南乡村民众来说，他们无疑是这场战乱的最大受害者：团练和长枪会的相互仇杀，官军和团练不分青红皂白的大肆杀戮，连年征战，都使得鲁西南遍地烽火，民不聊生，各村寨居圩自保，壮大了地方豪强的势力，而地方精英之间的相互争斗更使得鲁西社会陷入无序的动荡之中。

第三节　士绅对外来冲击的反应

鲁西是晚清教案发生最多的区域之一，教案虽然不包括在兵燹匪患及农民运动内，但它却是大刀会和义和团等鲁西变乱和农民运动的直接诱因，故研究士绅对教案的反应也是对鲁西地方动乱背景的分析。其实教案本身也是地方所发生的变乱，故探讨鲁西士绅如何应对教案也就是探讨如何应对变乱。许多学者对山东教案和义和团运动进行了认真的研究和探索，成果很多。[①] 在西方教会渗透到中国乡土社会后，鲁西地方社会也发生了分化。一部分士绅、民众加入教会，成为教民，绝大部分士绅则成为坚定的反教者。这里主要述及后一部分士绅的活动，涉及的时间范围为1860年代至1890年代，即义和团运动前三十余年的时段。对于士绅在教案中的诉求、地位和作用，不少学者研究教案时也涉及到此，但却少有系统地阐述，本节欲对鲁西士绅在教案中的表现做一粗浅探讨，对于了解在外来冲击下士绅的反应或许有所裨益。

---

① 围绕义和团运动，先后以义和团运动60周年，70周年，80周年、90周年、100周年召开了5次大型国际学术会议，出版发表了大量论著。

一、捍卫儒家道统地位

山东兖州府的曲阜、邹城等地是孔子、孟子等中国名儒的故乡，是儒家学说的发源地。地方人士也一直以圣人故里自豪。从民俗上看，鲁西各地深受孔孟教化，儒家思想对于乡土社会影响很深，居民讲求礼仪，民风敦厚。如兖州，“其民好学，尚礼义，重廉耻……有古风趣”；滋阳县，“士风和厚雍容，有先王之遗”；泗水，“周孔之教，衣被独多”；金乡县，“俗朴风古”；济宁州，“士俗古远，风流清高。贤良间生，掩映天下”。寿张县，“地虽偏小，实近圣居，其被洙泗杏坛雅化更切”；嘉祥县，“絃歌旧地，圣泽犹存”；聊城县，“近邹鲁之乡，沾孔孟之化”；茌平县，“地近圣居，重礼教而尚名节”；莘县，“士渐邹鲁风，民习莘郊俗”；高唐州，“台表絃歌之化，地维礼仪之邦。圣贤之遗迹可循，邹鲁之遗风未泯”；曹州，“其民犹有先王遗风。重厚多君子”；城武县，“民俗坦夷，厚重多君子，无机械狙诈之习”。[①] 即使到了近代，地方士绅仍然维持着儒家道统地位。

传统中国存在着两个相互依撑的“统”，即“政统”和“道统”。所谓“政统”，又称“治统”，是由尧、舜、禹、文王、武王一脉相传，并为传统中国社会中历代王朝、历代君主所延传的“天命”之“统”，是不变的“君君”之“统”；所谓“道统”，又称“教统”，则是由周公、孔子、孟子等至圣先师所布，并为历代儒者所献身的精神之“统”，是不变的“师”

---

① 胡朴安编著：《中华全国风俗志》，上篇卷一，山东省，上海书店，1986年。

之“统”。在传统中国社会，“道统”是“政统”的构建者，解释者，驯化者，维护者，校正者以及道德力量的来源。① 显然对当时的士子而言，维持儒家“道统”地位对于维系世道人心，王朝安危乃至整个华夏文明传承都有非同寻常的意义。如果说传统中国重视儒家“道统”地位，那么在山东兖州、邹城等圣人故里之地，对儒家“道统”地位的捍卫更成为士子乡绅义不容辞的职责。但进入近代以来，儒家的“道统”地位因异质文明的强势进入而逐渐失去其一统天下的地位，尤其是天主教义的宣传，和天主教会、教士为吸引更多的人入教，制定了诸多优惠条件，更使儒家“道统”优势地位在乡间逐渐丧失。

明清时期，天主教传入中国，一些著名天主教传教士如利玛窦、罗明坚等人，他们尊重中国传统文化，学习中国语言和汉字并以此宣传天主福音，向中国人介绍西方科技知识，用科学来做传教的敲门砖，同时积极地向中国人介绍西方的人文思想，在中国士大夫中树立学者的良好形象。清初西方传教士一度受到皇帝的宠信，负责执掌钦天监等。② 但随着“中国礼仪之争”事件的发生，天主教在中国的传教事业被迫停滞。19世纪中叶以后，基督教会在华的生态环境已完全不同于明清时代了。通过两次鸦片战争，西方列强迫使清政府签订了一系列不平等条约，在诸多的条款中，传教自由占据了重要位置。在诸多的西方列强中，法国在为天主教会争取在华特权方面表现得尤为热忱。1844 年的《黄埔条约》、1858 年的中法《天津条

① 参见陈劲松：《传统中国社会中“道统”的功能及其式微》，《天津社会科学》2006 年第 1 期，第 61 页。

② 如德国人汤若望和比利时人南怀仁曾以参与修历书获得皇帝信任，先后被委任为钦天监监正。

约》和1860年的《北京条约》都对传教士的传教活动做出保护规定。1858年的《天津条约》第十三款明确规定：天主教会有自由传教的权利，入内地的传教士，地方官须善待保护；中国教民亦免除惩治。咸丰十年（1860）中法北京条约，又给予天主教以收回以前禁教时期被没收的教堂教产及在中国内地购买土地建立教堂的权利（英美等国自可以最惠国而同等享受）。在不平等条约的保护下，传教士们乘势涌入中国，渗透到国内各个阶层，相当多的传教士视本国政府为教会的当然保护者，他们成为中国社会中的一种特殊势力。

正如吕实强所认为的，儒家思想与礼教，在当时的社会中，已经根深蒂固，一般士大夫，无不以为，惟有固守此一悠久博大的传统，中国才能保持其礼仪之邦，文明之国。基督教的教义与礼仪节文，有许多地方与儒家思想传统相反，因而被一般自以为诵孔孟之言、效圣贤之行的士大夫们，视为异端邪说，洪水猛兽，自为势所难免。复次，一般传教者，都是外国人。当一般士大夫们眼看着来自异国的教士们，一批一批的深入中国内地，在任何穷乡僻壤，都建立或企图建立起传播一外来异教的基站时，懔于“非我族类，其心必异”，起而攻之，亦为当然之事。①

马克思主义阶级分析方法的基本要求之一就是要重视经济分析，要透过某些阶级或阶层的公开宣言或自我标榜，考察其言论背后所隐藏的经济上的利益诉求。一些非马克思主义史学家也重视经济因素在历史上的作用。如吕实强在考察晚清教案发生原因时，认为儒家传统和基督教教义、礼仪扞格不入这一

① 吕实强著：《中国官绅反教的原因（1860—1874）》，台北：“中央”研究院近代史研究所专刊，1985年，第5页。

点并不占重要地位，关键的原因需要从宗教以外的层面——经济上去寻找。如果就全国范围内所发生的教案而言，这无疑正确。但我们如果考察发生在山东的教案，特别是发生在鲁西，如兖州、邹县、济宁等地的教案，会发现，儒学和天主教教义之间的文化冲突在教案中也占相当比例。经济分析是一重要分析方法，但未必每一案例都适于经济分析方法。

如邹城教案中，1889年亚圣府孟氏后裔和邹县绅民联名发出揭帖，主张捍卫儒家道统，惩治洋人、教会和中国教士。揭帖中写道："道统所关亦大矣，唐虞开之，孔孟承之。"指出"今洋教蜂起之日，亦道统存亡之际也。"并以孔孟后裔和圣人家乡人立言，"为孔孟之裔者，固知取义成仁；即生孔孟之乡者，亦当除邪秉正"。"邹鲁之士，乃礼教信义所素明"。但揭帖中所标明的教会"裸体淫行，乱人妇女"，"取人眼珠心血及处女月经妇人胎孕"，"处女幼妇尽行霸占"等显然是缺乏事实根据，是道听途说，主观臆测的谣言，虽然揭帖中多处引证这些说法各有出处。王笛曾引用现代大众传播学理论来分析长江上游地区文化的宗教剧烈冲突的原因，他说："人们在从外界所获得大量信息中，总是自觉或不自觉地吸收那些与自己的信仰、观点和立场一致的信息，并下意识地回避那些与自己固有观点对立的信息，由此使自己原有的价值观得到巩固，这即是所谓选择性接受。与选择性接受相适应的便是选择性理解，人们对同样的信息可能有不同的认识，往往愿意把对它的解释与自己固有观点相吻合，因此他们乐于对西教采取一种歪曲的认识。"①

---

① 王笛：《跨出封闭的世界——长江上游区域社会研究1644—1911》，北京：中华书局，1993年，第683页。

其实这一理论不仅适用于长江上游地区，同样也对鲁西地区有用。有时事情的真伪是无关紧要的，以上谣言主要是表达了当地绅民的一种情感诉求，即捍卫儒家道统，视基督学说为异端。并希望通过立约约束地方人士，与天主教教士采取不合作政策，否则予以惩处。如规定“洋人通士所过之地，房屋不准留住，水浆不准卖给，乡城居民不准私同说合卖与田宅”。“如违约者，一经查出，卖与田宅者，将房屋拆毁；卖与饮食者，众行究惩；作中说合者，与汉奸等论”。对于那些“投洋教之人，甘为汉奸与绅民为敌者，剿其室家，立行逐出境外。如私行回籍，邻右匿奸不举者，与汉奸一例”。[①] 在告白中则以孔孟之门生告诫：“有生孔孟之乡，学圣贤之学，反从洋人之教者哉！”把洋教和中国传统儒学直接摆在尖锐对立、水火不容的位置上。这实际上就是两种文化之间冲突直接的反映。

作为中国传统文化发源地孔孟故里的士绅们以及各级官吏之所以有如此强烈的“卫道”诉求，“归根结底是因为儒家思想是他们的传统精神支柱，是中国封建社会赖以存在的伦理基础，也是他们用以维护其宗法家长制专制统治的重要理论工具”。[②]

二、维护传统礼俗

教会礼仪和中国传统礼仪习俗发生冲突，这并非是到近代才发生的事情，17—18 世纪在华的传教士在如何对待中国礼仪问题上发生争论，这场争论反映了天主教教义与中国传统礼仪习俗的矛盾和各殖民国家对在华传教领导权的争夺。

---

① 廉立之、王守中编：《义和团资料汇编——山东教案史料》，济南：齐鲁书社，1980 年，第 314 页。

② 王守中著：《山东教案与义和团》，北京：中国文联出版社，2000 年，第 147 页。

以利玛窦为代表的葡萄牙耶稣会一直坚持适应中国国情的传教方针，引用儒家经典中关于天、上帝的概念，论证天主教至上神的存在，并允许保留祀孔祭祖等传统礼仪与社会习俗，使传教获得成效。后来西班牙多明我会和方济各会反对利玛窦的主张，认为祀孔祭祖是异端，不能宽容，并提出“维护天主教的纯洁”而抨击耶稣会。教皇也禁止中国信徒祀孔祭祖，由此导致“中国礼仪之争”，天主教会在中国的传教事业受到很大挫折。教会在祭祖、多神崇拜、主张男女平等及人人平等，男女同在礼拜堂内祈祷等等，对于长期受传统道德伦理习俗熏陶的广大乡村绅民而言，不啻一次强烈的冲击。在传统礼俗文化本位意识下，会产生强烈的排斥异己的心理。咸丰末年流传的《讨西洋教匪檄文》中称：“夫洋人之教，非先王之大道，乃夷狄之蛮风，我辈身居中国，为甚不学圣贤，而学蛮夷？蛮夷之人，不敬天地，不礼神明，不奉祖先，不孝双亲。”① 把中西礼俗的对立以简明的方式概括出来，尽管未必准确，但却是当时人心目中洋教徒的形象。

阳谷教案就反映了中国传统礼仪同西方教会礼仪之间的冲突。当时阳谷县老唐庄教民郭书全病故，能主教前往诵经，强令遵照教会之制，“尸不馆殓，掘坑而埋”。这显然不符合中国传统丧葬礼仪之制。中国传统丧葬讲究人死之后，盛礼厚葬，家中老人亡后，一般家庭要花费其家产的十分之一二，而如果薄葬，其后人则会受到乡邻耻笑，在乡村社会中抬不起头来。②

① 王明伦选编：《反洋教书文揭帖选》，济南：齐鲁书社，1984年，第78页。

② 参见〔日〕小林一美：《近代华北的土地经营与商业运行的特征》，《国外中国近代史研究》，第26辑，1994年版，第165—174页。

丧葬礼制中西不同，原无是非之分，郭书全弟弟郭书成不允许以教会之制埋葬书全，其家族亲人按照农村礼仪吊问举哀，能司铎“复阻举哀”，以致双方各不服气，彼此口角争斗。①

高唐州廪生唐印海与教民华承禹因赎地发生纠纷，高唐知州在华承禹到堂后，却不问二人赎地事件的是非曲直，但讯问华承禹天主教为何不敬庙神。让差役押华承禹到城隍庙，跪于神像前，张知州邀请同城官绅在城隍庙大殿饮酒畅饮，唱戏三天，令华口称城隍爷不准止声，否则差役吐沫其面，且县训导亲辱其奉教之卑。② 作为绅士的唐印海，从后来委派官员对该事件的调查中证实，确属劣绅，其赖赎于前，刁控于后。而高唐知州更属于借题发挥，将对天主教的不满发泄在华承禹身上，对华百般凌辱。这实际上也是中西礼俗之争在官、绅中激起的强烈反响。

三、维护士绅地位和尊严

中国传统社会是讲究身份等级地位的社会，官为“民之父母”，士为“四民之首”，官绅在乡土社会中占据着领袖和主导地位，普通民众对他们一般咸怀敬畏之心，官绅在乡土社会享有很高的威望。但天主教会深入到中国乡土中后，一些原来处于劣势阶层的群体一入教会，就自我感觉身价倍增，自称“教民”而不再称“民”，一些教民则依恃教会为后台，在乡村社会中同当地士绅公开叫板。原来乡间的一些细微琐事，士绅出

① 《山东巡抚张曜致总署咨文》(光绪十七年六月二日，1891 年 7 月 7 日)，廉立之、王守中编：《山东教案史料》，济南：齐鲁书社，1980 年，第 316 页。

② 廉立之、王守中编：《义和团资料汇编——山东教案史料》，济南：齐鲁书社，1980 年，第 44—45 页。

面调解即能摆平，现在若一方成了教徒，则可能由外国公使直接捅到总理衙门，当成教案上升到两国关系高度来考虑。这种做法无形中削减了士绅在乡村中的能力和威望，使得一般民众对教会教徒咸怀畏惧之心。外国教士对中国官品的要求，更提高了教士在乡村民众中的地位，使得一般教民也仗势扬眉吐气，而士绅地位则逐渐下沉。根据梨园屯乡民的口述资料，可以证明这一点：

天主教会有四大会长：张德、王老宅、阎老同、陈老重。他们更傲慢，说句话也得摆席赔礼，我们什么也不敢动他的。

神甫更神气凌人，县官来见他，还得先来个帖，神甫答应接见才来，不答应县官也就灰溜溜地走了。神甫来的时候，教民都跪在轿前迎接。看热闹的村民也要跪在地。

光绪二十四年，冠县知县曹倜陪同法国神甫带领兵马来督拆玉皇庙。外国神甫比中国任何官都高三级，费神甫观看拆庙时坐首席，指着曹官说："你这个事给我办不好，你的脑袋也不用要了。"①

在同一个社区中，一个群体的强势是以另外群体的弱势为条件的，毕竟一山难容二虎。以上口碑资料，说明了在口述者的心目中，教会教士和神甫在乡村中是何等的跋扈和狂妄，这对于官绅在乡村中的威望无疑是一种无声的打压。

士绅虽然不是在职官吏，但他们掌控着族权、财权及地方治安的权力，在民间赈济、开设义仓、民间诉讼、兴办家塾、书院、学堂、筹议地方事务等公共领域发挥着组织、领导作

① 路遥主编：《山东大学义和团调查资料汇编》（上册），济南：山东大学出版社，2000年，第14、15页。

用，在社区中享有很高的威望。但在西方教会到来后，这些领域受到了来自教会的挑战。教会渗透到乡村社区后，为了吸引更多的人入教，也从事救灾赈济、办学堂（鲁西南一带称教会办的学堂为“洋学屋”）等事务。替教民打官司、包揽词讼更是教士们乐意承担的“职责”，以此来展示他们对中国上层的影响力，来吸引更多下层人加入教会。

如菏泽人的口述：

> 那时教会势力很大，对老百姓欺侮得很厉害，有时割群众的庄稼，抢群众的棉花。教堂的人不讲理，他们在衙门里说一句算一句，官府怕他们，他们要什么就必须有什么，他们说少了什么东西，谁偷了什么东西，就得赔给他们，要赔多少就赔多少，不赔不行。①
>
> ……更令人不能容忍的是无论犯了多大罪，作了多少坏事的人跑到天主教，官家也不敢动他们了，就算无罪了。好人不加入天主堂。②

这是1960年的一段口碑资料，带有那个时代反对帝国主义、反洋教的时代印记，但于此也可想见在村民的集体记忆中教会贪婪、跋扈的形象。

天主教会为什么插手乡间的世俗事务，干涉司法诉讼呢？很大原因就在于发展自己的势力，在乡村民众面前显示自己的优越地位和支配官府的权力，诱导更多的民众入教。如根据一位主教的回忆：

---

① 路遥主编：《山东大学义和团调查资料汇编》（上册），济南：山东大学出版社，2000年，第656页。

② 路遥主编：《山东大学义和团调查资料汇编》（上册），济南：山东大学出版社，2000年，第661页。

鲁西南传教大多数是德国人，传教是越快越好，通过小恩小惠拉拢当地群众，只求量不求质。有的人为二吊钱入教，有的为吃窝窝入教，有的是为打官司入教。①

诚然，这位李主教的这番言论，显然是当时社会环境下被规训了的语言，但也至少部分地反映了历史的真实。

金乡当事人的口述记录：

百姓信教大致有几种：一是为了吃饭，一年教堂有一个月白管饭；二是为有地位，打官司能赢，有的输了家也信教；三是为了欺负人。

在原来官绅共同治理乡村的模式下，教会这一外来者突然阑入乡村社会，并凭依其优势地位，凌驾于官府之上，新发展的教民更是有恃无恐，有些素质低下者则肆无忌惮地做坏事。这对于官绅的尊严和利益是一次重大挑战。在这种挑战下，原来士绅的优势地位被剥夺，从原来乡土社会中受人尊敬、有尊严的地位上跌落下来。

最典型的例子就是梨园屯事件中的六位乡村精英，他们被村民推为代表同教民争夺庙产，官司先赢后输，被人称为“六大冤”。这六人分别是王世昌（文秀才）、左建勋（捐班监生）、高东山（捐班贡生）、姜老亮（捐班贡生）、阎老尊（捐班监生）、刘老泰（没有功名）。他们都是一些有几十亩地，在乡村社区小有名望，有头有脸的人物，属于典型的下层士绅，因而被公推为社区乡民代表同教会打官司。“当时梨园屯有一玉皇庙，后来村中教民拆掉庙，建了天主教堂，村民不满，公推王

---

① 路遥主编：《山东大学义和团调查资料汇编》（上册），济南：山东大学出版社，2000年，第657－658页。

世昌等六位士绅代表村民上诉，官司打到了山东巡抚张曜那里，结果打赢了。回来后拆掉教堂，重修了玉皇庙。山东巡抚改换后官司又起，巡抚已顶不住洋人势力。在这次官司中六绅士打输了，于是拆除庙建堂。”在社区精英打官司失败，官府无法为民做主的情况下，才有了以阎书芹、高小麻为首领的“十八魁”决心同教民拼命，邀请梅花拳首领赵三朵亮拳护庙，揭开了鲁西义和拳斗争的序幕。

显然在这次士绅同教会势力的博弈中，士绅输得很惨。原先士绅处于民之所望，处于乡村社会领袖的地位，官府行事一般都要顾全士绅的脸面。这次六位士绅的联合行动竟然抵不过天主教会，王世昌、左建勋、阎德盛因打官司还被抓去坐了两年大牢。[①]“冤”者“冤种”之谓也，一方面表明此六人确有冤情，另一方面也表示这六人窝囊，没本事，满身是理却输了官司。士绅从乡村领袖演变为“冤种”，其在乡民心目中的地位之反差于此可见一斑。这也标志着士绅阶层在乡村权力文化网络中因为得不到官府的支持而丧失了对社区事务的支配权，乡村权力转入下层民众中的地方精英手中。

四、官绅关系

在经过了捻军起义时期官绅之间的紧张关系后，在对付西方教会方面，士绅同官府的关系由于都有共同的利益诉求，因而趋于团结合作。因为教会进入乡村社会，打破了以前的乡村权力结构和势力均衡。并由于他们的异国异教的属性，故官绅共同对他们采取排斥态度。

---

① 路遥主编：《山东大学义和团调查资料汇编》(上册)，济南：山东大学出版社，2000年，第41页。

如兖州教案中，士绅发布揭帖抵制教士进入境内传教。同样，中国官方也以兖州、邹城是孔孟故里，圣人桑梓为由，对天主教欲在此区域传教持反对态度。在总署给法国公使的照会中，一方面表示传教通行已久，在各地也建了不少教堂，各地方官“无不乐成其事”，表明地方官员是和清朝廷保持一致，是支持天主教会传教建堂的。但话题一转，认为兖州地方特殊，实不宜建造教堂，原因在于“中国信从孔圣之教，备极尊崇。兖州系属孔圣故里，为儒教根本之地。若欲在该处建立教堂，非但本地人忿忿不平，即天下之人亦必闻而惊骇”。然后劝说安主教传教也要因地而施，不能强抢人意。并以当地绅民强烈的抵触情绪为理由，劝告安治泰不要再打在兖州建立教堂的主意。“现在该处人情汹汹如此，恐将激成事端。地方官亦无词可以禁止。贵大臣素悉中国风俗崇奉孔圣，万众同心。兖州建堂，系属大拂人心之举。势不能行，务望转嘱安教士，不必再作此议，徒费口舌。”作为条件，中方答复将那些骂教的匿名揭帖遍行销毁，并妥为弹压。①

西方教会也认识到中国官绅民三者之间，官居于领袖地位。所以在和中国官府、士绅、民众打交道的过程中采取的是从上往下压的策略，先是制服官府，然后压迫士绅。教会在处理教案时，首先把矛头对准了地方官员。如德国使臣在阳谷教案处理上，就直接告了阳谷县令刘承宽一状，说“阳谷县刘令仇视教堂，藐视约章”。② 高唐州教案，因州牧羞辱教民，法国领事

① 《总署给法国公使李梅照会》，《兖州建堂势不能行希嘱安教士勿作此议至匿名揭帖已严饬销毁》，光绪十三年十二月十六日（1888 年 1 月 28 日），吕实强主编：《教务教案档》第五辑（一），台北：“中央”研究院近代史研究所专刊，1985 年，第 417 页。

② 《山东巡抚福润致总署函》，光绪十七年十一月二十七日（1891 年 12 月 27 日），廉立之、王守中编：《山东教案史料》，济南：齐鲁书社，1980 年，第 318 页。

威胁欲带兵前来为教民申冤，山东布政、按察使司“将张牧记过三次注册，以示惩儆”。[①]兖州府出现多次教案，但在山东巡抚张曜的片奏中，兖州府知府穆特亨额仍以治理地方“卓异”获保荐，此举引起德国公使巴兰德的不满，“查该员在任数年，屡有激杀洋人揭帖，既未将其人惩办，又未将此帖撤销。……又有攻击领事揭帖，各处张贴。该守明知故纵，并不禁止。……百姓辱骂，领事被困，该守仍袖手旁观。亦未将滋事一人惩治。似此等治理地方，竟称卓异。……在愚民之见，必以为该守苛待洋人，仰副朝廷之意。而乘机滋事者，将以该守蒙保卓异一节宣播广众，煽惑为非，于中国允办应行大相悖谬。”[②]并直接向总理衙门提出抗议。又状告郓城县“教民被凌，知县毕炳炎屡言不肯伸办，过堂时并将约章撕碎践踏”。（经查实，实系无中生有。）[③]教会不仅控告官员本身的反教行为，还控告山东地方官府治理不力，致使教案屡发。

1897年11月，德国以巨野教案为口实，出兵强占山东胶州湾，对于山东地方官员给予进一步打击。已升任四川总督的李秉衡被撤职，降二级使用，不能再任大官；兖沂道锡良、曹州镇总兵万丰华、曹州知府邵承照，均予革职留任；巨野县知县、寿张县知县予以革职和参查。山东地方官府在西方势力的

---

① 《三口通商大臣崇厚致总署咨文》，同治四年十一月二十三日（1866年1月9日），廉立之、王守中编：《山东教案史料》，济南：齐鲁书社，1980年，第53页。

② 《总署收德国公使巴兰德照会》，《兖州知府穆特亨额曾苛待洋人似不宜以卓异保荐》，吕实强主编：《教务教案档》第五辑（一），台北："中央"研究院近代史研究所专刊，1985年，第485页。

③ 《总署收德国公使巴兰德照会》，光绪十七年正月九日（1891年2月17日），吕实强主编：《教务教案档》第五辑（一），台北："中央"研究院近代史研究所专刊，1985年，第483—484页。

打击下，为求自保，已不能对士绅尽保护之责了，反过来开始纵容教士教徒，致使天主教士在乡村社会里愈益跋扈嚣张。而士绅在教会教士的强势攻击下，由于得不到官府的支持，在乡村社会中的地位和声望则日趋低落。

小结：鲁西士绅以传统的儒家文化道统观和“华夷之辨”等族类意识作为思想资源，同初入鲁西乡土社会的教会势力进行了抗争。显然，这和以现代性为特征，以建构民族国家为旨归的近世民族主义有着质的区别。但这种文化民族主义和注重区分族别的思想又是近代民族主义思想资源的构成部分，“以注重族别之分和族类自我体认为旨趣的民族观念，……是近世民族主义的源头”。[①] 张鸣则将这种思想称为“乡村民族主义”。“我这里提到的‘乡村民族主义’，从某种意义上说只能算是对‘民族主义’这个概念的一个借用。因为近代的中国农民还远远没有形成今天我们所说的民族国家概念。”[②] 这种族类思想对于凝聚乡村人心，官绅民一体化共同对付“他者”——西方教会具有非常明显的功效。但士绅在教案中以谣言为武器，对于外界的人及其信仰和习俗持怀疑和敌视态度，认为自己的文化——儒家学说是世界上最好的文化，极力维护儒家道统地位，实际上又带有种族文化中心主义倾向。以种族观念凝聚人心，也有狭隘，非理性的一面。士绅在教案中以谣言为武器，极力宣扬一些荒诞不经之说，固然找到了伸张正义和发泄的工具，但一旦谣言被澄清时，由谣言而暂时凝聚成的

① 冯天瑜：《中国近世民族主义的历史渊源》，《湖北大学学报》，1994 年第 4 期。

② 张鸣：《乡土心路八十年：中国近代化过程中农民意识的变迁》，上海：三联书店，1997 年，第 106 页。

群体就会呈分化趋势，到了1890年代，官绅一体的趋势已经被教会化解，而更多绅民加入教会便是最好的证明。教会通过征服官府，进而压制士绅，包揽词讼，成为乡村社会各种矛盾的焦点，而由地方下层精英领导的大刀会和义和团把矛头指向教会也就不难理解了。

表6—4 鲁西教案冲突一览表

时间	地区	案由	教案参与者	交涉国	资料来源
1865.8	高唐	教民与平民因地产纠纷，地方官虐待教民	教民华承禹，廪生唐印海，知州张公	法国	《教档》第1辑（二），第661—682页
1881	冠县	梨园屯民教争庙第一次冲突	丕街会首左保元，教民闫付东，村民与教民	法国	《教档》第4辑（一），第277—278页
1883	曹州	教士安治泰庇护教民被曹州民众阒逐咒骂殴打	曹州众民役	法国	《教档》第4辑（一），第282—286页
1885	巨野	教士福约瑟在张家庄买地建堂受阻，教士被县役辱骂	团总姚鸿烈，县役赵心桂	法国	同上，第287—294页
1887—1896	兖州	圣言会主教买地建堂遭到绅民反对	士绅汤诰、范宝真；张怡慈、任廷峻	法国	《教档》第5辑，第413、482—485页
1887	济宁	绅民冲击圣言教会	绅士郑义恩、蒋左林	德国	同上，第479—498页
1888	邹县	绅民贴出反教揭帖	文生苏茂勋等	德国	同上，第436—438页

（续表）

时间	地区	案由	教案参与者	交涉国	资料来源
1891	阳谷	地方官排斥教士		德国	同上，第519—520页
1887—1892	冠县	梨园屯民教冲突	首事阎立业，监生刘长安	法国	同上，第460页
1894	滋阳	孟家村绅民监押教徒	贡生李中孚，文生臧怀德，贡生孟传方	德国	《教档》第5辑，第569页
1896	单县曹县	大刀会与教会冲突	大刀会首领刘士端（捐监生）等	德国	《教档》第6辑，第146，186页
1897.4	冠县	拳民武装护庙，教民被杀数人	梨园屯拳民	法国	同上，第192—301页
1897.11	巨野	大刀会杀毙教士	大刀会	德国	《清季外交史料》128卷，第13—14页
1899.6	嘉祥	拳民反教	红拳会首领陈兆举等	德国	《教档》第6辑，第443页

本表根据陶飞亚、刘天路著：《基督教会与近代山东社会》（济南：山东大学出版社，1994年）《山东教案统计简表》（1860—1900）改编而成。

第四节　弱者的武器：民众的反抗

面对晚清至民国时期灾荒连绵、战乱频仍、政局动荡的危难局面，为了能够生存下去，鲁西民众一方面在官府和地方精英的组织号召下，先后组成团练、民团、连庄会和乡农学校自卫训练班，开展地方自卫和自救活动，安定社会秩序。但在近代鲁西，由于物质生产不够发达，社会物质财富难以满足社会成员的基本物质生活需要，尤其是那些社会下层成员，在封建统治阶级的压迫剥削下，物质生活资料就更加匮乏。在这种情况下，有些人为了生存，不得不采用反抗的方式，许多农民的起义、暴动、吃大户等就是在无法生活的情况下爆发的。

一、饥荒与农民起义

中国古代思想家管仲、王充等人多次论述物质与道德礼仪的关系问题。齐国法家管仲明确提出“仓廪实而知礼节，衣食足则知荣辱”的观点。① 王充则更加明确地说：“让生于有余，争起于不足。谷足食多，礼义之心生；礼丰义重，平安之基立矣。”由此他得出这样的结论：“善恶之行，不在人质性，在于岁月之饥穰。由此言之，礼义之行，在谷足也。”② 汉晁错也说：“民贫，则奸邪生”；“饥寒至身，不顾廉耻。”③ 由此可见，财富充裕是社会秩序安定的必要条件，生活资料不足则易导致社会动荡。

正如前面所言，近代鲁西灾害具有频繁性、持续性和蔓延性特点，饥民在如此严重的天灾面前，已经不能独立承担起自救的重担。古人言：“盖闻富则治易，贫则治难。是以凶年饥岁，下民无畏死之心。饱食暖衣，君子有怀刑之惧。”④ 在饥

① 《管子·五辅》。

② 《论衡·治期》。

③ 《汉书》卷二四，食货志上。

④ 俞平伯：《俞平伯散文杂论编》，上海：上海古籍出版社，1990 年，第 423 页。

寒交迫，无以为生的情况下，人维护尊严，满足尊重感，讲求礼义廉耻等等社会性需求都会降低，而以维持生存作为第一需要，一些人的本能就会被激发出来，如果再受到外部的刺激，往往会出现一人振臂，应者云集的情况。说到底，民众起事也是对灾害和统治秩序失范这样一种危局的应对举措。

James W. Tong 对明代动乱的研究同样能为我们研究这时期的民间动乱提供借鉴。他认为阶级冲突和社会变迁理论不能很好地解释明代动乱的发生，但动乱可以由参加者的动机和国家提供的机会两方面来解释。在经济困难时期，糊口经济难以维持，参加动乱是人们的一种理性的生存策略，行政效能和国家镇压能力减弱，则相应地为动乱提供了机会。①

晚清和民国时期，由于灾荒，鲁西发生过诸多社会动乱。咸丰时期，鲁西临清发生了宋景诗黑旗军起义。起义前临清发生了连年的灾荒。“（咸丰）七年（1857 年）六月，飞蝗蔽天，禾稼都尽，大饥”；“八年三月，大饥，大疫”，“麦歉收”。②灾民“穷得没裤子穿，鞋也得用绳绑着。冬天讨饭，到了好户门口，冷得抱着门框打战战，门都给弄得乱响”，但即便如此，饥民也没有马上“铤而走险，举行起义”，他们还在寻找“苟延残喘的退路”。饥民已经无法聊生，官府照征粮漕，1860 年（咸丰十年）冬，饥民开始抗粮，到第二年春，抗粮运动扩大，在宋景诗的领导下，最终走向起义的道路，可以说，面对灾

① 参见 James W. Tong：Disorder Under Heaven：Collective Violence in the Ming Dynasty. Stanford University Press，1991. 转引自黄志繁著：《“贼”“民”之间：12—18 世纪赣南地域社会》，北京：生活·读书·新知三联书社，2006 年，第 13 页。

② 民国《临清县志》卷五，大事记。

荒，鲁西民众并没有马上走向起义的道路，只是在官府催逼粮漕，被逼无奈下才走上反抗现存政权的道路。

十九世纪末年大刀会和义和团在鲁西南和鲁西兴起并迅速发展，也和灾荒有很大的关系。如菏泽，“光绪廿四年，我们这大旱灾，不下雨，又刮了大风，我们靠黄河沙地，满地尽沙，四年收成都是极差的。人们那二年受的苦最厉害，没有吃的。就在那二年，大刀会兴起来了。”① 临清，“光绪廿六年大旱，一年没有下雨，到秋天才下雨，八月廿一日下霜，玉米刚上浆，没有成熟，因此闹起粮荒。人民吃树皮野草和棒子（鲁西对玉米的俗称）芯，粮价大涨，大米每斤由 36 文钱涨到 64 文钱，就开始抢粮。……人们被饿得无法，纷纷参加义和团。”② 莘县，“那一年（1900 年），闰八月俺这里大旱，春上下了点雨，种上了春苗，再没有下雨。谷子旱得拔下来，拿到家里就能烧火。人饿得没啥吃，吃棉籽、吃菜，后来把树皮树叶都吃完了。”“兴大刀会前，这里的年景不好，拿不起这官税，官府里就来逼。每亩地完粮细米一升多，银子春天五十码，秋天五十码。还额外纳税每亩地是月个子（铜子）。官方又把银子折成铜子，银子又包，谁也不知道实收多少。”③ 由此可见，灾荒和官府的逼迫实在是大刀会和义和团兴起的导火索。

在灾荒中，农民参加起义的目的与其说是为了推翻专制统治，实不如说是为了求得生存。如太平军北伐军攻占临清后，“新吸收的郓城、巨野一带的捻军、幅军及其他反清起义军，

①② 路遥主编：《山东大学义和团调查资料汇编》（上册），济南：山东大学出版社，2000 年，第 654、487 页。

③ 路遥主编：《山东大学义和团调查资料汇编》（下册），济南：山东大学出版社，2000 年，第 1068—1069 页。

每人都因俘获一些财物，就局限于眼前的小利，不愿再与太平军一起继续和清军作战，互相暗地约合，千百成群的陆续偷跑。太平军去追赶他们，反倒被他们击伤，以致使太平军前后受到攻击。”① 一些农民在无法生活下去的情况下，可能要“铤而走险”，但一旦有了生存的一线生机，就会返归田亩。如刘士端在鲁西南领导大刀会起义时，“那一年天旱，麦没收好，人心惶惶，饥饿所迫，激起民愤，鲁西南几个县在大刀会旗号下动起来了。聚集在安陵堌堆一带，声势浩大。刘穿着戏衣，骑马拿刀，自称皇帝，穿黄衣坐轿。结果麦后下了几场大雨，群众分散回家种豆子区了。当地群众流传着这样的歌谣：‘安陵堌堆拉大旗，淋散了。’”② 在巨野大刀会起事时也出现了同样的一幕，“当时天很旱，不能种庄稼，很多人加入韩姑娘的大刀会。后来这支队伍到河南马良，天下了一场雨，老百姓都回家种庄稼，队伍就散掉了”。③ 当时的外国使节对灾荒导致民变这一点也深有感触，以致有人谈及对于义和团民众，“只要下几天大雨，消灭了激起乡村不安的长久旱象，将比中国政府或外国政府的任何措施都更迅速地恢复平静”。④ 诚然，义和团运动爆发还有其他深层原因，但也不可否认，严重的灾荒饥馑是导致义和团运动爆发的一个重要原因，而义和团运动则是民众应对危局的一种反应机制。

---

① 中国史学会济南分会编：《山东近代史资料选集》，太平天国援军和捻军部分，济南：山东人民出版社，1959 年，第 11－12 页。

②③ 路遥主编：《山东大学义和团调查资料汇编》（上册），济南：山东大学出版社，2000 年，第 577、639 页。

④ 中国科学院近代史研究所《近代史资料》编辑组编：《义和团史料》（下），北京：中国社会科学出版社，1982 年，第 541 页。

二、土匪"个体"

近代鲁西土匪众多，前面笔者已从政治、经济、军事、社会等方面来探讨了土匪的成因。以下更多地想从土匪自身谈起。

作为社区中的土匪个体，他在一个村庄中是有名有姓的活生生的个体。这些个体为什么走上拉杆为匪之路，乡村中的民众舆论对这种人有何认识？

应该认识到，人并非天生就是土匪，这部分人没有成为土匪之前，他们中有很多人在乡村社会中属于弱者，或遭遇天灾人祸，或家道中衰，无以为生，有过凄苦的童年生活，令人可怜。如山东巨匪费县人刘桂棠（刘黑七），曾经祸害鲁西数县，他幼时靠给东家放羊为生，受尽地主的盘剥和欺凌。一次羊丢失后，东家诬陷是他偷卖，他被迫赔偿；后来羊回来后，东家拒不认账，反把他毒打一顿。刘黑七也算得上是一个苦孩子，从小缺乏父母的关爱，没有家庭的温暖，在当时现存的社会体制中即使是他满腹冤屈，也不会给他公正的解决。并且就刘黑七所处的地位来看，即使他状告东家，也未必能打赢官司，这些促使他走上体制外的解决方式——上山为匪。有的则属于在社会中受到不公正待遇，如纵横冀、鲁、豫三省的巨匪范明新，《申报》说他是"曹州府人，初为农户，好交游，因受乡董欺诈，愤而为匪"。① 这些人在未成为土匪前，很多属于乡村中的"劣势阶层"，或者说是"弱势群体"。他们或者衣食无着，走投无路，或者受到不公平对待，无法申诉。在这种情况

① 《范明新股匪之略历》，《申报》，1923 年 9 月 12 日。

下，为混口饭吃，为得到公正待遇，拉杆为匪就成为他们惟一的武器。

成为土匪后，他们中有许多人也是不太乐意终身为匪的，他们的愿望则根据各自在土匪这一团体中的地位而定。大体上说，作为势力较大的土匪头子，他们希望通过招安，能够获得一官半职，博得封妻荫子，使得他们在乡村社会中的地位能够由“黑道”转为“白道”，由土匪头子成为“社区精英”；而一般土匪，只是希望能够摆脱原来贫穷受欺压的地位，受招安后能够当兵吃粮，免受饥饿冻馁之苦而已，没有谁愿意终生为匪。

乡村社会中对于土匪整体虽然充满畏惧，但对于从自己社区出去的土匪大多是充满鄙夷的。一人为匪，一家受牵挂。当土匪的人家在乡村中受到的歧视表现在许多方面：

（一）疏远。若某家中出了一个“杆子”，整个家庭甚至整个家族，包括他的亲戚（如娘舅家）都会受到知情人的冷遇和疏远。村中人背后对他们指指点点，原来关系较好的邻居见面都不打招呼了。

（二）婚配难寻合适的对象。“杆子”的兄弟姊妹很难在当地能够打听到他们家情况的区域找到合适的婚配对象。具体说来，就是家中一人当“老擓”，会连累其兄弟找不到媳妇，姊妹找不到婆家；除非兄弟远离当地入赘他家，姊妹远嫁到他乡。

（三）当“杆子”的死后不能入祖茔。对于生活在乡土社会中的人来说，这条民俗对于土匪惩罚最重。

（四）“杆子”家中死人出殡，村中人一般都不会主动去帮忙，除非由其族人领着其同族弟兄挨家跪门，村中人看在乡亲面上，才去援手。

这是笔者在随机调查中所了解的当年“土匪”在乡村民众心目中的形象所作的口述资料，因系随机，没有做好必要的录音；但这些资料是确实的。这显示了不同于民国时期河南某些地方“父绍其子，兄勉其弟，妇勖其夫，其不肯为匪者，妻室恨其懦，其乐为匪者，父老夸其能”的民风。①

三、“义民队”与“社会土匪”

对于土匪和鲁西社会经济的关系，笔者在上一章（第五章第二节）中已经做了论述，但对于土匪群体构成并没有具体分析。实际上，鲁西土匪成分复杂，其中不乏杀富济贫、替天行道的义匪。所谓义匪，是那种梁山英雄式的绿林好汉，侠客、义士等。义匪中有些人家产丰厚，也受过一定的文化教育，性格豪爽，喜好交友，路见不平，常拔刀相助，往往得罪了官府或地方实力派，惹来官司。还有人性格倔强耿直，不肯趋炎附势，受到奸佞之徒的攻讦和迫害，激愤之下，与仇人刀兵相见，然后沦入绿林。② 著名的社会学家霍布斯鲍姆把那种劫富济贫、伸张正义、颇具侠义心肠的土匪称为“社会土匪”。他认为：“社会土匪是一些被国君和政府视为罪犯的农民歹徒，但他们存在于农民社会之中，并被人们奉为英雄、胜利者、复仇者、为正义而战的斗士，也许甚至被看作解放的领导人，并

① 黄广廊：《有关白朗起义的一些资料》，《史学月刊》1960 年第 2 期。

② 张耀铭：《土匪的历史》，北京：北京图书馆出版社，2004 年，第 1—2 页。

且总是受到钦佩、帮助和支持。”①

鲁西是水泊梁山的故乡，受梁山好汉影响很深，这里有许多被官方称为“土匪”，但在当地却被称为“义军”或“义民队”的队伍。如民国七年（1918 年），鲁西南刘长久、张四奎、谷德林、白脸王三、梁玉环、油清海等，聚众两万余人，打出“杀富济贫”、“替天行道”的旗帜，揭竿而起。他们采取“架票”的方式，主要以贪官污吏、强室富豪为对象。架的“票”多是富室家长，或其娇宠的小孩，一般不架“花票”（妇女）。他们内部纪律是：不虐待被架的“票”；不准采花盗柳；不准抢拿东西；不准压迫百姓；委托百姓办事要付给代价。因之在乡民中有较高的威望。

民国九年（1920 年）夏秋之交，黄河河水暴涨，菏泽西北刘庄以北堤防坍塌大半，决口在即。菏泽官府以刘庄属直隶为借口，听之任之，无动于衷。沿河附近百姓目睹险情，焦急万分，却也无可奈何。这时，刘长久、油清海率六百余人来到此地，看到情况危急，即刻投入黄河险工的抢护。他们乘大明道道尹兼黄河河务局局长，黄河南岸河务分局局长，黄河南岸河防营营长到工地视察之际，率人冒死请愿，请求堵筑缺口，却被后者以物料无以筹措为借口推托。刘长久手下一头目以枪指着道尹的头，怒吼：“小道，小道，钱都弄到你家去了，你小子不怕黄河开口子！好，如果刘庄开了口子，我找你算账！”在刘长久等人强大压力下，大名道尹答应筹款抢护，但将筹备物料的困难推给了刘、油等人。

---

① 转引自蔡少卿主编：《民国时期的土匪》，北京：中国人民大学出版社，1993 年，第 7 页。

刘长久、油清海立即派人四处筹备物料，采取了许多应急措施：

1. 打破分区治理用料的界限，动员沿河一带民众到山东段河堤岸砍伐堤柳，并指派富室准备车辆牲畜运送工地。2. 根据当时秸料正处于青黄不接的状况，指挥背河一带村庄，将现有高粱地登记造册，扦穗留杆，“号”料备用，事后发价。3. 发动沿河民众运送物料，根据物料多寡、里程发给现款。

刘长久、油清海又把自己的人马投入黄河护防、抢险之中，如此历时三个月，险工处均修做了埽坝和护岸，河堤终于化险为夷。此项义举，深得沿河民众人心，咸称他们为“义民队”。但因为请愿时冒犯了大名道道尹，不久他们即被以盗匪的名义遭到镇压。①

民国时期，阳谷县境内有宋长胜为代表的义军，“据说，宋传胜是山东郓城县人，是梁山第一把交椅宋江的后人”。他父亲早亡，侍母至孝。母亲去世后他入伍当兵，他操法精练，枪法娴熟，屡立战功，因和一位依靠裙带关系当上排长的人争连长职位，被人要诡计愚弄，而该排长当上连长后又滥施淫威，激起士兵反抗，宋长胜击毙该连长，率士兵起义。他爱护百姓，杀富济贫，屡败官兵。②

这些是“地方上的义士，草莽中的英雄，因不甘忍受军阀的欺凌，或是遭受当权的迫害，因而聚众成军，举起义旗，这

① 根据1918年山东省督军缉匪赏格，刘长久悬赏洋一千元，油青海悬赏洋五百元。参见：中国第二历史档案馆陆军部档，全宗号：一〇一一，案卷号：1197，山东督军缉匪悬赏格，1918年12月12日。

② 杨元璐：《宋长胜攻打阳谷县城》，李印元、郑清铭编：《阳谷文史集刊》，山东聊城市新闻出版局，1999年，第196—197页

样的部队，虽不是全心全意为人民的仁义之师，却也深明大义，当仁不让，为地方上办了不少值得称道的好事”。①

显然，按照蔡少卿结合中国土匪实际分析出社会土匪的特征：（1）他们往往由于某些行为被统治者视为“犯罪”而走上土匪生涯，但当地人民却并不以为其行为是犯罪。（2）他们劫富济贫，为民伸张正义。（3）他们一般不抢劫农民的财物，除了自卫和复仇以外，决不滥杀无辜。（4）他们生活在群众之中，受到人民的尊敬、帮助和掩护，他们神出鬼没，常常使统治者看不见抓不着。（5）他们反对贪官污吏、地主恶霸，但并不反对旧制度，也不能创立新制度。② 可以看出，刘长久、油清海和宋长胜等虽然被官方称为“匪”，但在当地民众心目中他们却是“义民”，他们率领的队伍被当地百姓称为“义民队”，他们即是属于“社会土匪”。

还有一些被称为土匪的队伍实际上带有很强的政治色彩，是革命党策动的地方武装。如1915年，在袁世凯及其爪牙的授意下，各地拥戴袁世凯称帝的舆论甚嚣尘上。曹州绿林受革命党影响，揭竿而起，宣布独立。1915年11月中旬，在曹州边界和江苏交界的地方，“土匪独立，白旗飘扬，告示张贴城内”。他们的纲领明确，声称“不诛戮人民，不伤害教堂及外人商业，其志在反对帝制，仍保全共和”。打出“中华民国救亡讨袁军”的旗号，日与山东常备军及河防营攻击，“无分胜

---

① 杨元璐：《宋长胜攻打阳谷县城》，李印元、郑清铭编：《阳谷文史集刊》，山东聊城市新闻出版局，1999年，第194页。

② 蔡少卿主编：《民国时期的土匪》，北京：中国人民大学出版社，1993年，第7页。

负”。[1] 尽管官方称之为匪，但显然他们的行为属于反抗帝制暴政的革命行为。

诚如霍布斯鲍姆所指出的，“社会性土匪”的明显特征是同农民有着牢固的联系。由于活跃在他们所赖以诞生的农民阶层中，所以社会性土匪的言谈举止也就反映了这个阶层的道德品行；只要他们这样做（如选择那些被农民阶层认定是冤家的人作为牺牲品），对他们的支持就会络绎不绝。当然，这种关系是相辅相成的：社会性土匪能够在当地的农民阶层中生存下来，是因为在其他地区缺乏对他们的支持……换言之，农民阶层坚决予以支持，是因为土匪们至少承担了对当地的有限保护责任，发泄了农民对官府王法戒律的无言怨恨。

四、民众自卫组织——枪会

实际上，晚清和民国时期鲁西地方武装极为复杂，“在那个社会里，盗贼蜂起，遍地有武装。有的打着国军的旗号，由军阀们供应薪饷和武器弹药，公开地杀人放火，敲诈勒索，为害地方，无恶不作。有的是当地的地痞流氓，亡命之徒，啸聚在一起铤而走险，几十个人一群，几百个人一杆，杆有杆子头，牵牛绑票，劫路抢人，甚至攻城陷阵”。为防范盗匪，各地民众自发成立武装组织。鲁西各地民众自发的武装组织最重要的就是枪会。

枪会是鲁西（不仅仅是鲁西，实际上是整个华北）农村参加人数最多，规模最大的农民自卫组织。其中以红枪会为主，此外还有白枪会、红沙会、黄沙会、黑枪会和大刀会等。还有

① 《苏鲁交界之独立旗》，上海《中华新报》，1915 年 11 月 18 日。

一些组织称为道、社、团等。如天门道、无极道等。这时期红枪会、红沙会、黄沙会组织遍布鲁西、乃至山东省、河南省各地。鲁西菏泽、聊城、冠县、观城、朝城等地都产生了红枪会组织。

菏泽农村1921年即出现红枪会组织。自1924年“曹州独立”至1928年北伐战争五年间，鲁西南地方社会秩序严重失控，鲁督张宗昌对这一地区的统治有鞭长莫及之感，被遣散的兵士散为盗匪，到处打家劫舍。乡村中民众自发组织红枪会以求自保，菏泽红枪会发起人是侯复元，他趁二十一军大量收容土匪之际，迅速发展了红枪会组织。盗匪活动的区域多被红枪会占据，小股土匪多畏而远飏。红枪会对镇压匪乱，维持社会治安起到相当大的作用。①

1926年，豫军第十师师长薛传峰部在鲁西横行霸道，欺压百姓，朝城一带农民不堪其苦，于农历四月间组织红枪会，发起暴动。暴动群众个个手持长矛，上系红缨，“红枪会”由此得名。红枪会在短时间内聚集数千人，向薛传峰部发起进攻，一举占领朝城，将薛传峰部驱逐出境。五月，范县农民也在红枪会领导下暴动，赶跑了县知事，驱走了薛传峰的队伍，暴动群众占据县城长达一个多月。②

在聊城东南部与东部，在1920年代出现了黄沙会。黄沙会，因会员肩佩黄纱袋，带内装有朱砂咒符而得名。又因黄沙会员自愿入会时，必须把传道师用朱砂（红色矿物）写在黄表纸上的红字咒符，烧成纸灰后用白水喝下（据说此水喝后，即

---

① 菏泽地区地方史志编撰委员会编：《菏泽地区志》第十三编，军事，济南：齐鲁书社，1998年。

② 莘县武装部：《红枪会暴动》，政协山东省莘县委员会编：《莘县文史资料》第3辑，济南：山东省新闻出版局，1990年10月，第43页。

能避邪而刀枪不入），才能成为会员。因此群众称黄沙会亦叫红沙会，所以黄沙会、红沙会名称不同，而实为一体。

1928 年奉系张宗昌所部三万余人驻扎聊城，北伐军占据济南后，张部放弃聊城远遁。城内和农村出现权力的真空，地方治安无人过问。散兵土匪趁乱打劫，牵牛架户，烧杀劫掠，民无宁日。农民都有为了保护身家财产而联合自卫的愿望。在这种形势下，52 岁的聊城于集乡李海村贫民刘润常邀请黄沙会来村设坛传道，吸收青壮年入道，建立了黄沙会组织，刘被推为掌坛。会员每天晚上磕头跪香、接驾、练功，遇有匪情，击鼓为令，跑步集合。因刘润常的领导能力出众，名声远扬，周围近百余村都参加了李海黄沙会，刘润常成为总首领。曾击败了土匪王金发部和一些小股土匪，一时小股土匪不敢活动，大股土匪不敢入侵，聊城东南部入黄沙会的民众，暂时过上了安居生活。1930 年末，山东省令各县区建立民团组织，刘润常被推为所在区永清团团长，取得了合法存在的权力。黄沙会组织，获得迅速发展，遍及城东南各村。①

当时起来反抗张宗昌土匪政治，影响最大的当属宁阳、汶上红枪会起义。现以宁、汶红枪会为个案来探讨这时期民众与地方、政府的关系。关于山东红枪会的叙述，最早见之于当时的报纸报道，如《申报》自 1926 年 4 月中旬至 5 月底，短短一个半月内连续发表了十四五篇有关红枪会活动及与官府、军队之间关系的报告。在民国时期也有人对红枪会做了专门研究，李大钊在 1926 年 8 月撰作了《鲁豫陕等省的红枪会》一文②，

① 参见梁金中：《话说黄沙会》，政协聊城市文史资料委员会编：《聊城文史资料》第 7 辑，1995 年，第 175 页。

② 李大钊：《鲁豫陕等省的红枪会》，《李大钊选集》，北京：人民出版社，1959 年，第 564—570 页。

对三省红枪会的源流、特征、作用及性质等作了分析，1927年11月《东方杂志》发表向云龙的文章《红枪会的起源及其善后》，[①] 主要对河南红枪会的起源、组织、流派及其发展趋向进行研究。关于山东红枪会的叙述，路遥在《山东民间秘密教门》一书中专辟一章，就红枪会的渊源、组织与信仰，入道仪式与法术，山东红枪会的兴起与发展，及山东枪会的复起与衰亡进行了论述。[②] 此外，在山东汶上、聊城、莘县等县的文史资料中也保存了对本地方红枪会活动的记载。[③]

从这些报道及研究成果中，我们可以了解到当时山东红枪会属于民间自发的自卫组织。根据《东方杂志》的记载，在1927年对山东省所做的一次调查中，把山东的自卫组织分为三种情况：一是民团，“系乡农自动所组织，以御匪为职事，但因红枪会渐多，民团于是渐少”。二是联庄会，“为省令各县举办者，因非出自动，且贫富均须捐资，故一般贫农时加反对。”三是红枪会，“此为农民中之惟一组织，几遍及于各县。其人数虽无确实调查，但有一县达五万以上者。且不仅有红枪，更有备有快枪者。除御匪外，且有时抗税，攻击官军，故数次为官军所屠杀。汶上、德州、陵县，皆死至数千数万人以上。现在仍日在发展中”。[④] 之所以取名红枪会，“乃是因为他们所用的武器多系长矛，在长矛上系以红缨。”[⑤] 山东汶上红

---

① 见《东方杂志》，1927年11月10日，第24卷第21号，第35—41页。

② 参见路遥著：《山东民间秘密教门》，北京：当代中国出版社，2000年。

③ 分别见《汶上文史资料》第2辑，1986年；《聊城文史资料》第7辑，1995年；《莘县文史资料》第3辑，1990年。

④ 集成：《山东省》，《东方杂志》，第24卷第16号，1927年8月25日。

⑤ 李大钊：《鲁豫陕等省的红枪会》，《李大钊选集》，北京：人民出版社，1959年，第564页。

枪会出现在1914年，兴盛在1920年代。最初是民团组织，其首领为郭晨浩，“初以士绅资格，组织民团，防御土匪。嗣乃成立红枪会，被推为会首，招揽各村庄壮丁入会，藉以自卫。”① 由此可见，红枪会最初也是为了御匪。会众多为普通农民。其内部分文门、武门、中央道等派别，都供奉“真武帝君”。红枪会有县、区、社、村四级宫长，各宫竖“炮打玄天”大旗。所谓“宫”，即平时办公处所，战时之指挥部。会员入会须遵守共同信条，多以“不贪吃、不贪财、不贪色”为戒。男丁入会，沐浴净身，“过场”② 练功，“附体者”③ 刀枪不入。会众之间除“老师”、“宫长”之外，互称“师兄”。会众白天劳动，夜间巡逻放哨，村与村之间联防，一村有事，拉鞭为号，各村闻号驰援。对土匪活动起到很大的震慑作用。

在1910至1920年代，军阀割据，战乱频仍，土匪猖獗，汶上一带土匪甚至白昼抢劫，“断路行人”，当地百姓“筑圩自保”，“鸣锣打更”，惶惶不可终日。郭晨浩请原大刀会老师张荷丰传授武艺并筹组红枪会。1923年1月2日（民国十一年十一月十六日）武村红枪会建立，郭晨浩为“宫长”。自此，它就成为汶上红枪会的活动中心。④ 红枪会成立后，郭晨浩率众剿匪，被匪戕杀，他的儿子、侄子也相继战殁。他的第三个儿子郭廷俭继任宫长，“继父之志，统率所部，更广招会徒，

① 《申报》1926年4月23日。

② 系红枪会徒入会必经的一种仪式，搞烧香、喝符、念咒、口传“真经”和入会戒条等活动。

③ 系指神灵附入人体，显示神灵意旨。

④ 路遥著：《山东民间秘密教门》，北京：当代中国出版社，2000年，第499页。

加以法术训练（吞符念咒等项）由是聚蚊成雷，声势浩大”。①

根据《晨报》和《申报》记载，红枪会起源于大刀会，会徒均手执红缨枪，腰系红兜肚，喝符念咒，自称能避刀枪，子弹不能入身。内中派别有红门、黄门二种，黄门最盛。其所供奉的神位，为老子、观音等。神位两旁之对联，所书为“黄河两岸有真主”。该会教师收徒之日，虽然在严冬，也必须赤体跪祷到香尽一炷，方能穿衣。并用凉水喝符四五道。“此非年幼好勇之徒不克为之，怯懦者望而却步。所以红枪会徒好勇善战，也是因为其入会之份子多是体壮气盛之人。”入会之后，每晚要用砖刀将浑身上下，徐徐砍砸，等到刀砍砖砸不知疼痛，一砍一条白线，所谓排砖排刀之术才算告成。在练功期间，师傅严加训导，并不准近女色、不准贪财，如犯此训条，则法术不灵。若有战事发号，会徒闻声立即持枪向鼓声来处奔去，毫无迟疑。后方及跟踪送饭前往。顷刻之间，遍山遍野，均是红枪，会徒胆气益壮。②

1924 年冬，秦大文领导的红枪会崛起于汶上城西。秦毕业于高等学堂，接受过新式教育，在城内开杂货店，因兵匪为患，店铺倒闭并吃了官司，秦怒回家乡创办红枪会，被推为五福区宫长。1925 年红枪会在汶上迅速发展到八九万人，全县十三区红枪会实行大联合，公推郭廷俭、秦大文、吴立信为全县总宫长，称为“大宫长”，并与兖州、泰安、肥城、平阴、齐河、聊城、高唐、嘉祥、宁阳、东平、郓城、曹州及直隶省的大名等十三个州县建立了战时联合关系，一时红枪会遍及鲁西。

①② 《鲁南红枪会匪已被剿灭》，《晨报》1926 年 4 月 23 日。

红枪会目的最初“仅在报变防匪”。然而张宗昌治鲁时期的土匪政治，导致其最终从自卫防匪组织转变为抗击“官军”的“红枪会匪”。①

1925年，奉系军阀张宗昌成为山东督办。张出身土匪，就任后大肆扩军，搜刮民财，百姓深受其苦，主要表现于下：

战乱频繁，溃兵骚扰民间。1925年11月，张宗昌同浙督五省联军孙传芳作战。次年，又同豫军李纪才部激战于汶上。双方军队都争相招募土匪为兵，残民以逞。《申报》1926年1月4日报道了《鲁豫争募匪军近状》，文中称：山东方面，省军三分之一为土匪，而大帮土匪来投效者，如孙百万、顾人宜、王玉芳、尹大麻子等，……近自抱犊崮临城匪魁孙美瑶之弟孙美松，带其匪众，约一千五百人，枪械马炮齐全，忽率众来济，投靠鲁张，当蒙收编，……讵张部方招用土匪，而豫军相率招匪。于是山东土匪，尽变为官兵矣。双方各自宣传如何获胜，获得战利品若干，其实俱从当地百姓中夺取，“津浦沿线，自泰安以达徐州，赤野千里，鸡犬绝踪，所谓战利品者，则大批骡马牛马羊，千百成群。云夺自敌人，实则敌人何尝畜牛马，敌人之牛马，即小民之牛马。彼方敌人，夺诸此方敌人。此方敌人，又谓夺诸彼方敌人，而所谓真正之敌人，则无非小民耳”。② 而随着双方军事态势的展开，失败一方成为散兵游勇，更是大肆劫掠民间。如奉军在退出兖州、济宁之时，“附城各县，及沿津浦线兖济支线十里以内各村，均被抢掠一空，损失颇为不赀”。③ 豫军在泰安附近战败后，败退至宁阳、

① 《申报》，1926年4月23日。

② 《申报》，1926年1月4日。

③ 《申报》，1925年12月6日。

兖州、济宁等县。根据当时《申报》的报道："豫军有二万之谱，退入宁阳，鸣枪劫掠，自二十三早八点动手抢掠，至二十四早方搜括净尽，捆载完竣。所有城内外大小商店住户，并各机关，无一幸免。即商民身上所著之衣服，亦一并剥去。所劫财物，均用骡马车辆装运随行，出城后仍沿途抢掠，时行时止，所过之处，鸡犬牲畜为之一空，银钱衣物更无论矣。按溃军所过之路径，……全县无不波及。宁阳六百村庄，一概遭此惨劫，四乡生命财产之损失，现虽无由调查，城关确有十余商人遇害，损失大洋三百万元之谱。发捻之祸，亦未如是之烈。"① 因而这一时期的兵灾甚于匪祸，红枪会作为地方自卫组织，这时也要担负起防溃兵骚扰民间的职责。

苛捐杂税严重透支民力。张宗昌本出身胡匪，统治山东数年间，根本不顾及所谓"政绩"、"吏治之道"等，只顾赤裸裸地搜刮民财用于军队和供一己之淫乐。当时山东苛捐杂税多如牛毛，共有五六十种之多。各种捐税不仅名目繁多，而且分量极重。地丁银每两从 2.2 元增至 8 元，最多时达到 20.48 元，漕米每石从 6 元增至 8 元左右。1925 年山东省田赋岁收 1500 万元，1926 年度增为 4275.7 万元，为 1925 年的 2.8 倍。还根据需要随时加征和预支，如 1926 年丁漕已预征到 1929 年。

地方上驻军和县政府借机搜括民财。"时因岱南各地驻军，以给养不足，添加军事特别捐，按丁漕每两四元缴纳"，县知事也擅自每亩加税一角。而且他们还常乘索捐之机横行乡里，肆意勒索。时又值小汶河连年决口，农业大歉，农民生活苦不堪言。

---

① 《申报》，1925 年 12 月 10 日。

在这种情况下，1925 年冬，总宫长郭廷俭、秦大文等倡导抗捐，广大会众群起响应，“振臂一呼，聚众三万余”，[①] 大刀会和国民党首领朱焕章、朱秀文等，率众合兵一处。拒不缴纳新增捐款。迫使张宗昌撤销汶上县知事职务。秦大文等乘县知事交接之际，解除了乡保卫团武装，夺取了九个区的枪支弹药，并没收了部分区长的财产。这是红枪会起事的第一阶段——领导抗捐斗争。

第二阶段为攻克汶上、宁阳县城，是红枪会发展鼎盛时期。红枪会在 1926 年 3 月打开汶上县城，将区警备队、警察所及保卫团的三百余支尽行缴获，拿获县知事。这次暴动，使山东督军张宗昌大为惊恐。急令岱南防御司令许崑派所部第三团赴汶镇压。鉴于新任知县和县城都控制在枪会手中，许崑派人调解。红枪会一面利用手中人质，提出条件；一面伺机围歼敌人。东关大战夜袭敌营，歼敌百余人，缴获其全部武器弹药。东进宁阳，在宁阳红枪会的配合下，攻占宁阳县城。向民众发表宣言，申明纪律，昭示此举为“反对军阀，抗拒暴敛”之主旨。有报道称红枪会活动受到了国民党老同盟会员、原山东议会议长王鸿一和原山东盐运使夏继泉的指导，张宗昌通电通缉王、夏二人。[②] 这时，红枪会占据汶上、宁阳两个县城，滋阳县知事被红枪会所杀，济宁城被红枪会包围，兖州以南以西完全被红枪会所掌握，红枪会众拥有大炮、机关枪等轻重武器。4 月 9 日，红枪会众继续东进，占领曲阜姚村火车站，扒

---

① 《晨报》，1926 年 4 月 23 日。

② 原文称，鲁省赤党首领王洪一夏继泉，受冯贼指使，煽惑济宁汶上各县红枪会匪，希图扰乱。殊堪痛恨。希即通饬鲁南各军队各镇道县，切实兜剿。见《申报》，1926 年 4 月 16 日。

毁铁路桥梁以阻济南、泰安之敌乘火车南犯。这一时期红枪会势力达于鼎盛。

第三阶段，为反抗奉军遭镇压阶段。张宗昌面对如火如荼的红枪会暴动，急调七路大军实行兜剿，奉军大部赶到后，与红枪会激战三次，红枪会死伤惨重。当红枪会攻破宁阳县城时，根据《申报》的报道："会徒盘踞县城七日，居处皆在庙宇、学校、公共机关内，且各携有大饼馒头等熟食，每日仅命居民送茶水一二次，绝未有任何扰害。"但后来张宗昌"官军"进城后，下令大索一天，城内工商各业店铺、居民财物均被洗劫一空。"及兖州镇守使张继善、岱南防御司令许崑派兵来攻，会徒与战不敌，弃城逃散，宁城一隅，到有军队三旅之众，军队既到以后，下令城内居民，不许关闭门户，任情搜索，居民财物一空，城外积尸遍野，城东城西两方，焚毁村庄不计其数，诚浩劫也。"① 奉军随后又向西、南两方推进，沿途一路烧杀劫掠，当时《申报》报道说："鲁军许崑所部开到兖州追击之时，对于宁阳以西村民，一律认为红枪会徒，军队每到一村，四面包围，先将村民细软捆载，然后纵火焚烧，洗平村庄，村民逃出者即行枪毙，在村内者悉葬火窟。因是村民多入井，以避火海。每一井中，有跳入数十人者，又悉被淹毙。兖西一带，计共被鲁军焚去四十余个村庄。当军队焚村之际，在兖城眺望，可见红光冲天，且有腥臭之气触鼻。鲁民遭此浩劫，殊所罕闻。……汶城闾里萧条，汶民均空舍逃去。"当时村庄被这样焚烧四十余个，报纸称为"鲁军围剿红枪会之惨剧"。②

① 《苏鲁交界匪祸记》，《申报》，1926 年 5 月 2 日。

② 《鲁军围剿红枪会之惨剧》，《申报》，1926 年 4 月 27 日。

红枪会退往汶上城西开河、马家口、南旺一带约三万人，淄青道尹白璞臣任此次剿抚红枪会的宣慰员，他召集当地绅商及各军长官开会，对红枪会进行瓦解。“由官军发给红枪会免罪执照，红枪会缴械归田，不咎既往。各军长官对此，极表赞同，于是汶上东、南、北三乡之红枪会，均纷纷缴械散去，惟西乡之红枪会，态度强硬，不承认该项办法”，奉军遂对西乡红枪会下最后攻击令，红枪会不支，郭廷俭负重伤自刎而死，秦大文率红枪会与许昆部激战，寡不敌众，向嘉祥退却，扼城而守。① 官军占领宁阳、汶上后，便在两地筹措军饷，规定凡在红枪会当宫长或会首者，将其所有土地之 30% 作为罚款，按土地亩数变价归公充作军饷。② 不久，红枪会大宫长秦大文在巨野被捕，解至上海殉难。吴立信在嘉祥被捕，解至汶上殉难。汶上无辜百姓多被牵连，当地传说“三月三逃反”，即是指红枪会失败后，汶上六七万在会的百姓害怕遭受报复，扶老携幼，纷纷逃往东平、寿张、郓城等地避难。③

小结：谁是真正的匪？

在汶上、宁阳红枪会活动期间，当时各地各大报刊，如上海《申报》、北京《晨报》、长沙《大公报》等全国性报纸，都在重要版面上予以报道。共产党人李大钊、陈独秀等相继撰文称颂。各大报纸对红枪会虽表同情，对鲁省政治的黑暗、经济上的压榨、军队的残暴都作了披露，已如前述，但对红枪会都

① 《汶上红枪会退守嘉祥》，《申报》，1926 年 4 月 25 日。

② 刘德泽：《对枪会的剿抚兼施》，见《土匪张宗昌》，北京：中国文史出版社，1991 年。转引自路瑶著：《山东民间秘密教门》，北京：当代中国出版社，2000 年，第 501 页。

③ 《鲁军围剿红枪会之惨剧》，《申报》，1926 年 4 月 27 日。

冠以“红枪会匪”之名（李大钊、陈独秀除外）。这里存在着一个问题：官兵和红枪会，谁才是真正的“匪”？从史实上看，红枪会是为“保家御匪”所成立的民间自卫组织。只是因为张宗昌督鲁时期的横征暴敛、驻防官兵和县知事的借机敲诈勒索，“官逼民反”，才走上抗捐抗官的道路。如此说，红枪会匪实在不能称为“匪”，相反，是保护乡梓免遭“匪祸”的乡村自卫组织。

我们再来看“官”兵的作为，官兵虽打着“官军”的旗号，但从其领导者和所作所为而言，他们被称为“匪”实是当之无愧。当时山东督军张宗昌就是出身胡匪，张宗昌就公开以“老子是绿林大学毕业”为荣，扬言：“什么大学生、举人秀才，念书的人，都是狗屁。……我张宗昌没念过书，不识字，今天当督办，我是从血里爬出来的。”① 张宗昌的重要将领褚玉璞也是宁阳土匪，他们统治山东后，不过把当土匪时的明抢暗夺转变为以官府的名义，打着政府的名义横征暴敛，为其土匪行径披上一张合法的外衣。山东百姓恨其入骨，编成歌谣痛骂他们，如“也有葱，也有蒜，锅里煮的张督办；也有蒜，也有姜，锅里煮的张宗昌；张宗昌，先吃肉，后喝汤”；“也有花椒，也有姜，锅里煮的张宗昌，早来的，吃块肉，晚来的，喝点汤”，可见山东百姓对张宗昌的仇恨已到了食肉寝皮不解其恨的程度。张宗昌在山东的暴虐统治逼迫山东百姓起而反抗，“老乡见老乡，两眼笑央央，你打褚玉璞，我打张宗昌”；“五色旗，没有边，张宗昌，闹几天？”“一二三四五，打到济南

① 孙仙舫：《在张宗昌军队中的见闻》，山东政协文史资料委员会：《土匪军阀张宗昌》（内部刊印），第106页。

府，先杀张宗昌，后杀褚玉璞”，① 从这些歌谣所表达的民意上看，红枪会起而反抗张宗昌实属人心使然。

而枪会本来是百姓所建的自卫性防御组织，正如刘少奇在1938年对这些组织的分析：“这是深藏在民间的武装组织。他们是自发的，……他们的主要目的，是反对苛捐杂税及军队，土匪的骚扰，是单纯的武装自卫组织。”② 他们本来是防土匪祸害民间的，但由于官府的苛捐杂税、地方驻军的特捐等，民众无法正常生存，他们起来反对驻军和官府显然也是出于自卫、出于生存而做出的决策，这非但不能被称为匪，相反，应称他们的行为是正当的自卫行动，是官匪榨取太过才导致他们揭竿而起的。

吕西安·比昂科对民国时期中国乡村农民自发反抗运动的类型进行了划分，农民自发骚动的类型可划分为“指向政府当局”（包括A、抗税风潮，B、其他反抗政府的创新措施的滥用权力）和“指向农村人口中的少数”（包括A、穷人反对富人，B、世系械斗）两大类型，指出农民指向政府当局的骚动最为频繁，而指向富人的反抗则规模较小，也并不频繁。他分析了自发农民运动的三个特征，“阶级意识淡薄”、“地方主义”、“几乎不变的自卫性”，认为民国时期农民自发运动的目标并非推翻现行的社会秩序，而只是为了重建被破坏的现行秩序或恢复先前的规范。③ 从鲁西各地的农民运动——红枪会起

---

① 山东省立民众教育馆编：《山东歌谣集》第一册，该馆出版，1930年，第12、228、241、251、347页。

② 刘少奇：《坚持华北抗战中的武装部队》，《解放》1938年第43—44号，第51页。

③ 见〔美〕费正清、费维恺编：《剑桥中华民国史》（下卷），北京：中国社会科学出版社，1994年，第309—374页。

义来看，各地红枪会更多的是指向政府当局，且多是地方士绅精英领导，针对富人的斗争并不占主导地位，吕西安·比昂科对此一时期自发农民运动三个特征的分析无疑也适合此时的红枪会暴动。

由此观之，地方民众面对危局的应对许多是无奈之下的选择，是在走投无路之间的一种理性选择，体现了民众的生存伦理。无论是选择为盗为匪，或是组织自卫武装起而反抗，大多是迫于时势逼上梁山。这些民众自发的组织一方面保护了乡梓免遭匪盗的蹂躏，一方面对于官府和驻军的扰民害民行为进行了抵抗。而在官方眼中，这些拥有武装的民间组织就成了“匪”。按照英国历史学家霍布斯鲍姆的“社会土匪”概念，这些人都是“受到社会舆论同情和赞扬的，以劫富济贫为首务的罗宾汉似的集团”。①

① 〔英〕E. J. 霍布斯鲍姆著，李立玮、谷晓静译：《匪徒：秩序化生活的异类》，北京：中国友谊出版公司，2001 年，第 186 页。抗战开始后，鲁西各地的枪会出现很大的分化。

第七章　地方重建：菏泽县政建设实验县的个案

近代以来，鲁西和中国广大的农村地区一样，由于遭受列强侵略、军阀混战、兵灾匪患及自然灾害的打击，日趋破产。尤其是20世纪30年代初的世界经济危机波及中国，进一步加剧了中国农村经济的崩溃。如何救济、治理、建设、复兴农村，成为当时中央与地方政府、民间团体和知识分子所面临的一个重大课题。本章以菏泽县政建设实验县为个案，探讨鲁西地区精英和民众是如何应对灾荒匪患，进行地方重建的。

20世纪二三十年代，我国掀起了一场规模大、时间长、波及面广的乡村建设运动，出现了六百多个乡村建设团体和一大批乡村建设人士。各种实验区如雨后春笋般在全国各地涌现，但这些实验区大多是由民间教育机构和学术团体创立的，没有引起国民党中央的注意和认可。随着乡村建设运动的开展，其影响日益扩大，引起了国民党官方的关注。他们认为乡村建设对正在推行的“地方自治”很有帮助，1932年12月，第二次全国内政部会议在南京召开，定县平教会的晏阳初、李景汉，邹平乡村建设研究院的梁漱溟、梁耀祖，无锡教育学院的高践四等人应邀出席了这次内政会议。会议通过了《县政改革案》，决定改革县政，以县为自治单位，各省设立县政建设研究院和县政建设实验区，以为县政建设发动之枢机。1933年7月该案经国民党中央政治会议批准，下发各省遵照执行。至是年秋，在中央和地方政府的支持下，先后有5个实验县宣告成立。它们分别是河北的定县，山东的邹平、菏泽，江苏的江宁和浙江的兰溪，统称“五大县政建设实验县”或“五大实验县”。①

在这5个实验县中，以对邹平、定县和江宁的研究为多，② 而对菏泽和兰溪的研究较少。对菏泽实验县的研究，不少论著仅略加提及，基本上没有一篇专论。实际上，菏泽实验县所形成的以“乡农学校”为中心的菏泽模式，和邹平模式无论在实验理念还是具体操作上都有很大不同。邹平模式，“始终未向邹平以外推广”，而山东在1937年“七七事变”前，在全省七十余县推行了“菏泽模式”的县政改革和乡农学校制度，尤其是在鲁西各县进行了广泛推广。“山东乡村建设运动之所以声势浩大，很大程度上要归因于菏泽模式的领导者对梁漱溟‘乡学村学’模式的变通”。③ 但由于缺乏菏泽县政建设的原始文件和档案，这里主要依凭当时的一些报纸杂志对菏泽

① 郑大华：《民国乡村建设运动》，北京：社会科学文献出版社，2000年，第108—116页。

② 如近年出版的郑大华著的《民国乡村建设运动》和徐秀丽主编的《中国农村治理的历史与现状：以定县、邹平和江宁为例》（北京：社会科学文献出版社，2004年。）。根据徐秀丽、俞可平的认识，之所以选择定县、邹平和江宁作为研究个案，是因为：一、这三个县进行乡村自治建设的时间比较长，影响比较大，在当时的乡村治理改革运动中具有典型性。二、当时的各种原始文件、记录、档案和研究报告、论著保存得比较完备。

③ 余科杰：《山东乡村建设运动述评》，《山东师大学报》（社会科学版），1995年，第5期，第35页。

县政改革的报告或介绍，和山东省、菏泽市、济宁市的文史资料（建国后一些人的回忆记录），以及今人某些片断的论述，欲借此复原菏泽县政建设的场景，填补对这一方面研究的空白点，探讨乡村建设派这一团体中的菏泽外出返乡精英是如何和在乡精英进行整合？并探讨在这一时期，实验县是如何综合治理包括农村政治、经济、匪患、灾荒等危机的？

第一节　实验县设立条件

菏泽，古称曹州，在山东省的西南部，为黄河冲积平原，地势平坦，是中华文明的发祥地之一。它南依陇海，北靠黄河，东连济宁、徐州、兖州，西与河南开封相望。近代以来，菏泽屡受自然灾害摧残，其中尤以黄河水灾最为严重和频繁。加以军阀混战，菏泽毗邻数省，历来为兵家必争之地。从近代开始，菏泽境内的战事连续不断。太平天国北伐军援军从菏泽境内经过，1886 年捻军与清军在菏泽高楼寨发生激战，清军统帅僧格林沁战死；1927 年的国奉战争和 1930 年中原大战，战场都在此处发生。加以菏泽民风彪悍，民间多有习武强身之俗，百姓在无法生活的情况下，铤而走险、为兵为匪为盗者也有不少。据山东各县乡土调查录记载菏泽民风：“一旦游手，往往流为强暴。”① 1930 年代，菏泽为山东省一等县，面积共有 2847 平方里，耕地亩数为 15375 顷，户口共 85666 户，人口共 404406 人。其中城区户口 3593 户，人口 16539 人。乡镇 8 镇 194 乡，集市 72 处，村庄 1842 村。特产有牡丹、木瓜、

---

① 山东省长公署教育科编：《山东各县乡土调查录》，1920 年。

耿饼（耿庄所产之柿饼）、山楂、石榴、贡霜（柿霜）。境内有利（津）菏（泽）、济（宁）菏（泽）公路，1926年通车。①

1932年12月，国民党南京政府召开第二次内政部会议，通过了县政改革方案，并制定出《各省设立县政建设实验区办法》，规定各省筹设县政建设研究院，划一县至四县为实验县区，并可截留地方收入的50%作为实验经费。1933年2月，山东省第二次参政会议制定出《山东县政建设研究院实验区条例》和《实验区条例实施办法》，划菏泽县为乡村建设第二实验县，并建立山东乡村建设研究院第一分院。由山东邹平乡村建设研究院副院长孙则让（廉泉）出任县长和分院院长。"中央政府的专门法规及地方政府的相关实施条例，为地方自治改革提供了基本的法律框架和依据。"② 山东的乡村建设得到了国民政府的承认，具有了"合法性"。

依据内政部的法规和省政府的相关条例，自1933年起，乡村建设研究院实际上成为山东省的县政建设研究院，以教育机关兼行政机关，对各县有监督指导之责。邹平、菏泽两实验县成为县政建设实验县，经费由统收统支改为截留田赋等收入30%，作为实验县经费及事业费（邹平每年约为58000余元，菏泽为62000余元）。在行政组织上，从县政府到乡镇基层的地方行政、自治以及教育、经济、治安、风俗等方面的治理均可自定方案，进行改革实验。在法律上，所有通行各县之法

① 该书编辑部编：《民国山东通志》第一册，卷一，大事志，台北：山东文献出版社，2002年，第69、71页。

② 庄维民：《民国时期邹平的乡村治理》，许秀丽主编：《中国农村治理的历史与现状：以定县、邹平和江宁为例》，北京：社会科学文献出版社，2004年，第270页。

令，凡与县政改革计划相冲突的，可不受其约束；实验区执行中央或省的法令时，可以斟酌变更，根据需要制定适合本地的单行法规。在行政上，省政府各部门不再对县属各机关实行垂直管理。这样，山东省政府从经费、县行政组织、法律、人事等各方面给予实验县以自主权。邹平、菏泽的县政改革得到国家法律的认可和省政府的大力支持。

菏泽实验县的设立，还在于乡建派中有不少人同菏泽有地域渊源。当初划定菏泽为实验县，即在于乡村建设研究院第二届训练班所招收的二百八十余名学生，均藉属鲁南鲁西，为服务便利起见，故划菏泽为实验县。① 再者梁漱溟和菏泽渊源颇深，在乡村建设派领导人物里有不少属于菏泽籍。早在1924年，梁漱溟即与菏泽籍的社会活动家王鸿一合作，开办曹州高级中学、创办重华书院。他们以道义相砥砺，广求师友，聚合了一批同道，培养了一批门徒。他们都有志于社会改革，形成了一个派别，这就是后来“乡村建设派”的雏形。② 这个派别特别注重师统观念，彼此之间以师生、同学相称。曹州高中的重要人物除王鸿一和梁漱溟外，还有陈亚三、郭俊卿、葛象一、熊十力、黄艮庸、王平叔、王子愚等。其中王鸿一对梁漱溟影响最大，梁漱溟后来走上乡村建设的道路，并能在山东工作的卓有成效，都和王鸿一或直接或间接的支持分不开的。

王鸿一（1875－1930），名朝俊，字鸿一，山东郓城人，

---

① 《菏泽划归本院为实验区》，《乡村建设旬刊》，第二卷，第二十一期，第19页。

② 万永光：《梁漱溟先生及其在山东的乡村建设》，《山东文史资料选辑》，第二十二辑，济南：山东人民出版社，1986年，第102页。

他是“菏泽以及鲁西南现代教育的奠基人”。① 是近代山东著名的教育家、实业家和社会活动家，历任山东提学使、山东教育厅长、省议会副议长、议长等职。王鸿一依据古代“乡治”理论发展出了“村本政治”思想，即建设“以村为本位之政治”。也就是首先以农村为基本单位进行政治、经济、文化建设，再由“村治”逐级实现乡治、县治，进而达到国治。从操作层面上，王鸿一把村本政治分为村制、村政两部分。村制就是规划农村组织及市区办法，制定村民行使四权规条及村市中的一切规约。村政就是建设村庄的各项措施，实施保持秩序、增进生产、培养村风、开通民智四大部分村政措施。梁漱溟的乡村建设理论受王鸿一的“村本政治”思想影响很深。② 后来梁漱溟在河南村治学院和在山东建立邹平、菏泽等实验县，都受到王鸿一直接或间接的协助。

菏泽是王鸿一的家乡，而乡建派及菏泽实验县的骨干人物多是王鸿一的故交或门生子弟。如乡村建设研究院院长梁仲华是王鸿一原村治派的骨干，王子愚（副院长，菏泽人）、孙则让（副院长、菏泽实验县第一任县长，鄄城人）、陈亚三（训练部主任、菏泽实验县第二任县长，郓城人）都是王鸿一的学生，王绍常（曾任西北军的军长，菏泽人，后任鲁西民团团长，山东第二区行政督察专员。）是王鸿一的同乡，早在西北军时二人即交情甚洽。当时的山东省教育厅厅长何思源也是菏泽人，何思源在曹州六中读书时受王鸿一多方培养、提携，他

① 桑圣耀、沙德廷、门炳新：《王先进教授谈曹州辛亥革命人物》，政协山东省文史资料委员会编：《菏泽文史资料》，第 3 辑，1991 年，第 33 页。

② 详见察应坤、邵瑞：《王鸿一的“村本政治”思想及其对梁漱溟的影响》，《山东师大学报》（人文社会科学版），2001 年第 2 期。

受王鸿一的影响，“并且乡村建设的领导人许多是他的师友和同乡”，何思源负责的教育厅“直接参与和领导了这种乡村建设”，并从多方面“支持梁漱溟等人从事政教合一的乡村建设”。[①] 所以，菏泽实验县与王鸿一的精神遗教是分不开的（王鸿一 1930 年去世）。正如菏泽实验县县长孙则让（字廉泉）所言：“我们既是一个农业社会，那么他的一切建设，当然必须建筑在农村的需要与改造上方为合理。比如说政治，在我们中国，必须以村为基本，而建设一种政治出来，所谓‘村本政治’的建设是也。”“我们的乡村建设实验县区，就抱了这个宗旨去进行”。[②] 这也说明菏泽实验县的建设是以王鸿一的“村本政治”理论为指导思想的。

这里必须要提及当时的山东省政府主席韩复榘对乡村建设运动和县政建设实验县的态度。在韩复榘担任河南省主席时，王鸿一、梁仲华等人创办了河南村治学院，邀请梁漱溟担任教务长，王鸿一又请梁漱溟在北平主编《村治月刊》。1930 年，韩复榘主鲁后，对农村危机和社会紊乱的关系看得非常清楚，又受王鸿一村治思想的影响（王鸿一当时是西北军高级将领的座上客），为在政治上展示自己的革新形象，就电邀梁漱溟和梁仲华来山东举行乡村建设实验，[③] 并拨款 10 万元创办乡村

① 王强、马良宽：《何思源·宦海沉浮一书生》，天津人民出版社，1996 年，第 126 页。

② 孙廉泉：《山东菏泽实验县工作报告》，《山东民众教育月刊》，第 5 卷第 4 期，1934 年 5 月，第 79—80 页。

③ 韩复榘曾说：“军队需要整理，不整理早晚要垮，政治也需要改革，不改革也是早晚要垮的。”（何思源：《揭穿梁漱溟的反动本质》，《新华月报》，1955 年第 11 期）还说“我不会改革，请梁先生来替我们改革吧。”（何思源：《我与韩复榘共事八年的经历和见闻》，全国政协编：《文史资料选辑》，第 37 期，第 208 页）

建设研究院。韩复榘对梁漱溟十分敬重，将梁礼为上宾，聘梁漱溟为“高等政治顾问”。凡梁漱溟提出的建议，他差不多都要采纳，对其他乡建派人员，他也倍加重用。后来乡建派的许多人都位居专员、县长要职，实验区、实验县用人行政可以自作主张，还在全省许多地区分配干部，掌握基层政权。乡建派夺取了省政府部门相当大的一部分权力，如用人权、财权、教育权等。由于得到韩复榘的全力支持，山东省的乡建运动和县政改革可谓得风顺水，全无阻碍。但韩复榘对梁漱溟在邹平的乡建运动还感到太为迂缓，1932 年，沂水县长张里元（山东定陶人）来省城介绍抓民团编壮丁，加以军事训练，以为军事后备之经验。韩深以为然，建议梁漱溟“到沂水参观参观，学习学习”。[①] 乡村建设派内部如孙则让、陈亚三等人在乡村建设的具体套路上和梁漱溟有不同的看法，这些因素促成了菏泽县政建设实验县的建立。邹平实验县走的是“动员民众”的方式，即通过耐心的说服、教育，通过潜移默化的方式启发民众组织起来，是用一种“柔性”方式。而菏泽实验县的县政建设则是民间团体同国家和省政府密切合作，取得地方政权的管理权力，展示的是“国家权力的控制力”。本章以下将讨论的是菏泽在县政建设过程中，深入基层的自上而下的国家政权体系是如何建立起来的？如何加强完善对税收的控制？国家对乡村原有精英集团是如何认同、接纳和控制的？如何重建乡村新的权力文化网络，对民众经济和政治生活进行全面干预的？

---

① 文思主编：《我所知道的韩复榘》，北京：中国文史出版社，2004 年，第 84 页。

第二节　县政建设

一、晚清至民国前期菏泽县政概况

菏泽县政府的组织，在明清时期，有知县、幕僚、佐治人员、三班六房等组成。知县延聘刑名以理词讼，延聘钱谷以司财政，另有稿案、书启等，都称为幕僚。县丞帮助知县料理政务，教谕、训导专管教育，典史掌管巡捕，驿丞专管传递。县衙的法定编制为吏、户、礼、兵、刑、工六房，经承、房书等目司职文牍。再下为役，分为民、壮、皂三班，以上合称为三班六房。典史另设快班，亦称为捕班，专司缉捕盗匪。清末实行新政，县政制度发生了许多变化。一是增设许多新机构，负责新政、实业、学务等。如新建巡警局、劝学所、劝业道等。二是设立县议事会、参事会，为民意机构，实行县自治。但菏泽知县每年的俸银仅有37.684两，薪银42.316两。如此众多的吏役和幕僚的薪俸都要由知县开支，正是国家官僚机器的腐败和国家经纪制的盛行，为知县解决这些人的生计和为自已榨取外快提供了方便之门。

民国成立初期，县政仍沿袭前清旧制。1912年，知县改称为县知事。依据山东省布政司所颁布的《山东州县暂行分科治事章程》，山东县知事设佐治人员共分四科：1.总务科：科员一人，掌理收发文牍、启用印信及统计、庶务、会计等事项，以及其他不属于各科之事项。2.民政科：科员一人，掌理警察、自治、户籍、教育、实业、交通、工程、礼制、禁令指各种事项。3.财政科：科员一人，掌理田赋、盐法、征解、丁漕、捐税及募集公债之各种事项。4.司法科：科员一人，掌理民刑诉讼之批判、预审及管理待质所、监狱之各种事项。除司法科外，各科员由县自行选委，经县议会同意，呈报备案。此章程公布后，菏泽和全省其他县一样，先后废刑名、钱谷两幕及房班之制，分设四科。改稿案为收发，书启、书房为录事，经承为录事长，班役为司法警察。另一方面，知县初改称民政长，继尊中央政令，改为县知事，县知事以下，县丞改称帮审员，后改称承审员，典史改称管狱员。①

民国时期，由于政治和经济上的原因，县长更换频繁，自1912年至1931年实验县建立前九年，菏泽县长（或称县知事）竟更换18次，任期最长者3年，最短者仅几个月。自1927年南京政府成立后，4年之内更换了8位县长，平均每位县长莅位仅半年。② 这种视县府如传舍，县长如过客的情形使得县长无心过问县政，咸存五日京兆之心。而县政府的权力主要掌握在省公安局、财政局、教育局和建设局的派出机构即县公安局、财政局、教育局和建设局之手，在这四局中，除公安局由省委任外地人执掌外，其余三局多委本地士绅，因而县政实质上是由本地士绅掌管。这是菏泽实验县成立前县政的基本情况。

杜赞奇主要运用《中国农村惯行调查》中京、冀、鲁三省六个村庄的材料分析了清末民国时期乡村社会中的经纪制度。

① 张玉法著：《中国现代化的区域研究：山东省，1860—1916》，台北："中央"研究院近代史研究所，1982年，第325页。

② 参见《民国时期菏泽县政府县知事、县长任职时间表》，菏泽市史志编纂委员会编：《菏泽市志》第十一编，政权、政协，济南：齐鲁书社，1993年，第397页。

杜赞奇认为，在清末，国家政权通过双重经纪来征收赋税并实现其主要的统治职能。国家和省对县级财政的榨取使得县级官员只得靠非法附加和向县衙吏役收取“礼物”（陋规）来增加自身收入。当时知县的俸银非常微薄，他的主要收入来自于按规定数目报解税银后将其余部分截归已有。雍正时期的赋役改革只是使官僚机制正规化并疏通了税收报解渠道，但并未触及直接的赋役征收者——地方吏役，县衙的吏役不属于官僚体系内部人员，没有或仅有很少一点的薪俸。但作为外来者的知县，又不得不将许多政府行政职能交给这些有办事经验的个人或集团，从而使得这些吏役轻易地僭取了国家权力。在行使国家职能的过程中，这些吏役被默许从百姓身上榨取“报酬”而不受严厉惩治。这些吏役，被杜赞奇称为“赢利型国家经纪”，以区别于乡村的保护型经纪。而知县虽然也要向上级奉献“礼物”，同时也收取下级吏役的陋规，但他属于国家正式官员，他得考虑自己的仕途升迁和身份地位，并且他的行动要受到更严格的法规制约，所以他的腐败就没有吏役那样明目张胆。杜赞奇认为没有将这批吏役官僚化是雍正时期的改革者未能完全实现管理正规化的一个原因。[①] 在这里，杜赞奇充分认识到了利用下层吏役进行治理这样一种国家经纪体制的弊端，但却过高估计了官吏自身的道德和法规的约束力。实际上，如果说“赢利型国家经纪”是指那些为国家权力所利用，但在一个不断商品化的社会中却没有合法收入的职员，那么，知县就是属于那种拥有合法收入的国家赢利型经纪。笔者在查阅鲁西一些

① 〔美〕杜赞奇著，王福明译，《文化、权力与国家：1900—1942 年的华北农村》，南京：江苏人民出版社，2004 年，第 28—31 页。

地方资料时，即感到这里和杜赞奇所描述的华北地区的情况大同小异，但知县在这种经纪制中无疑是最大的获益者。

铜、银之间的比价差额使县衙可以从地丁及杂税中获取巨额的“盈余”。清末（光绪三十年前，即1904年前）菏泽县每年要上解银3.673976万两，虽然国家规定用银纳税，但官府并不征收现银，而是以征收制钱方式来抬高银价。当时银价每两当制钱1100文，征收时却按2400文制钱折1两银子，全年共浮收银达4.4320万两，且美其名曰“盈余”。这些盈余即全归知县私有，至于负责直接征收的吏役，知县允许他们在征收中逢零化整，这样官与吏在地丁征收中各有所得。如根据方志记载，在光绪三十年前，全县每年实征上解银3.0670万两，征收浮银4.9420万两，全归县衙掌握使用。两项共征收地丁8.6160万两。①

这种高昂的比价兑换率，榨取的是纳税人——主要是农民，获利的是知县、吏役和当地的钱铺。但国家和省的收入并没有因此而增加。以致山东巡抚周馥（1902.9—1904.11在任）在1903年抱怨道，因为治理黄河需支付铜币，该省的收入由于用固定的银子来计量而承受了污浊；他还认为地方上强加的换算率造成了抗税，并极大地阻碍了省里对亟须新税的征收。②

① （清）凌寿柏修、（清）叶道源纂：《新修菏泽县志》卷四，民赋。

② 〔美〕彭慕兰著、马俊亚译：《腹地的构建——华北内地的国家、社会和经济（1853—1937）》，北京：社会科学文献出版社，2005年，第23页；1904年新的税制改革规定，菏泽全县征收的浮银60％上解，地方留用40％。全县每年上解浮银2.9652万两，地方留用1.9768万两，主要用于官俸、河道、河夫、驿站及杂支等，见山东省菏泽市志编纂委员会编：《菏泽市志》，济南：齐鲁书社，1993年，第376页。

漕米，是清末县衙按土地征收的另一项目。当时全县每年漕米为 4869 石，由粮房掌握征收。但县衙在征收时并不征现米，而是以银代米，每石米折银币 6 元，规定上解 5 元，留 1 元作为上解时路费开支。虽然不征米，但还要加征“一五”损耗米，即每石加征米 1.5 斗。光绪三十年前，全县每年实上解漕米 4487 石，“余羡”全部落入知县和吏役等人之手。

垄断盐业，牟取暴利。官盐店是清末菏泽县最大商业，由知县委派亲信经营，所得利润由知县掌握，其他人不得染指。官盐店经营采用小秤高价的方式，每市斤（16 两）要短 2 两左右，价钱比邻县商办盐店高出 20%—30%。民众有到邻县贩卖私盐者，县衙派专人缉捕，一经查获即送官究治。遇有食盐积压，即勒派各里购买，名为“派盐”。一般是每季的春、俄秋两季派盐两次。各里再派往各庄，各庄往往依田亩派到各家，层层加码，全县百姓无不怨声载道。①

民国初年，菏泽地丁收入与清末大体相仿，每两丁银折银元 2.4 元，全县地丁收入为 10 万块大洋。但征收时按高出银元市价的 1/4 或 1/5 折款，全县每年实解地丁银 126922 万块大洋。到奉系军阀张宗昌主鲁时，每丁银 1 两折价提高到 8 元，任意浮收更为苛重，漕米折收合银元 2.692 万元。1928 年，田赋和田赋附加归省政府支配，作为“补偿”，省政府允许各县在原来“附加”之上再为“附加”，收入归县政府开支。

可以看到，最初高昂的铜、银折价兑换率得益的主要是县级（知县和吏役），但自 1904 年税制改革后，国家和省也都认

① 山东省菏泽市志编纂委员会编：《菏泽市志》，济南：齐鲁书社，1993 年，第 376 页。

识到这一问题，并从县里的浮收中攫夺了相当的一部分，但县里通过征收附加费用，仍获得相当数额的报酬。

西方学者在讨论民族国家形成问题时，明确指出各国“国家建造”（state-making）成败的关键，首推政府能否大量吸取地方社会的财税资源。① 自清末新政以来直到民国初年，政府吸取地方财税资源的能力与日俱增，但并未能如西方国家那样，建立起一个稳固的国家政权结构，正如前面几章所叙述的，此时灾荒连绵，经济发展困窘，兵灾频仍，盗匪时作，整个社会陷入普遍的无政府状态。中西国家发展缘何会有如此差距？杜赞奇通过对华北农村社会权力文化网络的研究，提出“国家政权内卷化”这一概念试图对此现象加以解释。

杜赞奇认为，20 世纪中国国家政权不断扩张导致国家政权的内卷化，即国家对乡村社会的控制能力低于其对乡村社会的榨取能力，国家政权向乡村渗透的过程是通过经纪化的手段进行的，在经纪人占主导地位的社会，国家不仅丧失利源予经纪人，而且因为经纪们利用贿赂、分成等手段打通与官府的关系，从而使国家政权失去其对官僚部分收入的监督。导致官僚自身也渐渐地半经纪化，从而忘却国家利益。② 晚清和民国初年的菏泽知县正是充当了这种半经纪化角色，但知县获得的利益并非如杜赞奇所分析的是依赖经纪们的贿赂和分成，而主要依赖的是国家政策，国家政策本身提供了让知县谋取更多利益

① Charles Tally, “reflection on the History of European Statemaking”, in Charles Tilly ed., The Formation of National States in Western Europe, Princeton N. J., Princeton Unversity Press, 1975, p. 40.

② 〔美〕杜赞奇著，王福明译，《文化、权力与国家：1900—1942 年的华北农村》，南京：江苏人民出版社，2004 年，第 51、52 页。

的机会。

吏役向农村征收田赋，并不是直接面对民众。在县衙以下有乡、保、里一级，各地的称呼不同。乡一级地方官员称里长、保长或会首，里、保长委任“地方”负责乡村中的修筑堤坝、赈济灾荒、向官府报告凶杀、盗窃、纵火和财产纠纷等案件，充当政府最下层的吏役，同县衙吏役打交道。而登记田亩、丈量土地、征收税银的职责则要有一能写会算的书手（社书或里书，鲁西南有些地方称“地亩先儿”）来承担。农村里的地丁税收，多由书手代收。每年夏、秋两季，农民把自己应纳的税粮交给书手，书手收齐后，代交到县里，称为“完银”。书手管理本乡（里）各家各户的地亩情况。“每一门的每一块地的座落、走向、四邻及阔步丈尺都在他那里存有档案，叫做‘拐头’。如果某户的地亩有更动（买卖），‘拐头’也随之更改。若发生土地纠纷，要往‘老先儿’那里去查‘拐头’。”①

土地的买卖变动和交纳土地税，都掌握在“书手”一人手中。书手还负责给买卖土地户丈量土地。凡想卖地的户主，都要先开出想卖某块地的“卖约”，交给经纪人寻找买主，双方经经纪介绍谈拢价钱后，即可成交。这时要请书手作一次“丈量”，双方确认无误后，由书手在县衙发的统一的“契纸”上，按表格填写上四至（地的四邻）、走向和亩数，再由卖主、中证人和经纪人三方签名盖章，但不盖县主管部门（清为户房，民国时期为财政科）的印章，交给买主保存，叫“白契”。每年秋后，书手再把本乡（里）一年之中买卖土地的新老文书收起来，到县衙办理“税契”手续。“税契”就是交纳土地的买

① 李树艺编：《东明民俗》，北京：中国文史出版社，1999 年，第 2 页。

卖税，按买卖土地额的千分之三十六征收，完成交纳“税契”“过银”手续后，再把“白契”文经县衙核实后加盖“红印”变为“红契”文书，成为正式的土地凭证。①

杜赞奇把晚清及民国时期频繁的土地交易归因于农业经济的商品化，② 其实这时期农业经济的贫困化才是土地交易频繁的主要原因。因为在土地私有的年代，土地的占有量是贫富的标志。“地是刮金板，有地就有脸”，占有一定数量的土地是人人追求的目标。除非遭遇天灾人祸，为糊口保命，或生意破产，急需用钱，才忍痛割爱出卖土地。可以说，卖地是农民最无奈之下的选择。但晚清和民国时期，鲁西南天灾人祸频仍，经济萧条，农民生活异常贫困，故土地交易频繁，“税契”成为书手和县衙一项重要的收入。

在清末，田赋和地丁合一，简称“地丁”，被称为正税，其他工商税称为杂税。根据《菏泽县志》记载：杂税五宗——课程银、税契银、牛驴抽税银、牙杂税银、当税银。清末工商杂税由省、县两级分别掌握，菏泽城内和农村四大集镇（金堤、小留、辛集、解元集）及其它小集镇的棉花、布匹、粮食、牲畜四大行业均由省直接掌控，各集镇实行“揭帖制”，省掌握部分为5年一揭帖，县征收部分为2年一揭帖，投钱多者为集头，集头负责整个集市的税收，实行包税制。

以上是对菏泽实验县成立前赋税征收情况做的大略介绍，菏泽实验县成立后首先对县政和赋税征收中的弊端进行了

---

① 〔美〕杜赞奇著，王福明译：《文化、权力与国家：1900—1942年的华北农村》，南京：江苏人民出版社，2004年，第29页。

② 李树艺编：《东明民俗》，北京：中国文史出版社，1999年，第3—4页。

改革。

二、县政改革

（一）完善县政府组织

1. 提高县长职权，撤并机构，裁减冗员。

菏泽县于1933年6月开始实验，县政作为国家管理的承上启下的重要一环，正如时人所言："县政败，则国本动摇，县政健全，则民生利赖，故改革县政，实为当今之急务。"①南京国民政府非常重视县政的建设，多次对县政组织进行改革。按照张玉法的分析，主要原因在于：一执政的中国国民党较北京政府时期的执政者重视群众基础，对群众的控制、启导较前加强；二在国民党的建国程序中，是以县为自治单位。②1928年9月国民政府颁布《县组织法》，规定：县政府设县长一人，县政府依辖区大小、事务繁简分为三等，菏泽为一等县。按照规定，一等县设置四科四局。1929年调整后的县组织法规定，县府组织除增加秘书一人外，简化各科，增强各局。菏泽县设立二科四局，二科是指民政科、总务科，四局是指公安局、财政局、建设局、教育局。这种设置，县长事务多责任重但权力有限。县政府下设的各局，直接受省各主管厅垂直管理，局长也由各主管厅直接委任，由此导致县长职权被架空，县长所能指挥动的只有秘书和两个科长、几个科员。而其他各局局长，名义上虽受县长的指挥监督，但却因各局在财政

---

① 胡次威：《重要县政问题改进意见》，《行政研究》，第一卷第二期，1936年11月15日。

② 张玉法：《民国初年山东省行政制度的变革，1912—1937》，《"中央"研究院近代史研究所集刊》，第21期，1992年6月，第539页。

和人事上相对于县政府而独立，各主管厅对各局直接往返公文，不必经县政府这一关。致使县长对各局局长陷入指挥不灵、监督无力的有职无权的尴尬境地。且各局往往自成系统，不甘沦于县长的属下人员，因而常出现与县长分庭抗礼之局面。县政府由于受省各厅之差使，同一件相关联的事，因各厅立场不同，甚至互相矛盾。这样政出多门，令县政府无所适从，直接影响了各县的行政效率。

韩复榘自任山东省政府主席后，也很重视县长的作用。他说："县长一职为一县行政之主宰，地方治安之保障，职责之专重，其进退去就，关系匪轻"，"一县政治之良窳，以县长之能否尽职为转移"。① 也注重提高县长的权限，依据 1932 年国民政府第二次内政会议通过的《县行政改革方案》规定：县政府以一律设科为原则；科或局合并于县政府内办公（即县政府合署办公）；县政府只以县长名义对外行文。② 1932 年，山东省政府颁布了《山东省各县县政府组织暂行办法》和《各县财政局改科办法》、《各县建设局改科办法》、《各县教育局改科办法》，各县财政、建设、教育局废局设科，分别列入县政府之第三科、第四科、第五科。③ 其目的在于统一事权，提高县长的职责权限，使各科听命于县政府。各县虽然照章执行，但距离预期目的却相差很大。即以菏泽县为例，首先是各科依旧独立，"所谓三四五科与财政建设教育各局的情形在实质上并没有两样"，"行文方面各科依然可以直接对外行文。经费上各科

① 山东省政府：《山东省文告汇编》，第 29—31 页。

② 孔庆泰：《国民党政府政治制度史》，合肥：安徽教育出版社，1998 年，第 430 页。

③ 《山东省政府公报》，法令，1933 年 1 月，第 258 期，第 2 页。

依旧独立”，“居住方面照旧一二两科随县长住，三四五科居住他处”，县长权力依旧有限。机构精简的目的也未达到，相反却带来不少弊端：一是增加了行政审批手续的麻烦，“各科与县长相递转的公事，却麻烦而加重”。二是应该精简的机构和人员没能精简下去，造成机构重叠，靡费经费。“三四五科各有其独立的会计、事务、文书……等职员。并有他的独立经费。县政府谈不到什么组织”。①

菏泽实验县成立后，首先改革县政组织。将三、四、五科归并于县政府，采取合署办公制。在县政府内总设一事务员，以第三科作为地方收支的总会计，实行统收统支，各科经费不再独立。原来各科的会计、庶务人员一律裁撤。“如此可以裁去不少的职员，又使人员集中”，每年可节约省经费四千余元。各科室联合组成一个录事室，缮写各科文件。人员虽比以前减少，效率转而增加。很快又进一步精简机构，把五科精简为三科。原来的第二科掌管省款收支，第三科管地方财政，因性质相同，把这两科合并为一，称为第二科；根据“建教合一”，“教养合一”的原则，把原来的第四科（建设局改）和第五科（教育局改）合并，成立第三科。以前各科的附属机构，如度量衡指导所，合作指导所等，均直隶于县府。在县政府内设指导室，设置6名指导员，内有合作、农业、工程、度量衡指导员各1人，教育2人。原来的巡回导师2人的编制仍予保留，巡回导师负责巡视指导各乡乡农学校事宜。指导室和巡回导师，都直接隶属于县长。“各科人员与县长同餐共处，朝夕砥

① 孙廉泉：《山东菏泽实验县工作报告》，《山东民众教育月刊》，第5卷第4期，1934年5月，第80—81页。

勉，心气容易团聚，做事敏捷迅速”。[①] 合署办公，机构精简，行政效率比以前大为提高，县长也从过去的权轻责重改革为责权相符，县长权力得到加强。

2. 整顿治安和警政

菏泽的治安力量原有民团大队部和警察局两部分人马，前者有队员 310 名，每年需要 4 万余元的经费，后者有警员 80 名，每年需经费 2 万元，二者的责任都在于维持地方安宁和社会秩序。但由于责权不清，实有“重床架屋，而有容易卸责之嫌”。并且由于队员和警察的薪水太低，至扰乱民间、祸害百姓之事屡屡发生。如政务警察每月薪饷只有 7 元，每年制服费仅 6 元，即便如此微薄的薪饷，许多人却趋之若鹜。原因即在于他可以从乡村榨取更多的钱财。“他们在乡传案的时候，可以找些好处，当县长的对此也心照不宣”，[②] “警察们一进村便千方百计地榨取钱财，而收受‘馈赠’更是司空见惯”。[③] 警察在县政府和乡村之间寻求权力出租，由此导致吏治腐败。为改革此种弊端，实验县成立后，将原有公安局警役，一律遣散，重新考取农村“清白人家子弟，予以相当之训练”，又从原来民团大队部挑选士兵若干人，合编为警卫队，人数为 100 人。队长由原来民团大队部队长担任。警卫队直隶于县政府，负责维持城厢治安及剿匪之责。但规定队部只负逮捕人犯之

---

① 《令山东乡村建设研究院呈一件呈报视察菏泽试验县区情形鉴核由》，1934 年 1 月 26 日，《山东省政府公报》，第 270 期。

② 孙廉泉：《山东菏泽实验县报告》，《山东民众教育月刊》第 5 卷第 4 期，1934 年 5 月，第 81 页。

③ 〔美〕杜赞奇著，王福明译：《文化、权力、国家：1900—1942 年的华北农村》，南京：江苏人民出版社，2004 年，第 43 页。

责，不能审讯和拘押，应立时送交县政府处理。警卫队直接受县长的指挥，无县长的命令，不能随便行动。从而尽可能地避免扰民害民事件的发生。

对于政务警察，经过县政府严格的考核，只保留了40名，将其编为两股，一为政务股，掌司传案送信之责，一为警务股，掌司缉捕之责。每股各20名，为警务股警士枪械配备齐全，以充实力量。为便于传案拘捕，每名警察配备自行车一辆，但同时和大队部人员一样，规定他们要一律在县政府院内住宿爨饮，不准外出。并提高他们的薪水，由7元增至9.5元。

通过整顿大队部和警政，首先合并了机构，将民团大队部和警察局合二为一，人员也从原来的400人减为100人，仅此一项每年可节省经费4万余元。其次，加强了对警卫队人员的管理，不许他们随意到乡村坑害百姓。通过“精兵简政”，加强了县长的职权，政务警察的设备和薪水都得到改善，为提高工作效率打下了基础。

（二）确定县政府预算

以前县政府预算并不确定，无论公费、人员皆不敷用，取补之法，则依赖于税收之提成提奖。这次财政改革废除书吏和包税制，实行直接税收和财政预算；成立金融流通处，设立县地方财政监察委员会。

1. 取消提成提奖。

30年代中国各省的县政府预算都不确定，一切支出收入类似于包商性质，“实为启迪贪污之一大裨政”。各县政府以省经费支付一、二两科，地方经费支付三、四、五科。山东省各县经费列为一等县1560元，二等县1320余元，三等县1080

元。如此定额，实际上根本不敷开支。如当时菏泽县政府内，规定用6个勤务，每名勤务月工资7元。但一个县政府用6个勤务，无论如何不够使用。办公费用规定菏泽一等县每月为130元，灯油、炭火、笔墨、纸张、邮电、旅费统统包括在内。县政府人员待遇也很低，科长的薪俸不如省厅的二、三等科员。① 省政府明知县经费不足，却不在预算上给予合理增加，而是以“税收提成提奖办法”暗中为之弥补。如税契提成8%，烟酒提成3%，牙税提成3%，油税提成3%，屠宰税提成5%，牲畜税提成5%，丁漕征解费留支3%。此3%的丁漕征解费，除十分之六承包于征解人员外，十分之四为解费，属于县长的收入，也类似提成；各种税收如果办理迅速，征收愈额，则提成之外，又有提奖。因此一方面县政府预算不敷应用，实际支出远远超出预算；一方面则有以上固定的不列入预算的收入。故而在民国政治习见语中，县长一职有肥缺、瘠缺，好缺、坏缺等种种名色，山东省有“金章丘”、“银临清”、“铁打的历城”②，鲁西南则有“一滕二曹三汶上”③ 之类关于县缺好坏的话语。这样虽然形式上定额开支报销，但实际财政统由县长包办，经费多或少，有余或不足，都归县长负责包办。④ 县长好似省和国家的包税商，完成了省和国家的税收

① 孙廉泉：《山东菏泽试验县工作报告》，《山东民众教育月刊》，第5卷第4期，1934年5月，第83页。

② 山东省县政建设实验区长官公署编：《山东省县政建设实验区实施进程辑要》，济宁，1935年10月15日。

③ 文思主编：《我所知道的韩复榘》，北京：中国文史出版社，2004年，第82页。

④ 王冠军：《回忆抗战前的山东乡村建设》，山东省政协文史委编：《山东文史资料选辑》，第22辑，1986年，第69—70页。

后，即可获得提成和提成奖，还可借机中饱私囊。从某种意义上说，县长也是国家的包税人，是一种有“合法收入”的赢利型经纪。① 因而当时县长为自身利益而竭尽才智于聚敛之道，而不遑他务。如此一来，澄清吏治只能是一句空言。菏泽县政改革首先是取消了提成提奖；对县各科室进行编制预算，② 通过精简机构和人员，提高县长和公务员警的待遇，期望“总要可以养其廉，务使与上级机关同样阶级的薪俸相差不多”，改革后县政府职员的待遇，“均较山东其他各县略高”。③ 办公费也较原预算各有增加，“以期敷用”。④

2. 废除包税制，实行投柜制。

菏泽县以前的赋税征收大多依靠书吏，实行包税制。每乡都有书吏负责登记田亩、催促征收田赋。书吏是“一种国家经纪，在某种程度上，他们与包税人相似”。“他们对社区既有保护作用又从中捞取好处（即赢利型经纪）”。“由于书手（吏）们垄断着田赋资料，他们可以上欺国家，下骗黎民，从而建立

① 杜赞奇所称的“赢利性国家经纪”是指那些被国家权力所利用的，但在一个不断商品化的社会中却没有合法收入的职员。见杜赞奇著：《文化、权力、国家：1900—1942 年的华北农村》，南京：江苏人民出版社，2004 年，第 31 页。

② 如 1935 年县政府各科室人员编制共有 132 人，包括县长 1 人，秘书 1 人，科长 3 人，科员 9 人，办事员 6 人，会计、庶务、收发、管卷各 1 人，录事 16 人，录事长 1 人，巡回导师 2 人，指导室指导员 6 人，练习员 3 人，金融流通处主任 1 人，会计 1 人，司库 1 人，征收处主任 1 人，经征员 25 人，政警队长 1 人，分队长 2 人，班长 4 人，警士 44 人。见许健：《山东菏泽实验县县政考察记》，《江苏民政》第 1 卷第 3 期，1935 年。

③ 许健：《山东菏泽实验县县政考察记》，《江苏民政》第 1 卷第 3 期，1935 年。

④ 山东省县政建设实验区长官公署编：《山东省县政建设实验区实施进程辑要》，1935 年 10 月 15 日。

起自己的权威”。[①] 包税制对乡村的榨取尤为严重，“菏泽县所行招商包税制度，全国各地均如此，弊端极大！类如某项捐税，应征比额每年 300 元，初由县府代征足此额；翌年省方派员督令招商承包，结果标额投至 3000 元，较原额增加 10 倍，包商之过分勒索可知。因既经得标，取得法律保障，县政府认该商过于勒索，但亦无法干涉。商人虽纳三千元标价，其实收数当然尚多，始能满其将本求利目的。今各地均行包税制，病民之政无过于此”。[②] 能够承包征收杂捐者，必定是地方上有权势的豪强，必然和支配乡村社会的权力精英、基层官吏紧密结合在一起。这次改革对于税收环节进行了整顿，限制了书吏的作用，县政府采取直接征税制和乡农学校代收的方法。距离县城较近的乡镇民众可直接到县政府内缴纳，县政府院内设征收处，内设 8 个大橱柜，由百姓自行投柜完粮。每柜用不同颜色的木牌，上面写有乡名，悬挂在柜旁，不识字的乡民也可以从颜色上来辨识。每亩应纳的税率，也标明在柜旁，使农民心中有数。以前的书吏，除了几个平时比较纯洁谨慎的以外，一概不再任用。而由书吏掌管的各种粮册，则由县政府运用政治力量追回。距离县城较远的乡镇，则由乡农学校代为催征，也不再经过书吏之手。

采用投柜制征收税粮，并非实验县首创之法。清代赋役征收一直有投柜制、包税制、委征制三种。清代光绪年间，曹县知县王圻就采用投柜制征收，“各项钱粮共分八柜，每柜管收

---

① 〔美〕杜赞奇著，王福明译：《文化、权力、国家：1900—1942 年的华北农村》，南京：江苏人民出版社，2004 年，第 50、228、230 页。

② 《乡运消息》，《乡村建设》4 卷 9 期，1934 年 10 月，第 13 页。

六里，俟纳户人稠之时，再加八柜分收”。① 到了民国时期，则更多采用的是包税制，故此次改为投柜制征税，目的即在于杜绝书吏从中渔利。

3. 重新划分城乡财政。

通过实行县行政组织改革，定编定薪，同时将所有“税收奖励提成办法”概行废止，各种税收的提成奖及额外收入，一律废除，也不得有额外的支出。“改革后的县政府组织与财政预算，已完全成为一个整体的、确实的。”② 城乡财政也得到合理配置。原来县地方收入年均 19 万元左右，几乎全部为农民承担。但因城内各机关臃肿，靡费甚大，当时用于城内的约十二三万元，而用于乡村的不过 6 万余元，而乡村的土地和人民要比城里多出若干倍。经过此次改革，全县地方经费 19 万，山东省政府拨发联庄会费 4 万，共 23 万元，城区只有县政府开销 4 万元，警卫队 2 万元，所余 17 万元完全用于乡村，其最大开支就是自卫训练。“30 年代中期，在人均国民收入并未增长的情况下盲目扩大政府机构所带来的财政压力已十分明显。这种压力使国家政权的延伸只能导致国家政权的内卷化。”③ 菏泽县政改革所采取的裁并机构和人员的做法某种程度上减轻了地方财政困难状况，延缓了国家政权内卷化的进程。

4. 成立县金融流通处。

1935 年，菏泽设立县金融流通处，以代替县金库，并经营各种存款放款、农产品销售后拨兑给予农产有关系的期票或

---

①② 光绪《曹县志》卷三，赋役。

③ 〔美〕杜赞奇著，王福明译：《文化、权力、国家：1900—1942 年的华北农村》，南京：江苏人民出版社，2004 年，第 74 页。

证券及农业仓库等业务。该处资金为10万元，其贷款分合作社贷款和普通贷款两种。并规定合作社贷款用途须以购买肥料、种子、农具、牲畜、办理水利、农仓、改良棉产、机织及其他农业事项为限。普通贷款用途，须以与农村经济有密切关系，或为贫民生计有直接关系者为限。设立金融流通处，并把贷款业务限定在主要从事农村生产或经营副业方面，有利于菏泽农业生产的恢复和发展，有利于合作社的建立和开展业务活动，部分改变了乡村传统借贷关系格局。农民可以以低息贷款来抵偿高利贷的盘剥，这就冲击了高利贷的经济掠夺和人身控制，给乡民带来了实际利益。

5. 设置地方财政监察委员会，监督地方财政。

为整理地方财政，菏泽县设立了地方财政监察委员会，由县党部、地方团体各出代表1人，县政府第二、三两科科长，及地方公推公正绅董3人组成。其职权主要有以下几项：监督县地方公款收支；审查县地方预算决算；审查县地方月报书表；金融流通处职员人选的通过；稽核金融流通处账目；检查库存款数。并规定该委员会对于县政府收支、县地方公款认为有疑义时，应函请县政府详为答复。如查有不遵预算或不正当之支出，或挪移侵蚀地方公款情事，应即迅速检举，迳呈上级官署核办。

在党政关系上，菏泽县政府同国民党县党部之间关系并不密切，平日没有什么联络。县政府职员中，党员很少。各乡农学校内，则无一人是国民党党员。党部负责人因系菏泽六中毕业，同县长陈亚三是同学关系，二人私交颇好，对于县政府的苦干精神及廉洁作风，表示钦佩。1933年，山东省政府主席韩复榘下令取消历城县以外的国民党各县县党部的活动经费，强迫其取消活动。1935年7月，菏泽再次发生了黄河决口，山东省政府以经费缺乏为理由，停发各县县党部经费，菏泽国民党县党部自动解散。

第三节 乡政改革

晚清时期，菏泽县以下设有都，城内4都，乡下65都，共69都。都下为里、村。光绪三十四年（1908年），清政府颁布《城镇乡地方自治章程》，推行镇乡制。菏泽作为曹州府所在地为城，其余人口满5万者为镇，不满5万者为乡。民国沿袭清末旧制，镇乡设镇乡公所，置镇董或乡董一人管理本地各项行政工作。1922年山东省全面推行山西村制。即县下设区，作为县的派出机构，设区公所，置区长一人，区长由省长任命，直隶于县政府，区下为乡，乡下为闾，闾下为邻。菏泽乡政改革实际上应该称为区政改革。

一、市民学校和乡农学校的设立

菏泽县县以下的行政体系，分为城区和乡区两部分。在城区，县以下是市民学校，市民学校下有4隅，每隅设一至三个隅长不等（根据所辖街道数多寡而设）。隅以下为街，街有街长，当时菏泽城内共有72条街道，街以下为户，户有户主。在乡区，县以下有乡农学校，全县划为20学区，共设20个乡农学校。① 乡农学校下有各乡，乡设乡长，乡以下为村（庄），

① 不少文章言及菏泽县共设21所乡农学校，实际上是把在城区设立的市民学校也作为乡农学校计算在内。

村庄有村长。这时期国民政府规定的县以下的区——乡镇——闾邻之制，在菏泽仅有一名称，实际上毫无作用。区公所被取消，代之以市民学校或乡农学校。而 1932 年蒋介石在豫鄂皖三省办理保甲制，“其他各省，亦以环境需要，相率仿行”。① 1934 年行政院通知各省，普遍推行保甲制度，但菏泽实验县未照此办理。

市民学校在行政系统上直属于县政府，其地位约同于城区区公所，但职权较区公所为大。学校成立后，县民众教育馆同时裁撤，民教馆所辖事项统归市民学校办理。市民学校每月经费 195 元，下设教务处，管辖市内各公私立小学、夜校；总务处负责市政、公共卫生、路政、植树及其他事宜；办事处负责中山图书馆、阅报处、陈列室、文牍等；同时市民学校内还设有隅长联席会、调解委员会和戒烟所、放足会。放足会工作人员均为妇女界知识分子，每日分往城区和各乡挨户调查，劝导放足，逾期不放足者，则予以罚款游街处分。市民学校和各乡农学校也协助她们工作，因而菏泽县内妇女放足工作这次取得切实的进展。

菏泽实验县工作重心放在乡村建设上面，而以乡农学校为中心。其理论根据为“政教富卫合一”及“以学统政”。梁漱溟在《乡农学校的办法及其意义》一文中曾指出：“乡农学校的组成分子就是全社会的人，我们的目的是要化社会为学校。可称之曰‘社会学校化。’”即要以学校的方式来推进乡村政治、经济、文化等方面的改良。他指出乡农学校要由三部分人

① 方扬编著：《地方自治新论》，福州：教育图书出版社，1947 年，第 158 页。

构成，一是村庄精英，二是成年农民，“此二种人即乡村社会的重要成分，故先从他们入手，使他们在此形式的名义下联合起来造成一种共同的向上关系，因为我们学校的宗旨是谋个人的和社会的进步。”第三种人就是从事乡村建设的人，“如果没有乡村运动者，就不能发生向上的作用”。所以，他指出乡农学校的用意就在于“推动社会，组织农村”。即通过对乡村民众的动员和组织，来谋求乡村自救，“我们的要求，便是乡村人有自觉有组织的来自救。如对匪患、兵祸、天旱、时疫、粮贱、捐重、烟赌盛行等，促使我们自觉组织起来解决。所以我们的运动，就是乡村自救运动”。

根据上述乡农学校的意义，它是以教为主，以政、养、卫副之，就是以教统政。菏泽县的乡农学校设校长一人，负责主持全乡教、政、养、卫全面工作；教导主任一人，主管全乡小学教育和成人教育；总务主任一人，主管全乡民事和一切行政工作；军事主任一人，负责训练青壮年农民学习军事、文化及全乡防盗、禁毒、禁赌、维持地方治安等事宜；农业技术员一人，负责指挥全乡的农业生产，传授农业知识，发动农民组织生产、信用供销等合作社；事务员一人，负责全乡财物开支事宜。乡农学校内分高级班、普通班、小学部三部。高级部招收粗通文字之青年，养成乡村建设下级干部人才（如村学校长、教师等）。普通部，训练一般民众，对于乡村现实生活，引发其自立互助的精神，培养他们增加生产改进组织的能力，以期养成健全公民。并按照事实需要，随时随地招收不同的班次，如自卫班、凿井班及各种职业传习班、农业改良班等。小学部除了在乡农学校所在地自办一完全小学外，并负责指导乡学区内各小学。

乡农学校各级工作人员的人选，尤其是校长的人选，在实验县初期多任命地方上有名望、有势力的精英人物充任。如平陵乡、岗峰乡、永顺乡等乡的乡农学校校长或是秀才出身的当地名门世家，或是过去在县政府任过职的绅士。乡农学校成立初期还成立了民事调解委员会，担任这一职务的人，大部分是过去的区长或乡长。县政府之所以一开始让这部分人到乡农学校来任职，一是乡农学校成立初期缺乏适合基层领导工作的人才；二是为了稳定局面，巩固和发展实验县政权。随着乡村建设运动的逐步深入开展，乡农学校中的各级工作人员，逐步被撤换为以乡建派为骨干的人员充任。其来源主要是邹平乡村建设研究院和菏泽分院的教师和毕业的学生。

各乡农学校，每月经费约在四五百元（自卫训练班及小学部经费都包括在内）。校长月薪 40 元，教育主任（后教导处和总务处合并，改设教育主任）28 元，军事主任 25 元，小学部主任 25 元，巡回指导员 22 元，教员 20 元。

乡农学校还设有校董会，负责监督和检查乡农学校的工作。校董会由本乡“名望高、有恒产”的人士，即当地的士绅、过去的乡长、里长参加组成，一般为 5—10 人。校董会的董事在乡农学校中不担任实质工作，在没有选出村学区理事和村学区校长之前，管理所在村庄的行政事宜。

乡农学校在所辖的村庄中按规模大小设立村学（也称村学区，大村庄单独设立，小村庄几个联合设立），村学设有理事和校长各一人，管理所辖村庄的行政、教育、社会治安及民事等各项事宜。理事和校长要由“德高望重，办事公道”的人担任，人选也皆是地方士绅。当时规定由民众选举产生，这也开中国乡村选举“村官”之先河。由于菏泽建设实验县把组织地方武装、开办自卫训练班作为乡村建设的首务和中心工作，乡村基层组织组建的比较晚。直至“七七事变”发生之时，民主选举的村学校长还在县城培训而没能到任，随后菏泽又发生地震，村学尚未来得及开展工作，乡村建设运动便宣告结束了。

二、乡农学校活动内容

（一）组织地方武装，举办自卫训练班

菏泽乡村建设实验县，在普遍设立乡农学校的基础上，首先把组织训练地方武装，举办自卫训练班，作为开展乡村建设运动的中心工作。这也是因地制宜、适合菏泽地方情形的举措。当时菏泽地方不靖，土匪猖獗，如不训练武装以自卫，生命财产都不可能得到保障，建设更无从谈起。

组织训练地方武装，主要是以乡农学校为单位筹办自卫训练班。自卫训练班以四个月为一期，规定学生为本乡校所辖村庄居民，年龄在 18 岁以上 30 岁以下之成年男性。依照其家产地亩之多寡，依次征调来校受训。即先征调土地在百亩以上的家庭，抽青壮年 1 人，带钢枪 1 支，到乡农学校受训；次及五十亩以上，百亩以下者。最后规定不足五十亩土地之家庭，两户或三户合并一起，抽调 1 人 1 枪受训。凡被抽调壮丁训练的家庭，均是农村中有土地家产，相对较富裕的人家。土地较少或没有土地的贫苦家庭，则没有安排抽调人力受训。

自卫训练班设有军事学术科、精神陶炼、识字、珠算四门科目。军事学科教典范令，术科偏重战斗教科。每天训练学习 8 个小时。大部分时间由军事主任或军事教练带领，在操场学习步兵操练、刺枪等军事常识。每日设技术教练，聘请当地武师教授拳术、大刀等。精神陶炼内容，有公民常识，农村建设

概要，国耻痛史，日课问答等。识字有《识字明理》课本甲、乙、丙三集。学生受训，并非仅重军事，最重的是精神陶炼，即公民训练。县政府教育科统一编印了文化课本，其内容主要是训导乡民如何做人处事，如何保家卫乡等一些名人格言警句，如“全家一条心，泥土变成金，全家心不同，万贯家业都变穷”等等，以此教育青年和睦邻里，尊老爱幼，孝悌力田。其目的不仅在于训练有自卫力量能作战的乡村士兵，更在于培养有民族国家意识、遵纪守法、识字明理的国家公民。

自卫训练班实行军事化管理，纪律严格。强调要按时上下课，不得迟到或早退，强调食宿一律在校，不经许可，不准随便离校。经过几个月的训练学习，青年农民在文化、生活、思想上都发生不小的变化，一般都能认识到上百个字，对于国家大事有了初步了解，对民族国家有了初步认识，并能熟悉和掌握一些军事常识。

（二）大力兴办小学教育和民众识字班

在开展乡村建设运动之前，菏泽教育比较落后，全县（包括城区）仅有小学12处，城区有4处。有些偏远农村八九十个村庄，三四万的人口，才只有单级小学1处。乡村中的主要教学形式还是私塾教育。乡村建设运动时期，开始在农村兴办小学教育。当时面临的最大困难就是校舍和师资缺乏，乡民没有余钱投资于学校，县政府也无力拨给建校经费。但当时农村庙宇甚多，县政府开展破除迷信运动，庙产多收为公用。乡农学校的工作人员，到各村组织民众扒拆改造庙宇设立小学。一些乡校组织利用农村的旧知识分子任教，有的从菏泽城里聘请教师和初中毕业生到乡下任教。部分乡农学校设立了高级部（相当于简易师范），自己培养师资，招收小学文化水平的中青年，经过学习培训，考核合格，成为乡村小学教师。

在大力兴办小学教育的同时，各乡农学校积极开展民众教育。各乡校根据本乡的具体情况，采取以大村庄单独办，小村庄联合办，完小附近以完小为基础的原则，成立民众识字班，以农村中老年知识分子和自卫训练班毕业的学生及小学教员为骨干，以男性成人为对象，利用农闲或晚上时间上课学习。学习教材为县政府教育科专门编印的《农民识字课本》，内容包括常用文字及一些在农村待人接物、识字明理的基本常识。就当时的情况而言，民众只要受到教育，不论学的是“诗曰子云”，或国民课本，只要能认识字，能读书看报，就会开阔眼界，了解国家的状况和世界的大势，现实社会就会促使他们要求改变现状，产生要求进步或变革的思想。如果没有文化没有知识，不知道国家危亡，不懂得世界形势，那就只能沉睡于愚昧无知的状况；即使是反抗，也是自发的，而不会是自觉的。①

根据 1935 年的调查统计，菏泽实验县截止 1935 年 3 月，已兴办小学 462 处，入学儿童 15956 名，民众夜校 222 处，夜校学生 7040 名。另城区内有中等学校 3 处（省立菏泽中学、省立菏泽师范和私立南华中学）。全县教育经费 125000 元，乡村内每一村立一小学，政府每年补助 84 元，全年共补助 42000 元。另由当地筹给小学教师每年小麦 1500 斤，树枝 200 个（两千斤），由当地土地 8 亩以上农户分摊。私塾因小学的广泛设立，受到很大冲击。据江苏省民政厅调查人员的报告，

① 丁守和：《中国近代思潮的思考》，收入氏著：《中国近代思潮论》，广州：广东人民出版社，2003 年 7 月，第 75 页。

“该县教育，颇为发达。近年来因四乡增设小学甚多，私塾受自然之淘汰，多不能存在矣”。① 而到1937年，菏泽县小学数量更扩展到500余所。成人教育形式也更加多样化，如设立了自卫训练班、民众夜校、民众问字处、农民阅报所、讲演所、简易师范等。②

（三）组织同学会，重构乡村权力文化网络

杜赞奇探讨了20世纪20—30年代国家政权与乡村权力文化网络的关系。他认为此时的国家政权在华北地区的扩张没能有效的利用与发展传统的文化网络，相反采取了与之决裂并完全摒弃的做法，为完成田赋及各种附加和摊款，政府利用赢利型（掠夺型）经纪——吏役来征收赋税，排挤了原来乡村的保护性经纪，从而使政权失去其合理性而丧失人心。③

掠夺型经纪及其在乡村所建立的权力文化网络在实施县政改革前的菏泽普遍存在。本书前已提及菏泽实施招商包税制度，一些包税商为揽得包税资格，竟开出超过应纳税额10倍的标底。这些承包商多为当地豪富，他们和村庄领袖、基层官吏、书吏、警察乃至和土匪勾结在一起，共同榨取乡村财富，坐地分赃，形成以掠夺型经纪为中心的乡村权力文化网络。“所谓土豪劣绅，所谓地痞流氓，都可以把结官府，鱼肉乡里，所谓朴厚之士，忠直之人，对于公众的事务，都束身退缩，裹

---

① 许健：《山东菏泽实验县县政考察记》，《江苏民政》第1卷第3期，1935年。

② 南世鳌：《菏泽青年训练之概况》，《乡村建设半月刊》，第6卷第11期，1937年3月1日。

③ 〔美〕杜赞奇著，王福明译，《文化、权力与国家：1900—1942年的华北农村》，南京：江苏人民出版社，2004年，第114、115、136页。

足不前”，[①] 这是时人对菏泽乡村基层权力结构劣绅化的写照。

在县政改革过程中，菏泽县政府极力打破旧有的权力文化网络，建构新的权力体系。如在交纳租税时，乡民可直接到县政府内按照占有土地的应纳税率完粮纳税，或由乡农学校代为催征，将旧日书吏掌管的户口土地钱粮征册全部收回，废除了包税制度，取缔了县政府和乡村之间的包税商——赢利型经纪，执行直接征税制。整顿警政，避免警察扰民害民。对以前乡村权力文化网络的几个环节都予以整顿和打击，代之以乡农学校和同学会。乡农学校作为政教合一的组织，在乡村建设中发挥了比区公所大的多的作用，对各村庄的控制和渗透，主要是利用了“同学会”这种组织。在乡村建设运动中，菏泽县的乡村权力文化网络是以乡农学校为中心，以同学会为纽带辐射扩展到各个村庄。

同学会，全称是“乡农学校自卫训练班毕业同学会”，凡是各乡农学校自卫训练班毕业的学生，都是同学会的当然会员；县政府及各乡农学校教职员，皆为同学会辅导员。全县设一总会，正会长由县长兼任，副会长由县长聘任；各乡农学校每校为一分会，各乡农学校校长兼分会长，每期每校自卫班毕业生，各编为一队，设正副队长一名，秉承分会长负招集指挥之责。各分会按居住区域分编为若干班，各设班长一人。又为强化各级同学之间的联系，每期毕业生都依照居住区域（称为防区）混合编入一班。“凡一自卫区自卫班结业之学生，不分期次，均应共同编入。”“每自卫区设正副班长各一人，每队设正副队长

① 王湘岑：《乡农学校进行的步骤》，《乡村建设半月刊》第6卷第11期，1937年3月1日。

各一人，班长队长由乡农学校校长就自卫结业学生中品学优良富有能力者指定充任，承校长之命，负召集指挥之责。”①

同学会是以村为单位，由各期自卫训练班毕业学生组成，以防匪防盗、禁毒禁赌、看青护坡、维护社会秩序为己任的组织。每期自卫训练班结业之后，学员均带枪各回本村参加同学会，在乡农学校直接领导下活动。平时分期分批带枪到乡校值勤，并规定每月必须招集一次，表演军事操练和武功。每年全县集合一次，但在有特殊事故时，可随时指定时间地点集合。各防区会员，平时至多十日须招集一次，晚饭后集合，查夜放哨，并督促区内各村打更。但遇有盗匪发生时，三日或两日即须集合一次。

菏泽县举办自卫训练班和同学会，在治安方面发挥了重要作用。菏泽向称“多匪区”，“曹州这个名字几乎和土匪有相联的关系，当我们想到曹州，自然的会想象到有大群土匪在那里盗劫、扰乱和蹂躏”。② 但由于同学会的作用，“社会秩序……稳定。百姓彻夜不闭户没有盗窃，夜间出门无抢劫，行路安全”。③ 山东巨匪刘桂棠兵变后，流窜数省，但惮于菏泽自卫训练班的戒备森严，轻易不敢入境。原在菏泽的小股土匪销声匿迹，单个土匪、盗贼多逃往他处，不敢回家。县警卫队全部驻在菏泽城里，联庄会业已不发生作用，乡村治安，已有保

① 王湘岑：《乡农学校自卫训练班学生结业后之组织问题》，《乡村建设半月刊》第 6 卷第 20 期，1937 年 7 月 1 日。

② 孙廉泉：《山东菏泽试验县工作报告》，《山东民众教育月刊》第 5 卷第 4 期，1934 年 5 月，第 87 页。

③ 付理轩口述、沙德廷整理：《回忆乡农学校》，菏泽市文史资料研究会编：《菏泽文史资料》第 1 辑，1988 年，第 114 页。

障，“可谓完全得力于有训练有组织之人民自卫力量”。①

在禁毒禁赌方面，同学会在乡农学校的支持下，首先对民众进行广泛的宣传教育。运用宣讲、漫画、电影等形式广为宣传毒品的危害，在桥梁上、在菏泽城墙四门东墙上画有一幅幅吸毒对身体有致命危害，赌博对家庭、对社会有害的宣传画，劝导民众远离毒品和赌博恶习。诚然，对染上毒瘾和赌瘾的人仅仅停留在教育劝说上还是不够的。在宣传的同时，同学会组织人员巡回查禁、抓捕。当时县政府设有戒烟所，在个别吸毒情况比较严重的乡，乡农学校设有简易戒烟所。同学会抓住吸毒者，毒瘾轻的关在乡校戒烟所，一方面进行教育，一方面服药治疗。毒瘾重者送往县政府戒烟所劳动改造，待改掉恶习，身体强壮后，才准许回家。禁毒禁赌，纯洁了乡村风气，对于转移乡村风俗民情，割除危害个人身心、家庭、社会的陋习起到重要作用。但由于一些过去的乡村领袖沾染毒赌瘾，同学会对他们却奈何不得，也影响了这项工作的深入开展。

在改良旧习俗方面，同学会主要是协助放足会妇女干部广泛开展妇女放足和男子剪辫运动，采取的是教导规训、不听者则予以罚金的方式。当时每个乡校都配备一名女干部，每天都不辞劳苦的赴各村讲演女子缠足的害处，劝说家长给女儿放足。由于采取了切实的措施，菏泽县的女子放足有了实在的进步。

（四）积极开展抗灾自救，协助县政府做好灾民安置事宜

① 许健：《山东菏泽实验县县政考察记》，《江苏民政》第1卷第3期，1935年，第8页。

近代鲁西南有三大灾害：水灾、旱灾和匪灾。这三大灾害，导致了菏泽农村的贫穷破产。菏泽县政府通过建立地方武装，办理自卫训练班，基本上消除了匪灾隐患。旱灾比较轻，最可忧虑的是20世纪以来黄河十年九来的决口，而尤以1933年和1935年的水灾为最大。1933年7月中旬菏泽划为县政建设实验县，未及一月，即遭遇特大的黄水灾害。菏泽全县有2800余平方里的地方，被灾的区域，占得2000平方里以上；全县有村庄1840村，被淹者1100村，占70%；全县人口39.8万余人，灾民占32.5万余人；全县财产无从估计，而损失有2700余万元。这样的水灾，对当时的菏泽来说可谓为“空前之灾难”，对新成立的县政府来说是一种严峻考验，而对灾民的救助安置也成为山东省及试验县政府的头等任务。当时菏泽县政府和各乡农学校召集自卫训练班学生做了许多工作：

第一，防匪防盗。趁着黄河灾害，菏泽周边刘桂棠股匪欲乘机入境，境内一些匪盗也蠢蠢欲动，菏泽县政府当时召集自卫队员一千六百余名，沿黄河岸布防，各乡农学校则带领在家的队员严密防范，遇有盗匪，则予以清剿，保障了灾后社会秩序的稳定。

第二，抢救灾民，调查灾情。自卫班学生在水灾到来后，率先投入救护灾民的工作中，“曾用船筏从屋顶救护难民，并散放熟食”。开展水灾调查，为慈善团体放赈提供真确的资料。“因为一般放赈的慈善团体，他们往往忧虑赈款或赈物不能很明确的给与被灾的民众，认为遗憾。现在我们有详细的被灾情形调查，清清楚楚的记载着，一般放赈的人员，都极乐意的尽量放赈于菏泽，他们常说‘从来放赈没有像这次的痛快’”。①

第三，协助地方人士组织水灾赈济会和农村互助社，帮助办理贷还款事宜。共设立收容所 16 处，一面收容难民，一面发放急赈。当时省外的政府机关慈善团体，来菏泽作救济事业者，有国民党中央查放处，国民党中央卫生署医队，上海救生会，红卍字会等各机关团体，合计各种赈济，总数在 20 万元以上。当时规定了放赈的三条标准：（1）老弱一项。召入收容所，全县共收容七千余人。（2）十亩地以下农户按每户人口多寡发放赈款，每人口约七八元。（3）十亩地以上的农户发放互助社贷款，全县共成立互助社二百六十余处，发放贷款达十二万余元。②

来菏泽办理水灾贷款的机构有北平华洋义赈会、济南中国银行、山东民生银行、菏泽县政府四个团体。除华洋义赈会贷款由义赈会农赈事务所专门办理外，其余三个团体都委托各乡农学校代为办理，规定各乡村必须组织互助社作为承贷单位，贷款只限于互助合作社社员，社员均负连保责任。自卫班学员在乡农学校的领导下，在组织设立互助社，对社员的选择，社务的进行，用款还款的调查等方面竭力协助，使这次金融救济工作得以顺利进行。“因自卫班学生均系农家子弟，于本村及邻村情形知之最悉，故能尽力协助，一切均易办理。”③ 华洋

① 孙廉泉：《山东菏泽试验县工作报告》，《山东民众教育月刊》第 5 卷第 4 期，1934 年 5 月，第 89 页。

② 孙廉泉：《山东菏泽试验县工作报告》，《山东民众教育月刊》第 5 卷第 4 期，1934 年 5 月，第 87—89 页。

③ 《令山东乡村建设研究院呈一件呈报视察菏泽试验县区情形鉴核由》，1934 年 1 月 26 日，《山东省政府公报》，第 270 期。

义赈会贷款利息最低，月息4厘，中国银行月息8厘，民生银行和县政府月息9厘，期间费用分别为1厘或2厘。最后都定于1934年10月还清贷款。“而农民遵守信用，完全将一切款项清还，给予银行界的农村投资，以很大的信赖，又不能不说这是农村贷款的成功！”①

第四，防止家畜疾疫，治疗畜流感。菏泽农家以饲养家畜为主要副业，而农业生产的原动力，亦惟家畜是赖；但农业对于耕畜饲养都处于墨守成法的状态，不知改良。黄水过后，兽疫流行，农民赖以力田的耕牛及马、猪、羊受多种疫病的困扰，死亡累累。尤其是耕牛对灾民的生产影响更大，致使灾后耕种无疑瓦上添霜，百姓除长叹呼天，演戏许愿祈求神灵扑灭瘟疫外，别无他法。有人吃了染上疫病的畜肉，致人传染。畜疫问题的严重性很快为菏泽县政府查知，即上报山东省乡村建设研究院，院方选派了兽医人员对菏泽家畜的病情、病因进行了详细分析，并制定了详尽的预防和治疗措施，有效地防止了疫病的蔓延。②

这次水灾之中的抗灾及善后处理，展示了实验县政府和各乡农学校组织和动员民众及协调各方面关系的能力。乡村建设者把建设理念和救灾重建工作相结合，将“救灾寓于建设之中”。利用外来的助力，促进农村改变落后保守的观念，将现代性的合作、防疫事业落实到农村。

首先，这次救灾展示了菏泽各乡农学校训练地方武装、组

---

① 范云迁：《菏泽实验县农村互助社员贷款之报告》，《乡村建设旬刊》第4卷第23、24期合刊，1936年4月21日，第33页。

② 陈廷礼：《赴菏泽从事家畜病害防治之经过》，《乡村建设半月刊》第6卷第2期，第10页。

建同学会服务于桑梓的奉献精神和从事社会救济及公益事业的急公好义之情。组建自卫训练班和同学会的目的不仅在于防匪防盗、维护地方治安。还在于“培养其互助精神、组织习惯及社会活动能力”。这在此次救灾中得以体现。山东乡村建设研究院院长梁漱溟在黄河水灾过后，曾亲往菏泽考察，现将其考察报告中关于自卫训练班学员在此次救灾中的表现摘录于下：

> 今年黄河决口之时，各自卫班全体动员打埝抢险，水势溃决以后，或任救护收容，或办调查赈济，均能奋勉将事。菏泽灾赈共设收容所十四处（菏泽县长孙则让汇报为十六处——作者注），主其事者为乡校教职员，分其责者皆自卫班学生。各所分男子、妇女、灾童三部，饮食住宿，井然有条。对于灾童，不仅供给衣食，兼施以相当训练，至散放灾区赈衣赈款，均能实惠及民，毫无浮冒。所有供奔走劳役者，亦皆自卫班学员。①

由此可以看出自卫班队员成为这次救灾中的中坚力量。

其次，这次借贷活动是以各乡农学校为中间人组织成功的一次金融信用合作活动，为以后各项合作事业的发展提供了契机，打下了基础。“这一次菏泽农村互助社的贷款，将都市上的资金约十二万元，使流通在菏泽灾区的乡村，组织二百六十多处的经济合作团体，散布于菏泽的各乡区，受到都市资金救济的农家，有七千一百余家”。② 这直接促进了菏泽乡村现代合作意识和信用意识的发展。贷款要求以互助合作社为单位，

① 《令山东乡村建设研究院呈一件呈报视察菏泽试验县区情形鉴核由》，1934年1月26日，《山东省政府公报》，第270期。

② 范云迁：《菏泽实验县农村互助社员贷款之报告》，《乡村建设旬刊》第4卷第23、24期合刊，第29页。

必须是互助合作社的成员才有资格获得贷款。组织起互助合作社的村庄，在贷款归还后，即在乡农学校的组织下，改组为农仓合作社，县政府集合二十个乡学区农仓合作社，组织成农仓合作社联合会，以互助社社员为农仓合作社社员。社员可以其所有或所收的粮食送农仓储存，俟粮价高时，可依社员意愿或卖或领取。代互助社而起具有互助社性质的还有信用合作社。此外还成立了机织合作社，机织批发合作社。这次灾后贷款，开菏泽农村金融流通之路，农村互助合作社普及于菏泽的各乡，为各乡树立了信用合作社的雏形。乡建工作者曾乐观地预言："信用合作社成立后，则有更多的款项流通于乡村金融。""菏泽的农村金融，将从此开始活泼，以至于未来。"①

再次，通过对黄水过后兽疫传染病的治疗，将现代性的卫生防疫知识传播于菏泽乡村。乡民由于缺乏必要的科学文化知识，面对牲畜疫病流行表现出束手无策，并常用迷信说法解释自己无法弄明白的问题，如把牛因受凉导致的习惯性流产说成是"今年不收成牛犊"，不知到何处用何法医治。致使菏泽这次因疫病死亡的牲畜有四千余头，经济损失约十数万元。②许多饲养家畜因病毙命的家庭，都视饲养牲畜为畏途；如果长此以往，不但是个体农家经济受损失，菏泽农业生产也必定大为衰退。山东省乡村建设研究院工作人员到达菏泽后，首先会同县政府通令各乡农学校总动员，调查全县家畜病害。成立兽医讲习会，防治当地家畜病害，补救农村经济损失。规定每乡保

① 范云迁：《菏泽实验县农村互助社员贷款之报告》，《乡村建设旬刊》第4卷第23、24期合刊，第32页，第20页。

② 陈廷礼：《赴菏泽从事家畜病害防治之经过》，《乡村建设半月刊》第6卷第2期，第15页。

送学识优良青年2至3名，教员1名，共50名，特约畜牧专家张汉才先生，讲授畜产改良，及兽疫防治学。这为菏泽乡村培训了兽医，提供了畜产和兽疫预防的基本知识。针对乡民普遍缺乏防疫基本常识的情况，医疗人员制定防疫要点，订立了15条家畜传染病紧急预防实施简则和家畜防疫八戒、五要，在乡村广为宣传。乡民在家畜疫病得到治疗的同时，也接受了现代的卫生防疫常识，以前不注重卫生、不注重预防疫病的生活方式有了初步的改善。

三、乡农学校性质

乡农学校是乡村建设的基层组织，也是菏泽乡村建设运动的核心。它的性质是用教育的精神来完成乡村建设的使命，是通过教育的形式和手段，统掌农村政权的政、教、富、卫合一的组织机构。

所谓“教”，就是将社会学校化，把民众组织起来，按性别、年龄分别编为儿童部、小学部、高级部、成年部、妇女部等各种组织，进行识字教育、社会教育、职业教育和道德教育。乡农学校组织中的工作人员，包括校长、教师、校董会理事、村学理事等都被民众称为老师，所有民众均被称为学生(学众)，这样乡村建设者和广大民众的关系也就构成了中国农村最传统的“五伦”之一的师生关系，[①] 乡农学校也非常重视各位教师的示范作用，要求教师要有为人师表的品德，重视身教重于言教。教师们平时生活朴素、着布衣、布袜，不蓄发。态度和蔼，对人有礼貌，和各村民众关系非常融洽，遇有问

① 五伦指农村中非常讲究的天、地、君、亲、师五种关系。

题，民众可随时到乡校同老师商量解决，乡村建设者也可随时以老师的身份去管教学生，处理农村中发生的一切事故。对于一些犯了错，屡教不改的，动不上法律，校长可以教师的身份对其进行罚款，打板子，不算犯错，因为这是教师惩罚学生。所谓“以教统政”，即如上述意义。

所谓“政”，即是管理乡校所辖各村行政事务，调解民事纠纷，安排各村行政人员。实行民众直接民主选举，由乡民选出有德行、有能力的人来充任村长及办事人员；选出德高望重、办事公道的人，组成民事调解委员会；各村订立乡规民约，如和睦公约，禁烟、禁赌公约，护秋（护林）公约，看青防盗公约等，用教育的方式，“组织起来，齐心向上”，使全村、全乡民众安居乐业。

所谓“养”，就是训练和指导民众从事生产，为民众生产生活提供方便，使农民生活逐步改善。如根据每个乡的生产条件组织农民成立生产、销售、信用、运输各种合作社，减少中间环节，尽可能多的获取收益。开设各种农业技术短期培训班，传授农业生产知识，介绍优良品种（如脱子棉、抗旱小麦等优良品种），提倡发展副业，如养波支猪、寿光鸡、意大利鸡等，改良耕作技术，提倡轮作，促进农业生产逐步提高等。

所谓“卫”，就是组织地方武装，举办自卫训练班，维护社会秩序，保卫地方安宁。

总之，乡农学校是一具有统揽政治、教育、经济、军事各项事务的组织体制，兼具乡村教育、乡村自治、乡村自卫和社会改造的综合功能。这一乡村治理模式既有民主性特征，又有威权性指导；既受现代性国家政治体制影响，又受传统儒家观念熏陶；介乎民主性和威权性、现代性和传统性之间。

从乡农学校内部教员、地方士绅和民众之间的关系看，首先从教员——乡建派的本意来看，是非常重视村民参与意识和参与能力的培养的，“乡村建设的第一个要义就是要唤醒民众的自觉，引发民众的自动；教他知道自己的事情应当自己去办理，自己的问题，应当自己去解决”。[①] 乡农学校鼓励民众到乡校同老师商量问题，实行村民直接选举制，在乡农学校内部，自卫班学员可以经常讨论本乡问题及解决方法，以培养民众的自治能力，实验县建设事业如凿井、开办合作社等，也都是本着村民自愿的原则自己结合的，不是采用政治运动的方式或强制手段。从地方士绅来说，乡农学校建立伊始，即先向他们求策问计，了解乡情，在乡学村学学校校长、民事调解委员会会长人选上也是优先重用，可以说乡农学校起初是充分尊重这些社区精英的意愿的。从这些方面而言，乡农学校具有民主的色彩。另一方面，根据乡农学校规定，学众必须服从、接受老师的领导，乡村建设者也可以以老师的身份来管教学生，乃至可以打板子，罚款，这就凸显了乡农学校威权性的一面。而在实际生活中，这种威权性方面愈益突出，以致“乡农学校常常代替民众来作事情或解决问题”，有时乡农学校不顾民众实际困难滥施淫威，清平县民谣中有反映乡农学校虐民的情况：“庄稼人，是难当，一天到晚锄高粱。放下锄，去扛枪，教练说俺误了岗，一顿棍子打成伤。明天回家看一看，满地青草把地荒，指着甚么完钱粮”。[②] 故有人称“乡农学校内部从未真正实行过民主，而只有乡村士绅的家长式统治”。[③] 这话虽然

---

① 王湘岑：《乡农学校进行的步骤》，《乡村建设半月刊》第6卷第11期，1937年3月1日。

② 民国《清平县志》不分卷，礼俗志七，方言。

③ 高旺：《乡农学校模式：梁漱溟的政治体制构想及其实验》，《河北学刊》，1997年第5期，第58页。

有些过头，但也反映出乡农学校对普通民众的威压。

菏泽乡农学校的理论依据为王鸿一的“村治”理论和梁漱溟的“乡村建设理论”，王、梁二人的思想资源则源于中国传统儒家思想和近代国家政体理论，体现出传统性和现代性相结合的特征。王鸿一认为村本政治，乃全民政治，溯其渊源，可追三代，“三代之世，设乡官，重乡治，……老子曰：‘修之于乡，其德乃长。’孔子曰：‘吾观于乡，而知王道易易。’孟子曰：‘死徙无出乡，乡田同井，出入相友，守望相助，疾病相扶持。’皆可为古代注重乡治之明证也。”而他设想的村本政治则综合了传统性和现代性内容，“村政者，村市中一切设施是也。举其要：曰保持秩序，如保卫息讼等；曰增进生产，如农田、水利、森林、及各种合作组织等；曰培养村风，如孝弟、勤俭、互助等；曰开通民智，如国家观念、世界大势、民族思想、民权使用等是也”。[①] 菏泽县政建设则是以王鸿一的村本政治为蓝图。梁漱溟的“乡村建设理论”同样体现出传统性和现代性之统一。梁氏认为乡村社会的新组织——乡农学校即“中国古人所谓‘乡约’的补充改造”。而此处所谓的“乡约”，“非明、清两代政府用政治力量来提倡的那个乡约，而是指着当初宋朝时候，最初由乡村人自己发动的那个乡约。那个乡约是吕和叔的一种创造”。[②] 无疑这是从中国传统中接受的思想资源；另一方面，乡农学校模式接受了近代西方政治体制的影响。按照梁漱溟的设计，乡农学校体系的各要素分别具有以下功能：校长负责监督教训；乡农学校负责推动设计；校董会主

① 察应坤、邵瑞编：《毕生尽瘁为民生：王鸿一传略》，济南：黄河出版社，2003年，第122、125页。

② 梁漱溟：《乡村建设理论》，《梁漱溟全集》第2卷，济南：山东人民出版社，1990年，第321页。

管行政；常务理事领袖事务；全体学众负责立法。之后，校长发展为乡长，校董会发展为乡公所，乡农学校依旧，常务理事发展为总干事，全体学众发展为乡民会议，而他们的职责未变。① 梁漱溟认为未来整个国家的政治体制即沿着这样一个格局演化而来。按照美国政治学家阿尔蒙德对政治体系的分类法，现代政治体制区别于传统政治体系的基本标志，就是政治结构的高度分化。而乡农学校组织体系内的不同结构分别承担了监督、推动设计、行政、事务、立法等功能，显然这种模式已是受到近代国家政治体制的影响。由此可见，梁漱溟关于乡农学校的这一政治体制的构想是中国传统的“乡约”观念糅合进了近代国家政体思想。

但问题是，这种作为具有行政、立法、执行、监督功能的组织，并集“政、教、养、卫”四位一体的机构，何以选择学校这种形式？笔者认为，在乡村建设运动早期，当时参与者一是地方实力集团，如阎锡山在山西搞的村政，主要运用行政力量，一是社会团体和大中专院校，他们介入社会改造的途径多采用教育的方式。按照梁漱溟的理解，若选择国家政权形式管理乡村，失之太刚，若单纯以学校，用教育方式进行治理，则失之于过缓，过柔。而以学校集中政权的力量，即采用“政教合一”的方式进行社会治理，则可收刚柔并济之效果。梁漱溟认为中国乡村以伦理为本位，为管理乡村所要求的组织，就应该“是一个伦理情谊化的组织，而又是以人生向上为目标的一个组织”。但当时地方自治法规里的国家基层政权乡公所乡镇

---

① 梁漱溟：《乡村建设理论》，《梁漱溟全集》第 2 卷，济南：山东人民出版社，1990 年，第 361 页。

长“对于乡镇居民是很没有情，没有相勉于人生向上的意思”。“你犯了错即送官去办，……对于乡里子弟毫无爱惜之意；这样容易把人们爱面子的心羞耻之心失掉，以后将更为不好”。“乡镇长对乡村人是如此，乡村人对乡镇长，以及监察委员、调解委员等等，彼此之间也是无情的，……遇事都是依法律来解决”。“检举、罢免，这在中国是很让人难堪的一种手段，……一个在乡村中比较有面子的人，如被大家投票罢免了，这很让人过不去”。[①] 所以，借用政府力量来做事，只能导致机械、被动，缺乏活力，不能适应问题。[②] 梁漱溟在1929年首次参观山西村政时，就批评那里“政府办理村政督促提挈太重”。[③] 单纯用教育的力量固然保证了乡建运动名义上的纯洁性，却无助于解决运动中遭遇的实际困难。梁漱溟本意是想用教育的力量，以民间独立的身份，即不反对政府，也不听命政府，提倡一种风气，逐渐改造社会，结果在邹平的前两年实验收效甚微。[④] 而乡农学校作为一政教合一的组织，“以乡村自然领袖为学董，以专门技术人才为教师，以本乡区全体民众为学生，以解决社会问题为目的”，就成了乡农学校的重要意义。如此既可以凭借乡村民众心目中崇高的师生情感管理学众，不失为柔性手段，同时“乡农学校既带有下级行政的性质，而政治的力量又为化除玩忽解决问题最痛快的工具”。[⑤] 故乡农学

①② 梁漱溟：《乡村建设理论》，《梁漱溟全集》第2卷，济南：山东人民出版社，1990年，第322—323、337页。

③ 梁漱溟：《北游所见记略》，《梁漱溟全集》第4卷，济南：山东人民出版社，1990年，第903页。

④ 梁漱溟曾指出邹平实验工作“成绩亦甚有限”，其原因在于“无实验权”和“无实验费”。详见梁漱溟：《乡村工作讨论会上之本院工作报告》，《乡村建设旬刊》第3卷第1期，1933年8月1日。

⑤ 王湘岑：《乡农学校进行的步骤》，《乡村建设半月刊》第6卷第11期，1937年3月1日。

校“政教合一”的性质在梁漱溟及当时人看来都是属于兼用刚柔两种方式来解决社会问题的组织。在具体操作层面上，邹平实验县“柔性”方式运用多些，而菏泽“刚性”方式——政治力应用较多。[①] 我们后面会述及此问题。

第四节 实验县建设事业

菏泽实验县建立后，采取了一些发展工业、农业、林业的措施，并兴建了一些现代性的城市建设，交通通讯和医疗卫生设施，展示了菏泽发展的现代性。

第一，建立平民工厂。1934 年，菏泽筹资建起第一所平民工厂。场内分三组：一是发电组，有一百多马力发电机组，专供城内照明之用。二是机械组，为适应当地军政需要，首先制造了一批枪械，后转为只做维修工作。三是木工组，专门制作自行改良的织布机，并在农村设立三处织布传习所，学生学会后在家织布，市民学校成立织布供销合作社，负责原料的供应和产品的销售。

第二，修筑拓宽城区道路，整顿市容。菏泽实行县政改革以来，“日有进展，成效颇著。前往参观考察者，月有数起”。[②] 而菏泽城内街道弯弯曲曲，高低不平，实在有碍观瞻。市政建设由管理劳改队的队长杨子斌在政府无钱投资的情况下承担。他首先在南关建一大砖瓦窑场，烧制砖瓦，为铺路做准

---

① 王湘岑：《乡农学校进行的步骤》，《乡村建设半月刊》第 6 卷第 11 期，1937 年 3 月 1 日。

② 许健：《山东菏泽实验县县政考察记》，《江苏民政》第 1 卷第 3 期，1935 年，第 2 页。

备工作。又在县政府配合下清理了如清末两江总督马新怡祠堂等占据道路的路障。筑路时把路面掘松混以石灰、碎砖、石子，整平后压实，用自烧的砖石砌成排水沟，全路同一宽度。如此修筑了菏泽城区主要的大街。“使数百年难得的菏泽旧街道，面目一新。”①

第三，兴建电话事务所和广播电台。30 年代山东省的电话事业素称发达，长途电话分为国有、省有和县有三种。山东省县有长途电话开始于 1931 年，各县办公室均装有长途电话。② 菏泽在 1930 年即为军事需要架设了长途电话线。但通话面不广。实验县成立后，各乡农学校安置了电话，县政府与各乡农学校可直接通话，并可召开电话会议。广播电台设立于 1936 年，主要播报省和县政府重要通知和各乡农学校的重要活动。

第四，设立县立医院。菏泽县立医院设有男女病房，可容纳男女二三十人，医疗设备尚好。门诊部和病房干净整洁。诊费和药费价钱都极为低廉：门诊初诊只需大铜元 5 枚，复诊 1 枚（每元可换大铜元 250 枚），普通药费，收取 1—2 角。

第五，设立县立农事实验场。菏泽县设立农事实验场，有实验用地五十亩。主要从事改良果树、麦种、棉种、猪种、鸡种等。1933 年实验县成立之初，山东大学农场赠给果树苗一宗，内有国光、红玉、和视三个苹果品种，还有花梨和棕色梨，都栽种于县农场。山东大学农场还赠送小麦良种，但因水

① 任德宽：《我所了解的菏泽县政建设实验县》，政协山东省菏泽文史资料委员会编：《菏泽文史资料》，第 1 辑，1988 年。以上介绍多参考此文。

② 吕伟俊等著：《山东区域现代化研究（1840—1949）》，济南：齐鲁书社，2002 年，第 406 页。

灾，环境条件不适宜试种而作罢。1936 年，从齐东棉厂引进脱籽棉 36 号棉种一批，试种后推广到菏泽南部三个乡，以优质高产得到乡民的欢迎。

第六，植树造林。实验县成立之初，即号召全县民众栽植行道林。以菏泽为中心，东至巨野，南到定陶，西通马岭岗、王浩屯，北达高庄，大路两旁的行道林，长势良好，柳荫遮天。菏泽北关近郊从桑堤口至赵楼的杏花路，更是花枝招展，四五月间牡丹盛开，引人入胜。

第七，凿井抗旱。菏泽素来水灾旱灾同时存在，由于黄河淤积，河流较少。一遇旱灾，农业损失惨重，“推其原故，悉由凿井未能倡办有以导之。开渠导水，因而灌田，但限于工程浩大，需款太多，难以普及，惟凿井乃救济良法，而且省钱，无论何地皆可设置，极为便利”。① 山东省政府积极倡导凿井灌溉。菏泽早在 1923 年，当时担任山东议会议长的王鸿一即将河北定县翟城村的凿井能手请来菏泽传授凿井技术，培训徒弟，因而菏泽有一批会凿井的农民。菏泽实验县成立后，针对本县易旱易涝，河流少，不能开渠的状况，提出水利建设以凿井为主。计划从 1933 年 6 月至 9 月为试凿期，各乡须凿井一眼。9 月至 1934 年终在“容易推广地域，集中力量，至少需凿成 200 眼。”② 尽管经历了两次黄河决口救灾，建设工作延误不少，但至 1936 年，全县基本完成了凿井灌溉事业。

① 《山东省政府公报》第 104 期，1930 年 1 月 30 日，第 30 页。

② 许莹涟等撰述：《全国乡村建设运动概况》，第 1 辑，1935 年 12 月，第 284 页。

第五节 “菏泽模式”及其推广

菏泽模式是国家政权建设深入基层乡村的一次尝试。国家政权建设（state—buliding）是指现代化过程中以民族国家为中心的制度与文化的整合措施、活动及过程。在中国，乡村社会的国家政权建设始于清末新政，展开于民国时期，其主要内容是建立合理化的官僚制度，使国家政权力量深入乡村，加强国家对乡村社会的动员和控制能力。依照杜赞奇的说法，20世纪前半期国家政权在乡村社会的扩张并不成功，在废除乡村传统的权力文化网络的同时，却没有建立新的文化网络，并由此导致了国家政权“内卷化”现象的发生。[①] 菏泽的县政改革，废除了原来赋税征收中的“掠夺性经纪”和“税收包商制”及“提成提奖办法”，形成了以乡农学校为中心，以同学会为纽带的新的乡村权力文化网络。并把原来用于政府开支的不合理的资金，通过精简机构和缩编人员，投资到乡村。应该说由此避免了国家政权扩张所导致的“内卷化”现象的发生。

菏泽模式不同于邹平模式。时任中央大学、中央政治学校教授、江宁实验县县长的梅思平把当时中国的五大实验县分为三种类型，把邹平和菏泽作为一个类型。[②] 其实，菏泽实验县在实验理念和实际操作上和邹平都有很大的差别。邹平模式实

① 参见〔美〕杜赞奇著，王福明译，《文化、权力与国家：1900—1942年的华北农村》，南京：江苏人民出版社，2004年，第66－67页。

② 参见梅思平：《中国五个实验县的报告》，《乡村建设旬刊》第4卷第12期，1934年11月21日。文中把中国的五大实验县分为三种类型，定县为一类，邹平、菏泽为一类，江宁、兰溪为一类。

行的“村学乡学”制度，是根据梁漱溟的“伦理本位社会”思想而来，首重教化——施以道德和礼俗说教，注重对农民的精神训练，以启发农民自觉组织起来，以自力实现乡村自治，反对用硬性的措施管理民间事务，“形著其组织关系于柔性的习惯之上”。主张用社会的力量，动员广大民众从事乡村建设。但对民众施以教化，需要一个较长的时期。正如梁漱溟所言：“邹平偏重乡村组织，求有以启发培养乡村自治力量，不能有速效，始终未向邹平以外推广”。菏泽模式则是为了“加强最基层的行政统治，地方自治的意味少”。乡农学校作为“教、政、富、养”合一的机构，有关押、拘捕人的权力。它是用行政的力量，把民众编制起来，达到控制乡村社会的目的。因此“菏泽模式在道德教化之外，重重地打上了法权的烙印”。① 所以，时人批评菏泽模式在“唤醒民众自觉，引发民众自动”上有三点不足之处，即“政治力用的太多”，“外力用的太多”，“乡农学校用力过多”。如果设身处地的处在当时菏泽模式领导人的位置考虑，就会感到偏用政治力、以外来人（即乡村建设研究院和菏泽分院的教师和毕业生）为主体和乡农学校代替民众解决问题是基于菏泽当时实际情况的举措，他们也想通过政治的引导、老师的教化和对民众的培训，逐步过渡到“完全用政治的力量”，“由外力过渡到自力”，“乡农学校完全成了一个由本地人负责办理本地方事情的机关”，② 最终实现地方自治。

梁漱溟曾总结菏泽的县政改革，“菏泽工作，一面革新行

---

① 余科杰：《山东乡村建设运动述评》，《山东师大学报》（社会科学版），1995年第5期，第35页。

② 王湘岑：《乡农学校进行的步骤》，《乡村建设半月刊》第6卷第11期，1937年3月1日。

政，以行政的力量推动一切；一面从民众自卫训练进而为多种训练，树立各项建设基础，其收效较快，且适合国防需要”。山东省政府主席韩复榘也感到乡农学校有利于加强基层政权建设，便于对农民的组织管理，有利于各项政令的贯彻执行，特别是看到乡农学校把众多一盘散沙之乡民训练成号令整齐的武装队伍，更大加赞赏。因而，以“乡农学校”为中心的菏泽模式很快在全省推广开来。

国民党1934年内政会议决定在全国推广“菏泽模式”的县政改革。1934年夏天，山东省政府划济宁为第三个县政建设实验县。1935年1月将济宁、菏泽、郓城、曹县、单县、巨野、成武、定陶、鱼台、东平、汶上、金乡、嘉祥、鄄城十四个县划为“县政建设实验区”，设区长官一人，简任，由省政府任命，总揽本区一切行政事宜，并直接指挥监督各县政府之行政；区长官公署设于济宁，王绍常、梁仲华先后担任实验区长官，并兼本区民团指挥，负本区绥靖之责，所有本区各县警卫以及人民自卫团体均归其管辖指挥；① 本区各县县长之任免，由区长官随时呈报省主席核夺；本区遇有匪疫水旱等紧急事件发生，区长官应即呈报省政府，必要时并得立即负责处理；区长官对于本区各县机关及自卫团体，除随时派员视察外，并应亲自巡视，每年至少巡视一周；区长官每半年应将本区各县行政状况及地方情形分制报告表，呈报省政府，并须于年终晋省向省政府面报一次。② 在济宁等十三个县推行“菏泽

① 其民团指挥辖区，除上述十四县外，又有阳谷、冠县、馆陶、莘县、寿张、濮县、范县、博平八县。

② 《山东省政府公报》，第344期，1935年7月21日，本省法规，第3—4页。

模式”的县政改革和乡农学校制度。1936 年，又改设三个行政督察专员公署，第一区以济宁为中心，辖十县，梁仲华任专员；第二区以菏泽为中心，辖九县，孙则让任专员；菏泽县县长由陈亚三接任，行署与县府合署办公，实际上是一套班子兼两种工作。第三区以临沂为中心，辖八县，张里元任专员。在各专署所辖各县普遍推行菏泽模式的乡农学校制度。截止“七七事变”前，共在 7 个专员公署区内 70 余县实行了乡农学校制度，计划在 3 年内在全省普遍实行乡农学校制度，因日军的进攻和韩复榘山东省政府的撤退而未及全部实施。

第六节 实验县的结束及其地位

一、实验县的结束

1937 年底，日军渡过黄河，大规模地进攻山东，负有守土之责的山东省主席韩复榘为保存实力，撤至鲁西南曹县。第二专区专员孙则让携带以菏泽为中心所训练的 4000 人枪，先于韩复榘撤退到河南。此事引起菏泽当地人民的强烈不满，不少地方的农民起来捣毁乡农学校，捕杀乡建干部。国民党驻察哈尔大军刘汝明部退至菏泽，另委军部的刘诚厚担任菏泽县县长，菏泽实验县从此瓦解。韩复榘以临阵逃离的罪名被蒋介石枪杀后，继任的山东省主席沈鸿烈以乡村建设“不合法令”为借口，下令将全省的乡农学校一律撤销，恢复区、乡、闾、邻（或保甲）制度。

对于山东乡村建设运动的失败，梁漱溟痛心疾首，他在检讨乡农学校及其过失的时候曾分析有两方面原因导致乡村建设失信于民：一是“抗战起后，未容吾人尽力于抗战的民众工作”；二是“当局急切退离山东遂以毁灭吾侪工作”。他回顾了设立乡校的本意在于推进乡村建设，但由于将乡农学校作为政府的一级行政机关，一切政令都由乡农学校代为传达执行，结果“当局要壮丁，要枪支，派差派款，执行其一切苛虐命令。凡当局一切所为之结怨于民者，乡农学校首为怨府”。加上乡农学校本是民众训练机关，平常民众自卫训练班的集合训练都由乡农学校组织、调遣，壮丁枪支都是现成的，结果政府采取欺骗手段，名义上说集中训练，到时突然一道命令把几十壮丁连人带枪突然带走，不仅欺骗了民众，也欺骗了乡校。事前乡校曾向民众担保“绝不带走”，现在自己反落于欺骗民众的地位，招致民众的怨恨，民众“怨毒之极，致有砸毁乡校，打死校长之事”。梁漱溟悲愤地感慨：“以建设乡村之机构，转而用为破坏乡村之工具，吾侪工作至此，真乃毁灭无余矣！吾同人同学几乎不能在社会立足，几乎无颜见人矣！言念及此，真堪痛哭！”①

乡村建设运动的失败，也宣布了国家、地方政府和社会团体合作治理山东乡村的失败。首先，从国家来说，设立县政建设实验县，是要把建设乡村、整合乡村社会、重构农村秩序的这面旗帜从民间团体和地方政府中夺过来，获取对于乡村建设运动的领导权和话语权。从客观效果来看，它使乡村建设政治上获得合法地位，资金上得到固定经费保障，而在用人行政上则获得自主权力。山东省政府既是乡建运动初期的积极支持

① 梁漱溟：《梁漱溟全集》第6卷，济南：山东人民出版社，1990年，第12—13页。

者，又是后期的破坏者。山东省主席韩复榘认识到乡村建设对恢复农村经济、稳定农村秩序，整理乡村治安等方面的作用，并且为了展示自己的开明政治，以和中央及其他省地方政府在政治革新形象上展开博弈，积极支持乡村建设实验县的设立，并从各方面予以支持。但其最终目的一是希望建立地方武装，作为其军队的来源和补充；二是为了巩固在山东的统治。当他在山东不可能再进行统治的时候，就最终摧毁了乡村建设的群众基础，置乡村建设实验者于异常困窘尴尬的位置。而作为乡建派主要领导人的梁漱溟在从事乡建之初原想远离政府，结果在邹平的前两年实验收效甚微，直至第二次内政会议的召开，走上与国家和地方政府合作进行乡村建设之路，应该说，在实验县设立之初，无论邹平、菏泽抑或其他实验县区，在改良作物品种，发展生产，组织地方自卫武装，维护社会治安，安定社会环境，设立医院和学校等现代性设施等方面，都做出了一定的成绩。这也是国家、地方、团体、民众等多方力量相互作用而产生的合力的结果，对于重建乡村起到了建设性的作用。但乡建派和国家及地方政府的合作，是各有目的的，1937 年梁漱溟有一段述说颇表明他们的心迹。首先，他们和政府的合作是为了利用政府："找政府，除了为财源问题，还有权力问题。有不少的事，都非借政权不办的。恰好政府他也要讲建设、办教育。在这些建设上、教育上，他亦不得不觅人才、寻方法"。但是有一个问题：即"孰为宾孰为主的问题。说明白一点：是我们用他呢？还是他用我们？"不幸的是，他们确是被政府所用了："我们是走上了一个站在政府一边来改造农民，而不是站在农民一边来改造政府的道路。”① 随着外部环境的变化，国家、地方政府、乡建团体三者之间的关系平衡被打破，在外敌入侵面前，国家需要地方政府积极御敌，民众需要训练的武装保卫家乡，无论民族国家抑或大众的需求都没有从地方政府那里得到满足。而乡建派由于以前依附于地方政府，不仅被政府所蒙蔽，也为民众所误解，导致民心的丧失。而这也标志着十年和平建设时期的结束，从此中国走上了反抗日本殖民侵略的全面抗战时期。中国的乡村建设也由于环境的不许可，而被迫停止或中断。

二、实验县地位及评价

过去评价乡建派的乡村建设实验为“反动的纲领及其实施”，认为乡农学校是“欺骗农民的”，② 显然这是阶级斗争史观下认识上的局限性，对于以菏泽实验县为代表的乡村建设实验如何认识呢？

首先是持续了一个多世纪的匪患问题得以弭平，对菏泽县的社会治安和社会稳定起到很大作用。曹州土匪是自晚清以来令诸多山东当政大吏和国家头痛的问题，也成为晚清以来诸多山东巡抚戮力剿抚的对象。但直到 1930 年代，曹州土匪问题仍没有得到根本解决，反有愈演愈烈之势。菏泽县政府通过最广泛的社会动员，以武装起来的乡农学校自卫训练班对付土匪，以力制力，以暴制暴，对土匪起到强大的威慑作用。菏泽

① 梁漱溟：《我们的两大难处》（1937），章有义编：《中国近代农业史资料》，北京：三联书店 1957 年，第 3 辑第 3 卷，第 954、956 页。

② 章有义编：《中国近代农业史资料》第 3 辑第 3 卷，北京：三联书店 1957 年，第 966、971 页。

匪患至少在形势上不再猖獗，大股远遁，小股隐匿，外地土匪（如山东巨匪刘黑七部）视菏泽如畏途，不敢涉足县境。治安问题的好转，也改变了菏泽的外部形象，以前人们咸视曹州为“土匪之区”，致使商旅裹足，货品流通停滞，社会经济发展受到遏制，而生活在本地的广大民众则时时处于高度戒备状态。尤其是一些富室，须时时提防架户勒赎，他们天天躲在家里不敢出门，村里的事务也不敢出面管理，害怕有人架他的户。乡农学校首先是强化了富户的武装，先让富室出人出枪进行培训。而后又强化各村的防御，五十户以上各村要重新修筑或加固寨堡。自然，这是出于防御目的，前期主要是防匪，后期则有了防御外敌的意图。这种做法基本上消除了匪患，安定了民心。

但这种做法，却也加重了乡村负担。当时人就注意到这个问题，在调查菏泽农民后发现，“菏邑自改为实验县以来，分为二十乡校，对于自卫颇甚注意。每校设军事训练班一处，专为训练农民。训练方法，按地之多寡，分期训练。有地百亩者，出人一名，钢枪一枝（值洋百元）；五十亩者，出人一名，本地打枪一枝（值洋五十元）；不足五十亩者合并购买，出人出枪。无人者令雇人。每四个月毕业一次，每期可训练一千余民众。现菏邑共训练五期，共五千余人，枪五千余枝。因菏邑地瘠民贫，又加政府命购买枪枝所摊差务及购枪之费，较赋税多二分之一尚多”。① 李宗黄在考察各地县政建设实验县（区）状况后也认为菏泽让农民出人出枪设立自卫训练班的方法加重

① 何锦如：《农民谈话纪事》，《农业周报》，1935 年 2 月，第 163—164 页。

了农民负担。① 其实，在保持乡村社区秩序稳定和加重农民负担这两个问题上，实验县显然是两难的抉择。如果不强化地方军事训练，社会无法保持安定的局面，土匪一来，一切建设成果都会化为乌有，但毫无疑问，军事化是需要物质基础的，这样做无疑要增加农民负担。乡建派领导人显然也认识到此点。故在组织自卫训练班时区分贫富，分别对待。但强化富室武装，并让地方精英武力化，让整个乡村社会军事化，也产生了不少弊端，如地方精英乘机在乡村社会中占据主导地位，他们不仅仅是财富的拥有者，还拥有了合法武力，发展下去就会形成一个地方权势阶层，坐大形成割据势力。一些不法之人则利用势力欺压良善，鱼肉百姓，从而加剧社会矛盾、阶级矛盾。

其次，菏泽实验县是乡村建设派借助国家和山东省政府的势力取得实验权力，是代表国家政权力量来治理乡村的，属于嵌入式的，而非地方内生型力量。菏泽实验县在短时期内对乡村的治理还是比较有成效的，但它并未改变绅权统治乡村的结构，反而是强化了绅权的统治力量，尽管后来也用乡建派人员取代了原来的士绅管理各乡农学校，但无疑士绅在菏泽实验县占据主导地位，以自卫班为主体所建构的乡村权力文化网络中也没有底层民众的位置。这样的治理显然不能反映最底层民众的真实意愿，它的民主也局限于乡村精英，主要是拥有较多财产，有地位的乡村中上层男性农民，而广大的最底层民众则被限制在外。显然，这和共产党依靠农村贫雇农进行农民革命所依靠和获得支持的力量是极不相同的，而乡村建设派从事乡村

① 李宗黄著：《考察江宁邹平青岛定县纪实》，南京：中正书局，1935年，第99页。

建设的目的之一也是要消除共产党领导的农民运动，和共产党领导的农民运动相博弈，“要想消除共产党的农民运动，必须有另一种农民运动起来替代才可以”。梁漱溟及实验县的创办者也是欲用乡村建设运动来“一面从地方保卫上抵御共产党外”，“一面就是……这种运动实为中国农民运动的正规，可以替代共产党”。① 建国后对于梁漱溟在乡村建设中反对共产党农民运动这一方面，在政治和学术领域曾经引起一场对梁漱溟的批判运动，② 1990 年代，一些学者在对这场批判运动反思的过程中，有人认为梁漱溟在乡村建设理论中“不仅反对共产党，而且反对国民党”，“梁漱溟政治上的这种特性，十足地表现了他政治的‘中间性’”。③ 其实，这是当时知识分子对乡村拯救的一种实验，体现了知识分子的独立探索精神。

县政改革中增强县长职权，将原来各局的条状管理变为块状管理，强化了县级国家政权建设。对于这个问题，到底它对国家行政体制变革能产生什么影响，确实值得探讨。从积极方面而言，它改变了原来县长有职无权，各局各自为政的局面，使县长职权统一，政令统一。并改革薪金制，变原来暗的提成提奖为明的较前增多的薪水，扫除了原来财政紊乱、县长沦为国家经纪只知聚敛财赋的弊端。应该说，实验县在除弊方面还是有所作为的。但在兴利方面，即乡村建设方面，由于各种主、客观的原因，如菏泽县政建设实验县刚成立即经历了

---

① 梁漱溟：《乡村建设理论》，《梁漱溟全集》第 2 卷，济南：山东人民出版社，1990 年，第 407 页。

② 冯友兰、吴景超、千家驹等先后发表文章展开对梁漱溟乡建理论的批判。

③ 朱汉国：《梁漱溟乡村建设性质新论》，《史学月刊》1995 年第 6 期，第 62—66 页。

1933年的黄河洪灾，1935年县政建设实验区甫成立，即遭遇1935年的黄河决口，县政建设实验区除单县、曹县、定陶受灾较轻外，其他各县均遭洪水没顶之灾（详见第二章第一节黄河灾患篇），县政建设实验区忙于应付灾荒救济，在实业发展、经济建设、教育改进方面均告乏力，因而直到乡建结束，乡村建设也未能取得预期的成就。但在如废除妇女裹足陋习，严厉制裁鸦片吸食和赌博等方面取得了暂时的成功，在建设事业方面也做出了一些努力，体现出菏泽发展的现代性。

但必须特别强调的是，菏泽县政建设实验县是自晚清至抗战以前，在菏泽第一个以建设乡村为旗号而成立的县政府。尽管其建设未能达到预期目的，但也改变了以往县政之弊端，取得了一些建设成绩，展示出菏泽发展的现代性。因而，在总体上对于菏泽县政建设实验县的成立是不能仅仅视为“反动”，而是要给予其一定的历史地位的。

第八章　地方近代化的考察

一个区域的发展需要许多内部和外部条件，如交通的发达与否，劳动力接受教育程度及素质的高低，自然资源的有无和是否得到开发，地方精英人士的眼光和魄力等等。处于战争、兵燹、匪患和频繁的自然灾害中的鲁西，在近代化浪潮冲击下，有没有顺应这一近代化的要求？鲁西地方的现代性体现在哪些方面？地方精英对于鲁西的现代性都有哪些追求和想象？本章将着重解决上述几个问题。

第一节　危局之下的工商业

鲁西近代化主要体现在近代工商业、铁路交通和城市工商业、新式教育的发展上。关于近代工商业，在面临频繁的灾荒和变乱的环境下，鲁西各地有无工商业的存在？如果有，发展情况又如何呢？1930 年代，山东省政府实业厅就全省工商企业经营状况做了一专门调查。时值山东刚刚经过蒋阎冯中原大战，百业凋敝，民不聊生。山东半岛因地处对外开埠之前沿，相对于西部来讲，工商业得到较快发展，而鲁西一带工商业发展则处于较为迟缓状态。尤其是工业的发展，由于诸多原因，大多数工业生产都处于亏本状态，“惟因屡遭变乱，横被摧残，救死扶伤之不遑，奚何遽及此芳草去秋兼领是厅”。[①] 现以1931 年 10 月山东省政府实业厅对各县所做的调查资料为依据，分析鲁西各县工业的生产经营状况及其产生这种状况的原因。

一、工业企业生产经营状况

临清县五三工厂，主要出品皮革、肥皂两种，“该厂成立未及二年，据最近结算，业已亏本五千余元之多”。[②] 华北造胰工厂，制造复光牌洗衣肥皂，因“办理不善，开销颇巨，而出货太少，是以历年亏损”。[③] 临清仁和榨油厂，以榨棉子油为业，“该厂自开办以来，每年赔累，十七年因棉子歉收，故亏洋一千元，十八年棉子亦歉收，全年仅开工一月，是以又亏一千二百元。”[④] 临清福临电灯公司为烟台与临清两地商人合资 3 万元组建，多年来更是负债累累，“原有资本三万元，现已累亏至八万元之巨”，以致原来烟台与临清两地的股东都没人敢出面承认，“惟以历年赔累过巨，凡股东厂主未有敢承认该公司之名义者”。“前经理以负债太多，早已埋头不出”，“是以该公司将来之如何处理，亦是极难问题”。[⑤]临清铸铁厂，以铸铁锅为主要

① 山东省政府实业厅编印：《山东工商报告》，1931 年 10 月，总序。

② 山东省政府实业厅编印：《山东工商报告》，1931 年 10 月，总序，第 135 页。

③ 山东省政府实业厅编印：《山东工商报告》，1931 年 10 月，总序，第 137 页。

④ 山东省政府实业厅编印：《山东工商报告》，1931 年 10 月，总序，第 138、142 页。

⑤ 山东省政府实业厅编印：《山东工商报告》，1931 年 10 月，总序，第 139 页。

营业，“因开办费用开支过大，是以亏损六百余元，最近又以路途不靖，销路大感困难，而税捐繁重，营业尤受影响。”

济宁的振业火柴第一分厂，总厂设在济南，专以制造火柴为营业，“十八年因受怠工影响，亏本二万余元，十九年尚未结帐，大约仍须亏本”。[①] 济宁电灯公司，系有限公司性质，“近年以来屡受军事影响，商业萧条，收入锐减。计十六年亏本一万余元，十七年亏本一万余元，十八年亏本七千余元，十九年尚未结帐，仍须亏本”。[②]

邹县的义立孤儿教养院附设织布工厂，系慈善事业，资本由上海义赈会及本地捐助而来，以制造布匹毛巾及线袜为营业，因“工徒手术多不熟练，出品无多，营业稍为亏本”。[③] 邹县电灯股份有限公司，则因“在军事时期驻军甚多，随便按灯，不给电费，以致赔累甚巨”。[④]

定陶、单县、嘉祥、鄄城各县均设有平民工厂，除了嘉祥和鄄城在当时因“初开办，亏盈不详”外[⑤]，单县“生产少而开支大，故亏本一百五十元”。[⑥] 定陶“十八年亏本四百元，

① 山东省政府实业厅编印：《山东工商报告》，1931年10月，总序，第158页。

② 山东省政府实业厅编印：《山东工商报告》，1931年10月，总序，第159页。

③ 山东省政府实业厅编印：《山东工商报告》，1931年10月，总序，第160页。

④ 山东省政府实业厅编印：《山东工商报告》，1931年10月，总序，第162页。

⑤ 山东省政府实业厅编印：《山东工商报告》，1931年10月，总序，第171页、第172页。

⑥ 山东省政府实业厅编印：《山东工商报告》，1931年10月，总序，第168页。

十九年亏本三百余元”。[①]

聊城的民生股份有限公司，建立于1924年，经营织布工业，主要出品有中山呢、中山布、线呢、哔叽；各色磅布、市布、粗细洋布、花条布、蚊帐布、卫生衣料等，历年营业颇佳，每年除开销外盈利二千余元，但由于经过1929和1930年两次土匪劫掠，“损失千余元”，“现只家具仅存而已”。[②]

高唐县的裕和工厂，主要出品有白洋布、条子布各种。最初也是亏本经营，以后改为家庭工业后，工徒全系亲戚家族之子弟，开销极其节省，并由于诸多原因，每年尚可获利。

所以从鲁西绝大多数的工厂企业来看，营业亏损者占了绝大多数。

二、企业特点

从这些工厂企业总体来看，主要有以下特点：

绝大多数工厂资本投资额较小。如嘉祥县平民工厂，主办资本仅为300元，高唐县裕和工厂，资本金也仅仅1000元，单县平民工厂是以公款投资3500元作为资金，定陶由该县工商行政费下拨支2000元作为资本开办平民工厂，邹县义立孤儿教养员附设织布工厂资本由上海义赈会拨发2600元和本地捐助1000元，合计共3600元，且并未直接到位。临清仁和榨油厂原是日人寺尾出资2000元与中国商人王睿亭合伙经营，后由王氏个人出资5000元独资经营。临清华北造胰工厂个人资本金也仅

① 山东省政府实业厅编印：《山东工商报告》，1931年10月，总序，第170页。

② 山东省政府实业厅编印：《山东工商报告》，1931年10月，总序，第173页。

为 3000 元。由于本小力薄，工厂在生产经营中风险很大，在商业竞争中处于劣势地位，稍有不慎，就会产生亏损。

主要集中在织布、染织、榨油、铸铁、电灯等行业。

产品多销售于本地。鲁西工厂和胶东半岛厂家一个最大的区别就是产品全部销售本地，很少有出口赚取外汇的企业。如临清五三工厂，“所出皮革及肥皂均极粗糙，惟价格低廉，堪与外货抗衡”。① 济宁振业火柴第一分厂所产火柴“专销售鲁西鲁南一带”。单县平民工厂出产的粗细洋布及各种条纹布，“均销售于本地及邻近各县”。定陶平民工厂每年约出袜 700 打，布 200 余匹，“均销售本地”。高唐县裕和公司所出粗布，“价格低廉，颇为乡人所乐用”。

三、亏损原因

首先，外部治安环境不佳导致营业亏损。如聊城民生股份有限公司，产品质量良好，经营管理得法，但由于经历两次土匪劫掠，损失惨重，致使无法开工。济宁的电灯公司和邹县的电灯股份有限公司，都由于自 1925 年以来，屡受军事影响，尤其是济宁“自民国十四年以来，该县几成鲁省军事重心，大军云集，无时无有”。不仅民间百姓生活深受其扰，但凡“较大之工厂商号，莫不深蒙损失”。驻军之处，随意安灯，“例不出费”，开拨时还将电料携带一空。所有这些，都是“该厂营业不振之最大原因也”。② 以上说明兵燹匪患导致企业亏损严

① 山东省政府实业厅编印：《山东工商报告》，1931 年 10 月，总序，第 159、136 页。

② 山东省政府实业厅编印：《山东工商报告》，1931 年 10 月，第 159、162 页。

重，这也从反面说明了安定的社会环境对工业企业发展的重要性。

其次，由于税捐太重，超出企业承受限度。在《山东工商报告》中许多工厂多次涉及税捐过重的问题。如临清仁和榨油厂，“惟税捐太重，颇碍营业，计每年纳当地油业捐四十元，统捐每百斤二角五分，出境纳河北统捐每百斤纳六角五分，至天津关，每百斤再纳捐二角五分”。① 临清协兴铸铁厂“税捐繁重，营业尤受影响”。所需原料“生铁由天津运至临清，每吨铁纳捐洋八元有奇，再加运费三元有余，计每吨货无形中增加十二元之巨，是以该城从前所有二十余家之铁厂全行倒闭，近今只有二家，亦不过仅能维持现状而已”。② 出售产品也要纳税，如“每套榨花机纳税一元二角，大锅十口纳税四角，小锅十口纳税一角”，“是以今年营业亦无盈余”。③

第三，由于经营不善，人员太杂，技术不精导致产量低，质量差，以致亏损。如临清五三工厂之所以严重亏损，“其主要原因纯系组织不良，办理不善”。该厂经理对于厂务“漫不经心，厂内开销毫无节制，既失官之监督，又乏技师之指导，损失赔累，势所必然”。④ 华北造胰工厂出现亏损的原因同样也是“办理不善，人员过多，开销颇巨，而出货太少，是以历

① 山东省政府实业厅编印：《山东工商报告》，1931年10月，总序，第138页。

② 山东省政府实业厅编印：《山东工商报告》，1931年10月，总序，第141页。

③ 山东省政府实业厅编印：《山东工商报告》，1931年10月，总序，第142页。

④ 山东省政府实业厅编印：《山东工商报告》，1931年10月，总序，第135页。

年亏损”。[1] 临清福临电灯公司面临破产的原因主要有以下三个方面：一是缺乏懂行的会专门技术的技师指导，所有工作都由工匠负责修理。“故对于机械之修理及电路之分配均无相当之设置”。电灯公司，在当时是一门具有较高技术含量的新兴企业，但经理“系一素无科学智识之商人”，加以缺乏专门技术人员的指导，“是以厂内机械之整理凌乱不堪，暴露糟践损失殊多”。二是用户太少，入不敷出。由于商业不发达，城内用电量很小，福临电灯公司“每月约赔洋百余元”。[2] 三是锅炉过大，电机太小，故燃煤甚巨，甚不经济。自然，这也可归咎于缺乏专门人才的指导上，以致发生技术方面的缺失，给工厂生产带来隐患。有些则属于技术不过关导致的产量不足，如邹县义立孤儿教养院附设织布工厂亏本原因在于工徒技术不熟练，产品生产量小而使营业亏本。

第四，由于交通不便、原料缺乏等原因而造成工厂亏损。如定陶县平民工厂，每年须用纱线 200 余捆，多从济南、青岛等地纱厂采购，但由于“交通不便，原料时常缺乏”，故亏本经营。临清协兴铸铁厂每年需用铁 120 余吨，从前都用湖北大冶铁厂生铁，由卫河船运至卫辉直达临清，并且还有免税凭照，所以价格甚为低廉，原料品质也好。但因为各种原因，湖北原料断绝，改由从天津运来外洋生铁，质量不及大冶铁厂出

① 山东省政府实业厅编印：《山东工商报告》，1931 年 10 月，总序，第 137 页。

② 山东省政府实业厅编印：《山东工商报告》，1931 年 10 月，总序，第 139—140 页。

品之良，但“价值亦昂”，税捐也重，生铁由天津运至临清，每吨货纳税捐洋及运费洋需 12 元之巨，原材料价格成本提高，且“最近又以路途不靖，销路大感困难”。

第五，由于劳资关系不善而引起的亏损。如济宁振业火柴第一分厂，火柴为日用必需品，鲁西鲁南一带地面辽阔，人烟稠密，所用火柴均由该厂供给，销路广泛，向来没有存货，自 1920 年建厂以来营业状况一向良好，每年都有大量盈余，如 1927、1928 年连续两年盈余都为 4.5 万元，但由于劳资发生纠纷，工人怠工，消极抵制。故此出品减少，营业不振，盈余变为亏蚀，1929 年亏本 2 万余元，1930 年仍然亏本。①

从 1930 年山东省实业厅所调查的鲁西几个县的工厂来看，似乎除了高唐县裕和工厂外，其余厂家都由于各方面的原因而致亏损。那么高唐裕和工厂何以能够扭亏为盈呢？原因主要在这样几个方面：

首先，该厂经理孙子平，原系织布工人，1924 年出资 1 千元招工置机，以织布为业，因亏本，改为家庭工业，工徒全部是亲戚家族子弟，没有工资，至年终结账有盈余时酌予奖金。该厂设备极为简陋，用度亦甚是节俭。——可以看出，其固定资本投资少，所雇工人不发工资，期间费用少，开支节省，这是其工厂能够盈利的一个最重要原因。

1927、1928 两年，因当地“年景较好”，收成不错，地面平静，为该厂经营提供了较好的外部环境。——社会治安、经济条件有利。

---

① 山东省政府实业厅编印：《山东工商报告》，1931 年 10 月，总序，第 159、158 页。

1929 年因土匪攻陷县城，停止营业，至 1930 年开始复业，因外货短少，盈利比较多。——没有外货的排挤竞争。

该厂生产的粗布价格低廉，颇为乡村民众所乐用。——产品畅销。

县政府刻意保护，特别予以布告禁征税捐。——政府保护，减免捐税。

这里出现了一个悖论，以往史学界的一个结论就是传统的家族工业竞争力薄弱，在近代往往面临破产的境地。而在鲁西，一些现代性的工业企业纷纷破产，而唯独一家私人家庭工业还能够扭亏为盈。这说明：

一是社会的安定对工业企业的发展至关重要。

二是过度勒索必将导致企业的破产。

三是交通运输、经营管理等因素也起有重要作用。

四、大型士绅企业的破产

在鲁西平原，不仅一般的工商企业处于破产、半破产的境地，就是一些学者认为是民国政权支柱的士绅所经营的工商业此时也危机重重，面临着倒闭破产的命运。① 日本学者小林一美接受中国乡村派的观点及其关于贫困化的论点，依据《中国农村惯行调查》中的资料，对鲁西平原上的两大城市临清和济宁士绅的工商业经营及命运作了全景式的研究。

他依据相关史料叙述了临清经营大钱庄的徐、冯、彭、冀、陈和张家，在 1922 和 1927 年的政治、军事动乱中，财产

---

① 如陈志让认为，中国在 1860—1895 年是绅—军政权，在 1895—1949 年是军—绅政权。见〔加〕陈志让著，《军绅政权——近代中国的军阀时期》，北京：生活·读书·新知三联书店，1980 年。

被军阀和政客所剥夺，得到的是连废纸都不如的军用货币，最后纷纷破产的过程和结局。而号称民国时期济宁“四大金刚”的四大家族，最后也都沦于破产境地。以吕静之为代表的吕氏家族企业，经营包括钱庄、当铺、百货店、洋油店、洋烟店以及进出口商行，侵吞了济宁半数土地，绰号吕半城，但在20年代的军阀混战中，他却成为军阀的牺牲品，家破人亡，财产丧失殆尽，自己穷困潦倒，流落街头，死于道旁。王家也开办了许多商店和商行，包括一个和外国人合伙兴办的包销煤油公司，但在北伐战争时期，他遭到致命的打击，失去了所有财产，最终沦为乞丐，死于北京。刘子玉在光绪年间开了布店、百货店、油店和钱庄，并积累了3000亩土地，1916年在济南开始了丰大银行，并投资济南鲁丰纱厂，在刘子玉死后，家道衰落。另一刘氏的刘韵樵继承了其父办盐政时积累的资产，经营钱庄、百货店和面粉厂，于1921年当选为济宁市商会会长，1927年他死后，家庭很快破产。小林分析他们四家“都在20年代的军阀混战中破落了。他们的破产是由于军阀与政客们的巧取豪夺、税饷的支付、投资的有去无回，以及债务的沉重负担”。①

这些事例说明了什么问题？它说明在鲁西即使精明如济宁“四大金刚”的绅商——他们不仅采用传统的商业和借贷方式，而且还不失时机地从事洋货的销售。一句话，他们能施展其精明的手腕广聚财富。但由于处于军阀时代，这些新兴力量找不到能够与之携手的稳定的政治力量，以致最终未能经受住战乱

① 〔日〕小林一美：《近代华北的土地经营与商业运行的特征》，《国外中国近代史研究》，第二十六辑，北京：中国社会科学出版社，1994年，第179页。本段论述主要引自该文。

和经济不稳定的考验。

故从总体上看，在灾害连绵不断，交通阻隔，战乱频仍，匪患丛生，时局不宁的社会氛围下，鲁西的工商业经济发展处于如此不利的外部环境，自身力量又如此薄弱，故几乎都走上了破产的道路。但也应看到，尽管面临如此恶劣的内外环境，但鲁西工商业仍能顽强地坚持下来，尤其是一些县政府对本地的私人工业采取了保护政策，这更难能可贵了。

第二节　对地方现代性的追求

一、士绅与地方近代化

从第七章的叙述来看，鲁西士绅的活动大体上是遵循着传统社会中士绅的职责范围进行的。但从 1840 年以来，中国社会已经发生了重大变化，从传统社会进入了近代社会，鲁西地区“也很受点外边经济势力的侵入，但是决不如山东东部的利害”。① 如何实现鲁西从中世纪向近代社会的转变，已客观地摆在地方精英面前，尽管他们未必能认识到这种社会变迁的意义。鲁西士绅对家乡建设和发展前景无疑是非常关注的，尤其是济宁，在晚清和民国时期这里产生了许多在国内和省内有较大影响的人物，② 出现了许多世家大族，如以潘守廉、潘复父子为代表的潘氏家族、以孙毓汶为代表的孙氏家族，他们都是当时社会的精英人物，对于中国近代社会的发展变化洞若明

---

① 傅斯年：《山东底一部分的农民状况大事略》，《新青年》，1920 年 1 月，第 7 卷第 2 号，第 141 页。

② 如孙毓汶，系清末军机处大臣，总理衙门大臣；杨毓泗，清末山东咨议局议长，民国初年山东都督；潘复，北洋政府财政总长，国务总理；靳云鄂，北洋军直系将领；靳云鹏，北洋政府国务总理。

烛，为了使自己的家乡在现代化发展中不致落伍，因而千方百计地为家乡发展创造机遇，这些机遇包括筹设商埠，修建铁路，疏浚运河等等。

（一）筹划济宁为商埠

清末民初，为了同德国在青岛的殖民地展开商务上的竞争，抵御外来侵略，防止主权外溢，山东巡抚袁世凯、周馥等先后在济南、潍县、周村等处自开商埠，并提供资金援助。开埠后三处社会经济发展很快，这也给鲁西各地的官员士绅起了一个“示范”效应。济宁地方政府及士绅也积极筹划济宁自开商埠。1921 年，由潘复（馨航）等人发起，要求将济宁辟为商埠，得到内务、农商两部批准，政府助库券二十万。① 先后在济南设立筹备处，在济宁设立商埠局。商埠局直辖于省长公署。内分三科或四科，其职责有三，一为管理商埠警察；二为征收各项捐款；三为核收外人营业执照。除商埠局外，又设建筑公司，资本总额为 200 万元，由商埠局任筹备之役，招商投资，兼任组织。迨公司既成，官商两方，始划分为二，权限各清。公司所预定的营业种类为：一收地，二租地，三收租，四承揽工程，五承办公共工程，六自建房屋出租。发起人潘复等人拟定了商埠局及建筑公司两项章程，并附有计划书。② 经过济宁官绅的共同努力，济宁终于被辟为山东西部唯一的一个商埠。为济宁的商品物资交流打开了方便之门，也为鲁西其他地区的商品流通提供了一个窗口。

---

① 《申报》，1921 年 2 月 19 日。

② 静观：《济宁与海州两商埠问题》，《申报》，1921 年 3 月 13 日。

（二）争取铁路线经过济宁

鲁西自运河停摆后，以往的交通动脉中断，与南方和对外的商务衰落。清光绪末年，原拟修筑天津至镇江的铁路，途经济宁，后改为天津至浦口，过兖州不经济宁。济宁各界人士闻讯后，当即推举潘复等人赴京请愿，经据理力争，邮传部会商决定，干线不动，另修兖济支线。该支线于 1912 年通车。那么，济宁士绅在这场争路事件中主要依靠哪些诉求来打动相关官员，从而为济宁争取到一条重要的商业转输渠道，保证了济宁重要的区位优势呢？从《济宁县志》中摘录潘复著的《争路小记》一文中可以了解，他们从地势便利、有利商务发展、性价比以及民族主义诉求等方面呼吁铁路线经过济宁。

首先，地势上的便利。他们认为如果走东阿至兖州一线，则“查东阿一路形势低下，绕道亦多”，“惟由宁阳绕过济宁一线，地坦途平，施工甚易”。

其次，绕道商务发达的济宁，可充分发挥铁道运输便利之优点。“通常铁路之性质，实以发达商务为惟一之目的。轨道所经，必由民物繁盛之区，四方荟萃之地。方能多所运输，同臻发达。若寂寞瘠寒之滨，无物可运，无货可输，纵使便利直接，又将奚用?”“济宁商埠为南北枢纽，数十百年商务繁盛之区，持较曲兖，岂止十倍。设轨线一旦交通，南北商货多一伟大销场，于实业前途关系匪（甚少），运货收入日有增加，更操左券，区区绕折七十八里，似无窒碍之可言。”

再者，兖州至济宁铁路是在条约中注明早晚都要修造的线路。“抑兖州过济宁至开封之支路附载津浦条约，十五年内中国自行修造，如用洋款，向德华银行商借等语。是东西线路无论如何，亦在必修之列。此时由兖州改绕济宁，虽多费此七八十里之建筑费，要知将来东西线路开工，即由济宁而趋开封，是其所省亦如此数。”希望津浦路督帮办大臣能够统筹大局，“两公督办津浦，实篼全国路权，尤当统筹大局，不仅为目前计也。”

第四，绕道济宁路线和旧线相较，性价比更高。“现兖曲插标暂定之地，自大汶口起，周折兖曲间，过邹县至界河而南，计经崖沟河道共二十有七，径长二百五十余里。若改定新线，仍由大汶口起，稍西绕过济宁，再行渡界河而南，计经崖沟河道共十有四，径长二百七十余里。比较二线，改绕济宁仅多费二十余里，避去河道十数，桥梁工程皆可因之省减所费，获益无穷，何惮弗为也！”即认为绕过济宁仅比原线多绕二十余里，但过济宁这条线路途平坦，可节省十数道桥梁的修筑费用，如此性价比更高。

第五，原线靠近中国矿产，便利帝国主义国家攫取中国矿产，改绕济宁则避免了这一弊端。按照修造胶济铁路条约规定，德国有在铁路两侧 30 里开采矿产的权利。“盖英德工程师不谙地势，别抱阴谋，其绕折泰山左右，无非一攫矿目的。我国明达之士，深訾其非，另划新线，决以济宁商埠为交通中心点，曲兖一带无味周折，必当抛弃。故改线之说实始于津镇未定之先，不始于津浦改名之后；实出于山东、直隶、江苏三省官绅学界之公意，绝非吾济一方面之私言也。”彭慕兰认为济宁士绅争路的目的在于同东部沿海地区相联系。但当时目的主要在于发展济宁商务，为济宁商业发展提供便利的交通条件，使济宁重新成为交通枢纽，自然也有同山东东部相联系的一面，但更主要的是加强了同南方各地的联系。

关于原线便利帝国主义攫取中国矿产一说，在翰林院编修山东旅京同乡官杨毓泗上书津浦督帮办大臣公呈中更得到详尽的说明：

殊不知德人津镇旧线半为觊觎矿产，故必傍山依岭，冀呈其侵占狡谋。我中国收回自办，更名津浦，殚数年之经营，竭四省之财力，无非为振商务，挽利权，便征调，策富强，自应趋繁就简，以尽居优胜地位。济宁地据形胜，屏蔽省垣，环湖带河，水陆交冲，物产富饶，商贾辐辏，……运输通灵，为商务之中心点。①

以后，全济绅商学界上旅京同乡书及四省总协理书中也多有同样的诉求，屡屡述及济宁作为商务中心点的优势，并认为“通商为路政之机关，货殖乃通商之根本”，认为旧路线有四不可解：

“曲邑物产非富，输运无资，商贾不集，路利安在，此不可解者一”；“曲阜环山多矿，久为德人注意，现藉口津镇草约，要求附路矿产，东省官绅方并力坚拒之不遑，今反移路曲就隐济其狡占之谋，此不可解者二”；“线折阙里，逼近圣陵。既经东人力争，自应趋济远避，乃仅移五里，震响仍闻，改线东郊，距矿愈近，未足隆尊崇之礼，徒以启窥伺之心，此不可解者三”；“路线所趋，在地利不在程途，由兖绕济至邹较之绕曲至邹虽稍远四十里，然吕大臣原议本有增修兖济支路之条，若以六十里支路之款为四十里远折之需，费不加多而事极易举，乃徒省改堪之劳坐失商矿之利，泥德人之旧辙，误路政于无形，此不可解

① 民国《济宁县志》卷二，法制略，交通篇。

者四”。

最后杨毓泗总结道：“绕曲绕济，同一弯辙，权衡得失，霄壤悬殊。而必迁就因循，弃商近矿，失固有之权利，启外界之纷争，全局所关，桑梓所系，此毓泗所不得不低徊往复，披沥上陈者也。”①

济宁在外精英和在乡精英联合行动，以“修路之目的在发展商业，济宁为鲁西商业中心，津浦路不经济宁，实屈从德人目的，而忽视中国经济利益”这一民族主义诉求，②屡屡派代表力争，最终清政府以“路线早已勘定，地亩亦已购妥，与其改经济宁，不如兖州至济宁修一支线，而济宁之交通货运亦可以解决”的折中之策，修造兖济铁路，使争路风波平息。而济宁则依靠兖济支线，同南方的商业贸易获得进一步发展，“在昔驿站遍设，运河疏通，济实居水陆之冲，是以商业发达，自兖济支路设而益形便利矣”。③

（三）对运河的疏浚

运河对于鲁西、特别是对于济宁、聊城、临清等城市工商业的发展具有特别重要的意义。由于黄河泥沙的淤积，运河含沙量陡增，因而治理运河治标之法就是疏浚，前面我们介绍了在八国联军进攻中国，封锁了海路交通，清廷令重新开通运河漕运，但终因缺乏整体规划和长远规划而告终。1904 年，山东巡抚杨士骧曾拟将临清、黄河间河段浅阻之处，分段挑挖，

① 民国《济宁县志》卷二，法制略，交通篇。

② 张玉法著：《中国现代化的区域研究：山东省，1860—1916》，台北：“中央”研究院近代史研究所，1982 年，第 487 页。

③ 民国《济宁县志》卷二，法制略，交通篇。

并添修涵洞，引导附近水源，俾通舟楫，但未果行。[①] 这是在清廷和地方官府的主持下对运河的治理，尽管没能成功或仅提出设想，但也反映出中央和山东省对运河治理重要性的认识。到了民国以后，无论北洋政府还是当时的山东省政府，对于运河都无暇顾及，疏浚运河的任务落在了济宁地方精英头上。

1914 年，南运湖河筹备处成立，济宁潘复任总办，派员实地测量，勘议筹治。1918 年，聘请英国工程师来济宁，“将事开濬，卒未果”，这次勘察测量为以后运河治理保留了大量有价值的资料。到 1927 年，“复议开工，不日当可举办”，[②] 但最终未行。

从国家、地方政府和社区精英先后投入对运河的治理这种情况来看，这一方面反映出国家对运河的治理有一个逐渐淡出的过程，一方面反映出济宁地方精英势力的强大。但无论是国家、地方政府还是地方精英，都没有把运河治理好，许多措施甚至只是停留在设想或调研层面。固然每次治理的不成功各有其特定原因，但治运和治黄，治运和治理其他河湖的盘根错节，也使得仅仅对运河加以疏浚只能是一种“治标”行为，“治标”尚且耗资巨大，需要协调各方关系，至于“治本”则远非当时的财力、物力、人力所能及。

二、发展新式教育

举办书院、学堂，发展教育事业，是社会公认的绅士们传

① 《东方杂志》3 年 7 期，第 159 页。转引自张玉法著：《中国现代化的区域研究：山东省，1860—1916》，台北：“中央”研究院近代史研究所，1982 年，第 35 页。

② 民国《济宁县志》卷一，疆域略，十五。

统的职责，到了近代，仍有不少士绅承担着此项使命。如郓城县绅候补训导王锡辅于光绪二年（1876年）将伙宅一处，计房44间捐作宣文书院，宅后有段姓地基亦捐入。知县又劝郓城县司氏捐钱250缗，建筑书院房舍。光绪四年（1878年），士绅李惟成劝捐助工增修堂前东西考棚、讲堂、西北瓦房3座，计9间，前厅3间，并周围垣墙。光绪十五年（1889年），经武生梁英华、监生李翔集等倡议，捐修书院，当即立契售卖，用五岔口闸地80余亩，卖得款项600缗，添建"一贯静舍"。宣文书院为当时文士讲学和应举考试之场所。①

朝城士绅吴瑛山是道光巳酉科拔贡，因朝城县书院长久荒废，吴瑛山捐钱五百千，房宅一区，禀命县令创立育英书院。到同治初年，苦于书院缺少无经费，吴又禀请县令"入叛产八百余亩，以为修金膏火资，迄今学堂犹资遗泽焉"。② 这些都是士绅对传统教育事业的重视。

在鲁西，不仅仅是士绅集资创办学堂，一般民众对于教育也非常推崇，视教育为神圣的事业。这时期出现了以行乞集资创办义学的武训。被称为"义乞"的武训1859年在鲁西柳林开始行乞兴学，先后于1888、1890、1896年在堂邑县柳林镇、馆陶县杨二庄、临清州御史巷创办义学3处。1889年为表彰武训行乞兴学的善举，地方官绅送其匾额两方，一方书"惠及士林"，一方书"博爱为仁"；四方民众捐款在杨庄义学为其立碑两座，一碑刻"德垂不朽"，一碑刻"万古流芳"。

晚清乃至民国时期的私塾改良，在乡村中引起很大反响，

① 光绪《郓城县志》卷二，书院。

② 民国《朝城县续志》卷二，三十七。

一般村民对私塾非常认同，而对新式学校则持怀疑观望态度。私塾是当时乡村文化教育的中心和礼仪传承的主要场所，是农村权力文化网络的重要环节。尽管科举制已废除多年（1905年清政府宣布废除科举），但广大乡村的文化传承仍然要靠私塾。正如时人所言："在文盲布满了的农村，发辫盘踞头顶，怀抱一部《玉匣记》的私塾先生，仍然是农村文化的领导者。"①私塾在乡村自称"儒学"，而把小学校称为"洋学堂"，而"中国三千年来，历经学者之提倡发扬，立儒学为正宗道统，沿承既久，普及亦广"，② 即使到了民国，在农村广大村民心中还是承认儒学的正统地位的。但也有些士绅认识到私塾教学的局限性，而积极主张振兴学堂，发展新式教育事业。

东平县士绅范德如，清廪生。性抗爽，喜与文士交好，诱掖后进，热心地方教育。光绪末年停科举，立学校。"时民智未开，阻议横生，德如竭力倡办，遭冷讥热嘲，漫然弗顾"，他担任高等小学校长，实心任事，甘尽义务。复自建学舍，创设初级小学，独立经营，完成四级，累费近万金，毕业千余人，为全县小学模范。以后办学，人才多出其中。东平县创办中学，需款浩繁，德如首捐巨资作为提倡，"中学获成，力实多焉"。③

东平县另一位士绅田耀坤，清庠生，读书求实践，不沾沾于章句学，以教育后进为乐，故东汶（东平、汶上）两邑学子

① 山东省立民众教育馆编：《山东民众教育月刊》，第4卷第6期，1933年7月，丁部，第143页。

② 王尔敏著：《中国近代思想史论》，北京：社会科学文献出版社，2003年，第143页。

③ 民国《东平县志》卷十一下，人物。

多出其门下，教人以修身为本，循循善诱，务使领会而后已。见中国连次战败，变法改制，深悟固步自封不足造就人才，劝诸生投考学校，诸生不忍去，耀坤亲率来城，考录十余名，嗣就学者仍接踵于门。耀坤乃投入学校以为倡，远近观法，士风丕变。其门生服务军警法界者指不胜曲，东平县创立女校，咸推耀坤主讲，未及一年，成绩卓著，终以用心过度，积劳病殒。①

这些都反映出乡村士绅近代化的转型，从原来的塾师逐渐过渡为新学堂的教师，也起到了引导风气之先的作用。

1890 年代，德国基督教传教士先后在阳谷县坡里和济宁建立了神甫培训学校，讲授哲学和神学课程。② 而创办学校在 1900 年成为基督教会在中国传教最重要的间接传教方法。在义和团运动平息后，传教士产生了以现有的神学院为中国民众开设学校的想法。1902 年 3 月和 10 月间，传教士先后在兖州和济宁开办中学。1906 年，面向中国教徒的中央学校在戴家庄开办，与之相接，一所四年制的所谓师范学院又得以建立。圣言会计划用一系列小学把整个传教区连成一片，由位于戴家庄的师范学院承担培养小学教师的任务。③

或许是为了同教会学校展开竞争，济宁士绅在此时出现了一个兴办家族学校的高潮。如济宁著名官绅潘守廉为更好地培养潘氏后人，特意创办了潘氏私立高级初级小学。由潘氏捐地十顷为潘氏学田，每年于收入项下提钱 7200 串作为常年经费，

---

① 民国《东平县志》卷十一下，人物。

②③〔德〕余凯思著，孙立新译：《在“模范殖民地”胶州湾的统治与抵抗——1897～1914 年中国与德国的相互作用》，济南：山东大学出版社，2005 年，第 413、417 页。

又每年提钱二千串为将来升学之预备金，以培养族人，“以始迁济宁潘均四公后裔南北两支为定”，并规定潘氏义田“永为不动产，世世保存，不准分析典卖”，全部用于培养潘氏后人教育之用，潘氏族人进入高级、初级两班学习，“其学费一概不收，操衣书籍笔墨石板膳宿各费均由本校供给”。[①] 这是在济宁县创办家族学校之始。“地方人士仿而效之，私立小学近则遍二十一区，而家学族学益多。”[②] 如士绅郭树榕、夏钟枋、李明溥、孙庆师组织兴办私立两等小学校。吕氏家族吕庆坡、吕庆圻创办吕氏私立两等小学校。1913 年（民国二年），由李赐骥、于成基等 20 余位士绅联合创办乐育私立高级小学，经费由发起人按月输集，不足则募捐来补助，“道尹邓际昌虽已不在位，仍为设法募捐，得千余元，邑绅潘守廉也襄助不赀，邑绅李汝谦捐助二千元，自是学校基金得以巩固”。[③]

三、稳定社会秩序

近代曹州由于地狭人多，灾荒频仍，加以民风剽悍，故以时局紊乱土匪众多而闻名，如何治理曹州土匪，恢复正常的社会秩序和社会生活成为晚清至民国时期自中央到地方官府、精英面临的一个重大问题。剿灭土匪这并非现代性的使命，清代山东地方官员都以清剿“曹州土匪”为职责，但运用标本兼治的策略，注重发展教育和实业，以发展生产来谋求人民生活的改善，进而期冀铲除匪患，这可称为在新的历史条件下的现代性的因应之策。当时有人概括出对付土匪的“治标”和“治

---

①③　民国《济宁县志》卷二，法制略。

②　民国《济宁县志》卷四，故实略。

本”两种办法，“治标”之法就是派兵严加痛剿，“治本”之法就是“急派本地信孚之士绅，委以宣抚之名义，邀集绅学，先从清乡着手，继办巡警，继集资办实业，以谋平民生计，实业分拓殖开垦及本地土料工艺二端，庶几可以作长治久安”。①曹州地方精英如王鸿一、朱鸿泽等人则身体力行，致力于曹州社会秩序的重建。

王鸿一，名朝俊，郓城人。他幼年发蒙，1898 年清廷废书院兴学堂，他于 1900 年入济南省立高等学堂读书，1901 年东渡日本求学，1902 年回到家乡曹州。开办学堂和宣传革命，承担起教化民众的职责。他先后创办了菏泽县小学堂、菏泽第一公立、第二公立小学堂，推动并协助曹州知府创办曹州官立中学堂。在王鸿一的倡导和推动下，至 1908 年菏泽城乡兴办小学 70 多所。1909 年，他又设立“保姆养成所”培训幼儿教师，是为菏泽女子教育之始。王鸿一还于 1904 年创办了土匪自新学堂和曹州警务学堂，这看似矛盾的两个学堂，却由王鸿一在曹州同年兴办起来。曹州警务学堂招收具有一定文化知识，身体健康的青年，起初招收学员八十余名，分为两班，主要学习文化课、专业警务课程和军事训练、新军法等军事知识。王鸿一对家乡农民因贫穷无以谋生，不得已为匪为盗深感痛心，为此专门创办了一所为土匪授课的“土匪自新学堂”。这所学堂收容了活跃在鲁西南的土匪杨占先、冯金銮、郑金贵等三十余人，由王鸿一亲自授课。本着孙中山《心理建设》的教导，对他们晓以革命大义，进行思想开导，并聘请教师讲授

① 中国第二历史档案馆陆军部档，全宗号：一〇一一，案卷号：6066，抄交山东彭议员负请治曹州土匪呈，1912 年 9 月 18 日。

文化课，传以务农、从工之技。使这些学员懂得了人生的道路，学习到了文化知识以及谋生技巧，毕业后他们中的许多人有了正当的职业，成为了造福桑梓有益于社会的人。①

朱鸿泽，鲁西南单县人，1874年生。“幼年好学，博览群书，童试以冠军入庠，省试第一，殿试又列前茅，铨选知县。庚子赔款以后，看到清政府的腐败，便奋志远游，1904年东渡日本”，1908年毕业于日本早稻田大学，返回家乡曹州。完成了从传统士绅向新式知识分子精英的过渡。他在日本加入了同盟会，回国后和留学日本回国的同盟会员王鸿一、范明枢一起为曹州的教育、革命和民众利益做出了贡献。他在曹州主要有以下作为：

创办学校。朱鸿泽和王鸿一等人先后发展了南华中学、普通私立中学、开办了曹洲实业中学堂等，为曹州的教育事业做出了贡献。在他们的努力下，菏泽的教育事业一度振兴，考取北大和出国留学人数冠于全省。

策反“土匪”响应武昌起义。为能以武力推翻清廷专制统治，朱鸿泽和王鸿一等共同寻找联合反清武装力量。曹州地处苏、鲁、豫、皖四省交界之处，晚清时期各地民众因生活所迫，民变纷起，各种“土匪”武装成为朱鸿泽等联络发动的对象。朱鸿泽亲身参与策划了单虞、单砀边境的王锦韬、庞三杰各部反清，并将其改编为“山东民军”，攻破江苏丰县县城，接着乘势南下，连下涡阳蒙城，后被清军第五镇张勋部镇压。

响应北伐，组织北伐群众后援会。1927年底，北伐军进

① 参见察应坤、邵瑞：《王鸿一传略》，济南：黄河出版社，2003年，第12页。

军鲁西南，总指挥方振武、先遣军将领王锦韬都与朱鸿泽有交情。朱出面促使单县民团军和警备队五百余人，接受了北伐军的编制，也使单县民众避免了一场炮火兵燹。北伐军向北挺进后，朱鸿泽会同当局组织了北伐群众后援会，内分运输股、侦察股、宣传股、慰劳股，支援北伐，并多次动员地方士绅慰劳北伐官兵。

追缴赈款，救济灾民。1928 年下半年，大旱，单县全境农民几皆破产。县五方局总办仍掌管地方财政，以为上层更换频繁，无法查考，竟侵吞赈款两宗 6000 元，国民党县党部组织清查，但未能查清。朱鸿泽拿着确凿证据代表灾民起诉，五方局总办被民团军关押起来。朱亲自出庭控告总办罪行，当五方局调集人马准备镇压时，朱发动学生向各界发出呼吁。可是县长袒护被告，政法机关不能秉公处理。总办贪污 6000 元，最后罚款 800 元获释，灾民仍嗷嗷待哺。朱鸿泽再次拿起他的铁证向省政府和高等法院两处控告，当时虽有惩办条例，但并未执行，仅按照普通刑事案件处理，在追出了全部赃款后，被告潜逃。

六千元赈款追回后，却被单县县长王希贞挪扣。这时单县灾民倒街卧巷，又有安徽亳州灾民成群结队，踉跄呼救。朱鸿泽虽然为宦十余年，可是两袖清风，加上三年的控诉，早已囊空如洗了。他卖了二百亩地，重新联络国民党县党部，查遍县衙里的案卷，终于查出了王希贞挪用赈款的呈文，呈文上有省民政厅的批示，批示中有“赈款专为备荒，不得挪作他用，仰即筹补”等语。于是朱鸿泽邀同其他士绅向县长讲理，县长无词以对，遂把赈款发出。

赈款发下以后，朱鸿泽成立了赈灾会向全县发起劝募，他自己先捐出谷粮3000斤。总捐1.5万元，合赈款共3.1万元，在单县终兴集等处设置粥厂，放赈度荒。①

需要指出的是，民国时期的地方士绅群体，同晚清时期已经发生了变化。他们不再以功名为标准，而通常是指各县参与教育、地方自治、商务及其他公共事务的地方绅董。作为清末地方士绅阶层的延续，他们是控制一县文化教育、政治及经济的权力精英，往往直接对一县的政治发挥着重要的影响力。②如前面我们述及的潘复、王鸿一、朱鸿泽等就属于民国时期的新一代士绅。

晚清和民国时期鲁西尽管灾难重重，但各地地方精英凭借自己的各种社会资源，无论采取传统的方式还是现代的手段，目的都在于使家乡获得发展，只不过促进家乡发展的路径是多样的。有的希望通过加强和东部沿海及南方的联系而使地方工商业重新振兴，有的希望重新整合社会秩序，保持地方稳定，进而发展教育和实业经济。更多的希望从教育入手，通过实现人的近代化走出中世纪，展示出在变化了的环境下鲁西独特的现代性。

---

① 政协单县文史资料委员会编：《单县文史资料》第1辑，1989年，第123—124页。

② 贺跃夫：《民国时期的绅权与社会控制》，《二十一世纪》，1994年12月号，第38页。

结语　地方应对机制及特点

从1855年黄河决口，运河停漕，鲁西依靠黄河的战略地位尽失，到1937年日军渡过黄河，鲁西各地实验县结束。这八十余年的时光里，鲁西民众罹经天灾人祸之侵袭，地方士绅和民众从起初的惊恐无奈、穷于应付到逐渐采取一系列策略、措施加以应对，显示了一个从不适应到适应的过程。地方社会在应对灾荒和变乱时，有没有建立起一个有效的应对机制？是否是有组织的？这些应对措施具有什么性质？是否对这些灾荒和变乱做到了标本兼治。通过本书前面的分析，可以了解到地方社会在应对中，既有国家和地方官府的统一组织，又有许多士绅和民众的自发性行动；既有传统性的设施，又有许多现代性的举措；在地方治理上，并没能做到标本兼治，只是采取了一些治标的举措，但在当时条件下，已属不易了。

一、组织性和自发性并立

从总体上看，鲁西地方社会在对付灾荒和变乱上，并没有建立一个有效的应对机制。但也并不是说，鲁西在对待灾荒和变乱中就没有组织性。实际上，晚清时期许多救济灾民的举措是由清廷饬令地方官府统一领导、督促，在士绅的合作下共同进行的。

中国传统社会的荒政经过几千年的发展，到清代已经发展到成熟时期。其灾荒救济程序包括报灾、勘灾、审户、发赈四个环节，救灾程序制度化；救灾措施也日趋完备，并建立了一套较为严密的管理体制。虽然在执行过程中由于吏治败坏存在着许多弊端，如报灾不及时，隐瞒灾情，勘灾弄虚作假，查赈不实，捏灾和匿灾的情况，但毕竟是建立了一套由国家统一管理、规划的荒政系统。晚清时期清廷官方的赈灾措施多是运用蠲缓或免征钱漕的方式减轻灾区负担，对于灾民则通过截留漕粮或发放库帑的方式予以救济。如黄河在铜瓦厢决口后，清廷1855年11月30日“蠲缓山东临清、历城等五十五州县，并德州、东昌、临清、东平五卫，及永阜、王家冈、官台等场被水灾区新旧额赋有差”。1855年12月14日“蠲缓山东菏泽、濮、范等二十九州县，暨东昌、临清、济宁三卫，东平所永阜场被水灾区新旧额赋有差，加赈贫民一月口粮”。并令“准截留山东新漕二十一万石，并上年劝捐兵糈八万八千余石，省城防堵买存谷麦豆四万七十余石，及各州县应交津贴运费，备赈被水灾民”。①这样的情况在每次黄河决溢后都有发生，如1866年、1867年、1875年等多次发布谕旨蠲缓被灾地区钱粮额赋。② 这种记载很多，恕不一一列举。地方官员在灾荒中也督率士绅，采取了许多赈济灾民，避免激化社会矛盾的措施。如1875年由山东巡抚丁葆桢督导，由沿黄各县士绅民众集资出力修筑了长达250余里的山东障东堤。临清粥厂则是光绪六年

① 山东师范大学历史系中国近代史研究室选编：《清实录山东史料选》（中），济南：齐鲁书社，1984年，第1336、1337页。

② 参见山东师范大学历史系中国近代史研究室选编：《清实录山东史料选》（下），齐鲁书社，1984年，第1676—1678、1775页。

由王知州倡捐经费，邀集绅商众善积捐粮米钱文“成此善举”，每年开设 3 个月，持续达 7 年之久。济宁栖流所则是凭依驻济宁官绅的捐献，如济宁知州、运河道和本地士绅相继捐献银两维持，自道光年间维持到民国时期。如此等等，俱可见到官方在社会救济方面的组织督导作用。民国时期的灾荒救济，我们也可看到国家、地方政府、慈善团体等有组织救援的影子，如 1935 年的黄河决口，山东省政府采取了节缩政费，加征附加捐，减发薪俸，支拨税款，停发县党部经费，提取税收奖金等方式筹措抗灾资金，国民政府、第三路军总指挥部、各善士善团捐助款物，其中“国民政府拨发赈款三十二万八千元，山东省政府拨发赈款三十六万五千元。第三路军总指挥部拨助赈款四千元。山东印花烟酒税局拨发赈款九百八十六元八角六分。各善团善士捐助赈款二十五万零零零三元二角，日金一百五十七元，大铜元四千一百七十三枚。以上五项共收银洋九十四万七千九百九十元零零六分，日金一百五十七元，大铜元四千一百七十三枚”。① 菏泽一县，收到公私施放赈款计有“山东黄河水灾救济委员会先后发收容费一万元、五千元、九千元；菏泽县政府陆续垫借收容费三万一千元；山东黄河水灾救济委员会发赈款六千元，又发二千五百元；山东各界救济会交二千元；菏泽县政府陆续拨赈洋五千元；梁院长漱溟捐洋七十三元五角；菏泽绅商捐洋二百六十四元一角五分；美孚行捐洋一百三十五元；颐中烟草公司捐洋一百五十元。”② 不可否认，每

① 山东黄河水灾救济委员会编制：《山东黄河水灾救济报告书》，第 1 期第 3 编，1935 年 12 月，《筹赈》，第 97 页。

② 山东黄河水灾救济委员会编制：《山东黄河水灾救济报告书》，第 1 期第 3 编，1935 年 12 月，《筹赈》，第 189—190 页。

次灾荒来临，清政府都投入相当数量的人力、物力予以救济，期望灾区能恢复生产，安定秩序，灾民能休养生息。民国时期有相当长的一段时期，北洋政府对山东的统治鞭长莫及，在救济上采取睁一只眼闭一只眼的态度，如1921年8月，山东黄河决口，淹没村庄六十余处，菏泽郓城已成泽国，“据称均以款不应手，抢险无术”，“此次河岸决口，为数十年来未有之奇灾，政府对于治河经费，平日不肯拨给分文，事后呈报灾情，亦仅仅给以区区五千元，敷衍塞责，视人命如草芥，为专制时代所不如”，山东省议会为此向北京政府提出严正抗议。① 而南京国民政府时期，虽然国民政府同韩复榘为首的山东省政府之间存在矛盾，但每次灾荒来临时，总是能由国民政府出面，会同山东省政府和各种慈善团体给予灾民救助。这固然有稳定统治，防范灾民大规模暴动的意图，但毕竟对于稳定灾区秩序、安定灾民生活、发展灾区生产起到一定作用。

但显然，由于鲁西灾荒频仍，持续连绵，波及面广，涉及人数多，国家和地方政府的赈济并没有达到预期目的，许多时候是“杯水车薪”，不少时候又是“远水难解近渴”，加以赈灾过程中弊端重重，因而荒政效果大打折扣。对于此点，我们已经在前面叙述，兹不赘述。

在一些国家和地方政府无法顾及的社区，一些士绅也凭依着各种资源，承担着各自社区的社会职责，他们视自己家乡的福利增进和利益保护为己任。他们承担了如兴修水利，排解纠纷，兴修公共工程，组织团练和弘扬儒家价值观念，从事社会教化等等事务，但士绅对这些事务的承担多是自发性的，是士

① 参见《申报》1921年8月10日，1921年8月12日。

绅面对灾荒和变乱一种自发的应对机制。“绅士仍然是一个社会集团，在自愿的基础上行事。”① 一些士绅是受到官府的督导、鼓励而从事某些事务，并且会得到官府在官位和荣誉上的奖赏，同官府和民众处于相互需要、相互保护的地位。但某些时候，士绅常常自行其是，官府对此也只能默认或者勉强容忍。因而在地方上，士绅既有同官府和谐、融洽的一面，也有同官府矛盾、紧张的一面。

在面对变乱时，这种矛盾和紧张的一面更为凸显。从国家而言，它也希望保持对武力的垄断，但由于国家的正规军八旗和绿营兵的腐败，实在不足以对抗太平军和捻军，在不得已之下才下令在籍官绅办理团练，并希望由地方官加以约束，既起到守望相助、坚壁清野的作用，又能不耗费国家库帑，但这也给各地中下层士绅参与地方治理提供了机会，地方士绅自发组织团练，修筑圩寨，一些士绅和团练确也起到清廷预期的作用，抵御太平天国北伐军援军和捻军，但也有不少士绅在掌控了团练武装之后，取得控制乡村社会的资本，进而同官府、同其他士绅处于对立的地位，矛盾冲突加剧，导致变乱发生，糜烂地方。

二、传统性和现代性交织

何谓传统性？在地方的应对中哪些算作传统性的东西？哪些又可称为现代性的东西呢？彭慕兰认为，清政府和南京国民政府失败的原因即在于他们忽略了传统性的使命，这些使命主

① 张仲礼著，李荣昌译：《中国绅士——关于其在19世纪中国社会中作用的研究》，上海：上海社会科学院出版社，1991年，第51页。

要包括了治水、救荒、维护社会公共秩序、惩治官员的腐败等。现代性的使命应该包括发展现代工商业、交通、铁路运输、推广新作物品种、推行现代教育等等。按照彭慕兰的意思，就清政府和南京国民政府来说，他们的现代性使命并非做得不好，相反是传统使命没有做好才导致他们的失败。这是就整个国家而言，其实这时期国家的"自强"职责主要展示在东部沿海的一些经济发达地区，具体到鲁西这一地域来说，无论清政府还是国民政府，则既没有尽到传统的使命，也没有承担起现代性的职责。对于未能承担起传统的使命，彭慕兰《腹地的构建》一书已多有述及，本书在第四章也着重谈到这个问题，自不赘述。对于国家没有承担起现代性的职责，如帮助鲁西各地发展近代工商业，通过本章第一节的叙述，我们能够看到对于现代性的工业企业，国家不仅不给投资，反而采取高捐税的政策，至令许多企业破产，到1930年代，鲁西的工商业经营依然很少，民众生活方式仍是传统的男耕女织。

这从下表鲁西各县民众职业状况情况中得以证明。

表9—1　鲁西各县民众职业状况情况

县别	职业状况
菏泽	务农者多，商业次之，服务军界者亦不少。
曹县	农业占十之六七，工商自由职业占十之一二， 无职业及失业者占十之一二。
单县	农业为多，工商极为少数。
城武	农业以外无他业，连年雨涝害稼，农业亦不发达， 民多失业，饥色遍野。

（续表）

县别	职业状况
定陶	十之九属农业，工商及他业占十之一。
郓城	男多务农，女多纺织，地少人稠，赴东北及海外者甚众。
临清	居民多数务农，男耕女织，荒岁出外谋生者亦有之。
聊城	以农为业者占十之八九。
堂邑	业农者十之九，业工商者十之一。
巨野	居民务农者多，工商较少。
滋阳	业农者十之九，业工商者十之一。
曲阜	以农为业，兼有织土布及编席者。
宁阳	业农者十之八九，业工商学者十之一二。
邹县	业农者80%，业工者8%，业商者5%，其他7%。
泗水	农业为主，工业多为木、石、铁、泥水等行业，商业系小本经营。
汶上	大多务农，业工者居十之一二，农民兼有造草帽缏及发网者。
济宁	农界居多，商界次之，余为政学等界。
金乡	男多为农，女多纺织。
嘉祥	男多务农，女多纺织，工商业极萧条。
鱼台	商业萧条，工艺甚少，仅有家庭织土布者五、六家。

资料来源：张育会、刘敬之编辑：《山东政俗视察记》，山东印刷局，1934年。

可以看出，1930年代鲁西占主导地位的生产方式还是传统时代男耕女织的生产方式，从事工商业者甚少，而单位时间内农业生产创造的附加值，可以说，即使社会发展到现在，也远低于工商业创造的附加值。

在交通运输上，鲁西的铁路除了津浦路经过曲阜、兖州这样东部一个边，济宁经过精英的极力争取获得一条支线外，没有其他线路。鲁西各县的公路网络出于军事需要发展很快，但农村落后的交通工具则无法享受公路现代化的恩泽。至于国家政权的现代化，如建立新式司法警察制度，发展新式教育，除了向村庄不断榨取，却从未给乡村带来什么“现代化”的好处。①

正如前面我们已经探讨的，地方的应对更多体现在传统性的使命上，地方士绅在官府无财力、人力从事大规模的地方救济的情况下，承担了许多传统使命。包括修筑堤坝——治水，赈济灾民——救荒，修造圩寨，组织团练、民团、联庄会、红枪会等——维护社会公共秩序，如排解纠纷，救济难民，也是属于维护社会公共秩序的范畴。这些活动，沿承了中国传统的社会救济、社会援助、民间慈善救济传统。在近代灾荒救济中发挥了重要作用的民间义仓、义庄等，在中国传统社会中即有着悠久的历史。万历八年（1580 年），曹县设立社仓时请虞城县同善会创始人杨东明作序以志之，杨东明指出：“夫重莫重于民命，急莫急于救民命。而况以红朽无用，济其至重且至急，则我无小损，人有大益，奚惮而不为哉？”② 具体地说明了富室应自发地向社仓捐赠粟谷，从而救济贫穷之人。这也说

---

① 可参阅〔美〕黄宗智著：《华北的小农经济与社会变迁》第三章，中华书局，2000 年，第 41—58 页。

② 《山居功课》，卷一，曹县社仓序，转引自〔日〕夫马进著，伍跃、杨文信、张学锋等译：《中国善会善堂史研究》，北京：商务印书馆，2005 年，第 107 页。

明民间在乡村社区救助中自有一套传统的方式、方法。民间的一些自卫组织如义和拳、红枪会等则承袭了明清时期民间秘密结社的传统。

也应看到，鲁西地方士绅和精英虽然面临着巨大的生存压力，但也做出了一些现代化的努力，虽然国家和地方政府在大多数情况下采取榨取和压制政策，但鲁西工商业还是产生并存在下来，一些电灯、电话等新式产业也由地方上建立起来，一旦时机好转，就能获得发展。在一些小环境下，地方政府对于工业企业采取了保护和扶植政策，更促进了现代性的工业企业的发展。

需要注意的是，我们所谈的传统性与现代性，是站在当下学术角度所做的区分，其实就当时的人来看，这种区分并无太大意义。当时社会情形更多的是传统性中包含着现代性的内容，而现代性中含有传统的因素。如当时农村贫困，无论是私塾还是新式学堂，都起到了开启人心智的作用，而随着识字的增多，对于民族国家观念的体认，对于自身生活处境的了解都会多几分理性的思考。

三、治标不易，治本更难

自1855年以后，各地灾荒连连，以对鲁西造成危害最严重的黄河水灾而言，截流漕粮，增设粥厂，发动士绅富室广为募捐，固然能济一时之困，但如果不从根本上治理黄河决溢，则整个鲁西仍难逃饥寒交迫之困厄。晚清时期参与救济山东灾荒的英国传教士李提摩太就敏锐地观察到这一点，他提出放赈不如防灾的观点：

从来救灾与治病同一理也。病至缠绵之际，苟不探其源，虽投以参苓不过暂资补益，而病弗终治也。灾在颠沛之余，苟不求其本，虽助以衣食，不过暂为赒恤，而灾终弗能救也。……黄河冲决齐郑两处，民之因水而死者亦何止数百万，……民之流离颠沛者诚有，耳不忍闻目不忍视者亦在。国家截漕助帑为数甚巨，即各省善士广为劝募仁浆义粟，源源接济者不可谓不至，乃各处灾患循生迭起，迄无已时，此正如抱沈疴者徒进以补剂，苟延旦夕而病源未得，病根莫除，终日霍然之日也。①

从这点来说，当黄灾到来时，放赈堵口是治标，而防灾治河是治本。进一步分析，面对频繁发生的旱涝水灾，筹集赈款、赈物，对于当时的国家、地方政府和士绅而言，实属不易了，如时任国民政府赈务委员会委员长的许世英就曾对1935年和1931年灾荒各界捐助情况进行了比较，“前民国二十年水灾，国民政府救济水灾委员会曾经收约七百余万元，上海筹募急赈会除巨量赈品外，赈款亦募集二百六十余万元”。“但以连年社会经济极度恐慌，此次上海筹募各省水灾义赈会虽蒙各界热烈指导，竭力劝募，然成绩决不能如前”。一边是灾民身处水深火热之中，悲怨惊恐，一边是各界连年捐款捐物趋于疲累。许世英提出的治标办法是先堵口修堤，治本办法是防灾兴利，“救急治标之法，堵口修堤是当前之急务，否则灾民不但不能归农，且急赈之款，将愈久愈费而愈无办法也。至若救灾治本办法，不外防灾与兴利”。② 总括起来，当时只是在治标

① 〔英〕李提摩太附：《论放赈不如防灾》，麦仲华编：《皇朝经世文新编》(二)，台北：文海出版社有限公司，1972年，第915页。

② 许世英：《山东河南河北三省水灾勘查报告》，1935年8月，出版地不详，第11页。

上作了一些工作，而治本则因为时局的不允许及各方面条件的不成熟，直到建国后才对于黄河治理做到了标本兼治；而对运河的疏浚，让运河发挥“黄金水道”的作用，更是到了20世纪末叶才得以完成。

对于变乱的治理，曹州精英参议院众议院彭占元曾就曹州土匪猖獗提出了治标和治本的方法，治标之法就是速派新兵痛剿严办，治本之法就是委派士绅加以宣抚，办理清乡和巡警，创办实业。① 前面我们述及的王鸿一所采取的各项措施实际上是一种对于匪患标本兼治的良策。但匪患只是社会变乱的一方面因素，从前面的分析中可以看出，鲁西的兵燹不亚于匪灾，各派军队来往如织，任何一派军事实力集团对鲁西区域都很少加以经营，让鲁西获得一个宽松和平的环境发展，而是大肆敲诈勒索，摊派兵差，鲁西绅民穷于应付兵差，谈何发展实业？并且兵匪一家，军队为虎作伥，甚至冒充土匪明火执仗抢掠民财，从当时情况看，保持时局的稳定，减少军队对民间的骚扰是治本之策，但在混乱的时局下却无法做到，甚至愈到后来，军队的变乱愈益变本加厉。当时地方的措施从治标方面而言，是成立支应局，对各路军队予取予求，或组织民间武装力量加以抵抗，从治本方面而言，则是希望天下太平，军民相安无事，但这点显然无法做到。故从地方对变乱的应对而言，也实属治标不易，治本尤难。

从1855年至1937年，鲁西社会变迁的一个趋势就是灾荒

① 中国第二历史档案馆陆军部档，全宗号：一〇一一，案卷号：6066，抄交山东彭议员负请治曹州土匪呈。1912年9月18日。

和变乱的持续发生，导致鲁西平原进入衰敝期，鲁西民众面临的最大问题就是生存问题。从地方社会的应对举措上看，不仅当时人面临着许多无法解决的难题，也给后人留下许多迷思。

过去社会精英常常叹息农民国家观念缺乏，如果我们客观地分析清政府至南京国民政府历届政府所代表的国家，可以看出政府服务逐渐从鲁西淡出，在财政紧缺的现代化过程中，政府不仅无力救济鲁西，而且政府本身已经成为导致和扩大鲁西乡村灾难的直接原因。苛捐杂税和连绵的战争，无尽的兵灾匪患，在在展示出国家对地方社会的过度榨取，社会秩序的紊乱和国家控制的无能。在民众最需要国家出面稳定社会公共秩序，治理灾患，惩治腐败之时，国家却处于“不在场”状态。既然国家未能尽到社会管理控制，服务大众的职责，农民不仅感觉不到国家对自己的实惠，反而倍受其累，国家观念之淡薄自在情理之中了。

对鲁西社会影响最大的当属黄河决溢。如何治理黄河是鲁西民众最为关注的问题。应该认识到，黄河不仅仅是沿黄各县的黄河，也不仅是山东省的黄河，它还是国家的黄河。从西汉到1855年黄河改道前的大部分时间里，黄河都是作为国家级河流，由国家设官置守，斥巨资加以治理的。民国时期黄河下游分省治理的弊端也从反面说明这样一个道理，即黄河作为中华民族的母亲河，理应由国家统筹治理。黄河治理对于国家也并非完全是一种负担。它能够展示国家执政的能力，是获得民众对国家认同的重要动力。但无论是晚清朝廷，还是北洋政府、南京国民政府，都没有做到这一点。民众颠沛流离之余，对于当时的国家政府又有何种想法？

国家近代化和社会控制都需要机会成本，自晚清新政以来，国家通过加强对农村的赋税征收来进行国家的近代化建设，并使其控制力渗透进乡村社会，但它加重了本来就处于贫困状态的农民的负担，激起他们的反抗，如何处理好国家和地方社会共同发展的关系，避免国家和地方经纪的过度榨取，是一个值得特别关注的问题。

地方精英和普通民众对于改善自身生活状况，发展地方社会经济的积极性是毋庸置疑的，农村“贫、愚、弱、私”现象的产生也不能如当时精英所言，是农民自身的问题。但处于近代化大潮中的乡村精英和民众如何转变自己的思维观念，适应社会近代化的需求，展开对政治上的民主，经济上的自立，人格上的自由等等方面的向往和探索，则是一个值得期待的追求目标。

参考文献

一、史料

（一）档案

中国第二历史档案馆藏资料：全宗号：一〇〇二，一〇一一，一〇一四等。

中国第一历史档案馆，北京师范大学历史系编选：《辛亥革命前十年民变档案史料》，中华书局，1985 年。

第一历史档案馆：军机处《录副档》。

胡光明、蓝长沄主编：《天津商会档案汇编》，第 4 分册，天津：天津人民出版社，1992 年。

菏泽市档案馆馆藏历史资料。

山东师范大学历史系中国近代史研究室选编：《清实录山东史料选》（上、中、下），济南：齐鲁书社，1984 年。

吕实强主编：《教务教案档》（一、二、三、四、五、六辑山东教务教案部分），台北："中央"研究院近代史研究所，1977 年。

中国社会科学院近代史所，中国第一历史档案馆合编：《筹笔偶存》，北京：中国社会科学出版社，1983 年。

山东师范学院近代史研究室，廉立之、王守中编辑：《山东教案史料》，济南：齐鲁书社，1980年。

中国社会科学院近代史研究所近代史资料编辑室编：《义和团案卷》（下），济南：齐鲁书社，1980年。

王传忠等主编：《中共冀鲁豫边区党史资料选编》，郑州：河南人民出版社，1988年。

（二）地方志

（明）袁宗儒修，陆钎等纂：嘉靖《山东通志》，明嘉靖十二年（1533）刻本。

（清）张曜、孙葆田等修纂：《山东通志》，《山东通志》刊印局排印本，民国四十年。

（清）李濚修：康熙《滋阳县志》，康熙十一年（1672）刻本。

（清）李兆麟修：光绪《滋阳县志》，光绪十四年（1888）刻本。

（清）张度、邓希曾修，（清）朱镜纂：乾隆《临清直隶州志》，清乾隆五十年（1785）刻本。

（清）黄维翰纂修，（清）袁传裘续纂修：道光《巨野县志》，清道光二十六年（1846）续修刻本。

（清）刘文烇修，（清）王守谦纂：光绪《寿张县志》，清光绪二十六年（1900）刻本。

（清）孔广海纂，（清）董政华修：光绪《阳谷县志》，民国三十一年（1942）铅印本。

（清）陈嗣良修，（清）贾乃廷、孟广来纂：光绪《曹县志》，清光绪十年（1884）刻本。

（清）叶道源纂、（清）凌寿柏修：光绪《新修菏泽县志》，清光绪十一年（1885）刻本。

（清）毕炳炎、胡建枢修，（清）赵翰銮、李承先纂：光绪《郓城县志》，光绪十九年（1893）刻本。

（清）储元升纂修：乾隆《东明县志》，民国十三年（1924）钱印本。

（清）赵英祚修，（清）黄承艭纂：光绪《泗水县志》，清光绪十八年（1892）刻本。

（清）高升荣修，（清）黄恩彤纂：光绪《宁阳县志》，光绪五年（1879）刻本。

（清）陈庆番修，（清）叶锡麟、靳维熙纂：宣统《聊城县志》，宣统二年（1910）刻本。

（清）李煜纂修：光绪《朝城县志略》，不分卷，宣统二年（1910 年）钞本。

（清）董政华修，（清）孔广海纂：光绪《阳谷县志》，民国三十一年（1942）铅印本。

（清）祖植桐修，（清）赵昶纂：康熙《朝城县志》，康熙十二年（1673）刻，民国九年（1920）刻本。

（清）张朝玮修，（清）孔广海纂：光绪《莘县志》，清光绪十三年（1887）刻本。

（清）高士英总纂：宣统《濮州志》，清宣统元年（1909）刻本。

张自清修，张树梅、王贵笙纂：民国《临清县志》，民国二十三年（1934）铅印本。

潘守廉修，袁绍昂、唐烜纂：民国《济宁直隶州续志》，民国十六年（1927）铅印本。

潘守廉修，袁绍昂纂：民国《济宁县志》，民国十六年（1927）铅印本。

郁濬生修、毕鸿宝纂：民国《续修巨野县志》，民国十年（1921）刻本。

冯麟溎修，曹垣纂：民国《定陶县志》，民国五年（1916）刻本。

周竹生修，靳维熙纂：民国《东阿县志》，民国二十三年（1934）铅印本。

周竹生修，靳维熙纂：民国《续修东阿县志》，民国二十三年（1934）铅印本。

杜子楙修，贾铭恩纂：民国《朝城县续志》，民国九年（1920）刻本。

张志熙修，刘靖宇纂：民国《东平县志》，民国二十五年（1936）铅印本。

赵元礼修纂：民国《东明县新志》，民国二十二年（1933年）铅印本。

谢锡文修，许宗海纂：民国《夏津县志续编》，民国二十三年（1934）铅印本。

侯光陆修，陈熙雍纂：民国《冠县志》，民国二十三年（1934）刻本。

路大遵、梁钟亭修，张树梅纂：民国《清平县志》，民国二十五年（1936）铅印本。

民国牛占城纂、周之桢修：民国《茌平县志》，民国二十四年（1935）铅印本。

项葆祯修，李经野纂：民国《单县志》，民国十八年（1929）石印本。

张振声等修，余文凤纂：民国《续修范县县志》，民国二十四年（1935）铅印本。

孙广汉修，李经野、孔昭曾纂：民国《续修曲阜县志》，民国二十三年（1934）铅印本。

（清）汪鸿孙等编纂：光绪《菏泽县乡土志》，1907年刊。

（清）向植纂：光绪《聊城县乡土志》，1908年刊。

（清）王庚等修纂：光绪《济宁直隶州乡土志》，1905年刊。

（清）王鸿瑞等修纂：光绪《东平州乡土志》，1907年刊。

（清）潘时琮编：光绪《郓城县乡土志》，清末抄本。

（清）崔光熙等修纂：光绪《寿张县乡土志》，1907年抄本。

（清）曹倜等修纂：光绪《宁阳县乡土志》，1907年刊。

（清）周元英纂修：光绪《滋阳县乡土志》，1906年抄本。

佚名编：光绪《清平县乡土志》，清光绪末刊。

佚名编：光绪《冠县乡土志》，清末抄本。

菏泽市史志编纂委员会编：《菏泽市志》，济南：齐鲁书社，1993年。

巨野县史志编纂委员会编：《巨野县志》，济南：齐鲁书社，1996年。

济宁市地方史志编纂委员会编：《济宁市志》，北京：中华书局，2002年。

曹县方志编纂委员会编印：《曹县方志》，1960年版，菏泽市档案馆藏。

嘉祥县地方史志编纂委员会编：《嘉祥县志》，济南：山东人民出版社，1997 年。

（三）古籍

（西汉）司马迁撰：《史记》，北京：中华书局，1982 年。

（东汉）班固撰：《汉书》，北京：中华书局，1962 年。

（东汉）王充撰：《论衡》，上海：上海人民出版社，1974 年。

（明）宋濂等撰：《元史》，北京：中华书局，1976 年。

（清）张廷玉等撰：《明史》，北京：中华书局，1974 年。

（清）朱国祯：《涌幢小品》，北京：中华书局，1959 年。

陈奇猷校注：《韩非子集释》，上海：上海人民出版社，1974 年。

赵尔巽：《清史稿》，北京：中华书局，1977 年。

梁运华校点：《管子》，沈阳：辽宁教育出版社，1997 年。

（四）文集

（清）顾炎武著：《日知录》，上海：上海古籍出版社，1985 年。

（清）顾炎武撰：《顾亭林诗文集》，北京：中华书局，1983 年。

（清）顾祖禹撰：《读史方舆纪要》，上海书店出版社，1998 年。

（清）李秉衡著，戚其章辑校：《李秉衡集》，济南：齐鲁书社，1993 年。

（清）周馥：《秋浦周尚书文集》，台北：台湾文海出版社，

1986 年。

（清）王培荀：《乡园忆旧录》，济南：齐鲁书社，1993 年。

马寅初：《马寅初演讲集》，上海：商务印书馆，1929 年。

褚承志编：《王鸿一先生遗集》，台北：台湾山东文献出版社，1978 年。

夏东元编：《郑观应集》（上册），上海：上海人民出版社，1988 年。

（五）专著、调查资料

（清）张曜编：《山东军兴纪略》，台北：文海出版社，1970 年。

侯仁之著：《续天下郡国利病书·山东之部》，北平：哈佛燕京学社，1941 年。

黄河水灾救济委员会编：《黄河水灾救济委员会报告书》，1935 年。

黄泽仓编：《山东》，上海：中华书局，1935 年。

《江河修防纪要》，台北：传记文学出版社，1935 年。

张含英著：《黄河志》，第三篇，南京：国立编译馆，1936 年。

山东省长公署教育科编：《山东各县乡土调查录》，1920 年。

（清）胡渭著，邹逸麟整理：《禹贡锥指》，上海：上海古籍出版社，2006 年。

（清）傅泽洪主编：《行水金鉴》，上海：商务印书馆，1937 年。

金城银行天津调查分部：《山东棉业调查报告》，天津：编者刊，1936 年。

陈博文编，吕金录校：《山东省》，上海：商务印书馆，1934 年。

白眉初：《中华民国省区全志·山东省志》，北京：北平师范大学史地系，1925 年。

张育会、刘敬之编辑：《山东政俗视察记》（上、下），山东印刷局，1934 年。

山东南运湖河水利筹办处编：《山东南运湖水利报告录要》，出版地、出版者不详，1916 年铅印本。

倪锡英著：《青岛》，上海：中华书局，1936 年。

倪锡英著：《济南》，上海：中华书局，1936 年。

孙佐齐：《中国田赋问题》，上海：新生命书局，1935 年。

冯和法编：《中国农村经济论》，上海：黎明书局，1934 年。

邹豹君著：《山东省农产区域之初步研究》，《师大月刊》第 31 期，1937 年 1 月。

何炳贤编：《中国实业志·山东省》，实业部国际贸易司，1934 年。

〔日〕清永盛光：《中国乡村社会论》，岩波书店，昭和二十六年（1951 年）。

山东省立民众教育馆编辑部总辑：《山东庙会调查》第 1 册，济南：山东省立民众教育馆发行处，1933 年。

山东省立民众教育馆编辑部总辑：《山东歌谣集》，济南：山东省立民众教育馆编印，1930 年。

山东省政府实业厅编印：《山东工商报告》，1931 年。

山东省财政厅编印：《山东省财政厅偿还十九年各县军费

案汇编》，1931 年。

朱新繁：《中国农村经济关系及其特质》，上海：新生命书局，1930 年。

托津等纂：《钦定大清会典事例（加清朝）》，台北：台湾文海出版社，1991 年。

山东省县政建设实验区长官公署编：《山东省县政建设实验区实施进程辑要》，济宁，1935 年 10 月 15 日。

观鲁：《山东省讨满洲檄》，史学会主编：中国近代史资料丛刊《辛亥革命》（二），上海：上海人民出版社，1957 年。

孙廉泉：《山东菏泽实验县报告》，《山东民众教育月刊》第 5 卷第 4 期，1934 年 5 月。

许健：《山东菏泽实验县县政考察记》，《江苏民政》第 1 卷第 3 期，1935 年。

山东省县政建设实验区长官公署编：《山东省县政建设实验区实施进程辑要》，1935 年 10 月 15 日。

傅斯年：《山东底一部分的农民状况大略记》，《新青年》第 7 卷第 2 号，1920 年 1 月。

朱契：《田赋附加税之增重与农村经济之没落》，《东方杂志》第 30 卷第 22 号，1933 年 11 月 16 日。

张相文：《齐鲁旅行记》，《东方杂志》第 7 卷第 3 期，1910 年 5 月。

李宗黄著：《考察江宁邹平青岛定县纪实》，南京：中正书局，1935 年。

方扬编著：《地方自治新论》，福州：教育图书出版社，1947 年。

卜凯编：《中国土地利用统计资料》，南京：金陵大学，

1937 年。

章有义编：《中国近代农业史资料（1927—1937）》，北京：三联书店，1957 年。

路遥主编：《山东大学义和团调查资料汇编》，（上、下），济南：山东大学出版社，2000 年。

《革命文献》，第八十二辑，抗战前国家建设史料。

（六）碑铭

聊城山陕会馆藏旧米市街《太汾公所碑记》

路明：《鄄城县的一批黄河史料碑》，《鄄城文史资料》第 3 辑，1990 年 10 月。

（七）报刊

《东方杂志》、《申报》、《晨报》、《大公报》、《山东省政府公报》、《黄河水利月刊》、《山东民国日报》、《山东民众教育月刊》、《山东河务月刊》、《山东省建设半月刊》、《乡村建设》、《建设半月刊》、《民众周刊》、《上海民国日报》、《农业周刊》、《向导》、《光明日报》、《中华新报》、《乡村建设旬刊》（俱为解放前）。

（八）文史资料

山东省地方史志编纂委员会编：《山东史志资料》，第 1 辑，济南：山东人民出版社，1983 年。

中国史学会济南分会编：《山东近代史资料选集》，太平天国援军和捻军部分，济南：山东人民出版社，1959 年。

中国史学会济南分会编：《山东近代史资料》（第一分册），

济南：山东人民出版社，1957 年。

政协成武县文史资料委员会编：《成武文史》，第 4 辑，1997 年 9 月。

鄄城县政协文史资料委员会编：《鄄城文史资料》，第 3 辑，1990 年，第 8 辑，1997 年。

政协单县文史资料研究委员会编：《单县文史资料》，第 1 辑，1989 年。

李印元、郑清铭编：《阳谷文史集刊》，聊城：山东省聊城市新闻出版局，1999 年。

二、著作

（一）译著

〔美〕彭慕兰著，马俊亚译：《腹地的构建——华北内地的国家、社会和经济（1853—1937）》，北京：社会科学文献出版社，2005 年。

〔美〕杜赞奇著，王福明译：《文化、权力与国家：1900—1942 年的华北农村》，南京：江苏人民出版社，2004 年。

〔美〕施坚雅著，史建云、徐秀丽译：《中国农村的市场和社会结构》，北京：中国社会科学出版社，1998 年。

〔美〕施坚雅著，叶光庭等译，陈桥驿校：《中华帝国晚期的城市》，北京：中华书局，2000 年。

〔美〕黄宗智主编：《中国研究的范式问题讨论》，北京；社会科学文献出版社，2003 年。

〔美〕黄宗智著：《华北的小农经济与社会变迁》，北京：

中华书局，2000 年。

〔美〕周锡瑞著，张俊义、王栋译：《义和团运动的起源》，南京：江苏人民出版社，1998 年。

〔美〕詹姆斯·C·斯科特著，程立显、刘建等译：《农民的道义经济学：东南亚的反叛与生存》，南京：译林出版社，2001 年。

〔美〕吉尔伯特·罗兹曼主编，国家社会科学基金“比较现代化”课题组译：《中国的现代化》，南京：江苏人民出版社，1988 年。

〔美〕孔飞力著，谢亮生等译：《中华帝国晚期的叛乱及其敌人：1796—1864 年的军事化与社会结构》，北京：中国社会科学出版社，1990 年。

〔美〕费正清、费维恺编：《剑桥中华民国史》（下卷），北京：中国社会科学出版社，1994 年。

〔美〕费正清著，张理京译：《美国与中国》，北京：世界知识出版社，1999 年。

〔美〕马若孟著，史建云译：《中国农民经济——河北和山东的农业发展：1890 − 1949》，南京：江苏人民出版社，1999 年。

〔美〕张仲礼著，李荣昌译：《中国绅士——关于其在 19 世纪中国社会中作用的研究》，上海：上海社会科学院出版社，1991 年。

〔美〕菲尔·比林斯利著，王贤知等译：《民国时期的土匪》，北京：中国青年出版社，1991 年。

〔美〕艾恺著，王宗昱、冀建中译：《最后的儒家——梁漱溟与中国现代化的两难》，南京：江苏人民出版社，1996 年。

〔加〕陈志让著：《军绅政权——近代中国的军阀时期》，北京：三联书店，1980年。

〔德〕余凯思著，孙立新译：《在“模范殖民地”胶州湾的统治与抵抗——1897～1914年中国与德国的相互作用》，济南：山东大学出版社，2005年。

〔英〕霍布斯鲍姆著，李立玮、谷晓静译：《匪徒：秩序化生活的异类》，北京：中国友谊出版社，2001年。

〔法〕魏丕信著，徐建青译：《18世纪中国的官僚制度与荒政》，南京：江苏人民出版社，2003年。

〔法〕孟德斯鸠著，张雁深译：《论法的精神》(上册)，北京：商务印书馆，1961年。

〔日〕夫马进著，伍跃、杨文信、张学锋等译：《中国善会善堂史研究》，北京：商务印书馆2005年。

〔日〕内山雅生著，李恩民、邢丽荃译：《二十世纪华北农村社会经济研究》，北京：中国社会科学出版社，2001年。

〔意〕利玛窦、金尼阁著，何高济、王遵仲、李申译：《利玛窦中国札记》，北京：中华书局，1983年。

(二)国内著述

胡成著：《困窘的年代 近代中国的政治变革和道德重建》，上海：三联书店，1997年。

杨豫、胡成著：《历史学的思想和方法》，南京：南京大学出版社，1999年。

蔡少卿主编：《民国时期的土匪》，北京：中国人民大学出版社，1993年。

李良玉著：《历史研究与教育文选》，北京：知识产权出版社，2006 年。

唐力行主编：《国家、地方、民众的互动与社会变迁》，北京：商务印书馆，2004 年。

史革新主编：《中国社会通史·晚清卷》，太原：山西教育出版社，1996 年。

从翰香主编：《近代冀鲁豫乡村》，北京：中国社会科学出版社，1995 年。

苑书义、任恒俊、董丛林著：《艰难的转轨历程——近代华北经济与社会发展研究》，北京：人民出版社，1997 年。

乔志强、行龙主编：《近代华北农村社会变迁》，北京：人民出版社，1998 年。

江沛、王先明主编：《近代华北区域社会史研究》，天津：天津古籍出版社，2005 年。

景甦、罗仑著：《清代山东经营地主底社会性质》，济南：山东人民出版社，1959 年。

庄维民著；《近代山东市场经济的变迁》，北京：中华书局，2000 年。

唐致卿著：《近代山东农村社会经济调查》，北京：人民出版社，2004 年。

王云著：《明清山东运河区域社会变迁》，北京：人民出版社，2006 年。

邹逸麟主编：《黄淮海平原历史地理》，合肥：安徽教育出版社，1993 年。

胡朴安：《中华全国风俗志》上编，石家庄：河北人民出版社，1988 年。

王育民著：《中国历史地理概论》，（上册），北京：人民教育出版社，1987 年。

水利部黄河水利委员会编：《黄河水利史述要》，郑州：黄河水利电力出版社，2003 年。

王林主编：《山东近代灾荒史》，济南：齐鲁书社，2004 年。

《民国山东通志》编辑委员会编：《民国山东通志》，台北：山东文献出版社，2002 年。

魏光兴、孙昭民主编：《山东省自然灾害史》，北京：地震出版社，2000 年。

复旦大学历史地理研究中心主编：《自然灾害与中国历史结构》，上海：复旦大学出版社，2001 年。

张玉法著：《中国现代化的区域研究：山东省，1860—1916》，台北："中央"研究院近代史研究所，1982 年。

李文治、江太新著：《清代漕运》，北京：中华书局，1995 年。

李文海、林敦奎、周源、宫明：《近代中国灾荒纪年》，长沙：湖南人民出版社，1990 年。

李文海、林敦奎、程歗、宫明：《近代中国灾荒纪年续编》，长沙：湖南教育出版社，1993 年。

姚汉源著：《京杭运河史》，北京：中国水利水电出版社，1998 年。

张含英著：《历代治河方略探讨》，北京：水利出版社，1982 年。

李文海著：《世纪之交的晚清社会》，北京：人民大学出版社，1995 年。

史学会主编：中国近代史资料丛刊《辛亥革命》（二），上海：上海人民出版社，1957 年。

程歗、温乐群主编：《近代中国的政治和社会（1840－1949)》，北京：中国人民大学出版社，1999 年。

彭泽益主编：《中国社会经济变迁》，北京：中国财政经济出版社，1990 年。

马敏著：《官商之间——社会巨变中的近代绅商》，天津：天津人民出版社，1995 年。

郑起东著：《转型期的华北农村社会》，上海：上海书店出版社，2004 年。

冯尔康著：《18 世纪以来中国家族的现代转向》，上海：上海人民出版社，2005 年。

朱玉湘著：《中国近代农民问题与农村社会》，济南：山东大学出版社，1997 年。

叶显恩主编：《清代区域社会经济研究》（上），北京：中华书局，1992 年。

许檀著：《明清时期山东商品经济的发展》，北京：中国社会科学出版社，1998 年。

李树义编：《东明民俗》，北京：中国文史出版社，1999 年。

吕伟俊主编：《民国山东史》，济南：山东人民出版社，1995 年。

吕伟俊等著：《山东区域现代化研究（1840－1949)》，济南：齐鲁书社，2002 年。

吴惠芳著：《民初直鲁豫盗匪之研究（1912－1928)》，台北：台湾学生书局印行，1990 年。

路遥著：《山东民间秘密教门》，北京：当代中国出版社，

2000年。

施耐庵、罗贯中著：《水浒全传》（中），上海：上海人民出版社，1975年。

山东省地方史志编纂委员会编：《山东省志·军事志》，济南：山东人民出版社，1996年。

薛暮桥、冯和法编：《〈中国农村〉论文选》，（下），北京：人民出版社，1983年。

谢立中、孙立平主编：《二十世纪西方现代化理论文选》，上海：三联书店，2002年。

俞平伯：《俞平伯散文杂论编》，上海：上海古籍出版社，1990年。

张耀铭：《土匪的历史》，北京：北京图书馆出版社，2004年。

李大钊：《李大钊选集》，北京：人民出版社，1959年。

山东政协文史资料委员会：《土匪军阀张宗昌》（内部刊印）。

察应坤、邵瑞：《王鸿一传略》，济南：黄河出版社，2003年。

郑大华著：《民国乡村建设运动》，北京：社会科学文献出版社，2000年。

徐秀丽主编：《中国农村治理的历史与现状：以定县、邹平和江宁为例》，北京：社会科学文献出版社，2004年。

王强、马良宽著：《何思源·宦海沉浮一书生》，天津：天津人民出版社，1996年。

文思主编：《我所知道的韩复榘》，北京：中国文史出版社，2004年。

李树艺编：《东明民俗》，北京：中国文史出版社，1999年。

孔庆泰：《国民党政府政治制度史》，合肥：安徽教育出版社，1998年。

丁守和著：《中国近代思潮论》，广州：广东人民出版社，2003年。

梁漱溟著：《梁漱溟全集》，济南：山东人民出版社，1990年。

秦晖著：《传统十论》，上海：复旦大学出版社，2003年。

王先明著：《近代绅士——一个封建阶层的历史命运》，天津：天津人民出版社，1997年。

周荣德著：《中国社会的阶层与流动——一个社区中士绅身份的研究》，上海：学林出版社2000年。

杨念群著：《儒学地域化的近代形态——三大知识群体互动的比较研究》，北京：生活·读书·新知三联书店，1997年。

张佩国著：《地权分配·农家经济·村落社区——1900——1945年的山东农村》，济南：齐鲁书社，2000年。

赵世瑜著：《小历史与大历史：区域社会史的理念、方法与实践》，北京：生活·读书·新知三联书店，2006年。

吕实强著：《中国官绅反教的原因（1860—1874）》，台北：“中央”研究院近代史研究所专刊，1985年。

三、论文

马俊亚：《国家服务调配与地区性社会生态的演变——评彭慕兰著〈腹地的构建——华北内地的国家、社会和经济

（1853—1937）〉》，《历史研究》，2005 年第 3 期。

张玉法：《民国初年山东省行政制度的变革，1912—1937》，《“中央”研究院近代史研究所集刊》，第 21 期，1992 年 6 月。

张玉法：《20 世纪前半期的中国社会变迁（1900—1949）》，《史学月刊》，2006 年第 3 期。

张玉法：《近代中国社会变迁（1860～1916）》，《社会科学战线》，2003 年第 1 期。

沈松侨：《地方精英与国家权力——民国时期的宛西自治，1930～1943》，《“中央”研究院近代史研究所集刊》第 21 期，1992 年 6 月。

乔健：《“一统”和“统一”》，《二十一世纪》，1991 年 6 月，第 5 期。

金观涛、刘清峰：《中国共产党为什么放弃新民主主义？——五十年代初中国社会结构的巨变》，《二十一世纪》，1992 年 10 月号，第 13 期。

王寅生：《中国北部的兵差与农民》，台湾“中央”研究院社会科学研究所，1931 年。

许涤新：《捐税繁重与农村经济破落》，《新中华》第 2 卷第 3 期，1934 年 6 月 25 日。

王方中：《1920－1930 年间军阀混战对交通和工商业的破坏》，《近代史研究》，1994 年第 5 期。

王树槐：《清末民初江苏省的灾害》，《“中央”研究院近代史研究所集刊》第 10 期，1981 年 7 月。

蔡少卿、杜景珍：《试论北洋军阀统治时期的“兵匪”》，《南京大学学报》，1989 年第 2 期。

刘平：《清末民初的太湖匪民》，《近代史研究》，1992 年第 1 期。

马烈：《民国时期匪患探源》，《江海学刊》，1995 年第 4 期。

谭树春：《近代中国的匪患问题初探》，《求索》，1994 年第 4 期。

李英铨：《辛亥革命时期土匪活动的反动性》，《中南民族学院学报》，1996 年第 1 期。

张杰：《民国川省土匪、袍哥与军阀的关系》，《江苏社会科学》，1991 年第 3 期。

吕伟俊、王耀生：《北洋军阀统治时期山东土匪成因浅析》，《烟台大学学报》，1997 年第 3 期。

辛业：《从社会调控功能的缺失看民初山东土匪的蜂起》，《理论学刊》，2006 年第 4 期。

程歗：《社区精英群的联合和行动——对梨园屯一段口述史料的解说》，《历史研究》，2001 年第 1 期。

赵波：《义和团运动与山东士绅》，《华东师范大学学报》（哲社版），2000 年第 3 期。

邹逸麟：《灾害与社会研究刍议》，复旦大学历史地理研究中心主编：《自然灾害与中国历史结构》，上海：复旦大学出版社，2001 年。

〔日〕小林一美：《近代华北的土地经营与商业运行的特征》，《国外中国近代史研究》，第二十六辑，中国社会科学出版社，1994 年。

黄广廊：《有关白朗起义的一些资料》，《史学月刊》，1960 年第 2 期。

贺跃夫：《民国时期的绅权与社会控制》，（香港）《二十一世纪》，1994年12月号。

刘昶：《华北村庄与国家：1900～1949》，（香港）《二十一世纪》，1994年12月号。

刘昶：《1900—1940年华北的乡村政治》，王晴佳、陈兼主编：《中西历史论辩集——留美历史学者学术文汇》，上海学林出版社，1992年。

余科杰：《山东乡村建设运动述评》，《山东师大学报》（社会科学版），1995年第5期。

渠桂萍、王先明：《乡村民众事业中的社会分层——以二十世纪二十至四十年代初的华北乡村为例》，《人文杂志》，2004年第6期。

董龙凯：《1855～1874年黄河漫流与山东人口迁移》，《文史哲》，1998年第3期。

陈冬生：《明清山东运河地区经济作物种植发展述论》，于德普主编：《运河文化（山东）文集》，济南：山东科学技术出版社，1998年。

韩茂莉：《北宋黄河中下游农业生产的地域特征》，《中国历史地理论丛》，1989年第1期。

王建革：《“三料”危机——华北平原传统农业生态特点分析》，《古今农业》，1999年第3期。

王建革：《近代华北乡村的社会内聚及其发展障碍》，《中国农史》，1999年第4期。

范向德：《近代烟台经济区的兴起和演变（1862—1898）》，彭泽益主编：《中国社会经济变迁》，北京：中国财政经济出版社，1990年。

朱玉湘：《辛亥革命以后的山东田赋》，山东省地方史志编纂委员会编：《山东史志资料》，第一辑，济南：山东人民出版社，1983 年。

董龙凯：《黄河灾害与近代山东的河神信仰、社会生活习俗》，复旦大学历史地理研究中心主编：《自然灾害与中国社会历史结构》，上海：复旦大学出版社，2001 年。

胡昌图：《清代的黄河治理》，《远东季刊》，第 14 卷第 4 期。

胡次威：《重要县政问题改进意见》，《行政研究》，第 1 卷第 2 期。

何思源：《梁漱溟先生所办的乡村建设研究院》，《光明日报》，1952 年 1 月 10 日。

王冠军：《回忆抗战前的山东乡村建设》，山东省政协文史委编：《山东文史资料选辑》，第 22 辑，1986 年。

王云：《明清时期山东运河区域的金龙四大王崇拜》，《民俗研究》，2005 年第 2 期。

宋桂英：《晚清山东团练研究》，浙江大学未刊博士学位论文，2006 年。

王玃：《明清时期南北大运河山东段沿岸的城市》，中国社会科学院研究生院未刊硕士学位论文，2003 年。

苏远渠：《清代山东运河水灾与两岸农村社会经济》，曲阜师范大学未刊硕士学位论文，2005 年。

董传岭：《晚清山东的自然灾害与乡村社会》，山东师范大学未刊硕士学位论文，2004 年。

孙勇：《近代山东社会救济研究》，山东师范大学未刊硕士学位论文，2005 年。

宋大鹏：《近代山东土匪问题研究》，山东师范大学未刊硕士学位论文，2005 年。

谢桂平：《民国时期的山东匪患与民众自卫（1911－1930）》，山东大学未刊硕士学位论文，2005 年。

孙百亮：《清代山东地区的灾荒与人口变迁》，陕西师范大学未刊硕士学位论文，2004 年。

四、英文著述

1. David D. Buck，Urban Change in China：Politics and Development in Tsinan，1890 ～ 1949，The University of Wisconsin Press，1978.

2. Tung _ tsu Chu. Local Government in China under the Ching. Harvard University Press，1962.

3. Skinner，G. William，Marketing and Social structure in Rural China，Part Ⅰ，JAS，26：1（Nov. 1964）.

4. "Chinese Peasants and the Closed Community：An Open and Shut Case，" Comparative Studies in Society and History（〔美〕施坚雅：《中国农民和封闭的共同体：一个有开有闭的论辩》，1971 年。）

5. Prasenjit Duara，Sovereignty and Authenticity：Manchkuo and the East Asian Modern. Rowman & Littlefield Publishers，2003.

6. David D. Buck. The Provincial Elite in Shantung during the Republican Period：Their Successes and Failures. Modern China，Vol. 1，No. 4.（Oct，1975）.

7. James W. Tong：Disorder Under Heaven：Collective Violence in the Ming Dynasty. Stanford University Press，1991.

后　记

本书是根据笔者的博士学位论文《灾荒、变乱与地方应对——以鲁西为中心的观察（1855－1937）》经过进一步的修改而成的。

在南京大学读博期间，我曾为迟迟选择不到合适的学位论文课题而苦恼。当时我对区域社会史研究抱有某种程度的偏见，认为区域史研究能有哪些价值？通过区域史研究得出的结论究竟能在多大程度上代表中国的一般状况？直到后来阅读到社会史学者的相关著述，明白了区域社会史研究是当前社会史研究中的一个非常重要的领域，通过区域的、个案的研究，也可以表达出对于某一时代中国社会的整体认识。联系到笔者所在的鲁西地区，其现代性和沿海通商口岸地区虽有很大的差异，但无疑更能反映近代中国大部分地区社会状况，和中国近代的城市问题相比，鲁西农村和农民问题更能称得上是真正的中国问题。对鲁西现代性的分析和国家、地方、民众应对措施的探究，对于研究同时期中国社会和国家、地方、民众之间的互动博弈关系都能够提供借鉴。这就进一步坚定了我把近代鲁西区域社会史研究作为我学位课题的决心。

而选择这样一个课题，首先可以充分利用我以前曾从事过地方史资料搜集的优势，在我读博士之前，曾做过菏泽地方史的资料搜集工作，虽然在区域史资料查阅上我做过一些准备，但一直未能寻找到立论的突破口，即从哪些方面立论，自己究竟想要说明什么？想要解决哪些问题？通过思考，我试图以鲁西近代社会变迁为主线，通过分析地理环境的变异，国家、地方、精英、民众面对鲁西的社会变迁所采取的行动及互动关系来探讨鲁西发展的现代性。本书重点探讨的是地方士绅和民众的应对。

其次也可以充分利用我所处的环境资源和个人体验。笔者长期工作、生活于鲁西，对鲁西三地（济宁、菏泽、聊城）的社会、经济、文化发展有较为切肤的体验和观察。笔者曾长期思考这样一个问题，即鲁西地区发展为什么滞后于沿海，以致在山东省域内形成了巨大的东西差距？这种现代性发展的差异是何时产生的？哪些因素导致鲁西的落后？“显而易见，只有现在生活中的兴趣才能使人去研究过去的事实。”带着对于这些现实问题的思考，笔者查阅了相关资料，认识到鲁西的落伍是近代的事情，特别是在 1855 年黄河第六次改道后，运河漕运被破坏，鲁西地区社会生态环境遭到破坏。持续不断的天灾人祸，使得鲁西秩序荡然，整个社会陷入衰败之中。面对如此变局，国家在社会治理、社会控制和国家援助方面都做了哪些事情？鲁西社会各阶层（地方精英和民众）又从事了哪些自救和重建活动？国家、地方社会、精英和民众之间都有哪些互动关系？所有这些问题，都促使我迫切地想对近代鲁西社会进行深入细致的研究。

在选题过程中，除得到我的博士生导师南京大学胡成教授的指导外，我还得到了山东师范大学郭大松教授、聊城大学马亮宽教授的指导，正是郭大松教授的点拨，才使我下决心专注于对山东西部的研究。郭教授还将自己翻译的鲍德威：《中国的城市变迁：济南的政治和发展（1840～1949）》（David D. Buck，Urban Change in China：Politics and Development in Tsinan，1890～1949，The University of Wisconsin Press，1978）部分未刊文稿送给我做参考。在本文写作过程中，导师胡成先生多次要求我要最大限度的充分占有资料，并对提纲严格把关，反复修改，对论文的框架和观点等反复磋商，对于我呈送给他的有关章节，不厌其烦地修改批注。南京大学李良玉教授、申晓云教授、马俊亚教授，中国第二历史档案馆的马振犊研究员、郭必强研究员和张庆军研究员对本文从架构安排、学术观点、学术规范等多方面予以指导，使我获益良多。并根据建议进行了较大的修改。当然，有关章节若有什么问题和错误，将由本人负责。李良玉教授的中国近现代社会史研究课程和社会史研究取向对于我影响很大。我的硕士生导师山东师范大学田海林教授也给予了我诸多指导。对于以上诸位先生的批评指正和授业解惑，我致以衷心的感谢。

在查找资料过程中，我还得到了南京大学图书馆，中国第二历史档案馆、南京图书馆古籍部、山东省档案馆、山东省图书馆历史文献部、菏泽市档案馆、菏泽学院图书馆等单位工作同志的帮助和支持，值此一并致以谢意。

在南京大学求学的三年中，我与荆世杰、陈国庆、毛升、刘卫东等几位博士相切相磋，在论文资料方面他们给予我许多无私的帮助。荆世杰、崔军伟、刘文俊、刘大禹博士对我的论文提出了不少有价值的批评和建议。我的同门叶敏磊博士，许金华博士，向磊、沈宇斌、苏扬阳等硕士对我的论文也提出不少建设性意见。徐树英、周春英、王磊等博士在工作、生活等方面对我帮助许多。三年共同的求学生涯和同学之间的诚挚情感，将是我终生宝贵的财富。本书前面的《晚清鲁西各州县图》是由复旦大学历史地理研究所的樊如森博士帮忙绘制的，也特表谢意。

本书能够出版，是和山东大学历史系赵兴胜教授的鼎力推荐，齐鲁书社编审赵发国博士的大力支持和多次督促分不开的，赵发国博士为本书的出版付出了大量的心血，本书还得到了山东建筑大学博士基金的资助，山东建筑大学法政学院张培忠教授多次关心本书的出版，特此一并鸣谢。

我还要感谢我的父母、妻子、妹妹、妹夫，正是他们的亲情关怀和无私奉献，才使我能攻读完硕士学位后又完成博士学业，从 2000 年到 2007 年我奔波于济南、南京、菏泽三地，不仅不能挣钱养家糊口，孝敬父母，辅导孩子，还耗费了不少钱财查找资料，购买书籍，他们以宽容大度的心态替我尽了许多家庭责任，才使我能安坐在书斋中研究学问。

在探讨了鲁西 1855－1937 年的社会变迁后，我又开始往下延伸，关注从 1937 年抗战爆发到 1949 年鲁西的社会变革对于乡村社会的影响，关注鲁西，研究鲁西也许会成为我毕生的研究方向。

李庆华于 2008 年岁末

图书在版编目(CIP)数据

鲁西地区的灾荒、变乱与地方应对(1855—1937)/李庆华著.—济南：齐鲁书社，2008.12

ISBN 978-7-5333-2154-3

Ⅰ.鲁... Ⅱ.李... Ⅲ.山东省—地方史—研究—1855—1937 Ⅳ.K295.2

中国版本图书馆 CIP 数据核字（2008）第 205818 号

鲁西地区的灾荒、变乱与地方应对(1855—1937)

李庆华 著

出版发行	齊魯書社
社　　址	济南经九路胜利大街 39 号
邮　　编	250001
网　　址	www.qlss.com.cn
电子邮箱	qlss@sdpress.com.cn
印　　刷	日照日报印务中心
开　　本	850×1168　1/32
印　　张	15.625
插　　页	2
字　　数	350 千
版　　次	2008 年 12 月第 1 版
印　　次	2008 年 12 月第 1 次印刷
标准书号	ISBN 978-7-5333-2154-3
定　　价	46.00 元